Monika Kirloskar-Steinbach /
Gita Dharampal-Frick /
Minou Friele (Hg.)

Die Interkulturalitätsdebatte – Leit- und Streitbegriffe

Intercultural Discourse – Key and Contested Concepts

VERLAG KARL ALBER

Der interdisziplinär verfasste Band greift in kurzen Übersichtsartikeln Begriffe wie Multikulturalismus, Kosmopolitismus, Toleranz, Authentizität, Differenz etc. auf, welche nicht allein aktuelle Debatten zur Interkulturalität prägen, sondern sich auch über den fachwissenschaftlichen Diskurs hinaus nachhaltig auf das Zusammenleben in modernen Gesellschaften auswirken. Die Klärung zentraler Begriffe ist eine Voraussetzung für eine Verständigung im interdisziplinären und interkulturellen Diskurs. Das Überblickswerk zielt darauf, eine Handreichung für all diejenigen zu liefern, die sich in unterschiedlichen gesellschaftlichen, politischen und historischen Kontexten mit Fragen interkultureller Verständigung und Kooperation befassen.

Die Herausgeberinnen:

Monika Kirloskar-Steinbach ist außerplanmäßige Professorin an der Universität Konstanz. Ihre Forschungsschwerpunkte in der Politischen Philosophie und Sozialphilosophie sind u.a. Toleranz, Menschenrechtstheorie, Immigrationsethik, nationale Identität sowie das Zusammenleben in pluralistischen Gesellschaften. Außerdem arbeitet sie an unterschiedlichen Aspekten der Philosophie der Interkulturalität.

Gita Dharampal-Frick, Professorin am Südasien-Institut der Universität Heidelberg, ist Leiterin der Abteilung Geschichte Südasiens. Veröffentlichungen zum europäisch-asiatischen Kulturtransfer von der Frühen Neuzeit bis zur Gegenwart und zur modernen Geschichte Südasiens.

Dr. Minou Friele arbeitet seit 2011 am Institut für Wissenschaft und Ethik der Universität Bonn als Dozentin für Philosophie und Leiterin einer Nachwuchsforschungsgruppe zum Thema ›Medizin und Ethik‹. Ihr aktueller Forschungsschwerpunkt liegt neben der Beschäftigung mit verschiedenen medizinethischen Fragestellungen vor allem auf Fragen des angemessenen Umgangs mit moralischen Dissensen.

Monika Kirloskar-Steinbach
Gita Dharampal-Frick
Minou Friele (Hg.)

Die Interkulturalitätsdebatte – Leit- und Streitbegriffe

Intercultural Discourse – Key and Contested Concepts

Verlag Karl Alber Freiburg / München

Das Projekt wurde von der Robert Bosch Stiftung gefördert.

Originalausgabe

www.verlag-alber.de

Satz: SatzWeise, Föhren
Herstellung: CPI buch bücher.de GmbH, Birkach

Gedruckt auf alterungsbeständigem Papier (säurefrei)
Printed on acid-free paper
Printed in Germany

ISBN 978-3-495-48541-5

Inhalt/
Contents

Kollektive (inter-)kulturelle Selbstverständigung/ Collective (Inter-)cultural Self-Understanding

Öffentliche Sphäre I: Gesellschaft/ Public Sphere I: Society

Öffentliche Sphäre II: Politik und Wirtschaft/ Public Sphere II: Politics and Economics

Aktuelle politische Debatten/ Current Political Debates

Vorwort

Interkulturalität ist zu einem wichtigen Thema politischer und gesellschaftlicher Debatten sowie wissenschaftlicher Analysen geworden. In den Geistes-, Sozial- und Kulturwissenschaften wird seit einiger Zeit vermehrt danach gefragt, was das Proprium der jeweils in den Blick genommenen Kultur sei, welcher Art ihre möglichen Verbindungen, Überschneidungen und Differenzen sind und schließlich, wie mit den festgestellten Unterschieden und Gemeinsamkeiten auf politischer und gesellschaftlicher Ebene umgegangen werden soll. Legionen weiterer Fachleute, Kommunikations- und Managementtrainer etc. zielen auf die Entwicklung und Vermittlung sogenannter »interkultureller Kompetenzen«, die nicht allein einem besseren wechselseitigen Verständnis, sondern vor allem auch der besseren Bewältigung von alltäglichen Herausforderungen im Umgang mit Menschen unterschiedlicher kultureller Herkunft dienen sollen.

Die rasch anwachsende Literatur zu den verschiedenen Themen in diesem Bereich zeichnet sich durch die Vielfalt ihrer disziplinären Ansätze, Methoden und Ziele aus. Es werden historische Entwicklungen nachgezeichnet, politologische Erhebungen zugrunde gelegt und philosophische Traditionen zur Erklärung kultureller Merkmale herangezogen. In verschiedenen Disziplinen finden oft nicht allein unterschiedliche Methoden, sondern auch eine ganz eigene Begrifflichkeit Verwendung. Treten Kontroversen in interdisziplinären Diskursen auf, kann es sich daher als schwierig erweisen, zu bestimmen, ob diese sich allein oder auch nur vorrangig auf inhaltliche Fragen richten, oder aber primär durch unterschiedliche Begrifflichkeiten und konzeptuelle Hintergrundannahmen bedingt sind.

Dies gilt auch für Debatten, die sich mit Phänomenen, Strukturen und normativen Implikationen von interkultureller Relevanz befassen. Tatsächlich scheinen viele Kontroversen auch hier durch eine sich noch in der Entwicklung befindliche interdisziplinäre Kommunikationspraxis bedingt zu sein, wobei selbstverständlich oft eine unterschiedliche Begrifflichkeit auch inhaltliche Differenzen spiegelt.

Wer sich mit Interkulturalitätsfragen befasst, kann gelegentlich den Eindruck gewinnen, dass Verständigungsschwierigkeiten vielfach weniger als Problem unterschiedlicher Muttersprachen auftreten – diejenigen, die sich mit dergleichen Fragen befassen, lesen in der Regel mehrere Sprachen – denn als Problem einer unterschiedlichen wissenschaftlichen »Enkulturation«. Tatsächlich scheinen sich diejenigen, die sich mit verwandten Fragen befassen, oftmals auch über muttersprachliche Grenzen hinweg besser miteinander verständigen zu können, als diejenigen, die zwar eine Muttersprache teilen, sich jedoch mit ganz unterschiedlichen Gegenständen und methodischen Ansätzen befassen. Daher haben wir darauf verzichtet, eine Übersetzung anzufertigen. Wichtiger war uns, die Leit- und Streitbegriffe der Interkulturalitätsdebatte von ausgewiesenen Experten ganz unterschiedlicher Disziplinen ausarbeiten zu lassen und sie in einem genuin interdisziplinären Band zusammenzubringen. Wir hoffen, auf diese Weise einen wissenschaftlichen Beitrag für weitere interdisziplinäre Brückenschläge im Kontext von Interkulturalitätsdebatten zu leisten, und damit sowohl künftige wissenschaftliche als auch gesamtgesellschaftliche Diskussionen über die in diesem Band versammelten Begriffe und Themen anzuregen. Unseren Autoren möchten wir an dieser Stelle ganz herzlich für ihren großen Einsatz und die Begeisterung danken, mit der sie sich auf dieses interdisziplinäre und interkulturelle Unterfangen eingelassen haben. Danken möchten wir außerdem ganz besonders auch der Robert-Bosch-Stiftung (Abteilung Bildung, Gesellschaft und Kultur), für die freundliche finanzielle Unterstützung der Publikation.

Monika Kirloskar-Steinbach, Gita Dharampal-Frick, Minou Friele

Foreword

Interculturality is gaining salience in both socio-political debates as well as in academic discourses. In the social sciences and humanities, efforts are increasingly being made to determine the distinctive features of respective cultures, including their interrelationship, overlap and differences with other cultures so that, subsequently, prescriptive policy guidelines may be drawn up to facilitate dealing appropriately with the differences and similarities ascertained. A cohort of other specialists, communication and management trainers, etc. aims to develop and impart "intercultural competency". In cross-cultural interactions, this acquired skill is meant to contribute towards better mutual understanding and to serve as a viable tool for coping with the challenges faced in everyday life.

The burgeoning literature on interculturality is defined by a plurality of disciplinary approaches, methods and goals. In tracing historical developments, implementing foundational political surveys and studying philosophical traditions, insightful explanations are deduced about distinctive cultural practices and beliefs. Specific disciplines use different methodologies and, above all, their own terminologies. Therefore, it is difficult to ascertain whether controversies in interdisciplinary discourse are engendered solely, or primarily, by substantive issues, or rather, as a result of differing terminologies and underlying conceptual assumptions; needless to say, differences in terminologies often do reflect essential epistemological variance. Yet, even in debates which deal with empirical phenomena, structures and the normative implications of interculturality, the ensuing contestations appear to be related to the fact that interdisciplinary communication is still a fledgling enterprise.

In intercultural discourse, felicitously, limited linguistic proficiency is not necessarily a factor impeding understanding; for those interested in this discourse are often fluent in more than one language. In fact, they seem more adept at communicating across linguistic barriers than those who share the same mother-tongue but whose methodologies and substantive interests are divergent. Consequently, it would appear that difficulties in understanding do in fact stem from a scholar's specific academic "enculturation". Hence, in view of our readers' linguistic proficiency, we considered it superfluous to translate the articles. Our primary concern, however, has been to encourage authors, belonging to varied disciplines, to conceptually articulate a whole range of key and contested concepts in intercultural discourse, which we have assembled together into a single bi-lingual and truly intercultural volume. We hope that this book will contribute towards bridging the interdisciplinary gulf in intercultural discourse, and thereby stimulate academic as well as societal debates concerning the concepts and topics dealt with by our highly competent authors to whom we are immensely grateful for their enthusiastic cooperation in this interdisciplinary and intercultural enterprise. We would like to extend our appreciation and sincere thanks to the Robert Bosch Foundation (concerned with education, society and culture) for their generous funding, given their genuine interest in our innovative project.

Monika Kirloskar-Steinbach, Gita Dharampal-Frick, Minou Friele

Einleitung

Interkulturalität ist eines der typischen Charakteristika der Gegenwart. Viele gesellschaftlich und politisch relevante Phänomene und Prozesse sind das Ergebnis der Handlungen von und betreffen Personen und Personengruppen mit ganz unterschiedlicher kultureller Prägung. Dies gilt sowohl für Phänomene und Prozesse, die auf globaler Ebene, als auch für solche, die innerhalb kulturell heterogener Gesellschaften zu verorten sind.

Da eines der vorrangigen Ziele der Geistes- und Sozialwissenschaften in der Abbildung und Analyse der gesellschaftlichen und politischen Realität besteht, führt kein Weg daran vorbei, auf damit verbundene vielfältige Phänomene und Prozesse einzugehen. Und tatsächlich werden entsprechende Themen in den Geistes- und Sozialwissenschaften zunehmend aufgegriffen. In vielen geschichts- und sozialwissenschaftlichen Diskursen werden die teils hitzigen gesellschaftlichen und politischen Debatten über interkulturalitätsbedingte Fragestellungen ausführlich erfasst und dokumentiert; verschiedene politikwissenschaftliche, gelegentlich auch sprachwissenschaftliche, Ansätze bemühen sich darum, alte und neue, offene und verdeckte Arten der Repression aufzuspüren und zu demaskieren. Selbst die Grundlagen des eigenen Denkens geraten in den Fokus interkultureller Analyse und Kritik. Im Zuge des sogenannten postkolonialen Denkens wird in diesem Sinne die Herrschaft eines allein europäisch-nordamerikanisch geprägten »Logozentrismus« kritisiert und zu revidieren gesucht.

Im Kontrast zu diesen vielfältigen Entwicklungen in den verschiedenen Bereichen der Geschichtswissenschaften, der Ethnologie, der Soziologie und der Politologie, wird dem Phänomen der Interkulturalität und den mit ihr verknüpften Debatten von philosophischer Seite aus vergleichsweise zurückhaltend begegnet. Wodurch ist die auffällig unterschiedliche Reaktion bedingt? Zum Teil erklärt sie sich aus dem verbreiteten fachspezifischen Anspruch, den Gegenständen philosophischer Untersuchungen *sub species aeternitatis* zu begegnen, also von einem gewissen Ewigkeitsstandort aus. Dies beinhaltet naturgemäß, weitgehend von geschichtlich-kontingenten Aspekten zu abstrahieren, wodurch kulturellen Besonderheiten allenfalls in Ausnahmefällen Beachtung geschenkt wird. Im Zweifelsfall werden sie als bloße Kontingenzen betrachtet, die den Blick auf den Kern der philosophischen Frage, z. B. nach *der* Gerechtigkeit, *der* Freiheit, *der* Identität, eher verstellen als ihn zu charakterisieren. Hinzu kommt, dass die Beschäftigung mit Interkulturalität lange Zeit vorrangig darin bestand, außereuropäische Denktraditionen in hermeneutischer Absicht nachzuvollziehen. Da diesen Denktraditionen oftmals abgesprochen wurde, genuin philosophisch zu sein, d. h., den methodischen Ansprüchen der westlich-europäischen Tradition zu genügen, stand auch die Beschäftigung mit Interkulturalität lange in dem Ruf, weniger das Geschäft der Philosophie als eines der vergleichenden Religionswissenschaften zu sein. Wer sich als Philosoph mit Interkulturalitätsthemen befasste, riskierte daher, innerhalb der eigenen Zunft auf Unverständnis zu stoßen.

Seit einiger Zeit scheint sich das Selbstverständnis der Philosophie zumindest teilweise zu ändern und es besteht zunehmendes Interesse an der philosophischen Durchdringung und Analyse neuer Themenfelder. Dieses Interesse manifestiert sich derzeit v. a. in den verschiedenen Bereichen der angewandten Ethik, z. B. in der Bioethik und der Wirtschaftsethik. Eine der genuin philosophischen Aufgaben innerhalb dieser üblicherweise interdisziplinären Debatten besteht in der begrifflichen bzw. konzeptuellen Klärung der untersuchten Gegenstände. Oft wird außerdem der Anspruch erhoben, praktisch wirksame Hilfestellung bei der Bewältigung gesellschaftlich drängender Herausforderungen zu geben. Die vormals suggerierte prinzipielle Kluft zwischen der Erzeugung begrifflicher Klarheit einerseits und der Einlösung eines handlungsleitenden Anspruchs für die Bewältigung konkreter gesellschaftlicher Herausforderungen andererseits, erscheint angesichts der gegenwärtigen Anwendungsdiskurse insofern obsolet.

Angesichts verschiedener aktueller Entwicklungen innerhalb des philosophischen Selbstverständnisses drängt es sich auf, auch die philosophische Beschäftigung mit Interkulturalitätsthemen einer Revision zu unterziehen. Vor allem in das thematische Spektrum der Praktischen Philosophie fließen regelmäßig Kenntnisse über relevante gesellschaftliche Praktiken ein. Stimmt die eingangs getroffene Feststellung, darf die Berücksichtigung interkultureller Aspekte nicht mehr fehlen. Es gilt, neben vielfältigen anderen gesellschaftlichen Phänomenen auch die unter das Stichwort »Interkulturalität« fallenden Phänomene in den Fokus philosophischer Fragestellungen zu rücken und die in den verschiedenen gesellschaftlichen wie gesellschaftswissenschaftlichen Diskursen verwendeten Begriffe und Konzepte einer Analyse zu unterziehen.

Dieser Sammelband soll dazu beisteuern, zentrale Probleme und Themen der Interkulturalitätsdebatte vermehrt auch in den philosophischen Fokus zu rücken. Zugleich soll denjenigen Gesellschaftswissenschaften, die sich der Thematik bereits stärker angenommen haben, der Zugang zu philosophischen Begriffsanalysen erleichtert werden, die für interkulturelle Analysen besonders relevant sind. Von einer philosophischen Klärung der Begrifflichkeiten und Konzepte einerseits, und einer Erweiterung der thematischen Bandbreite andererseits, profitieren nicht zuletzt die vielen anderen sich Interkulturalitätsthemen widmenden Fächer und Fachbereiche – und damit letztlich auch die Gesellschaften, deren wissenschaftlicher Selbstverständigung sie dienen.

Vor diesem Hintergrund bringt die vorliegende Anthologie Beiträge von Autoren mit einer ausgewiesenen Expertise in den verschiedenen, interkulturelle Fragen berührenden Themenbereichen zusammen. Sie diskutieren aus verschiedenen fachlichen Perspektiven solche Begriffe, die als leitend für eine Vielzahl interkultureller Prozesse und der sie erfassenden Gesellschaftswissenschaften gelten dürfen.

Nicht zuletzt aufgrund ihrer Bedeutsamkeit zeichnen sich solche *Leitbegriffe* gesellschaftlicher und wissenschaftlicher Debatten regelmäßig durch ein Konfliktpotential aus. Da sie gewissermaßen den »Dreh- und Angelpunkt« gesellschaftlicher Selbstverständigungsprozesse und wissenschaftlicher Analysen bilden, wird sowohl innerhalb einzelner Debatten als auch zwischen den Disziplinen um ihre spezifische wissenschaftliche Bedeutung, oft auch um die korrekte Bestimmung ihrer Relevanz gerungen. Die Autoren dieses Bandes wurden daher gebeten, in Form von vergleichsweise kurzen Übersichtsartikeln sowohl die wissenschaftliche Entwicklung der jeweiligen Begriffe nachzuzeichnen, als auch ihre jeweilige Verwendung, ihre Implikationen und die durch sie charakterisierten Diskurse kritisch zu beleuchten.

Die Begriffe sind unterteilt in die Kategorien **Zur Methodik, Personale (inter-)kulturelle Selbstverständigung, Kollektive (in-**

ter-)kulturelle Selbstverständigung, Öffentliche Sphäre I: Gesellschaft, Öffentliche Sphäre II: Politik und Wirtschaft. Eine letzte Kategorie greift zentrale Begriffe solcher **aktuellen politischen Debatten** auf, in denen die behandelten Leit- und Streitbegriffe direkte praktische Relevanz entfalten.

Die unter **Zur Methodik** zusammengefassten Beiträge zeichnen einige der Kernaspekte des wissenschaftlichen Selbstverständnisses derjenigen nach, die sich mit Interkulturalitätsfragen befassen. In *Zur Hermeneutik interkultureller Philosophie* erläutert Ram Adhar Mall, inwiefern die Debatte auf der Konzeption einer interkulturell analogischen Hermeneutik beruht und diskutiert die zwischen Selbst- und Fremdverstehen herrschende Dynamik. Auf die Besonderheiten des philosophischen Denkens in Fragen der Differenz geht Georg Stenger unter der Überschrift *Differenz: Unterscheidungen, Differenzierungen, Dimensionen* ein. Sein Beitrag legt dar, inwiefern eine Neujustierung von Begriffen im Kontext der Interkulturalitätsdebatte auch mit einer Neuordnung ihrer grundlegenden Konzepte verbunden ist. Ulrich Steinvorth diskutiert in seinem Beitrag *Universalism* die für viele Debatten grundlegende Frage, ob und inwiefern tradierte europäisch-westliche Rationalitätsmodelle universelle Gültigkeit beanspruchen dürfen.

Interkulturelle Debatten zu Fragen, die **die personale (inter-) kulturelle Selbstverständigung** betreffen, kreisen vielfach um Begriffe wie Authentizität, Handlungsmacht/Autonomie, Heteronomie, Identität, Integrität und Subjektivität. Nicht immer ist dabei der genaue begriffliche Gehalt geklärt und es kann leicht geschehen, dass die Teilnehmer der jeweiligen Debatten aneinander vorbeireden. Dergleichen Missverständnisse sind aufzuklären, will man vermeiden, dass es zu einer Verwechslung inhaltlicher und begrifflicher Kontroversen kommt. Vielfach liegt der spezifischen Verwendungsweise eine teils unausgesprochene, eventuell auch unbewusste Dimension zugrunde, die sich aus unterschiedlichen kulturellen Traditionen speist. Heinz Kimmerle greift in seinem Artikel zum Begriff der *Authentizität* auf die philosophischen Debatten um verwandte Begriffe der Eigentlichkeit bei Heidegger und der Aufrichtigkeit bei Sartre zurück und kontrastiert das begriffliche Feld der Diskussion über die Authentizität von Kulturen aus europäischer Perspektive mit dem Authentizitätsverständnis in afrikanischen Kulturen und im Buddhismus. Nausikaa Schirilla legt in *Handlungsmacht/Autonomie,* ebenfalls unter Einbeziehung sowohl westlicher als auch nichtwestlicher Perspektiven, dar, inwiefern sich das Autonomieverständnis in verschiedenen Kulturen unterscheidet und plädiert dafür, eine Engführung des Begriffs im Sinne westlicher Traditionen zu vermeiden. Insbesondere zeigt sie auf, dass das eng mit der abendländischen Tradition assoziierte Autonomieverständnis auch intern kritisiert wird. Andreas Niederberger entwickelt den Begriff der *Heteronomie* anhand des Freiheitsbegriffs bei Immanuel Kant und mit Blick auf postmoderne Ansätze von Autoren wie Michel Foucault und Jacques Derrida. Autonomie und Heteronomie werden dabei in ihrer Wechselseitigkeit thematisiert und in ihrer Bedeutsamkeit für aktuelle Globalisierungsdebatten herausgearbeitet. Der Beitrag *Personale und kollektive Identität* von Jürgen Hengelbrock legt dar, inwiefern beide Arten von Identität nicht erst heute und im Kontext moderner Interkulturalitätsdebatten in einem Spannungsverhältnis zueinander stehen. Wie sich auch im Beitrag von Arnd Pollmann *Personale Integrität und kollektive Integration* zeigt, kreisen dergleichen Begriffe regelmäßig um inhaltliche Konflikte und verlangen gegebenenfalls eine Entscheidung zugunsten des einen oder des anderen der beiden Pole. Unter dem Stichwort *Subjectivity* weist Asha Varadhavajan schließlich auf unterschiedliche Sphären personaler Identitätsbildung hin, in denen sich interkulturelle Momente, häufig nur versteckt und nicht auf den ersten Blick, bemerkbar machen können. Dies betrifft nicht zuletzt auch das Selbstverständnis der in einen kulturellen Kontext eingebetteten Person. Wer oder was inwiefern als Subjekt gilt, ist, so die Quintessenz des Beitrags, nicht zuletzt kulturspezifisch beeinflusst.

In der Rubrik **kollektive (inter-)kulturelle Selbstverständigung** werden nachfolgend Begriffe in den Blick genommen, die auf die Vielfalt, Vermischung und Verschmelzung von Kulturen fokussieren. Wie Jan Nederveen Pieterse in seinem Beitrag erläutert, lassen sich heute, in einer durch interkulturelle Kommunikation und Migration geprägten Welt, vielfältige Erscheinungsformen kultureller Hybridisierung *(Cultural Hybridity)* festmachen. Das Zusammenkommen diverser, gegebenenfalls auch vermeintlich inkompatibler, kultureller Elemente im religiösen oder spirituellen Bereich wird gemeinhin mit dem Begriff Synkretismus *(Syncretism)* umrissen. Eine Taxonomie und Definition dieses Begriffs unternimmt Anita Maria Leopold. Ein weiterer Begriff, der in diesem Kontext nicht unbeachtet bleiben darf ist der Begriff *Integration*. Richard Evanoff diskutiert seine spezifische Differenz in Bezug auf Assimilation, Separation und Marginalisierung. Der von Wolfgang Welsch verfasste Beitrag zu *Transkulturalität* zeichnet die verschiedenen Formen einer nicht erst heute gegebenen Vernetzung von Kulturen nach und arbeitet heraus, inwiefern die heutige Verfassung der Kulturen *jenseits* herkömmlicher Kulturvorstellung steht. Der Begriff Multikulturalismus *(Multiculturalism)* wird von Rajeev Bhargava unter Rückgriff auf die Kommunitarismusdebatte analysiert und hinsichtlich seiner praktischen und politischen Implikationen diskutiert. Inwiefern Multikulturalismus-Thesen einen kulturellen Essentialismus voraussetzen, demzufolge es möglich sein müsste, einzelne kulturelle Gruppen methodologisch hinreichend eindeutig gegeneinander abzugrenzen, wird in Tariq Modoods Beitrag *Essentialism and its Critiques* diskutiert. In gleicher Weise ist, wie Arno Pascht zeigt, der Begriff der *Ethnizität* einer kritischen Analyse zu unterziehen, der zwar zwischenzeitlich in der Debatte vergleichsweise in den Hintergrund getreten, latent aber nach wie vor vorhanden ist. Eine gewisse Konjunktur erlebt derzeit der Begriff *Diaspora,* der in direktem Zusammenhang eines vielfach konstatierten Trends zur »Ethnisierung des politischen Lebens« steht, wie Ruth Mayer in ihrem Beitrag herausstellt. Ihr Beitrag markiert den Übergang zu dem nächsten Schwerpunkt des Bandes **Öffentliche Sphäre I: Gesellschaft**. Begriffe wie Ethnozentrismus, moralischer Imperialismus *(Moral Imperialism),* Fundamentalismus, Toleranz, Modernität *(Modernity)* und Hegemonie implizieren eine Reihe von Wertungen, die im Kontext der Frage nach einem kulturellen *Relativismus* bzw. der Existenz von *Kultur-Universalien* stehen. Die beiden letztgenannten Begriffe werden in zwei Beiträgen von Christoph Antweiler hinsichtlich ihrer Funktion als komplementäre (nicht kontradiktorische!) Pole in der Interkulturalitätsdebatte beleuchtet. Oliver Marchart diskutiert in seinem Beitrag *Hegemonie* inwiefern sich der Spalt zwischen Partikularität und Universalität letztlich als unüberbrückbar erweisen könnte, während verschiedene partikulare soziale Kräfte gleichwohl danach streben, sich auf der Basis der Konstruktion eines kollektiven Willens hegemonial zu universalisieren. Gewissermaßen an der Schnittstelle von Relativismus-Universalismus Debatten liegt auch der Begriff des moralischen Imperialismus *(Moral Imperialism),* der von Brett Bowden mit Blick auf die Frage nachgezeichnet wird, inwiefern Universalitätsansprüche als moralisch verbrämte Form von nicht, oder nur unzureichend, legitimierten Machtansprüchen gelten müssen. Wie Joseph Prabhu herausarbeitet, bergen unter Umständen auch vermeintlich neutrale Begriffe ein nicht unerhebliches Potential, hegemoniale Ansprüche zu implizieren. Dies gilt etwa für den Begriff der Modernität *(Modernity)*, wenn er dazu verwendet wird, nur bestimmten kulturellen Entwicklungen moralischen Wert zu bescheinigen. Inwiefern solche Hegemonialansprüche eine gleichberechtigte interkulturelle Kommunikation verhindern, macht Wolfgang Gielers Beitrag *Ethnozentrismus* deutlich. *Toleranz* wiederum wird oft als eine Art Gegenbegriff zu Ansprüchen auf die Durchsetzung eigener Werte und Wertungen betrachtet. Die verschiedenen Komponenten und Konzeptionen des Begriffs werden in Rainer Forsts Beitrag diskutiert. Wo von Toleranz gesprochen wird, dürfen deren Grenzen nicht unerwähnt bleiben. Eine der derzeit wohl am häufigsten diskutierten Herausforderungen an die Toleranzbereitschaft vieler Gesellschaften stellt der *Fundamentalismus* dar. Bassam Tibi zeichnet die Entstehungsgeschichte und den Entstehungskontext des Begriffs am Beispiel seiner islamischen Spielart als letztlich immer auch politische Auseinandersetzung um Werte und daran orientierte soziale Strukturen nach.

Besondere politische Aufmerksamkeit rufen die Begriffe Diskriminierung *(Discrimination)*, Zivilgesellschaft *(Civil Society)*, Globalisierung, Kosmopolitismus *(Cosmopolitanism)* Neoliberalismus, Solidarität *(Solidarity)*, Subsidiarität und Generationengerechtigkeit hervor, die in dem nachfolgenden Unterkapitel **Öffentliche Sphäre II: Politik und Wirtschaft** dargestellt werden. Nicht selten haben dergleichen Begriffe dabei sowohl eine moralische als auch eine rechtliche Komponente. Dies gilt z. B. für den von Lena Halldenius dargestellten Begriff Diskriminierung *(Discrimination)*. Um diesen Begriff adäquat zu erfassen, ist es zum einen erforderlich, ein angemessenes Verständnis dessen zu entwickeln, was als unfaire, bzw. ungerechte Ungleichbehandlung von Menschen zu gelten hat. Zum anderen ist zu diskutieren, welche Art politischer bzw. rechtlicher Maßnahmen angezeigt sind, wenn Ungleichheiten spezifischen Personen oder Gruppen systematisch zum Nachteil gereichen. Gerechtigkeitslücken werden nicht allein zwischen verschiedenen sozialen Gruppen zum Problem, sondern auch zwischen den Generationen. Der Begriff *Generationengerechtigkeit* spielt in der Interkulturalitätsdebatte zwar gemeinhin noch eine untergeordnete Rolle, stellt aber, wie Michael Schefczyk herausarbeitet, einen wichtigen Hintergrundbegriff der Debatte dar, insofern er verdeutlicht, dass Gesellschaften als generationenübergreifende Überlieferungszusammenhänge letztlich ebenfalls als interkulturelle Räume zu verstehen sind. Die Frage danach, was Menschen zusammenschließt stellt sich auch mit Blick auf den Begriff Solidarität *(Solidarity)*. Sally J. Scholz arbeitet heraus, inwiefern ein ihm zugrunde liegendes Verständnis von Gemeinschaftlichkeit in die Übernahme wechselseitiger Unterstützungspflichten mündet. Der Beitrag von Winfried Böttcher setzt den Begriff Solidarität in Bezug zu einem derzeit vor allem im Kontext der Europapolitik relevanten Begriff: *Subsidiarität*. Im Streit zwischen Föderalisten und Intergovernementalisten provoziert der Begriff regelmäßig die Frage, wann sich eine größere politische Einheit in die Belange einer kleineren politischen Einheit einmischen sollte, und wann eine solche Einmischung die Autonomie der betroffenen Individuen oder Gruppierungen bedroht. Wie weit sollten sich staatliche Akteure von Eingriffen in die verschiedenen gesellschaftlichen Sphären insgesamt zurückhalten? Diese Frage wird gegenwärtig nicht zuletzt unter Verwendung des Begriffs *Neoliberalismus* kontrovers diskutiert. Karl-Heinz Brodbeck zeichnet die historische Genese des Begriffs und das damit verbundene politische Programm nach und hebt hervor, dass das neoliberale Ziel, staatliche Interventionen zurückzudrängen, global durchaus erfolgreich umgesetzt wurde, allerdings mit fragwürdigem Ausgang. Der Begriff der *Globalisierung* ist Gegenstand des Beitrags von Matthias Kettner. Er arbeitet heraus, inwiefern Globalisierungsprozesse eine Dominanz des Translokalen über das Lokale beinhalten und schlägt eine normative Erweiterung des Begriffs vor. Pheng Cheahs Diskussion des Begriffs Kosmopolitismus *(Cosmopolitanism)* legt dar, inwiefern sich das kulturelle und politische Bewusstsein durch die verschiedenen Globalisierungsprozesse verändert haben, etwa in Form einer Verschiebung territorialer und politischer Solidaritätssphären. Sein Beitrag hebt dabei besonders auch hervor, dass die theoretisch oft beschworene »Weltgesellschaft« in der Praxis häufig noch nicht anzutreffen ist.

Der Begriff Zivilgesellschaft *(Civil Society)* schließlich hat eine Entwicklung genommen, die ihn, wie Marlies Glasius zeigt, von seiner ursprünglich eng mit Marktmechanismen konnotierten Bedeutung weg und hin zu seiner aktuellen Form geführt hat, die (auch nichtzivile) gesellschaftliche Prozesse und Phänomene umfasst, die sowohl den klassischen staatlichen Kräften als auch denen des Marktes entzogen sind.

Ein Kompendium zur Interkulturalitätsdebatte muss notwendig

unvollständig bleiben. Zu vielfältig sind die Leit- und Streitbegriffe, als dass Anspruch auf Vollständigkeit oder auch nur auf Erfassung ihrer überwiegenden Zahl erhoben werden könnte. Nichtsdestotrotz darf einer solchen Sammlung ein Unterabschnitt mit einer Auswahl von Begriffen nicht fehlen, die das Thema in den Kontext von **aktuellen politischen Debatten** stellt. Debatten im militärischen Bereich, über Terrorismus, humanitäre Einsätze und Einwanderungskontrollen werden regelmäßig – implizit oder explizit – unter Rückgriff auf Leit- und Streitbegriffe der Interkulturalitätsdebatte diskutiert. Gleiches gilt für Diskussionen über den Schutz indigenen Wissens oder den globalen Klimaschutz. Auch diese, gemeinhin dem Bereich der Bioethik zugeordneten Debatten, finden in einem globalen Kontext statt und haben immer auch eine interkulturelle Dimension.

Mit Blick auf den Begriff Einwanderungskontrolle *(Migration Control)* hinterfragt Mark Gibney unter Verweis auf allgemein anerkannte Menschenrechtsstandards in diesem Sinne kritisch die vielen gegenwärtigen Bestimmungen zugrunde liegenden staatlichen Souveränitätsansprüche.

Termini, wie der der humanitären Intervention *(Humanitarian Intervention)*, beinhalten, wie der Beitrag von Michael Newman verdeutlicht, ein beträchtliches Konfliktpotential. Wem kommt die Definitionsmacht darüber zu, unter welchen Bedingungen militärische Interventionen als humanitär gefordert begründet sind? Vergleichbar schwierig ist die Definition des Begriffs *Terrorismus*. Georg Meggle diskutiert ihn als einen politischen Kampfbegriff, der demjenigen, der über ihn bestimmt, eine nahezu grenzenlose Macht im Sinne einer Berechtigung zu Eingriffen in die unterschiedlichsten politischen Sphären verleiht. Die von Meggle vorgeschlagene Analyse des Begriffs ist nicht allein provokativ, v.a. zeigt sie auf und macht einmal mehr deutlich, wie schwer es ist, die Semantik von Begriffen, die vor allem in gesellschaftlich wie politisch heiß umkämpften Bereichen Verwendung finden, als spezifische Akte der Gewalt angemessen von anderen Gewaltakten zu unterscheiden.

Globalisierung wird vielfach mit einer Bedrohung der Eigentumsrechte an indigenem Wissen identifiziert. Unter dem Stichwort *Indigenous Knowledge and Intellectual Property* stellt Peter Drahos dar, inwiefern Länder, die eine besonders hohe und wissenschaftlich wie wirtschaftlich interessante Biodiversität aufweisen, sich den Patentrechtsbestimmungen anderer Länder gegenüber sehen und welche

Stellung internationale Vereinbarungen wie etwa das Agreement on Trade Related Aspects of Intellectual Property Rights (TRIPS) haben. Auch auf globale ökologische Herausforderungen, wie den Klimawandel, kann nicht mehr allein auf nationaler Basis reagiert werden, wie Clare Palmers Beitrag *Global Warming* hervorhebt. Handlungen innerhalb eines Rechtsraums haben in dergleichen Belangen immer auch Auswirkungen auf das Leben derjenigen, die nicht derselben Jurisdiktion unterstehen. Die Debatte in diesem Bereich ist paradigmatisch für die vielfältigen Bestrebungen, Handlungs-, Entscheidungs- und Regulierungsräume stärker als bisher aufeinander zu beziehen. Die Akteure und Beobachter der aktuellen politischen Prozesse werden dabei regelmäßig mit kulturellen Besonderheiten konfrontiert, die es wahrzunehmen und in den Diskurs einzubeziehen gilt.

Wie unterschiedlich der Fokus der einzelnen Autoren auf die jeweiligen Leit- und Streitbegriffe der Interkulturalitätsdebatte auch oftmals ist, so augenfällig sind doch die begrifflichen Interdependenzen in den aufgegriffenen und weitergeführten Diskussionen. Eine Zuordnung der Begriffe in verschiedene thematische Kategorien bringt daher zwangsläufig gewisse Unschärfen mit sich. Zu vielfältig sind die Verschränkungen, Konnotationen und Wechselbeziehungen der in der Interkulturalitätsdebatte zentralen Begriffe, als dass eine solche Zuordnung nicht letztlich auch nach anderen Kriterien hätte erfolgen können. Es wäre also falsch, die hier vorgeschlagenen begrifflichen Cluster als strikt trennende Aufteilung in unterschiedliche Themenbereiche aufzufassen. Für diesen Sammelband gilt vielmehr etwas, dass auch für die Interkulturalitätsdebatte insgesamt gilt: weder ist von grundlegenden, jede Verbindung und Überschreitung negierenden Differenz(ierung)en auszugehen, noch von einer alle Differenzen und Besonderheiten unterschlagenden Vereinheitlichung. Wir hoffen, dass die begrifflichen Wechselbezüge durch die vorgenommene Zuordnung der Begriffe deutlich werden und die Aufteilung dem Leser hilft, spezifische Schwerpunktsetzungen in den Debatten leichter zu erfassen.

In diesem Sinne zielt dieser Band darauf, einen Beitrag für die Entwicklung eines angemessenen Bewusstseins für die unterschiedliche Verwendung von Begriffen zu leisten, die im Kontext der Beschreibung und Analyse interkultureller Phänomene und Prozesse zentral sind. Neben einem Fortschritt in der geistes – bzw. sozialwissenschaftlichen Theoriebildung hoffen wir zudem, eine Handreichung für all jene liefern, die sich in unterschiedlichen gesellschaftlichen, politischen und historischen Kontexten praktisch mit Fragen interkultureller Verständigung und Kooperation befassen.

Monika Kirloskar-Steinbach, Gita Dharampal-Frick, Minou Friele

Introduction

Interculturality is a characteristic feature of the contemporary age. Both globally and within heterogeneous societies many phenomena and processes of socio-political relevance are engendered by, or are associated with, persons and communities belonging to different cultural backgrounds.

Given that depicting and analyzing socio-political reality constitutes one of the primary goals in the humanities and social sciences, engaging with these diverse phenomena and processes has become an absolute necessity. Accordingly, pertinent topics are being increasingly addressed by these disciplines: historians and social scientists, for instance, are keenly engaged in often controversial social and political debates concerning intercultural issues; in political science and linguistics there is an ongoing endeavor to highlight and even unmask forms of repression – be they of old or new, open or covert varieties. Even our fundamental cognitive presuppositions are being subjected to a penetrating intercultural analysis accompanied by stringent criticism. Likewise, in line with postcolonial trends, there is an incisive attempt to critically review and attenuate the hegemony of a "logocentrism", predominately prevalent in and exercised by European and North American influence.

In contradistinction to these varied developments in academia as a whole, whether in history, ethnology, sociology or in political science, philosophers, for their part, have been relatively reticent to engage with interculturality and related discourses. What could be the reason for this discrepant response? A claim widespread within this discipline may serve as a partial explanation: in view of the fact that it is considered judicious when undertaking a philosophical enquiry to view objects *sub species aeternitatis,* i.e. from the perspective of the eternal, this attitude invariably induces the philosopher to abstract from historically contingent factors. Hence, cultural specificities are largely ignored, being heeded only in exceptional cases; cultural phenomena are skeptically perceived as mere contingencies which obscure rather than highlight *the* quintessence of a philosophical enquiry whose prime concern is to determine the universal nature of justice, freedom or identity. Moreover, since an engagement with intercultural phenomena has in the past involved coming to terms hermeneutically with non-European traditions of thought, and given that many a philosopher denied that these traditions could be genuinely philosophical, i. e. fulfill the methodological standards of western European scholarship, it was consequently considered more appropriate to study interculturality from the perspective of comparative religion rather than from the vantage point of philosophy. Philosophers, who, nonetheless, dealt with these topics, risked being thoroughly misunderstood by their own colleagues.

Fortuitously, for some time now, philosophy has begun at least partially to review, if not to revise, its own self-conception. This recent trend has led to a burgeoning interest for engaging with new topics of philosophical analysis, as exemplified by the creation of different branches of applied ethics, such as bioethics and business ethics. In the ensuing interdisciplinary debates, philosophers seek to offer a terminological and conceptual clarification of the object investigated. Furthermore, they strive to chalk out guidelines with the aim of facilitating members of society to come to terms with seminal societal challenges. In view of these developments, the seemingly crucial gap between generating terminological clarity, on the one hand, and implementing practical guidelines, on the other, seems to have been rendered obsolete.

Considering these recent modifications in philosophical self-understanding, it would seem opportune to reassess the discipline's approach to the domain of interculturality. As it is, especially in the field of ethics, pertinent societal practices constitute a regular feature of analysis. And indeed, if our initial statement holds true, intercultural aspects can no longer be ignored. Hence, alongside attention being paid to a plethora of social phenomena, intercultural themes deserve to be placed in the limelight of philosophical study. Moreover, terms and concepts used in ongoing debates, pertaining to the public sphere as well as to the social sciences, warrant adequate analysis.

Consequently, this volume attempts to bring into philosophical focus central problems and topics of intercultural salience. Simultaneously, our underlying aim is to render philosophical analysis more accessible to those social sciences in which intercultural studies are now firmly established. Both these concerns – a philosophical clarification of relevant terms and concepts as well as a broadening of the thematic spectrum – are not merely of academic interest, for by constructively contributing to a more rigorous analysis of intercultural discourse in a whole range of academic disciplines, the intellectual self-understanding of society in general can be beneficially impacted.

Given such an academically and socially oriented agenda, this anthology has collated contributions by authors, reputed for their expertise in intercultural topics and societal concerns. Concepts seminal both to multifarious intercultural processes, as well being central to the social sciences, are discussed from differing disciplinary perspectives.

By virtue of their importance, these *key concepts* are highly controversial, both in societal as well as academic discourse. Given that they are pivotal to processes of social self-understanding and central to academic analysis, a concerted effort has been made here to assess and to define their specific importance and relevance, both within individual debates as also in transdisciplinary discourse. Individual authors have been requested, in short exposés, to trace the development of a particular concept, its usage, its implications, as well as to critically evaluate the discourse which is informed by the respective concept.

The concepts themselves are divided into the following categories: **Methodological Issues, Personal (Inter-)cultural Self-understanding, Collective (Inter-)cultural Self-understanding, Public Sphere I: Society, Public Sphere II: Politics and Economics**. A final category focuses on **Current Political Debates**, in which the concrete practical relevance of certain key and contested concepts is showcased.

The articles grouped together under **Methodological Issues** highlight some critical aspects of intercultural academic self-understanding. In *Zur Hermeneutik interkultureller Philosophie* Ram Adhar Mall elucidates the way in which intercultural "analogic" hermeneutics forms the bedrock of the debate, and then proceeds to discuss the dynamic relation between understanding the self and the other. In his article *Differenz: Unterscheidungen, Differenzierungen, Dimensionen*, Georg Stenger deals with the specificities of philosophical thought concerning matters of difference. In particular, he discusses to what extent a readjustment of concepts pertaining to intercultural discourse should correspondingly entail a more radical realignment of these basic concepts themselves. In *Universalism*, Ulrich Steinvorth formulates a question underlying many a debate, namely whether and to what degree European/western rationality models can claim universal validity for themselves.

Concepts like authenticity, agency/autonomy, heteronomy, identity, integrity and subjectivity are integral to intercultural discourse about **personal (inter-)cultural self-understanding.** However, participants in such debates often talk at cross purposes since the conceptual terminology has not always been sufficiently well defined. Resolving such misunderstandings is essential, also in order to distinguish between substantial and terminological controversial issues. What's more, the select usage of specific concepts is often determined by an implicit, perhaps even subconscious, dimension tinged by the respective cultural traditions. In his article *Authentizität* (authenticity), Heinz Kimmerle selects, as his point of departure, related terms such as Heidegger's authenticity or "ownedness" (Eigentlichkeit) and Sartre's "bonne foi". He then contrasts a European understanding of authenticity with its African and Buddhist reading. Utilizing western and nonwestern perspectives, Nausikaa Schirilla highlights in *Handlungsmacht/Autonomie* (agency/autonomy) how autonomy is differentially understood across cultures and argues that this concept should not be solely equated with a single (western) understanding. Moreover, she underscores that the specific understanding ascribed as occidental has been contested within this tradition itself. Andreas Niederberger elucidates heteronomy *(Heteronomie)* referring to both Kant's understanding of freedom as well as to postmodern approaches employed by Michel Foucault and Jacques Derrida. He discusses the mutual relationship between autonomy and heteronomy and elaborates on their relevance for ongoing global debates. Jürgen Hengelbrock examines the concepts of personal and collective identity *(Personale und kollektive Identität)* and focuses on the tension which has marked their relationship ever since antiquity. Scrutinizing personal integrity and collective integration *(Personale Integrität und kollektive Integration),* Arnd Pollmann demonstrates that such concepts revolve around substantial contestations with each party to the dispute claiming an exclusive prerogative. In *Subjectivity,* the last concept in this section, Asha Varadhavajan underlines that processes of personal identity formation are at play in the interstices of intercultural interaction. The quintessence of her argument is that a subject's identity is itself culture-specific, as is also a person's self-understanding, embedded as it is in a particular cultural context.

Collective (Inter-)cultural Self-understanding strings together concepts which focus on the plurality, mixture and blending of different cultures. As Jan Nederveen Pieterse states in *Cultural Hybridity,* diverse and manifold forms of cultural hybridity are ubiquitous in the contemporary world, and all the more so since the latter is defined by intercultural communication and migration. Contrastively, *Syncretism,* of which Anita Maria Leopold provides a taxonomy and definition, refers to various, perhaps even apparently incompatible, cultural elements in religious and spiritual movements. *Integration* is equally salient in this context; Richard Evanoff discusses its specificities by comparing it to assimilation, separation and marginalization. Even though contemporary cultural phenomena do not correspond to a traditional or conventional understanding of culture, Wolfgang Welsch in *Transkulturalität* delineates how a transcultural intermeshing of different cultures participates in age-old processes and hence does not constitute a completely new phenomenon. Rajeev Bhargava analyzes *Multiculturalism* against the backdrop of the discourse on communitarianism, pinpointing its practical and political implications. In *Essentialism and its Critiques,* Tariq Modood discusses whether statements about multiculturalism presuppose a certain degree of cultural essentialism in as far as cultural groups, as objects of analysis, are viewed primarily as separate entities. In like manner, Arno Pascht critically scrutinizes ethnicity *(Ethnizität),* a concept which though having receded somewhat into the background still continues to influence intercultural discourse. Divergently, *Diaspora,* as Ruth Mayer expounds, is becoming an increasingly prominent concept which assumes its importance in imminent connection with the "ethnicization of political life". Her article stands at the threshold to the next category **Public Sphere I: Society**. Concepts like ethnocentrism, moral imperialism, fundamentalism, toleration, modernity and hegemony presuppose value judgments which are closely associated with debates pertaining to the truth of cultural relativism or the existence of cultural universals. In his articles *Relativismus* and *Kultur-Universalien,* Christoph Antweiler explores how these concepts constitute complementary (not contradictory) poles within intercultural discourse. Oliver Marchart *(Hegemonie)* focuses on the gap between particularity and universality and contends that, should particular social forces implement the construction of a collective will to universalize their own concerns with hegemonic zeal, this chasm could ultimately prove to be unbridgeable.

Locating *Moral Imperialism* at the interface between relativism and universalism, Brett Bowden's analysis is framed by the question as to whether universality claims qualify as a morally veiled form of claims to power which are either explicitly illegitimate or not-sufficiently legitimate. Yet even allegedly neutral concepts can conceal hegemonic claims, as demonstrated by Joseph Prabhu's article on *Modernity*, who points out that this concept is employed to assign moral value only to cultural developments of specific societies. Wolfgang Gieler *(Ethnozentrismus)* elucidates how such hegemonic claims hinder an intercultural communication based on parity. Contrastively, toleration is commonly understood as a kind of counter-term to the assertion of one's own values and presuppositions; Rainer Forst *(Toleranz)* discusses its various constitutive elements as well as the differing ways in which it can be conceived. Yet its inherent limitations should not be overlooked, as exemplified in the case of fundamentalism *(Fundamentalismus)* which poses an ongoing provocative challenge to the willingness of many societies to tolerate certain practices. Using Islamic fundamentalism as a paradigm, Bassam Tibi traces the history and endogenous context of this concept, defining it as a political struggle concerned with obtaining recognition for specific values including the concomitant societal structures.

Concepts like discrimination, civil society, globalization, cosmopolitanism, neoliberalism, solidarity, subsidiarity and intergenerational justice merit special political attention and are grouped together under the category **Public Sphere II: Politics and Economics**, although many of these concepts also have moral and legal implications. This is particularly pertinent in the case of *Discrimination*, in which connection Lena Halldenius underscores how imperative it is to develop an adequate understanding of unfair or unjust acts. Simultaneously, she emphasizes the crucial importance of competent knowledge concerning the political or legal mechanisms for contending with inequalities which systematically disadvantage certain persons or groups. Yet it is necessary to come to terms not only with social and communitarian injustice, but also with iniquities arising between generations. Notwithstanding the fact that the concept of intergenerational justice *(Generationengerechtigkeit)*, as Michael Schefczyk points out, still plays a relatively minor role in contemporary intercultural discourse, it does, however, according to him, represent a crucially foundational concern inasmuch as societies – understood as cross-generational founts of traditional continuities – can also be apprehended as intercultural spaces. In order to understand the nature of the bonds which hold people together, a closer analysis of *Solidarity* is essential. Sally J. Scholz evaluates to what extent the sense of community underlying this concept engenders mutual duties and responsibilities with a view towards providing societal support and aid. Winfried Böttcher relates solidarity to another concept prevalent in European political debates, namely subsidiarity *(Subsidiarität)*. Federalists and intergovernmentalists hotly contest whether a bigger political entity should interfere in the concerns of a smaller one, and should such an intervention be necessary, whether it could be carried out without compromising the latter's autonomy; and lastly, whether state actors should, in general, keep at a well-defined, principled distance from actors in the social sphere. This question is deeply controversial especially in the neoliberal context, as shown by Karl-Heinz Brodbeck who traces the historical trajectory of neoliberalism *(Neoliberalismus)* along with its political program. He underscores that, although the neoliberal goal has been by and large achieved in as far as state interventions all over the globe have been successfully curbed, nonetheless, the outcomes of this policy continue to be highly debatable. This globalized interaction is pursued further by Matthias Kettner *(Globalisierung)* who studies the domination of the local by the translocal in globalization processes and argues for a normative extension of this concept in order to adequately deal with these ongoing processes. Pheng Cheah discusses how globalization has altered cultural and political consciousness by, for instance, realigning territorial and political spheres of solidarity. As his contribution *Cosmopolitanism* underscores, "world society", which is much acclaimed by theorists, still needs to become effectively realized in practice.

As the last concept in this category, Marlies Glasius focuses on the development of *Civil Society*. Closely associated originally with market mechanisms, this concept is used today even to denote (uncivil) societal processes and phenomena which evade classical state and market forces.

A compendium on interculturality will necessarily be incomplete, for the whole range of diverse key and contested concepts cannot possibly be comprehensively integrated into a single volume. Nevertheless, such a collection cannot do without a sub-category in which the current political valorization of key and contested concepts is showcased, namely **Current Political Debates**. Debates on security issues, on terrorism, humanitarian aid, migration controls, implicitly or explicitly, refer to key and contested concepts in intercultural discourse. Even typical bioethic topics concerning controversies about indigenous knowledge and global climate change have global repercussions and comprise an intercultural dimension.

Addressing *Migration Control,* Mark Gibney examines commonly recognized human right standards in order to critically reflect upon state sovereignty claims which undergird many current regulations to control migration.

Terms like *Humanitarian Intervention* can also be acutely controversial as highlighted by Michael Newman's article which enquires into who has the power to decide whether certain conditions necessitate military intervention which, furthermore, can be justified on humanitarian grounds. Delineating terrorism is similarly problematic: Georg Meggle underlines the politically polemical nature of the concept of *Terrorismus* which endows the person exercising this interpellative role with almost unlimited power, and even more crucially, with the legitimation to interfere in diverse political terrains. Meggle's provocative analysis attempts to address the problem arising when the semantics of a particular term is separated from its social and political usage. Especially when certain loaded concepts, like terrorism, are used in extremely contested social and political fields, their mere semantic usage could well be equated with a violent act which defies separation from similar acts.

Globalization is, often, said to constitute a threat to property rights impacting negatively on indigenous knowledge. Peter Drahos uses the keyword *Indigenous Knowledge and Intellectual Property* to chalk out the palpable tension between countries possessing a high degree of scientific and economic biodiversity and the patent law provisions of those foreign countries that are keen to implement this biodiversity for their own purposes. He also examines international agreements such as the one concerning Trade Related Aspects of Intellectual Property Rights (TRIPS). As Clare Palmers points out in *Global Warming,* states today cannot afford to react to global ecological challenges on a mere national basis given that the repercussions of environmentally deleterious actions are not necessarily restricted to the specific judicial area in which they were carried out. The debates in this field paradigmatically highlight the efforts of those attempting to interlink actions with decisions and regulations more closely than has hitherto been the case. Yet those implicated in or observing political developments are constantly confronted with cultural specificities which need to be duly acknowledged and adequately addressed in the discourse.

Individual authors of this volume do differ in their respective methodological analyses of specific key and contested concepts. Yet, in the debates addressed, it is evident that these concepts are interdependent in various ways. Hence, classifying the terms into thematic subcategories may have been a self-defeating task. Due to their manifold interplays, connotations and interrelations, these intercultural concepts could quite justifiably have been arranged according to different criteria. So needless to say, the conceptual clusters by no means denote a rigid division between interlocking thematic complexes. Rather, a core insight integral to intercultural discourse also characterizes this volume: it projects differences without negating all commonality and foregrounds uniformity whilst adequately taking note of individual differences and specificities. Thus, we hope that through the sub-categories the conceptual intermeshing between the individual articles will become more evident, and that the thematic arrangement will facilitate the reader to discern the crucial nodal points in the disparate discourse.

With this volume we wish to stimulate in our readers an increased awareness about the diverse manner in which key and contested concepts are being employed in intercultural discourse. Besides contributing towards generating new theories in the humanities and social sciences, we hope our endeavor will serve as a practical reference work for all persons, from various walks of life, striving for a greater degree of understanding and cooperation, be it from a social, political or historical perspective, in the arena of intercultural interaction.

Monika Kirloskar-Steinbach, Gita Dharampal-Frick, Minou Friele

Zur Methodik/

Methological Issues

Zur Hermeneutik Interkultureller Philosophie

Die hier thematisierten und auch problematisierten Begriffe wie z.B. *Interkulturelle Philosophie* und interkulturelle *analogische Hermeneutik* sind nicht nur *Leitbegriffe,* was sie in der Tat in erster Linie sind, sein wollen und sollen, sondern auch *Streitbegriffe.* Die Moderne bzw. die Postmoderne stellen neue Herausforderungen für das philosophische Denken in der heutigen Welt dar und definieren ihren Aufgabenbereich neu. Das Neue besteht nicht in einer völligen Zurückweisung klassischer philosophischer Fragestellungen und Lösungsansätze, sondern in der Notwendigkeit einer interdisziplinären Re-Kontextualisierung und Re-Interpretation der Großphänomene der Philosophie wie z.B. Erkenntnis, Wahrheit, Moral, Willensfreiheit, Geist u.a. Dies ist notwendig geworden im Lichte der neuen Erkenntnisse, die uns heute dank der umwälzenden Forschungsergebnisse sowohl auf dem Felde der Geisteswissenschaften, aber vor allem auf dem Felde der Naturwissenschaften und Lebenswissenschaften zuteil geworden sind.

Interkulturalität versus Transkulturalität in der Philosophie

Wenn Philosophie als Philosophie ausschließlich trans-kulturell sein soll, dann wird der Fixpunkt eines *tertium comparationis* in einer bestimmten Tradition fixiert und die Philosophie wird fast platonisch verankert. Schließlich wird sie fast apriorisch, bloß analytisch und nominalistisch bestimmt. Hierbei wird die Vorsilbe »trans-« in einer Weise belastet, die einer interkulturellen Verständigung nicht dienlich ist. Die Universalisierungstendenz dieser Vorsilbe, die sich den kulturellen Gestalten der Philosophie verweigert, endet im Leeren. Denn diese Gestalten der Philosophie sind geschichtlich bestimmt. Weder gibt es in ihnen einen allbestimmenden archimedischen Punkt noch eine allverbindliche Letztbegründungsinstanz.

Die Vorsilbe »inter-« ist frei von diesen Mängeln. Wenn sich philosophische Fragen und Lösungsansätze im Vergleich der weltphilosophischen Traditionen begegnen, versteht sich diese Vorsilbe als ein im Gespräch, im Diskurs stattzufindendes Erlebnis eines Zwischen. In der Abwesenheit eines alle Kulturen transzendierenden Legitimationsgrundes für die Bestimmung der Philosophie bietet eine inter-kulturelle Orientierung die notwendige Verbindlichkeit, die unparteiisch genug ist, der Gegenposition das gleiche Recht einzuräumen, das sie selbst in Anspruch nimmt. Die Vorsilbe »inter-« steht daher für eine Einstellung, die alle konkreten Gestalten und Orte der Philosophie wie ein Schatten begleitet und verhindert, dass irgendeine bestimmte Gestalt oder irgendein bestimmter Ort der Philosophie sich verabsolutiert. Im globalen Kontext wird die zukünftige Philosophie daher entweder *interkulturell* sein oder *provinzialistisch* bleiben. Mit Recht bemerkt Mircea Eliade (1973: 84), dass europäische Philosophie es nicht vermeiden kann, ›provinzialistisch‹ zu werden, wenn sie sich nur innerhalb ihrer eigenen Tradition bewegt.[1]

Selbst- und Fremdhermeneutik: Zur Konzeption einer *interkulturellen analogischen* Hermeneutik

Trotz der inneren Dynamik zwischen dem Selbst- und Fremdverstehen herrscht ein dialektisches Verhältnis zwischen ihnen. Das Selbstverstehen von A wird zum Gegenstand hermeneutischen Verstehens von B, und umgekehrt. In diesem Prozess ist der Konflikt der Interpretationen unvermeidbar. Wenn wir z. B. das indische Denken in »westliche« Kategorien und Konzepte übersetzen, um es zu verstehen, dann ist die Gefahr einer Verdrehung nicht auszuschließen. Tun wir dies aber nicht, so fürchten wir, es nicht verstehen zu können. Wie also verstehen?

Heute wird das Gespräch zwischen Asien, Afrika, Lateinamerika und Europa von einer vierdimensionalen hermeneutischen Dialektik begleitet: a) das Selbstverständnis Europas durch Europa, b) das europäische Verstehen nicht-europäischer Kulturen, Religionen und Philosophien, c) das Selbstverständnis nicht-europäischer Kulturkreise und schließlich d) das Verstehen Europas durch außereuropäische Kulturen. Zum einen ist also die Rede von *der* europäischen, *der* indischen oder *der* chinesischen Philosophie selbst eine höherstufige Konstruktion. In dieser Situation stellt sich zum anderen die Frage: Wer versteht wen, wie und warum am besten?

Besonders in der Moderne hat man im Namen des Verstehens Monologe betrieben, in denen das Fremde entweder nicht zu Wort kam, oder es wurde gewaltsam einverleibt. In diesem Prozess *reduktiver* Hermeneutik-Anwendung wurde die eigene Tradition privilegiert und verabsolutiert. Außerdem wurden im Namen des Verstehens eigene Denkstrukturen auf den anderen Kontext übertragen. Alles wurde hierbei dem Wunsch untergeordnet, dass man verstanden wird. Das Andere wurde erst gar nicht wahr- und ernstgenommen. Mit viel Mühe studierten beispielsweise einige Missionare und Ethnologen fremde Sprachen wie Chinesisch oder Sanskrit nicht so sehr, um die Fremden zu verstehen, sondern in der Hauptsache, um von ihnen verstanden zu werden. Es wurde versucht, das zu Verstehende in seiner Substanz so zu verändern, dass das Fremde zu einem Echo des Eigenen wurde. Dieses in diesem Sinne zu bezeichnende Identitätsmodell der Hermeneutik ist stets mit irgendeiner Form von Gewalt verbunden. Doch der in der Postmoderne eingeschlagene Weg ist seinerseits auch nicht gangbar. Insofern als radikale Differenzen betont werden, wird man unverbindlich relativistisch.

Die de facto existierende Situation verlangt hingegen nach einer philosophischen Hermeneutik, die offen genug ist, um die Traditionsgebundenheit einzusehen, auch des eigenen Standpunkts. Nicht die unvermeidbare Standpunktgebundenheit führt uns in die Irre, es ist die unzulässige Selbstverabsolutierung, die Verständigung unmöglich macht. Eine interkulturell orientierte hermeneutische Philosophie muss die Forderung nach einer Theorie erfüllen, nach der weder die Welt, mit der wir uns auseinandersetzen, noch die Begriffe, Methoden, Auffassungen und Systeme, die wir dabei entwickeln, historisch unveränderliche, apriorische Größen darstellen. Wie Helmuth Plessner (1979: 299) sagte:

> In dem Verzicht auf die Vormachtstellung des europäischen Wert- und Kategoriensystems gibt sich der europäische Geist erst den Horizont auf die ursprüngliche Mannigfaltigkeit der geschichtlich gewordenen Kulturen und ihrer Weltaspekte frei. In dem Verzicht auf die Absolutheit der Voraussetzungen, welche diese Freilegung selbst erst möglich machen, werden diese Voraussetzungen zum Siege geführt. Europa siegt, indem es entbindet.[2]

Keine philosophische Tradition darf ihre eigenen Denk- und Verhaltensmuster verabsolutieren. Das *tertium comparationis* muss im Lichte einer interkulturell-philosophischen Begriffskonkordanz erarbeitet und kann nicht im Sinne einer apriorischen Methode *per definitionem* fixiert werden.[3] Eine andere Denkweise ist eine alternative Denkweise, die nicht unbedingt falsch sein muss. Das hermeneutische Unternehmen ist eine unendliche Suche nach Überlappungen, mögen diese noch so minimal sein und nur darin bestehen, dass man Gegenpositionen nur das Recht, Positionen zu sein, zugesteht, es sei denn, es handelt sich um Denkweisen, in denen ein dialoghemmender Dogmatismus vertreten wird. Eine Hermeneutik, die der heutigen *de facto* hermeneutischen Situation gerecht werden will, muss das *Verstehenwollen* und das *Verstandenwerdenwollen* zusammendenken.

Das Motto einer interkulturellen Hermeneutik lautet daher: Das *Verstehenwollen* und das *Verstandenwerdenwollen* gehören zusammen und stellen die zwei Seiten derselben hermeneutischen Münze dar. In dem Verstehen des Anderen ist zwar der hermeneutische Zirkel nicht ganz vermeidbar; er darf jedoch auch nicht dogmatisiert werden, als wäre man nur noch dessen Gefangener. Die »analogische Hermeneutik«, für die die interkulturelle Philosophie plädiert, reduziert nicht und vermeidet sowohl die Fiktion einer totalen Kommensurabilität als auch die Fiktion einer völligen Inkommensurabilität. Ihren Ausgangspunkt bilden die anthropologisch-hermeneutisch verankerten unterschiedlichen Verstehens- und Kommunikationsentwürfe, welche nicht nur unterschiedliche Fragestellungen und Antwortmuster kennen, sondern darüber hinaus auch grundsätzlich andere philosophische Möglichkeiten und Themen. Diese Überlappungen, die vom Biologisch-Anthropologischen bis hin zum Politischen reichen, ermöglichen erst die Kommunikation und Übersetzung. In das Leben eingebettet hängen sie von Begründungszusammenhängen, Methoden, Erkenntnissen, Werten, Interessen und Interpretationen ab. Jenseits aller Ontologisierungen stellen die Überlappungen die auf dem Boden des Empirischen zu erreichenden und zu begründenden Gemeinsamkeiten dar. Sehr zu Recht heißt es bei Wilhelm Dilthey (1973: 225): ›Die Auslegung wäre unmöglich, wenn die Lebensäußerungen gänzlich fremd wären. Sie wäre unnötig, wenn in ihnen nichts fremd wäre‹.[4]

Die analogische Hermeneutik vertritt ferner die Ansicht, dass man auch das versteht und verstehen kann, was man nicht ist, sein kann oder sein will. Das Verstehen im Geiste der analogischen Hermeneutik pocht nicht auf ein Verstehen im Sinne des Einleuchtens und Überzeugens, sondern vollzieht ein Verstehen auch im Sinne des Sich-Zurücknehmen-Könnens. Die analogische Hermeneutik erlaubt uns auch, das zu verstehen, was wir vorher unbedingt nicht konstituiert haben müssen. Die Grenze der Hermeneutik, auch der phänomenologischen, ist dort, wo es auch eine Grenze der Konstituierbarkeit gibt. Allen Intentionen des Verstehens geht das analogisch Andere als das zu Verstehende voraus. Es ist und bleibt nicht restlos konstituierbar. Nur einem Gott ist es möglich, nach seinem eigenen Bilde zu schaffen.

Das hermeneutische Subjekt der analogischen Hermeneutik ist nicht ein Subjekt neben dem empirischen, kulturellen und historischen, sondern es ist dasselbe Subjekt mit der interkulturellen Einstellung, welche es *orthaft und zugleich ortlos* sein lässt. Diese »orthafte Ortlosigkeit« erlaubt es, die Universalität der philosophischen Rationalität mit der Praktikabilität der jeweiligen philosophischen Traditionen in Verbindung zu bringen. Ein solches hermeneutisches Subjekt wird immer von dem Bewusstsein begleitet, dass ein jedes konkrete Subjekt auch ein anderes hätte sein können. Die Naivität des bloß mundanen Subjekts besteht in dem Unvermögen, den eigenen Standpunkt als einen unter vielen wahrnehmen zu können. Die höherstufige Einstellung des hermeneutischen Subjekts ermöglicht uns, das wir Standpunkte, einschließlich der eigenen, als Standpunkte begreifen und die nötige Offenheit und Toleranz bezeugen.

Das linguistische Argument also, dass nur eine bestimmte Sprachstruktur, z. B. die indoeuropäische, essentiell mit philosophischem Denken verbunden sei, ist unbegründet. Hier hat Hans-Georg Gadamer recht, wenn er sagt, dass das, was in einer Sprache gesagt wird, auch in einer anderen Sprache gesagt werden kann. Freilich ist die Art und Weise des Sagens kaum übersetzbar. Unsere Fähigkeit zur Übersetzung ist jedoch anthropologisch verankert. Selbst unsere eigenen syntaktischen und semantischen Betätigungen sind, recht verstanden, Übersetzungen unserer Empfindungen, Erlebnisse und Vorstellungen. Daher ist das Verhältnis zwischen Anthropologie, Philosophie und Hermeneutik, das von einem unendlich offenen Reservoir zeugt, systematischer zu bestimmen.

Die hier entworfene Konzeption einer analogischen Hermeneutik ist in dem spannungsreichen Knotenpunkt zwischen der unaufhebbaren Traditionsgebundenheit und der unverzichtbaren Offenheit der Hermeneutik angesiedelt. Die Philosophie der Hermeneutik, die einer solchen Konzeption zugrunde liegt, definiert nicht Wahrheit ausschließlich durch die eigene Tradition und die eigene Tradition durch Wahrheit. Man kann vom Anspruch und Elend einer solchen Koinzidenz zwischen Tradition und Wahrheit zwar sprechen. Dies ist jedoch abzulehnen, ob es um intra- oder interkulturelle Verhältnisse geht. Im Geiste der ›schöpferischen Hermeneutik‹ (Eliade 1973: 208), stellt unsere Konzeption nicht nur einen liberalen methodischen und epistemologischen, sondern darüber hinaus auch einen transformativen Zugang.[5] So ist *interkulturelles Philosophieren* im Geist der hier entworfenen analogischen Hermeneutik nicht nur ein Denkweg, sondern ebenso ein Lebensweg.

Interkulturelle Philosophie als neues Paradigma

Interkulturelle Philosophie zielt auf einen Paradigmenwechsel im Diskurs der philosophischen Traditionen der Welt. Es dürfte klar geworden sein, dass die interkulturelle Philosophie eher eine philosophische Grundüberzeugung, eine Einstellung, ja eine Denkrichtung ist. Sie ist ein *Prolegomenon* zur Weltphilosophie, zum weltphilosophischen Denken in seinen kulturspezifischen Gestalten mit grundsätzlichen Gemeinsamkeiten und Differenzen. Jenseits eines Essentialismus geht es hier um ein Primat der philosophischen Fragestellungen, die im Sinne der Familienähnlichkeiten Wittgensteins ein anthropologisch-universelles Reservoir darstellen und alle unterschiedlichen Zentren der Weltphilosophie miteinander verbinden. Ist Philosophie etwas Universelles, was sie zweifelsohne ist, so kann sie nicht die Verabsolutierung einer philosophischen Konvention bejahen.

Die Universalität der philosophischen Rationalität zeigt sich in verschiedenen philosophischen Traditionen, transzendiert diese jedoch auch. Da die philosophisch-historiographische Praxis kontingent ist, können nicht-europäische Philosophien nicht im Rahmen und nur vom Standpunkt der europäischen Philosophie her thematisiert werden. Nur wenn die Philosophiegeschichte von Grund auf neu konzipiert und gestaltet wird, kann eine Horizonterweiterung gelingen, die einer interkulturellen Verständigung und Kommunikation sehr dienlich wäre. Die begriffliche und inhaltliche Klärung der interkulturellen Philosophie zeigt ferner, dass die Philosophiegeschichte selbst ein unendliches Reservoir unterschiedlicher Interpretationen, ein hermeneutischer Ort ist.

Wenn die Kategorie der Differenz im weltphilosophischen Kontext zudem nicht stiefmütterlich und reduktiv behandelt und die regulative Idee der Einheit nicht metaphysisch-ontologisch, spekulativ-ideologisch und aprioristisch als Einheitlichkeit *ab ovo* bestimmt werden darf, so folgt u.a., dass ein idealisierter Konsens à la Jürgen Habermas überdacht werden soll. Mit ihren nachmetaphysischen Reflexionen will Habermas' Theorie der Kommunikation zwar keine alte Metaphysik der einen absoluten Vernunft, sie plädiert aber für eine *starke* Version des Konsensualismus. Im Konsens sieht sie nicht nur ein regulatives Ideal rationaler Diskurse, sondern eine konstitutive Vorbedingung für die Möglichkeit der Kommunikation.[6]

Die Theorie der Überlappung plädiert hingegen für eine *schwache* Version des Konsensualismus und lässt Diskurse auch ohne Konsens zustande kommen. Nicht die Wünschbarkeit des Konsenses wird hier in Abrede gestellt, sondern dessen essentialistischer und absoluter Status. Die hier vertretene Überlappungstheorie kommt der Auffassung von einem *überlappenden Konsensus* von John Rawls sehr nahe. Als methodischen Zugang bedenkt die Überlappungsthese schon im Ansatz die Vielfalt und Heterogenität. Dissens ist da, Konsens soll sein und Kompromiss ist das, was eigentlich alle in theoretischer und praktischer Selbstbescheidung geführten Diskurse hergeben.

Das Projekt »Interkulturelle Philosophie« in Kombination mit interkultureller analogischer Hermeneutik bringt, *summa summarum*, eine längst fällige historiographische, begriffsgeschichtliche und lebensphilosophische Erweiterung und Vertiefung der Philosophie mit sich, hypostasiert die eine philosophische Wahrheit *(philosophia perennis)* nicht, schreibt ihr höchstens die Macht einer regulativen Idee zu, erkennt eine Pluralität der Geburtsorte der Philosophie, lässt sie *orthaft ortlos* sein. Sehr zu Recht schreibt Georg Stenger (2006: 14):

> Interkulturelle Philosophie scheint mir ihre Sprengkraft darin zu haben, daß sie zu einer wirklichen Herausforderung der Philosophie insgesamt avanciert. Die Philosophie wird nicht nur aus externen Gründen interkulturell werden müssen, sie wird sich aus internen philosophischen Gründen *interkulturalisieren*.[7]

Ram Adhar Mall, *Professor, Friedrich-Schiller-Universität, Jena*

Anmerkungen

[1] Vgl. M. Eliade, *Die Sehnsucht nach dem Ursprung. Von den Quellen der Humanität*, Wien 1973.

[2] H. Plessner, *Zwischen Philosophie und Gesellschaft. Ausgewählte Abhandlungen und Vorträge*, Frankfurt a.M. 1979.

[3] Vgl. R. A. Mall, *Intercultural Philosophy,* New York 2000.
[4] W. Dilthey, *Gesammelte Werke,* Bd. 7, Göttingen 1973.
[5] M. Eliade, *Die Sehnsucht.*
[6] Vgl. R. A. Mall, ›Interkulturelle Verständigung. Primat der Kommunikation vor dem Konsens?‹, *Ethik und Sozialwissenschaften,* 11, 3, 2000, S. 337–350.
[7] G. Stenger, *Philosophie der Interkulturalität: Erfahrung und Welten. Eine phänomenologische Studie,* Freiburg/München 2006.

Differenz: Unterscheidungen, Differenzierungen, Dimensionen

Es gibt keinen Grundbegriff, der nicht zugleich seinen Gegenbegriff mit sich führte, sei dies implizit oder explizit. So auch der Begriff der »Differenz«, der nur angesichts des Begriffs der »Identität« verstehbar ist, nicht nur in formallogischer, transzendentalphilosophischer, dialektischer, hermeneutischer, analytischer, diskurstheoretischer oder in welcher Hinsicht auch immer. Und dennoch, schon in ihrer Kritik an den klassischen Metaphysik- und Vernunftkonzeptionen haben auf der einen Seite Martin Heidegger mit dem Ansatz der »ontologischen Differenz« und auf der anderen Seite Theodor W. Adorno mit jenem eines »nichtidentischen Denkens« ein der Dichotomie von Identität und Differenz vorausgehendes Denken angemahnt, welches im Laufe des 20. Jahrhunderts durch poststrukturalistische, dekonstruktivistische, alteritätsorientierte, teils auch postmoderne Ansätze zu einem »Denken der Differenz« sich weiter entwickelte. Kurz, die avancierten und an der konstitutiven Verbindung von Kultur/en und Gesellschaft/en und deren Denkformen arbeitenden philosophischen Ansätze verfolgen ein »Denken der Differenz«, das mehrere Aspekte im Auge hat, die einem Bewusstwerden genuin interkulturellen Denkens zuarbeiten. Damit verbunden sind Neujustierungen philosophischer, bis dato in Geltung befindlicher Grundbegriffe und deren konstitutive Zuordnungen.

Unterscheidungen

Multikulturalität – Transkulturalität – Komparative Philosophie – Interkulturalität

In den interdisziplinären, kultur- und sozialwissenschaftlichen, aber auch in manchen philosophischen Debatten werden die hier angeführten Zuschreibungen oftmals sehr unscharf verwendet, indem sie entweder unkritisch ineinander überführt oder konzeptionsbedingt gegeneinander ausgespielt werden. Protegiert man eine der Positionen, so geschieht dies zumeist in Absetzung bzw. auf Kosten der anderen. Auch wenn hierbei jede der Seiten gute Gründe für ihre Position anzugeben weiß, so bleibt der philosophische Gewinn doch eher bescheiden, auch weil partikular und kulturspezifisch verbleibende Analysen allzu gerne universalistische Übertragungen vornehmen. Was ein erster konstruktiver Schritt sein könnte, um nicht allzu leicht kulturprogrammatische resp. -theoretische Stereotypen bedienen zu müssen, bestünde in der Einsicht, dass diese Zuschreibungen nicht in erster Linie auf der Basis empirischer Befunde erfolgen können, die nur eine vorausgesetzte, meist unbefragte Gesamtthese zur Voraussetzung haben, sondern dass damit ein jeweils anderer Zugang einhergeht, durch den schon die Art des Fragens, der Problemstellung, das Verständnis von Philosophie, die damit verbundene Arbeit an Kulturbegriffen, an Begegnungsweisen, an Dialogkonzepten ebenso wie an Auseinandersetzungen und Konfrontationsstellungen, an den Hintergründen von politischen und sozialen Machtverhältnissen ebenso wie von Gewalt und Fundamentalismen usf. bestimmt werden.

Das multikulturelle Paradigma argumentiert in der Regel vor dem Hintergrund migrationstheoretischer und -praktischer Befunde, die oftmals mit den sog. »Cross-Culture« bzw. »Crossover«-Theoremen belegt werden. Es nimmt Ausgang von einem »reinen« Individuum- bzw. Subjektverständnis, welches die Folie für eine jeweilige kulturelle Vielfalt innerhalb einer diese übersteigenden nationalstaatlichen Rechtsgemeinschaft bildet, die sich konzeptionell bis zu einer alle umfassenden Weltbürgergesellschaft entwickeln kann bzw. soll. Die kulturelle Zugehörigkeit – man denke etwa an die Sprache/n, Religion/en, Ethoi usw. – hinsichtlich ihrer, auch das einzelne Individuum betreffenden, konstitutiven Bedingungsstruktur wird als nachrangig angesehen. Führen nun die transkulturellen Ansätze durchaus noch multikulturelle Motivlagen mit sich – man siehe etwa den Subjekt- resp. Individuumbegriff – so bieten sie doch einen umfassenderen Blick an. Zum Tragen kommt dieser vor allem bezüglich zweier Aspekte, wonach zum einen – dies die klassischere Variante – durch die Verschiedenheit der Kulturen hindurch auf das allen Gemeinsame geachtet wird, wodurch auch dem Universalaspekt Genüge getan ist, zum anderen – so die neuere Variante – werden in allen Bereichen weltweite Vernetzungen, Hybridbildungen, Transversalitäten und Horizontverschiebungen resp. -transfers angenommen, die mehr oder weniger ein funktionierendes

Gesamtsystem transkultureller Prägung erhoffen lassen. Gleichwohl, schon zwischen den einzelnen transkulturellen Konzeptionen lassen sich nicht unerhebliche Unterschiede konstatieren – was im Übrigen für jeden der hier verhandelten vier Topoi zutrifft. So unterscheiden sich schon auf dem transkulturellen Sektor universal(istisch) resp. global operierende Ansätze wie jene von John Rawls und Jürgen Habermas von jenem von Wolfgang Welsch[1], und auch die Konzepte von Kwame A. Appiah[2], Elmar Holenstein[3], Claudia Bickmann[4], Gregor Paul[5] u.a. offenbaren erhebliche Unterschiede, um nicht zu sagen grundsätzliche Differenzen. Es wäre in diesem Kontext transkultureller Ansätze noch auf neuere Überlegungen zu verweisen, die ihren Schwerpunkt auf die sprachlichen Verankerungen kultureller Denkformen legen, die zum einen zwar als unhintergehbar und notwendig kulturbedingt erscheinen, zum anderen aber daraus vor dem Hintergrund multilingual operierender Polyperspektivität und damit verbundener Hybridität ein transkulturelles Philosophieverständnis anbrechen sehen.[6]

Ich erwähne diese Ansätze, weil sie paradigmatisch zeigen, wie unterschiedlich die Zugangsweisen sein können, und dies sowohl in ihren systematischen Zuschnitten wie auch im Hinblick auf bestimmte kulturelle und denkgeschichtliche Bezugnahmen. Näher betrachtet gibt es da stets Überschneidungen, eben auch zwischen transkulturellen und interkulturellen Positionen, was für die ein oder andere soeben beschriebene Position durchaus der Fall sein dürfte.

Den vergleichsweise ältesten Zugang stellen die »Comparative Studies« oder auch »Komparative Philosophie« dar, die v.a. philologisch konnotiert sind, was einerseits eine unverzichtbare Ebene bleibt, andererseits aber unter philosophischer Hinsicht doch viele Fragen offen lässt, wie etwa jene nach dem *tertium comparationis*, nach der Voraussetzungsbedingtheit der Begriffe, u.a. mehr. Der freundliche Gestus »Vergleichen zu dürfen und zu können« muss sich stets dem Ausgangspunkt seines Vergleichs stellen, da dieser den Maßstab hierfür abgibt.[7]

Jeder der drei angesprochenen konzeptionellen Ansätze nimmt Anleihen bei den anderen, manches gar scheint sich ungebrochen in den anderen zu spiegeln – es wäre wohl auch vermessen, wollte man diese wechselseitigen Diskurslagen trennscharf halten wollen –, und doch spricht nach wie vor vieles dafür, jenen sich mit »interkultureller

Philosophie« bezeichnenden Ansätzen den Vorzug zu geben. Zumindest drei Punkte seien hierfür genannt:

1) Es wird vermieden, dass eine einmal gewonnene Überzeugung, eine Evidenz hinsichtlich eines worauf auch immer fußenden philosophischen Konzeptes auf andere übertragen wird, nach dem Motto: hat man einmal auf grundsätzliche Weise verstanden, was Immanuel Kant, was Georg Wilhelm Friedrich Hegel, was Edmund Husserl, was Ernst Cassirer, usw. – es könnte eine jede Konzeption, die mehr oder weniger zum Kanon der Philosophie gehört, genannt sein – philosophisch dargelegt haben, so könne man gar nicht anders als die damit einhergehende Geltungs- und Gültigkeitsinstanz philosophischer Selbstreflexion aufrecht zu erhalten. Gewiss, hierin steckt ein Anspruch von Wahrheit, und doch sieht sich genau dieser, spätestens angesichts interkultureller Herausforderungen, an seine Grenzen geführt. Anders gesagt: Solchen Denkstilen eignet gerade aufgrund ihrer verborgen bleibenden Binnenperspektive ein »Blick von außen«, der sich zumeist die konkrete Beschäftigung mit den philosophischen Grundlagen und Einsichten v. a. außereuropäischer Philosophien glaubt ersparen zu können, wodurch – gewiss unter kritischer und konstruktiver Aufnahme derselben – noch einmal ganz eigene Arbeitsfelder sich eröffneten, an denen man nicht vorbeigehen kann, will man auf Augenhöhe mit den damit verbundenen Problemanfragen sich bewegen.
2) Dies führt dazu, die internen Strukturen und Denkformen von Kulturen und Lebenswelten, und die damit einhergehenden Selbstverständigungsprozesse in den Blick zu bekommen, um jeweils überhaupt verstehen zu können, wie diese intern und *darin zugleich* extern zur Darstellung gelangen, d. h. worin sie intern wie extern sich konstituiert haben und nach wie vor konstituieren.
3) Das Paradigma der *Differenz* – und dies wäre vermutlich der entscheidende Punkt – wird selbst zum genuinen Forschungsfeld, gerade *jenseits* der klassisch verankerten Kategorientopoi wie Identität und/oder Differenz, Eigenem und/oder Fremdem, ebenso wie jenseits von stereotypen Zuschreibungen, wie sie sich in Theoremen wie »Essentialismus«, »Ethnozentrismus«, »Kulturrelativismus« und andere mehr allzu leicht und allzu gerne gefallen.

Methodenbewusstsein

Methodische Bewusstheit und damit verbundene systematische Fragestellungen gehören zum Selbstverständnis philosophischer Zugangsweisen. Hierüber dürfte ein breiter Konsens bestehen. Die Frage ist gleichwohl, *worin* diese bestehen und *wie* diese zum Ausdruck und zur Darstellung gebracht werden. Dass interkulturelles Denken oftmals als hermeneutisch sich ausgibt, hat mehrere Gründe, von denen ich zumindest einen anführen möchte: In ihrer kritischen Stoßrichtung ist die philosophische Hermeneutik aus einer Kritik an reinen verstandes- und bewusstseinsphilosophischen Konzeptionen hervorgegangen, insofern die dort verhandelten selbstbezüglichen, auf Ursprünge und Bedingungsmöglichkeiten von Denken überhaupt zurückgreifenden logisch-rationalen Operationen auf ihre kontextuellen und damit auch konstitutiven kulturellen Horizontvoraussetzungen hin, wie sie etwa in Sprache, Kunst, Geschichte usw. virulent werden, befragt werden. Bloße und reine Erkenntnis erfährt sich als eingebunden in Verstehens*prozesse*, die, lebensmäßig und existentiell grundiert und zum Ausdruck gebracht, erst noch auszulegen und zu interpretieren sind. Insoweit es hierin um Horizontbedingungen und Horizonterfassung resp. -erschließung geht, stehen neben den eigenen Horizonten stets auch die »Fremdhorizonte«, und zwar in ihrer eigenen, nicht *eo ipso* einzugliedernden und einzugemeindenden Bewandtnis zur Debatte. Mit dem an *Sinn*zusammenhängen orientierten Verstehen ist also mehr und auch anderes intendiert als mit erkenntnistheoretischen Zugängen, die auf *Sach*zusammenhänge gerichtet sind. Bezüglich interkultureller Anfragen hat v.a. Ram A. Mall (1995: 2) ein nachhaltiges, interkulturelles Verstehenskonzept ausgearbeitet, worin auch dem Fremdverstehen eine eigene Bedeutung zuwächst: ›Verstehenwollen und Verstandenwerdenwollen gehören untrennbar zusammen und stellen zwei Seiten der interkulturell orientierten hermeneutischen Münze dar‹.[8] Die unter ähnlichen, wenn auch anders gelagerten Vorzeichen agierenden *phänomenologischen* Forschungen folgen wiederum in zunehmend differenzierend werdender Weise der seit Kant gewonnenen Einsicht, wonach Methode und Sache unverbrüchlich zueinander gehören. Vermag man mit Husserls methodischem Basic des »Epoché-Übens« das Korrelationsapriori von Zugangsart und Sachgehalt aufzunehmen, so verschärft sich dies mit der asymmetrisch konnotierten Blickwendung von Lévinas, wenn er sagt ([3]1998: 156):

›»Anders« wahrnehmen ist Anderes wahrnehmen‹.[9] Gewiss, hier wird ein weiteres Paradigma virulent, auf das man allerdings nicht erst mit Lévinas verweisen wird, und das insbesondere auch für das interkulturelle Denken von größter Bedeutung ist. Gemeint ist ein »*Erfahrungsdenken*«, das sich zwischen die großen Pflöcke von Rationalität und Empirie schiebt, oder besser *vor* deren Trennung statthat.[10]

Differenzierungen: Ebenen und Ansätze

Bei jenen Ansätzen, die sich unter dem Vorzeichen eines wenn auch weit gefassten »Differenzdenkens« dezidiert einer *interkulturellen Philosophie* anschließen, fällt besonders ins Auge, dass das gesamte Spektrum philosophischer Problemstellungen und Themenstellungen zum Tragen kommt. Geht es um logische oder erkenntnistheoretische, um ästhetisch-aisthetische und/oder ethische, um praktische, mithin um sozialphilosophische Fragestellungen, die einer Politischen Philosophie bis hin zu Menschenrechtsdebatten unter den Bedingungen inter- und intrakulturellen Denkens zuarbeiten, stets ist das Augenmerk auf den Überstieg zu und die Öffnung von sog. außereuropäischen Philosophiekonzeptionen gerichtet. Dies bedeutet auch, dass ein wechselseitig konstruktives Gespräch zwischen den kulturell und gesellschaftlich grundierten Denkwelten auf der Agenda steht. Einerseits geht es darum, die jeweiligen Philosophieverständnisse und deren Argumentationsfiguren *auf Augenhöhe* miteinander zu konfrontieren, andererseits kann dies nur möglich sein, wenn darin auf die jeweils und immer schon geschehenden Verflechtungen, Überlappungen, Hybridisierungen, Differenzgestalten geachtet wird, wie sie etwa prominent in den Diskussionen um differente Konzeptionen von Philosophiegeschichte/n und Geschichtsphilosophie/n zum Vorschein kommen. Hierin öffnet sich ein Denken im Plural oder auch ein plurales Denken, welches nicht mehr in den Fängen zwischen Moderne und/oder Postmoderne agiert, sondern sensibel macht für Übergänge und Transfers, deren Erkennungszeichen darin liegt, dass sich die jeweiligen »Seiten« und Gesprächspartner *wahrgenommen* und *gesehen, geachtet* und *anerkannt, in Bewegung gebracht* und *wertgeschätzt* erfahren. Paradigmatisch sei hier auf folgende Konzepte verwiesen: Mall, der anhand einer »analogischen Hermeneutik« jenen »Überlappungen« zwischen den Kulturen und Denkwelten gerecht werden möchte, welche als

Grundierung die horizontal-vertikale Doppelsignatur einer »reflexiv-meditativen Einstellung« hervortreten lassen;[11] Franz M. Wimmer, dessen »Polylog-Konzept« sowohl in hermeneutisch-begrifflicher wie analytisch-logischer Hinsicht Zusammenhänge zu sehen erlaubt, die über Zentrismusdebatten, Philosophiehistorien, Interdisziplinarität, Menschenrechte und vieles weitere mehr ein »Philosophieren mit und zwischen Differenzen« freilegt;[12] Heinz Kimmerle, der in kritischer Auseinandersetzung mit Hegel einerseits und Hans-Georg Gadamer andererseits einen genuin interkulturellen Dialogansatz mit einer »Hermeneutik des Hörens« entwickelt hat, der sich u.a. mit Rückgriff auf Jacques Derrida's »différance«-Denken v.a. den afrikanischen Philosophien und Lebenswelten, und damit auch dem Spannungsfeld zwischen Philosophie und »Weisheit« widmet;[13] Ryôsuke Ohashi, der phänomenologisch inspiriert v.a. bezüglich ästhetisch-aisthetischer Grundfragen zwischen den Modernen europäischer und japanischer Prägung Brücken baut, die Wege weisen können, sich gegenseitig zu entdecken und zu finden, weil jede Seite schon von der anderen zehrt, ohne die eigene überlieferte Tradition deshalb preisgeben zu müssen.[14]

Dimensionen

Es ist vielleicht eine der entscheidendsten Einsichten interkulturellen *Philosophierens*, dass es sensibel macht für ein Differenzdenken, dem *dimensionale* Charaktere eingeschrieben sind.

Dies bedeutet näherhin, dass es sowohl um lateral resp. horizontal als auch um vertikal resp. asymmetrisch verlaufende dimensionale Verschiebungen, Hybridbildungen, Kontroversen, Widerstreite, Bruchlinien, Konflikte und dergleichen mehr geht. Differenz wäre wesentlich zu einfach angesetzt, würde sie sich aus dem Widerlager der Identität speisen. Ihre philosophische Kraft liegt vielmehr in ihrer jenseits dieser Zuschreibung liegenden begrifflichen Semantik und phänomenologischen Potentialität, was ein »Denken der Differenz« auf die Agenda interkulturellen Philosophierens setzt, in dem es um *dimensionale Eröffnungen* und *Möglichkeiten* zu tun ist. D. h. unter anderem, dass die altehrwürdigen Konstellationen zwischen Erfahrung und Begriff, Sinnlichkeit und Verstand in neuer und anderer Weise zur Debatte stehen, dass man unterscheiden lernt zwischen Erfahrung und Grunderfahrung[15], was v.a. auch die vorintentionalen und vorprädikativen Felder sinnlich-leiblicher Genesis als konstitutiv mitsprechen lässt. Solche Aspekte – und es ließen sich weitere Felder anführen – machen des Weiteren und entgegen vielerorts vertretener formaler Geltungsfragen auf diesen vorausgehende Bewegungsmodi aufmerksam, worin etwa Hören, Wahrnehmen, Werden, Weg usw. neue und andere philosophisch relevante Einsichten gewinnen lassen. Damit einher geht ein neues Verständnis von »Plural«, das nicht mehr Vervielfältigung »des Einen« und auch nicht eine »Einheit der *Vernunft* in der *Vielheit* ihrer Stimmen« meint, sondern eine, man könnte sagen, Universalisierung im Plural protegiert, was über eine bloße Pluralisierung hinaus *in* das Begegnungs- und Auseinandersetzungs*geschehen* zwischen den Kulturen eintritt – das gälte natürlich auch schon intrakulturell und intersubjektiv, ja intrasubjektiv –, wodurch überhaupt erst die jeweiligen Selbstverständnisse in ihrem Anspruchs- und Herausforderungscharakter zu Tage treten können. Es geht also mehr um den vorgängigen *Prozess* des Aufnehmens und Antwortens, was nicht ohne ein Sich-Einlassen möglich ist, wo einem mehr gegeben wird als man je mitgebracht haben könnte.

Für diese nur erst angedeuteten Felder wären besonders herauszuheben: Kimmerle's (1994: 125 ff.) Ansatz einer hermeneutisch grundierten »Methodologie des Hörens«[16], Francois Jullien's Konzept eines Foucault-geschulten »Von außerhalb (D)enkens«[17], das eine neue Lesart und »Perspektivierung des Denkens« vorschlägt, das anhand der Methode des Umweges zwischen der chinesischen und der abendländisch-westlichen Denkkultur so vermittelt, dass die Kontrastfolien wechselseitig hervortreten und in teils überraschender, weil so bislang nicht gekannter Weise aufeinander zu antworten vermögen. Ebenso spielt hier die weit ausgreifende, die Konstitutionsbedingungen der Fremderfahrung und Responsivität aufzeigende Konzeption von Bernhard Waldenfels (2006: 58) eine gewichtige Rolle, worin die Grundzüge einer ›responsiven Differenz‹, die der ›signifikativen‹ und der ›hermeneutischen Differenz‹ vorausgehen, aufgewiesen werden.[18] Weitere, vor allem auch aufgrund methodisch anders ansetzender Zugangsweisen relevante Anleihen wären zu finden bei Gilles Deleuze' Angang der »Wiederholung« und der ihr korrespondierenden Differenz*bildung*[19] sowie dem dekonstruktiven Vorgehen eines Denkens der »différance« von Derrida.[20] Insbesondere mit den zuletzt Genannten wird zunehmend auch eine politische Dimension des Denkens virulenter, wie sie, wenn auch unter anders gelagerten Vorzeichen, in den postkolonial instruierten Arbeiten von Gayatri C. Spivak[21] und Homi K. Bhabha[22] zum Tragen kommen, die ebenfalls mit Differenzthesen operieren.

Als weiterer Grundtopos dimensionaler Differenzerfahrung wäre das »Zwischen« zu nennen, welches zunehmend an Bedeutung gewinnt, gerade wenn mit ihm ein vorgängiger Geschehenscharakter und Werdeprozess, jenseits der Begriffsklammer von Identität und Differenz, verbunden wird. Gewissermaßen von Haus aus hat hier das ostasiatische, vor allem das japanische Denken einen unmittelbareren Zugang, weshalb dieser Topos bei Denkern wie Nishida Kitaro, Watsuji Tetsuro, Nishitani Keiji, Ueda Shizuteru u.a. eine grundlegende Rolle spielt. Inspiriert von dieser Gesprächsmöglichkeit hat Heinrich Rombach vor dem Hintergrund seines Ansatzes strukturontologischen und -phänomenologischen Denkens seine bislang noch wenig beachtete »philosophische Hermetik« entwickelt, die auf eine differenztheoretisch strukturierte »Pluralität der Welten« zuläuft.[23] So ist seine Suche nach den »Grundphilosophien« der Kulturwelten, die bestenfalls rudimentär in den Texten der Philosophie zu finden sind und deshalb verborgen und in gewisser Weise entzogen bleiben, geleitet von dem »tätigen Leben« der Menschen, das weder als bloße Theorie noch als bloße Praxis verstanden werden kann. So findet er diese Grundphilosophien gleichsam konserviert in Bau- und Lebensweisen vor, in Mythologien, Religionen und Riten, in künstlerischen Hervorbringungen ebenso wie in Alltagsgegenständen, die aber nicht einfach in Sprache übersetzt aufscheinen, sondern dem zuvor als eigene *Bild*sprache sich bekunden, die es zu sehen und zu heben gilt.[24] Hier wird auch jene v.a. interdisziplinär situierte Differenz von Begriffssprache und Bildsprache virulent, wie sie prominent von Hans Belting, Gottfried Boehm, W. J. T. Mitchell, Horst Bredekamp, Georges Didi-Huberman u.a. vertreten wird, und wie sie für ein interkulturelles Denken verstärkt an Bedeutung gewinnt.

Für die interkulturelle Philosophie erweist sich der Differenztopos, wie ich ihn hier auf unterschiedlichen Tableaus sowie in seiner grundsätzlichen Relevanz als »Leit- und Streitbegriff« zu skizzieren versucht habe, von großem, man ist geneigt zu sagen, unschätzbarem Gewinn. Dies zeigt sich gerade dann, wenn man Methode und Systematik nicht von den Sachen und Phänomenen trennt und die philosophische Herausforderung annimmt, *diesseits* der klassischen Differenz von transzendental-formalem und empirisch-inhaltlichem Zugang ebenso wie von normativer Geltung und deskriptiver Zuschreibung anzusetzen, was zugleich bedeutete, den Gegensatz von Universalismus und Kontextualismus, von Globalität und Partikularität, oder wie immer man ihn benennen mag, für obsolet zu erachten. Ich spreche daher gerne von »fruchtbarer Differenz«, die einerseits auf all den beschriebenen Ebenen schon waltet, die aber andererseits auch dafür eintritt, die Kluft zwischen Wissenschaft resp. Philosophie und Lebenswelt resp. Kulturwelt zu überwinden.[25] Ihr Anliegen zielt deshalb auch auf ein neues Verständnis von »*Pluralität*«, das unter dem Vorzeichen eines *interkulturellen* Denkens an den angestammten Kategorien, Grundbegriffen und Denkmustern rüttelt.

Georg Stenger, *Professur für Philosophie in einer globalen Welt, Universität Wien*

Anmerkungen

1 W. Welsch, ›Transkulturalität: zwischen Globalisierung und Partikularisierung‹, in: A. Wierlacher (Hrsg.), *Interkulturalität – Grundprobleme der Kulturbegegnungen,* Mainz 1999, S. 45–72; ders., ›Über Besitz und Erwerb von Gemeinsamkeiten‹, in: C. Bickmann et al. (Hrsg.), *Tradition und Traditionsbruch zwischen Skepsis und Dogmatik. Interkulturelle philosophische Perspektiven,* Nordhausen 2006, S. 113–145.

2 K. A. Appiah, *Cosmopolitanism: Ethics in a World of Strangers,* New York 2007.

3 E. Holenstein, *Kulturphilosophische Perspektiven,* Frankfurt a. M. 1998; ders., *Philosophie-Atlas: Orte und Wege des Denkens,* Zürich 2004; ders., *China ist nicht ganz anders: Essays,* Zürich 2009.

4 C. Bickmann, *Immanuel Kants Weltphilosophie,* Nordhausen 2006; dies., ›Immanenz ohne Transzendenz? Wege der Annäherung zwischen Ost und West‹, in: dies. (Hrsg.), *Religion und Philosophie im Widerstreit?* Bd. I, Nordhausen 2006, S. 23–43.

5 G. Paul, *Einführung in die interkulturelle Philosophie,* Darmstadt 2008.

6 Vgl. R. Elberfeld, *Sprache und Sprachen. Eine philosophische Grundorientierung,* Freiburg/München 2012; M. Obert, ›Interkulturelles Philosophieren aus einer chinesischsprachigen Perspektive‹, in: G. Stenger/N. Weidtmann (Hrsg.), *Identität – Differenz, Selbstheit – Fremdheit. Interkulturelle und globale Herausforderungen. Philosophische Annäherungen,* Nordhausen 2012 [i. E.].

7 Zu den philosophischen Problemstellungen »vergleichender« oder »komparativer Philosophie« vgl. G. Stenger, ›Grenzen komparativer Philosophie‹, in: ders., *Philosophie der Interkulturalität – Erfahrung und Welten. Eine phänomenologische Studie,* Freiburg/München 2006, S. 937–946.

8 R. A. Mall, *Philosophie im Vergleich der Kulturen. Interkulturelle Philosophie – Eine Neue Orientierung,* Darmstadt 1995; ders., *Essays zu einer interkulturellen Philosophie,* Nordhausen 2003, S. 123–139.

9 E. Lévinas, *Die Spur des Anderen. Untersuchungen zur Phänomenologie und Sozialphilosophie,* Freiburg/München [3]1998.

10 Zum Problemkomplex der Andersheit, der sich im Laufe des Entwicklungsgangs nicht nur der europäischen Denkgeschichte erst nach und nach herausarbeitete, so dass

man heute von einer Dimensionalität der Andersheit sprechen könnte, vgl. G. Stenger, *Philosophie*, S. 303–340; zur »Fremdheit« s. a. a. O. S. 342–416; zum Methodenproblem vgl. ders, ›Genealogie und Generativität des Weltbegriffs – Von der »Methode« zum »Weg«‹, in: G. Pöltner et al. (Hrsg.), *»Welten« – Zur Welt als Phänomen*, Frankfurt a. M. etc. 2008, S. 35–50. – Zur Frage eines »*Jenseits* empirischer Beschreibung und normativer Geltung«, welche ebenfalls zur methodischen Bewusstheit gehört, vgl. ders., ›Globalisierung im Widerstreit – Von welcher »Welt« sprechen wir?‹, in: D. Koch/ N. Weidtmann (Hrsg.), *Tübinger Zeitdiagnosen II*, Tübingen 2012 [i. E.].

[11] S. v. a. R. A. Mall, *Philosophie;* ders., *Essays;* ders., *Nagarjunas Philosophie interkulturell gelesen*, Nordhausen 2006.

[12] S. v. a. F. M. Wimmer, *Interkulturelle Philosophie. Eine Einführung*, Wien etc. 2004; ders., *Interkulturelle Philosophie. Geschichte und Theorie*, Bd. I, Wien 1990; ders., *Globalität und Philosophie. Studien zur Interkulturalität*, Wien 2003.

[13] S. v. a. H. Kimmerle, *Die Dimension des Interkulturellen. Philosophie in Afrika – afrikanische Philosophie, Zweiter Teil: Supplemente und Verallgemeinerungsschritte*, Amsterdam/Atlanta 1994; ders., *Interkulturelle Philosophie zur Einführung*, Hamburg 2002; ders., *Der Philosophiebegriff des interkulturellen Philosophie*, Nordhausen 2009.

[14] S. v. a. R. Ohashi, *Japan im interkulturellen Dialog*, München 1999; ders., *Kire. Das ›Schöne‹ in Japan. Philosophisch-ästhetische Reflexionen zu Geschichte und Moderne*, Köln 1994; ders. (Hrsg.), *Die Philosophie der Kyoto-Schule. Texte und Einführung*, Freiburg i. Br. 1990, [mit einer erweiterten und neuen Einführung ²2011].

[15] Vgl. G. Stenger, *Philosophie*, S. 497–652.

[16] V. a. Kimmerle, *Die Dimension.*

[17] S. v. a. F. Jullien, *Der Umweg über China. Ein Ortswechsel des Denkens*, Berlin 2002, insbes. S. 171–194.

[18] S. v. a. B. Waldenfels, *Grundzüge einer Phänomenologie des Fremden*, Frankfurt a. M. 2006.

[19] G. Deleuze, *Differenz und Wiederholung*, München 1992.

[20] J. Derrida, *Randgänge der Philosophie*, Wien ²1999, insbes. S. 31–56; ders., *Wie nicht sprechen. Verneinungen*, Wien 1989.

[21] G. C. Spivak, *In Other Worlds: Essays in Cultural Politics*, London 1987.

[22] H. K. Bhabha, *Die Verortung der Kultur*, Tübingen 2000.

[23] Vgl. H. Rombach, *Welt und Gegenwelt. Umdenken über die Wirklichkeit: Die philosophische Hermetik*, Basel 1983; ders., *Drachenkampf. Der philosophische Hintergrund der blutigen Bürgerkriege*, Freiburg 1996.

[24] H. Rombach, *Leben des Geistes. Ein Buch der Bilder zur Fundamentalgeschichte der Menschheit*, Freiburg etc. 1977.

[25] Vgl. G. Stenger, ›»Fruchtbare Differenz«: Dimensionen der Fremderfahrung‹, in: S. Bartmann/O. Immel (Hrsg.), *Das Vertraute und das Fremde. Differenzerfahrung und Fremdverstehen im Interkulturalitätsdiskurs*, Bielefeld 2012, S. 135–156; ders., *Philosophie.*

Universalism

Descriptive universalism and normative relativism

At the turn of the 20th century, many Western theorists believed we could claim universal validity for scientific descriptions and theories, but not for evaluations. In as far as there was an idea of intercultural discourse aiming at universal validity at all, it was restricted to the realm of science. Yet science was considered a Western product. Hence, discourse on civilizations and cultures was understood as a Western discourse.

The sociologist Max Weber expressed this combination of descriptive universalism and normative relativism prevalent a century ago as follows:

> There is and always will be […] an unbridgeable distinction among (1) those arguments which appeal to our capacity to become enthusiastic about and our feeling for concrete practical aims or cultural forms and values, (2) those arguments in which, once it is a question of the validity of ethical norms, the appeal is directed to our conscience, and finally (3) those arguments which appeal to our capacity and need for *thought ordering* of empirical reality in a manner which lays claim to *validity* as empirical truth […] It has been and remains true that a systematically correct scientific proof in the social sciences, if it is to achieve its purpose, must be acknowledged as correct even by a Chinese […].[1]

Though Weber claims universal validity not for descriptions but for 'arguments which appeal to our capacity and need for *thought ordering* of empirical reality', he understands these 'arguments' as aiming at a description of 'empirical reality' that 'must be acknowledged as correct even by a Chinese'. Different cultures, indeed different languages, represent reality in different ways, but such different representations can be compared and ranked in their capacity of true or universally valid description. They can be thus ranked because physics and other natural sciences have found out methods to test descriptions for their truth.

Weber does not explicate the methods of science, as he is sure his readers will agree that a description or empirical theory is true if and only if it can be successfully tested by experiment, and risky (i.e. unexpected) predictions deduced from it.

The idea that only science can claim universal validity but morality cannot prevailed in the 20th century. However, the atrocities committed by states and political parties in the name of both particular interests and allegedly universal values made theorists ask whether there was a "capacity and need for *thought ordering*" not only of empirical but also of moral data. The most important response to the experience of unacceptable moral arbitrariness was the recognition of human rights by the United Nations in 1948, a work of politics rather than philosophy. Since then, the trend has been toward recognizing universal values.[2]

In fact, Weber's position faces a problem of incoherence. Despite their different representations of reality, cultures found a universally valid method to describe reality. Why then can we not also find a universally valid method to evaluate actions and institutions? What is so different between the methods of deciding about facts and deciding on values that makes this distinction plausible?

Science and universal validity

Weber and his contemporaries had motivations and arguments for their distinction. Their motivations drew on their admiration for natural science and on their experience of unbridgeable cultural differences. Science has been so successful in its predictions and in the technology based on it that denial of its universal validity seems absurd, while normative assertions seem dependent on culture or on our upbringing. Science became the exclusive model of rationality with the concept of rationality shrinking to that of scientificity. In addition to scientific claims, only logical and mathematical operations and discerning the right means for a given goal were recognized as rational, because they were considered necessary for science. As to moral judgments, Weber (1946: 148) had to draw the following conclusion that seems ridiculous today:

> I do not know how one might wish to decide "scientifically" the value of French and German culture; for here, too, different gods struggle with one another, now and for all times to come.[3]

Note that the question Weber faced was not how to decide *scientifically* the value of French and German culture but how to decide them *rationally;* yet once science had become the exclusive model of rationality, rationality was understood as scientificity.

However, rationality shrunk to scientificity not only because of the authority of science but also because of the attractivity of the nation state. Science could not have become the exclusive model of rationality had cultural differences such as that between French and German culture not been experienced as irreconcilable. Such a sentiment is not a scientific datum as it includes a normative element: that of approving an unbridgeable difference between cultures, at that time most often identified with nations. It implies that the difference *ought* to be taken for unbridgeable, even if differences might be overcome in some way. Today, French and Germans may wonder if Weber's belief in the irreconcilability of their cultures was the defiant response to or a cause of the horrible destructions that World War I had just wrought on their countries.

Weber's belief is so amazing that we may also wonder how he could maintain it at all. It is difficult not to explain his thesis as an effect of nationalism and a lack of imagination. If he had imagined that only shortly afterwards, the murder of all Jews was somehow interlinked with the value of German culture itself, would he still have defended it? And yet his belief is implied, on the one hand, by theories that claim the dependence of norms on cultures,[4] on the other, by the view that rationality is possible only in science or in stating facts.

Turning from motives to arguments, most important for the distinction between description and evaluation was the idea that what makes science universally valid is its collection of facts, that is, of descriptions that cannot be rationally denied by any observer endowed with normally functioning human senses. Theories that bring order into facts or other data can be universally valid only if the data cannot be denied. Yet the data of normative theories can always be denied. This idea constitutes the empiricist philosophy of science. It came under fire in the 20th century. Most effective in this critique was Karl Popper. Though Popper insisted that science constitutes the model of rationality, nonetheless, the method of trial and error he ascribed to science assimilated the method of science to the method of reflective equilibrium that John Rawls (1972: 46–53) ascribed to moral theory.[5]

The critics of empiricism would have been fools to deny that empirical evidence is necessary in empirical science; they denied that it is sufficient to make an investigation scientific. Describing the role empirical evidence plays in science, they highlighted a condition necessary for any kind not only of science but also of rationality. This condition is the deliberation of how to use evidence in order to discover, to use Weber's words, a 'thought ordering' that 'must be acknowledged as correct even by a Chinese'. Weber's suggestion, that science includes not only collecting facts but also ordering them, thereby articulating validity claims, is already a notion closer to rationalism than to empiricism. Nonetheless, he denied rationality to normative theories because he considered the data of normative theories to be deniable and only the empirical data of science undeniable.

Weber's restriction of data to *empirical* data that can be ordered in a universally valid theory faces two problems: First, logic and mathematics, paradigms of science, do not order *empirical* data. Second, science sometimes rejects empirical data. It seems Weber wanted to deal with the first problem the way many theorists of his time dealt with it. They considered the rules of logic universally valid because they understood them as the principles of any thought ordering, just as they understood rules of a particular grammar as the principles of thought ordering in a particular language. The status of mathematical claims was less clear, but it seemed reasonable to understand them as a more complex form of logical claims.

In fact, mathematicians and logicians tried to deduce mathematics from logic. Yet they failed. Most famous are Gottlob Frege's efforts,[6] which, as Bertrand Russell proved, contained contradictions.[7] On a more principled level Kurt Gödel proved that not all mathematical sentences can be proved true by logical means.[8] So if we do not want to declare mathematics incapable of universal validity, we need to recognize a mathematical rationality that is independent of the ordering of empirical data. Yet if we recognize a mathematical rationality: why not also a moral, metaphysical or aesthetic rationality?

This question becomes all the more urgent as keeping up the distinction between empirical and normative theory is confronted by the fact that physics does not treat empirical data as sacrosanct. As Thomas Kuhn (1970), Imre Lakatos (1970) and Paul Feyerabend (1975), influenced by Popper, argued,[9] physicists have ignored or rejected empirical data contradicting their theories if the theories seemed to them too successful in predictions or just too beautiful in their mathematics. True, empirical data check the speculations of the theorist; if they are incompatible with the theory, the theory is often falsified. But empirical data are only *potential* falsifiers. They can be rejected in favor of a theory. If so, how do empirical theories differ from normative ones? For, there are data in normative theories that correspond to the empirical data of empirical science, namely, the normative intuitions which, according to Rawls' methodology, are organized in a normative theory.

Empirical and non-empirical data organized in a theory

Theories of grammar, used by Rawls (1972: 47) to explicate his method,[10] exemplify this point. Grammarians rely on grammatical intuitions about what is right and wrong in a language. Grammatical intuitions are based either on the intuitions of the grammarians themselves about which language uses are correct and incorrect, if their object is their native language, or on those of the speakers of the language they investigate. Grammatical intuitions play the role of empirical evidence in descriptive theories. Yet there may be contradictory intuitions; hence, grammarians have to choose among them and to weigh their strength against each other and against the theory that can have its own strength by preferring language uses that make the use of the language simpler, clearer or better arranged. Grammatical intuitions are only potential falsifiers of theories, just as observations are. A theory, whether empirical or normative, is accepted if it fits the data, but sometimes a fit can be better if some data are rejected. It depends on the deliberation of the pros and cons by the theorists.

The crucial property that makes a theory scientific or rational is whether its validity claim is based on a rational deliberation of how well the theory fits the empirical descriptive or intuitional normative data that it tries to order into a system to make them understandable. Physicists balance empirical data and competing physical theories; moral theorists balance moral intuitions and competing moral theories, principles or background assumptions.[11] A scientist criticizes a competing theory by pointing to empirical evidence or to incoherencies for which the theory cannot account. A moral theorist criticizes a competing theory by pointing to moral intuitions or to incoherencies of moral rules it cannot account for. In either case, the validity of the theory is decided by rational deliberation with the aim of finding a coherent order.

We may argue that if we find a coherent order for our moral data, we need not accept it. The order makes morality understandable, but if I understand it I need not accept it. It is true indeed that a grammatical theory can be descriptive and normative. By accepting a descriptive theory we are not committed to using it. Yet by accepting a normative grammatical theory we do commit ourselves. Rawls' point is that what make a descriptive theory universally valid are the same deliberations that make a normative theory universally valid. In contrast, what distinguishes empirical theory from non-empirical theory and what according to empiricism is necessary for universal validity, that the data ordered by the theory are empirical, does not at all prove to be a necessary condition for universal validity.

What is wrong with the empiricist appeal to empirical reality by which normative theories are excluded from rationality is not the idea of a reality that exists independently of us, but the idea that only empirical theories refer to a reality we discover and do not invent. We learn what empirical reality is only by theorizing about empirical data, and we do so by comparing competing theories and by deliberating the empirical evidence adduced for and against the theories. In the same way we learn what the good and the just, the beautiful, the meaningful and the grammatical are by theorizing about our normative intuitions. Such intuitions purport to put us in contact with a moral, metaphysical, aesthetic or linguistic reality. Whether they achieve this depends on how far a theory succeeds in coherently orienting our normative judgments.[12]

However, is not the concept of success we presuppose in this assimilation of empirical and normative theories applicable only in empirical theory, since only there the concept is clear enough? For ascribing success to empirical theory means that we are not disappointed by the expectations a theory allows. Now, to be not disappointed amounts to acting and thinking in coherence with our expectations. Such coherence can fail in normative no less than in empirical affairs. True, scientists can and do systematically increase their data by extending their observations, while normative theorists cannot do so. Yet what makes their theories rational is not the accumulation of data but their rational deliberation, including the comparison of competing theories that propose alternative orders for the data.

We may also object that only empirical reality contains hard things such as walls that we can bang our heads against. Yet for most people, to *feel* that "I does not work" is grammatically correct or that harming the innocent is just as difficult as to run through a wall. Basic moral intuitions are hardly less congruent among different cultures than basic empirical data. Paradigms of moral differences between cultures, such as the Eskimo putting their aged folk on ice floes to die, can be easily explained by their harsh economic conditions forbidding them to feed both the young and the old. What causes moral controversy is insecurity about what we may do to strangers and what kind of actions are force, fraud or help. Yet such controversy can be solved by rational argument taking account of historical conditions.[13]

By assimilating normative realities to empirical reality we imply that they are not our invention or construction, but not that they exist independently of us; just as by talking of the realities of numbers we imply that numbers and their laws are not our inventions, not that they exist without us. There need to be creatures that count for numbers to exist, and there need to be creatures that feel and judge for values and norms to exist. Yet just as we are not free to count arbitrarily once we start counting, we are not free to judge arbitrarily once we start passing normative judgments.

Another reason why norms are excluded from universal validity is that we often understand universal validity as *absolute* validity. However, scientific laws have become paradigms of truths that will be replaced by better ones in some time. Such replacement is possible because empirical evidence is accumulated and can suggest revisions of theories and laws. If we accord moral theories the validity we accord to empirical theories, its principles are falsifiable and revisable too; hence they are not absolute. Moral intuitions cannot be increased in the same way as empirical data; so moral theories are not likely to change as fast as empirical theories; but historical experience can lead to changes of the weight of intuitions.

So norms that can claim universal validity are not absolute. This result fits exactly the needs of our world of factual cultural differences and quick social changes. We do not need absolute norms, but rather norms that can both oblige everyone and be revised if they no longer fit our moral intuitions.

We cannot claim that normative theory offers us today universally valid norms comparable to the laws of physics. In particular, two orders claimed by moral theorists for our moral intuitions are still competing, the utilitarian one finding coherence in the goal of maximizing happiness, and the Kantian one finding coherence in the goal of respecting everyone's equal right to liberty. Yet if there is a method to establish universally valid normative principles this is sufficient to reject the idea that moral and justice norms cannot be rational.

Ulrich Steinvorth, *Emeritus, Chair for Ethics, University of Hamburg*

Annotations

[1] Max Weber, 'Objectivity in Social Science and Social Policy', http://jthomasniu.org/class/Stuff/PDF/weber-objectivity.pdf pp. 11–12 [last accessed on 8 January 2012]; from *The Methodology of the Social Sciences*, Tr. and ed. by E. A. Shils/H. A. Finch, New York 1949; The original 'Die Objektivität sozialwissenschaftlicher und sozialpolitischer Erkenntnis' was published in 1904 and can be found in M. Weber, *Soziologie, universalgeschichtliche Analysen, Politik*, ed. J. Winckelmann, Stuttgart 1974, p. 194.

[2] Representative of this development has been the rise of cognitive science, the work of Ludwig Wittgenstein by his critique of the possibility of a private language, which is a critique of empiricism and solipsism, of Donald Davidson and, in Germany, of Jürgen Habermas and Karl-Otto Apel.

[3] M. Weber, 'Science as a Vocation', in: *From Max Weber: Essays in Sociology*, Tr. by H. H. Gerth/C. Wright Mills, New York 1946, pp. 129–156. The orig. edition, 'Wissenschaft als Beruf' was published in 1919 (See, Weber, *Soziologie*, p. 329).

[4] For a critique cf. X. Li, *Ethics, Human Rights and Culture*, New York 2006.

[5] Rawls describes the method of ethics in his *A Theory of Justice*, Cambridge Mass. 1972.

[6] G. Frege, *Die Grundlagen der Arithmetik: Eine logisch mathematische Untersuchung über den Begriff der Zahl*, Breslau 1884 [*The Foundations of Arithmetic: A Logical-Mathematical Investigation into the Concept of Number, Translated with an Introduction and Critical Commentary*, D. Jacquette, New York 2007]; *Grundgesetze der Arithmetik*, I–II, Jena 1893, 1903 [*The Basic Laws of Arithmetic*, Berkeley etc. 1964].

[7] Cf. J. van Heijenoort, *From Frege to Gödel: A Source Book in Mathematical Logic, 1979–1931*, Cambridge 1967, pp. 124–125. Russell, though, hoped the contradiction could be avoided. van Heijenoort (ibid.) shows that Zermelo discovered Russell's paradox shortly before Russell.

[8] K. Gödel, 'Die Vollständigkeit der Axiome des logischen Funktionenkalküls', *Monatshefte für Mathematik und Physik*, 37, 1930, pp. 349–60; and 'Über formal unentscheidbare Sätze der *Principia Mathematica* und verwandter Systeme, I', *Monatshefte für Mathematik und Physik*, 38, 1931, pp. 173–98.

[9] T. Kuhn, *The Structure of Scientific Revolutions*, Chicago 1970; I. Lakatos, *Criticism and the Growth of Knowledge*, A. Musgrave (eds.), Cambridge 1970; P. Feyerabend, *Against Method*, London 1975. Popper argued he had never denied that scientists can stick to theories despite contradicting facts.

[10] J. Rawls, *Theory.*

[11] Cf. N. Daniels, *Justice and Justification: Reflective Equilibrium in Theory and Practice,* Cambridge Mass. 1996, p. 22.

[12] I imply that the traditional opposition of correspondence and coherence theories of truth cannot be maintained. For a similar position, cf. D. Davidson, 'A Coherence Theory of Truth and Knowledge', in: E. LePore (ed.), *Truth and Interpretation,* Oxford 1986, pp. 307–319.

[13] On factual moral congruence cf. M. Walzer, *Thick and Thin,* Notre Dame 1994. For a critique of the idea of moral incommensurability cf. D. Davidson, 'Expressing Evaluations', *The Lindley Lecture,* Lawrence 1982.

Personale (inter-)kulturelle Selbstverständigung/

Personal (Inter-)cultural Self-understanding

Authentizität

Einleitung

Authentizität (von griechisch αὐθεντικός *authentikós* »echt«; spätlateinisch *authenticus* »verbürgt«, »zuverlässig«) lässt sich übersetzen mit »Echtheit« im Sinne von »als Original befunden«. Der Begriff wird in vielen verschiedenen Bereichen, z. B. der Archäologie und Geschichtswissenschaft gebraucht. Der in diesen Wissenschaften übliche Gebrauch soll hier nicht näher erörtert werden, sondern seine philosophischen Grundlagen. Insbesondere sollen die Auffassungen von Martin Heidegger und Jean-Paul Sartre dargestellt und kritisiert werden. Sie haben den Horizont eröffnet, innerhalb dessen Authentizität seit der zweiten Hälfte des 20. Jahrhunderts in der europäisch-westlichen Philosophie zu einem viel diskutierten und umstrittenen philosophisch-ästhetischen Leitbegriff werden konnte (Knaller 2006: 17).[1] Ein weiterer wichtiger Beitrag zur Klärung des umstrittenen Begriffs findet sich in Charles Taylors' »*Ethik der Authentizität*«. Ferner werden Konzeptionen, die in der afrikanischen Philosophie vorkommen, als wesentlicher Beitrag zum Gesamtproblem erörtert. Damit wird beispielhaft die interkulturelle Dimension der Philosophie verdeutlicht. Eine Ausweitung dieser Dimension ergibt sich aus einem Blick auf Authentizität im Buddhismus.

Eine ganz andere Einschätzung des Begriffs Authentizität und der damit gemeinten Sache ergibt sich durch seine Konzeptualisierung in den Philosophien der Differenz. Insbesondere durch Derrida wird eine Dekonstruktion von Authentizität und Originalität zur Diskussion gestellt, die deren innere Widersprüchlichkeit und Brüchigkeit sichtbar macht, ohne dass der Begriff damit unbrauchbar wird. Die auf diesem Weg veränderte Einschätzung der Authentizität wirft auch ein anderes Licht auf die afrikanischen und buddhistischen Auffassungen, ihre jeweils gegebene Eigenbedeutung und ihren Beitrag zu einer globalen Konzeption. Der Begriff der Authentizität erweist sich somit als ein typischer Fall eines Leitbegriffs der interkulturellen Debatte, der zugleich in seiner Verwendung umstritten ist.

Heideggers Konzept der »Eigentlichkeit«

In der »Fundamentalanalyse des (menschlichen) Daseins« durch die »existenziale Interpretation dieses Seienden« in Heideggers *Sein und Zeit*[2] ergibt sich, dass das Dasein »zunächst und zumeist« in seiner »durchschnittlichen Alltäglichkeit« nicht eigentlich und deshalb auch nicht authentisch existiert. Eigentlichkeit ist im Kontext des Heideggerschen Denkens ein wesentlicher Aspekt von Authentizität, die er in dem ganzen Umfang ihrer Bedeutung nicht thematisiert. Die Uneigentlichkeit der Existenz des Daseins zeigt sich in verschiedenen Phänomenen des »Verfallens«. Das Dasein denkt und handelt, wie »man« denkt und handelt. Es passt sich dem Denken und Handeln der Menschen in ihrer Masse an. Heidegger (^{7}1953: 129) schreibt: ›Das Selbst des alltäglichen Daseins ist das *Man-selbst*, das wir von dem *eigentlichen*, das heißt eigens ergriffenen *Selbst* unterscheiden‹. Auffällige Phänomene des Verfallens an das *Man* sind für Heidegger unter den historischen Bedingungen seiner Zeit »Gerede«, »Neugier« und »Zweideutigkeit« als Ausdruck der Unentschiedenheit.

Das »eigentliche Seinkönnen des Daseins« wird ermöglicht durch das »Sein zum Tode«. Im »Vorlaufen zum Tod« erfasst sich das Dasein als Ganzes, als das Ganze seiner Möglichkeiten. In der reinen Zukunftsbezogenheit der Todeserwartung, die seine Möglichkeit vorwegnimmt, aber seine Wirklichkeit nicht erreicht, gelangt das Dasein zu seiner Eigentlichkeit. Sie ›befreit von der Verlorenheit in die zufällig sich andrängenden Möglichkeiten‹ der durchschnittlichen Alltäglichkeit (ebd.: 264). Das »eigentliche Seinkönnen« bezeugt sich im »Gewissen«, das das Selbst zu sich selbst ruft. Dass sich das Selbst darin eigens als Selbst ergreift, nennt Heidegger »Entschlossenheit«. Das alles geschieht im Inneren des einzelnen Daseins; der Andere oder die Andere(n) spielen dabei keine Rolle.

Der spätere Heidegger hat die besondere – wie er selbst sagt »ausgezeichnete« – Bedeutung des Daseins für sein Denken ausdrücklich negiert. Er denkt nicht mehr vom Dasein aus, sondern vom Sein aus. Im Ereignis des Seins kommt dem Dasein die Aufgabe zu, den ihm eröffneten Bereich zu übernehmen. Das ist keine Frage des Seinkönnens des Daseins, sondern eine dienende Funktion. Authentizität kann dann nicht mehr als ein wesentlicher Aspekt des Geschehens aufgefasst werden, durch das das Dasein sein Selbst eigens ergreift, sondern des umfassenderen Geschehens, in welches sich das Dasein, noch immer in der Einzelheit seiner Existenz, dem Ereignis des Seins auf angemessene Weise einfügt.

Sartres Analyse der »Aufrichtigkeit«

In *Das Sein und das Nichts*[3] findet sich bei Sartre eine deutliche Kritik der Unaufrichtigkeit, die ein Verfehlen der Authentizität beinhaltet. Er spricht selbst von *mauvaise foi*, die sich darin ausdrückt, dass das Subjekt nicht mit sich selbst übereinstimmt. Demgegenüber ist nach der Einführung in Sartres Philosophie von Jürgen Hengelbrock (2005: 139) Authentizität als ›das Postulat […] der Übereinstimmung mit sich selbst‹ aufzufassen, wodurch es möglich wird, ›moralische Werturteile zu fällen‹.[4]

Welche Haltungen des Subjekts, bei Sartre immer auch in seiner Beziehung zum Anderen, als authentisch zu gelten haben, ist im Einzelnen aus dem Verhältnis von »An sich und Für sich« in seiner Existenz zu bestimmen. Dass das freie, für sich seiende Subjekt den Anderen braucht, um zu seiner »Objektheit«, seinem An sich, zu kommen, das es in den Augen des Anderen notwendigerweise ist, erfüllt es mit »Scham«. Der »freie Entwurf« des Subjekts, durch den es sich in seiner ihm eigenen Zukunftsbezogenheit erfasst und »durch den der Andere zum Anderer-sein«, zu seiner »Objektheit« kommt, bestimmt Sartre als »Hochmut« oder, in einer mehr neutralen, ontologisch gemeinten Formulierung, »als die Behauptung meiner Freiheit gegenüber dem Objekt-Anderen«. Hochmut wird dabei abgegrenzt von »Stolz« oder »Eitelkeit«, die im Sinn moralischer Werturteile jeweils als ein »labiles unaufrichtiges Gefühl« bestimmt werden (Sartre 1995: 519).

In *Der Existentialismus ist ein Humanismus*[5] werden Aufrichtigkeit und Authentizität ausdrücklich als Synonyme gebraucht, wobei diese in der Freiheit des Sich-Wählens verwirklicht werden. Das gilt sowohl für den sich selbst Wählenden als auch für den anderen, der sich, in derselben Weise wie das Selbst, selbst wählt, und zwar für *jeden* anderen, in einem universalen Sinn (Sartre 1994: 171 f.). Sartre betont in dieser Schrift den atheistischen Ausgangspunkt seines Denkens. Das schwierige Verhältnis der eigenen Objektheit und derjenigen des Anderen bleibt an dieser Stelle außerhalb der Betrachtung.

In späteren Schriften, insbesondere in der *Kritik der dialektischen Vernunft*[6], steht bei Sartre nicht mehr das Subjekt in der Doppelheit seiner Existenz, die auf ein anderes Subjekt bezogen ist, im Mittelpunkt seines Denkens, sondern die gesellschaftliche Instanz der Gruppe. Diese wird ihrerseits durch eine »totalisierende Bewegung« dynamischer Verhältnisse ihrer Mitglieder gekennzeichnet und zugleich durch das detotalisierende Phänomen der »Serialität« des Verhältnisses ihrer Mitglieder zu einander, in dem die Dynamik erstarrt. Die »individuelle Praxis« als Totalisierung wird zum »Praktisch-Inerten«, ohne darin zu verschwinden. Die in sich lebendige und dynamische Gruppe bedarf als Gegenpol des seriellen Kollektivs, in dem die Mitglieder austauschbar sind. Die Wechselseitigkeit zwischen beiden ist die ›grundlegende menschliche Beziehung‹ (Sartre 1967: 270–273). Die Geschichte ist der Kampf um die Erhaltung dieser Wechselseitigkeit, die beim späteren Sartre als Ausdruck der Authentizität gelten kann.

Authentizität als Leitbegriff der europäisch-westlichen Philosophie in der Diskussion der zweiten Hälfte des 20.Jahrhunderts

Für Theodor W. Adorno (1961: 127 ff.) ist der Begriff Authentizität, der im Lauf der ersten Hälfte des 20. Jahrhunderts in seinem allgemeinen philosophischen Sinn hervorgetreten ist, noch 1961 ›ein Wort aus der Fremde‹, dem er Vertrautheit zu geben bemüht ist.[7] Alessandro Ferrara sucht daraufhin dieses Wort als einen philosophisch-ästhetischen Leitbegriff der Moderne einzuführen (Knaller 2006: 25). Nach seiner zusammenfassenden Darstellung wird Authentizität in der Moderne zur maßgeblichen Gegeninstanz zu den Entwicklungen zu einer reinen Konsumgesellschaft.[8]

Adorno ist sich der »Dialektik der Authentizität« bewusst. Jedes Kunstwerk ist einmalig, durch seinen Urheber und durch seine eigene Materialität als »einmalig« und »echt« ausgewiesen, zugleich aber auch *fait social* und als solches nicht frei von ideologischen Konnotationen (Adorno 1970; 14–16, 334–338).[9] Die im 20. Jahrhundert verbreitete Reproduktionskunst, kann die Authentizität der Kunst nicht unterminieren. Dabei wendet sich Adorno scharf gegen Authentizität als eine inhaltlich nicht näher bestimmte Eigentlichkeit der Existenz, wie sie von Heidegger beschrieben worden ist.[10]

Jürgen Habermas knüpft bei diesen Gedanken an, führt aber auch Sartres Bemerkungen zur Authentizität als Aufrichtigkeit weiter, wenn er letztere dem »evaluativen Diskurs« zuordnet, der ästhetische und ethische Geltungsansprüche kritisch zu rechtfertigen sucht. In diesem Diskurs geht es nicht wie in der theoretischen Sphäre um »Wahrheit« im kognitiven Sinn, sondern um »Wahrhaftigkeit« im Sinn ästhetisch-ethischer Selbstverwirklichung. Dem evaluativen Diskurs steht in der praktischen Dimension die Begründung moralischen Handelns gegenüber, die den Anspruch auf Universalisierbarkeit erhebt. Was moralisch richtige Handlungsnormen sind, muss sich an allgemeingültigen Kriterien messen lassen (Habermas 1981: 45).[11] Diese an die Themen der drei *Kritiken* von Immanuel Kant erinnernde Systematik situiert die Diskurse, welche die verschiedenen Geltungsansprüche begründen, in der Gesamtheit von Gesellschaft, Wirtschaft, Politik und Kultur, ohne auf die Rolle der Anderen in diesen Systemen zu reflektieren (ebd.: 20). *Die Einbeziehung des Anderen*[12] geschieht nach dem Buch mit diesem Titel auf der Grundlage der demokratischen Politik im europäisch-westlichen Sinn, die ihre Entscheidungen auf praktischen Diskursen und kritischen Erwägungen basiert.

In seiner programmatischen Schrift *The Ethics of Authenticity* plädiert Charles Taylor, ähnlich wie der bereits erwähnte Ferrara, für Authentizität als Gegenmittel gegen Verfallserscheinungen in der Modernität, die in den 1980er Jahren zu den Phänomenen des »Narzissmus«, »Hedonismus« und des reinen Karrieredenkens führen.[13] Darin zeigt sich für Taylor ein allgemeiner Sinnverlust und das Schwinden moralischer Horizonte. In der gesellschaftlichen Sphäre herrschen unpersönliche Mechanismen, die technische Lösungen ermöglichen sollen, anstatt einer Orientierung an den Bedürfnissen der Menschen. Auf der politisch-staatlichen Ebene führt dies zu einer Atomisierung der Individuen, die nur noch mit sich selbst beschäftigt sind. Eine allgemeine Politikverdrossenheit befördert einen »weichen Despotismus« seitens der Regierenden.

Demgegenüber will Taylor die Authentizität als das Streben nach »Selbstverwirklichung«, bei dem die Subjekte »sich selbst treu« bleiben, als positive ethische Instanz ins Spiel bringen. Entscheidend ist, dass er dieses Streben, das wie die genannten negativen Phänomene in der Moderne hervorgetreten ist, mit der Problematik der »Anerkennung« verknüpft, die dem »signifikanten Anderen« nicht verweigert werden darf. Dieser Problematik hat er bereits seinen viel beachteten Essay *Multiculturalism and the ›Politics of Recognition‹*[14] gewidmet. Darin stellt er ebenfalls den negativen Aspekten der Moderne andere positive Aspekte gegenüber, die zur Lösung der Probleme führen sollen, die durch die ersteren entstanden sind. Den modernen Begriff der »Ehre«, der noch aus mittelalterlichen Verhältnissen stammt, konfrontiert er mit dem der »Würde«. Anstatt auf »Stolz«, den Sartre bereits als unaufrichtig gekennzeichnet hat, beruft er sich auf »Authentizität«. Damit schließt er bei dem Werk von Lionel Trilling *Sincerity and Authenticity*[15] an, in dem das Spezifische der Authentizität, das die Haltung der gesamten Person betrifft, von Aufrichtigkeit, die sich auf einzelne Äußerungen der Person bezieht, unterschieden wird (Taylor 1993: 16 f.).

Die »Politik der Anerkennung«, die wesentlich zur Authentizität gehört, ist zugleich eine »Politik der Differenz«, die den Anderen in seiner konkret gegebenen Andersartigkeit erkennt und anerkennt. Damit geht Taylor deutlich über Sartres und auch über Habermas' »Einbeziehung der Anderen« hinaus. Er unterstützt die »in jüngster Zeit erhobene Forderung«, »dass man den verschiedenen Kulturen, so wie sie sich faktisch entwickelt haben, gleich viel Respekt entgegenbringen müsse«. Gleichheit dem Rang nach sei so mit inhaltlicher Verschiedenheit zu kombinieren, damit »Differenzblindheit« vermieden wird (ebd.: 32–35).

Authentizität in der afrikanischen Philosophie und im Buddhismus

In der Geschichte der Befreiung des subsaharischen Afrika vom Kolonialismus hat der Begriff der Authentizität eine wichtige Rolle gespielt. Dieser Begriff wurde in einem politisch-philosophischen Sinn verwendet. Die Überfremdung durch europäisch-westliche Maßstäbe des Denkens und Handelns sollte durch die Rückbesinnung auf die eigene Tradition und die darin maßgebenden Wertvorstellungen rückgängig gemacht werden. François (Ngarta) Tombalbaye als Präsident der Republik Chad und Mobutu Sese Seko als Präsident der Republik Zaïre (des vormaligen Belgisch Kongo und der heutigen Demokratischen Republik Kongo) haben in den 1970er Jahren in ihren Ländern eine Authentizitäts-Kampagne geführt. Die Afrikaner, die europäische Namen hatten, mussten diese ablegen und afrikanische Namen annehmen. Auch die Kleidung sollte enteuropäisiert werden, indem Oberkleidung im Mao-Stil angeordnet wurde. In diesen praktisch-politischen Maßnahmen kam zugleich die »Dialektik der Authentizität« deutlich zum Ausdruck, sofern diese Präsidenten einen ganz auf ihre Person zugeschnittenen diktatorischen Regierungsstil praktizierten, der keineswegs als authentisch im Sinn der traditionellen Werte gelten kann.

Im Rahmen der Négritude-Bewegung, zu der Léopold Sédar Senghor und Aimé Césaire wichtige philosophisch-ideologische Beiträge geleistet haben, wurde das Aufkommen eines afrikanischen Selbstbewusstseins auf eine theoretisch adäquate Art und Weise artikuliert. Das Buch von Senghor *Les Fondements de l'africanité, ou Négritude et arabité*[16], in dem das authentisch afrikanische nicht nur vom europäischen, sondern auch vom arabischen Denkens abgegrenzt wird, ist besonders erwähnenswert. Die Gedanken von Frantz Fanon, in denen die Prozesse der Kolonisierung und Entkolonisierung auch von ihren tiefenpsychologischen Bedingungen aus erklärt werden, werden in der Négritude-Bewegung aufgenommen und vielfach diskutiert. Fanon (1969: 181–189) konstatiert ferner die ›gegenseitige Begründung‹ von ›traditionell afrikanischer Nationalkultur und anti-kolonialem Befreiungskampf‹.[17]

Fabien Eboussi Boulaga, ein Philosoph aus Kamerun, stellt das Entstehen einer selbstbewussten afrikanischen Philosophie mit ihren verschiedenen Strömungen, von der umstrittenen Ethnophilosophie, die aus der Sprache der afrikanischen Völker ihre Philosophie abzuleiten sucht, bis zur Institutionalisierung dieser Philosophie an den afrikanischen Universitäten, unter den Leitbegriff der Authentizität. Er betont die Verantwortung der Intelligenz in dem Kampf um Selbstbefreiung. Dabei hat er ein deutliches Bewusstsein davon, dass in diesem Prozess der Rückanknüpfung an traditionelle afrikanische Denkweisen und Werte auch eine Krise des afrikanischen Menschenbildes zum Ausdruck kommt und dass die »Dialektik der Authentizität« beachtet werden muss.[18]

Der wesentliche Unterschied zum europäisch-westlichen Begriff der Authentizität liegt darin, dass nicht von der einzelnen Person ausgegangen wird, von der aus die Anderen in einer mehr oder weniger adäquaten Art und Weise einbezogen werden, sondern von der Gemeinschaft, in welche die Personen eingebunden sind. Die Wiederbelebung traditioneller afrikanischer Werte, wie Orientierung des Einzelnen an der Gemeinschaft und gegenseitige Hilfeleistung, knüpft bei dem Vorhandensein und dem Funktionieren dieser Werte in den jeweiligen Völkern an. Dabei ist das durchaus spannungsreiche, vom europäisch-westlichen Denken zu unterscheidende Verhältnis von Person und Gemeinschaft zu berücksichtigen.[19]

Ein weiterer vom europäisch-westlichen und auf andere Weise vom afrikanischen Denken verschiedener Begriff der Authentizität findet sich im Buddhismus. Es geht zwar um die Person, aber nicht um der Person willen, sondern darum, sie der »Wahrheit des Seins« näher zu bringen. Letzteres steht im Buddhismus für Authentizität. Die Person oder besser ihr Bewusstsein weitet sich aus und kann sich schließlich selbst verlieren. Das hängt eng mit dem Geheimnis des »Nicht-Tuns« zusammen. Joachim Busse hat die »Schritte« der Person »ins Sein« und damit den Weg zur Authentizität klar und knapp beschrieben. Wir geben hier einige Auszüge aus seiner Beschreibung wieder[20]:

> Die Wahrheit unseres Seins kommt […] aus einem vollkommenen Zustimmen dessen, was ist.
>
> Was ist der entscheidende Faktor, durch den sich unsere Wahrheit immer mehr vertieft und sich von den groben Aspekten unserer Persönlichkeit löst? […] Sein und damit auch die Verfeinerung unserer Wahrheit entfaltet sich von Innen, wenn wir nicht tun.
>
> Wenn ich von Nicht-Tun spreche, meine ich nicht nichts tun. Nicht-Tun ist vielmehr aufmerksam sein, die Dinge bemerken. Weder unterdrücken, noch ausagieren, sondern innehalten und ganz damit oder darin sein. Nicht-Tun ist das Gegenteil von unserer Gewohnheit. Es ist das Gegenteil davon, unseren gewohnheitsmäßigen Impulsen nachzugeben […] Nicht-Tun schafft den Raum für Achtsamkeit.
>
> Wenn wir Authentizität auf diese Weise betrachten, gibt es keine richtige oder falsche Erfahrung – es gibt immer nur die Erfahrung des Jetzt. Wahrheit beginnt immer in diesem Moment […]
>
> Jedes Mal, wenn wir uns eines Konzeptes, eines Selbstbildes bewusst werden und damit unsere Wahrnehmung erweitern, entsteht mehr innerer Raum […]
>
> Dieses Raumgefühl, das zu tun hat mit der Auflösung des Ich-Konzeptes, nennt man im Buddhismus Leere oder Erleuchtung.

Dekonstruktion der Authentizität und die neue Sicht auf nicht-westliche Konzeptionen

Den dargestellten Lesarten des Authentizitätsbegriffs steht eine Verwendungsweise des Begriffs durch Autoren wie Walter Benjamin und Jaques Derrida entgegen. Innerhalb der europäisch-westlichen philosophischen Diskussion wird Authentizität im Sinn von Originalität, wie sie im Idealfall dem Künstler und dem Kunstwerk zukommt, radikal in Zweifel gezogen durch den Aufsatz von Benjamin ›Das Kunstwerk im Zeitalter seiner technischen Reproduzierbarkeit‹, der 1935 in französischer Sprache und 1939 in deutscher Sprache erschienen ist.[21] Durch das Aufkommen der Photographie und der Prozesse technischer Vervielfältigung geht nach diesem Aufsatz mit der »Aura« eines Kunstwerks seine Originalität und damit seine Authentizität verloren, wie sie bisher verstanden worden ist.

Derrida hat klar herausgearbeitet, dass die postmoderne Kritik am Begriff der Authentizität, die an den Aufsatz von Benjamin anschließt und die darauf beruht, dass schließlich nichts mehr ein Original ist, sondern alles nur eine Kopie oder ein Zitat, diesen Begriff nicht unbrauchbar macht. Derrida (1975: 56–93) gibt dem Begriff der »Mimesis« oder Nachahmung einen neuen, doppelten Sinn. Sie kann die Autorität der ursprünglichen Autorschaft weitertragen, indem sie diese bezeugt, aber sie kann das auch nur vortäuschen und in diesem Sinn »Täuschung« und »Trug« sein.[22] Michael Wetzel (2006: 38) interpretiert Derrida, indem er sagt, dass es möglich ist, ›die von einem Ursprung, einem Original her kommende, geschichtliche Zeugenschaft zu *übertragen*‹.[23] Der Aufführende oder Ausführende trägt die Originalität des Autors weiter. So entsteht eine authentische Spur. Die Dialektik der Authentizität, nach der im Authentischen immer auch Nicht-authentisches enthalten ist, nimmt die Form einer unvermeidlichen »Aporie« an. Kunstwerke und authentische Äußerungen sind immer zugleich »einzigartig und wiederholbar«. Dabei ist das Kunstwerk jeweils ›ästhetisches Kunstwerk kraft seiner *Artifizialität*, d.h. seiner kunstvollen Gemachtheit oder Bildung‹ (ebd.). Auch die technische Wiedergabe steht in der Geschichte der Bearbeitung und des Zeugnisses. Eine Photographie kann authentisch sein, nicht in dem, was sie zeigt, sondern in dem, was sie bezeugt. Die Reproduktion mit den Mitteln des Films gibt keine objektiv bestehende Wirklichkeit als solche wieder, sondern schafft jeweils ihre eigene Wirklichkeit.[24]

Die so vollzogene Dekonstruktion des europäisch-westlichen Authentizitätsbegriffs bewirkt eine größere Offenheit gegenüber nichtwestlichen Auffassungen. Die Bindung an die Autorität der Person des Autors wird relativiert, sie geht im Grunde auf in dem Prozess der Übertragungen und Bezeugungen. Der Authentizitätsbegriff der afrikanischen Philosophie, der von dem Rückgriff auf Werte handelt, die traditionell in einer geschichtlichen Gemeinschaft gültig waren, kann ebenfalls als ein *Bezeugen*, ein Weitertragen des darin Enthaltenen, verstanden werden, das einer *Spur* folgt und diese fortzusetzen sucht. Dass diese Werte aus der Überfremdung durch die koloniale Politik wieder herausgeschält werden müssen, bildet nicht nur eine philosophische, sondern auch eine praktisch-politische Aufgabe und birgt neben den damit gegebenen Möglichkeiten auch Gefährdungen, die der Authentizität abträglich sind.

Das Streben der Person, das eigene Bewusstsein immer mehr zu erweitern, bis es aufgeht ins allgemeine Bewusstsein, das die Wahrheit des Seins enthält, muss von jedem Nachfolger Buddhas selbst vollzogen werden. Dieses Streben ist authentisch und zugleich geschieht es in der *Nachahmung* eines großen Vorbildes. Es ist im Sinn des dekonstruierten europäisch-westlichen Authentizitätsbegriffs *einzigartig und wiederholend*. Auf diese Weise ist es ein Beispiel eigener nichtwestlicher Art für die unvermeidliche und das heißt strukturelle *Aporie* der Authentizität.

Die nicht-westlichen Konzeptionen von Authentizität strahlen auf die europäisch-westlichen Auffassungen zurück, sofern diese als *eine* mögliche konkrete Gestalt von Authentizität erscheinen, der andere zur Seite gestellt werden können. Eine umfassende globale Konzeption ergibt sich aus der Gesamtheit der verschiedenen konkreten geschichtlich-kulturellen Gestalten.

Heinz Kimmerle, *Emeritus, Lehrstuhl ›Grundlagen der interkulturellen Philosophie‹, Erasmus-Universität, Rotterdam*

Anmerkungen

[1] S. Knaller, ›Genealogie des ästhetischen Authentizitätsbegriffs‹, in: S. Knaller/ H. Müller (Hrsg.), *Authentizität. Diskussion eines ästhetischen Begriffs*, München 2006, S. 17–35.

[2] M. Heidegger, *Sein und Zeit*, Tübingen [7]1953.

[3] J.-P. Sartre, *Das Sein und das Nichts*, T. Koch/H. Schöneberg (übers.), Reinbek bei Hamburg 1995.

[4] J. Hengelbrock, *Jean-Paul Sartre. Freiheit als Notwendigkeit. Einführung in das philosophische Werk*, Freiburg/München 2005.

[5] J.-P. Sartre, *Der Existentialismus ist ein Humanismus und andere philosophische Essays. 1943–1948*, V. von Wroblewsky u. a. (übers.), Reinbek bei Hamburg 1994.

[6] J.-P. Sartre, *Kritik der dialektischen Vernunft. Theorie der gesellschaftlichen Praxis*, T. Koch (übers.), Reinbek bei Hamburg 1967.

[7] T. W. Adorno, *Noten zur Literatur 2*, Frankfurt a. M. 1961.

[8] T. W. A. Ferrara, *Modernity and Authenticity*, Albany 1993.

[9] T. W. Adorno, *Ästhetische Theorie*, Frankfurt a. M. 1970, S. 14–16 und S. 334–338.

[10] T. W. Adorno, *Jargon der Eigentlichkeit. Zur deutschen Ideologie*, Frankfurt a. M. 1964; ders., *Negative Dialektik*, Frankfurt a. M. 1966, S. 117.

[11] J. Habermas, *Theorie des kommunikativen Handelns*, I, Frankfurt a. M. 1981.

[12] J. Habermas, *Die Einbeziehung der Anderen. Studien zur politischen Theorie*, Frankfurt a. M. 1996.

[13] C. Taylor, *The Ethics of Authenticity*, Cambridge/London 1992.

[14] C. Taylor, *Multikulturalismus und die Politik der Anerkennung*, A. Gutmann (Hrsg.), Mit Kommentaren von A. Gutmann, S. C. Rockefeller, M. Walzer, S. Wolf. Mit einem Beitrag von J. Habermas, R. Kaiser (übers.), Frankfurt a. M. 1993 [*Multiculturalism and ›The Politics of Recognition‹: An Essay*, A. Gutmann (ed.), Princeton 1992].

[15] L. Trilling, *Sincerity and Authenticity*, New York 1969.

[16] L. S. Senghor, *Les Fondements de l'africanité, ou Négritude et arabité*, Paris 1967.

[17] F. Fanon, *Die Verdammten dieser Erde*, T. Koch (übers.), Reinbek bei Hamburg 1969.

[18] F. Eboussi Boulaga, *La crise du Muntu. Authenticité africaine et philosophie*, Paris 1977.

[19] K. Gyekye/K. Wiredu (ed.), *Person and Community*, Washington, DC 1992; H. Kimmerle, ›The Concept of Person in African Thought. A Dialogue between African and Western Philosophies‹, in: H. Wautischer (ed.), *Ontology and Consciousness. Percipient Action*, Cambridge, MA/London 2008, S. 507–524.

[20] J. Busse, http://www.schritte-ins-sein.de/Authentizitaet-Gewohnheit-innerer-Raum.htm [letzter Zugriff am 27. 2. 12].

[21] W. Benjamin, ›Das Kunstwerk im Zeitalter seiner technischen Reproduzierbarkeit‹, in: ders., *Gesammelte Schriften*, Band I.2, R. Tiedemann/H. Schweppenhäuser (Hrsg.), Frankfurt a. M. 1974, S. 435–508.

[22] J. Derrida, ›Economimesis‹, in: S. Agacinski et al. (eds.), *Mimesis des articulations*, Paris 1975, S. 57–93.

[23] M. Wetzel, ›Artefaktualitäten. Zum Verhältnis von Authentizität und Autorschaft‹, in: Knaller/Müller, *Authentizität*, S. 36–54.

[24] Derrida, *Échographies de la télévision. Entretiens filmés*, Paris 1996.

Handlungsmacht/Autonomie

In der interkulturellen Debatte spielen spezifische Vorstellungen kultureller Differenzen eine zentrale Rolle, dies gilt auch für Individualismus, Autonomie und Handlungsmacht. In dieser ausgesprochen problematischen Debatte werden folgende Vorstellungen als gegensätzlich konstruiert: Subjekte, die in »westlichen« individualistischen Kulturen sozialisiert sind, autonom und selbstbestimmt handeln, d. h. im Handeln selbst gesetzte Zwecke verfolgen. Dagegen steht die Vorstellung von »nicht-westlichen« Anderen, die Normen und Zwängen der Gesellschaft unterworfen, in ihrem Handeln an Kulturtradition und Familie gebunden sind und über die Bedingungen ihres Handelns nicht selbst verfügen. Im Folgenden werden diese Positionen und die Kritik aus den verschiedensten Perspektiven dargestellt:

1. Aus poststrukturalistischer Perspektive wird das Konzept des zielgerichteten Handelns generell in Frage gestellt, dies ist aktuell in den Gesellschafts- und Kulturwissenschaften sehr verbreitet (vgl. Reckwitz 2006) und geht einher mit einer Dekonstruktion von homogenen Kulturen.[1]
2. Aus der Perspektive interkulturellen Philosophierens ließe sich zeigen, dass Begrifflichkeiten wie »Autonomie« oder »Subjekt« im philosophischen Denken »nicht-westlicher« Gesellschaften und Kulturen entweder in dieser Begrifflichkeit gar nicht oder in anderer Form gedacht werden.
3. Die Gegenüberstellung von autonomen Kulturen zu ihren Anderen ließe sich wiederum als ein Element in der Konstruktion eines Anderen zur Sicherung der eigenen Überlegenheit rekonstruieren, wie uns der postkoloniale Diskurs nahelegt.
4. Anschließend ist in einer interkulturellen Perspektive zu fragen: lässt sich Autonomie anders denken?

Handlungsmacht und Autonomie

Handlungsmacht wird definiert als eigenständige Handlungsrationalität von Subjekten. Es geht um Konzeptionen von Handelnden, denen die Intentionen und Bedingungen des Handelns bewusst sind, die über sich und ihr Handeln frei verfügen. Die in der »westlichen« bürgerlichen Gesellschaft vorhandenen Subjektvorstellungen sind sehr vielfältig. In den Kultur- und Gesellschaftswissenschaften haben sie unterschiedliche Darstellungen erfahren und werden als unterschiedliche Subjekttypen oder Formationen von Subjektivität nachgezeichnet. Es herrscht aber Konsens, dass sich alle Subjektvorstellungen auf eine wie auch immer geartete Autonomie des Subjekts beziehen (vgl. Reckwitz ebd.).[2]

Von Immanuel Kant her ergibt sich die Traditionslinie, Autonomie als Unterwerfung unter ein selbstgegebenes moralisches Gesetz zu denken. Diese Traditionslinie richtet sich gegen ein Denken, das den Menschen als Teil eines festen sozialen oder religiösen Gefüges begreift. Diese Herauslösung des Menschen aus vorgefundenen Bezügen ermöglichte das Konzept der Souveränität des Einzelnen und die »Befreiung« aus quasi naturgegebenen Abhängigkeiten. Freiheit und sittliche Eigenständigkeit des Menschen basieren auf der universalen Vernunftfähigkeit, auf einer Vernunft, als deren Charakteristikum die Autonomie gilt, was bedeutet, dass sie sich in sich selbst konstituiert (vgl. Meyer-Drawe 1990).[3]

Dieser Autonomiebegriff ist im »westlichen« Denken vielfach kritisiert und auch modifiziert worden (vgl. Bürger 1998).[4] In der Psychoanalyse Sigmund Freuds, in interaktionistischen oder dialogischen Ansätzen wird ein Selbst in einem Kontext von Welt, Leib und Anderen situiert und diese Situiertheit wird als konstitutiv begriffen – hier büßt das Subjekt einiges an Souveränität ein, behält jedoch eine gewisse Autonomie (vgl. Bürger ebd.; Taylor 1996).[5] Seyla Benhabib (1995) situiert beispielsweise das Subjekt in einem Kontext von Beziehungen und Abhängigkeitsverhältnissen, hält aber an Begriffen wie Intention und Urheberschaft fest.[6] Als zentrale Voraussetzung für Handeln gelten Benhabib allgemeine, rational begründbare und für alle verbindliche Werte, über die sich Gesellschaftsmitglieder in einem rational begründeten Verfahren verständigen. In diesem Sinne stehen auch sozialisationstheoretische und soziologische Ansätze wie die von Lawrence Kohlberg, George H. Mead oder Jürgen Habermas in der kantischen aufklärerischen Tradition. Alle Konzepte setzen damit »westliche Traditionen« und spätbürgerliche Gesellschaftsmodelle voraus; in einer interkulturellen Perspektive ist zu fragen, ob diese Modelle den einzigen Weg zu Freiheit und Menschlichkeit darstellen (vgl. Costa 2007).[7]

Autonomie als Illusion

In der poststrukturalistischen Debatte wird Handlungsmacht zur Imagination des Subjekts. Das Subjekt wird so konstituiert, dass es glaubt, »Herr seiner selbst zu sein« und unterwirft sich genau damit einem sozialen Verhältnis. Das Subjekt meint, über die Verhältnisse frei zu verfügen, bzw. sie als solche erst zu schaffen (Butler 1997; Benhabib 1993).[8] Judith Butler geht davon aus, dass Subjekte nicht intentional handeln, dass sie sich stets neu konstituieren und stets wechselnde Positionen einnehmen. Das Subjekt ist diskursiv erzeugt, es stellt eine Position in einer Kette diskursiver Positionen dar und wird durch Ausschließungs- und Auswahlmechanismen bestimmt. Kein Subjekt ist sein eigener Ausgangspunkt, sondern immer von einem anderen abhängig. Mit der Einheitlichkeit des Subjekts werden auch Kulturen als homogene Einheiten dekonstruiert und in eine Vielfalt von Praktiken aufgelöst.

Agency als Handlungsmacht oder Handlungsfähigkeit entsteht in einem Prozess des widerständigen Sprechens. In der sprachlichen Dimension macht das Individuum als Subjekt sich und die Verhältnisse für sich intelligibel und reproduziert diese. Butlers (1998, 2007) Politik des Performativen besteht darin, Strukturen durch Wiederholung umzudeuten, aufzulösen und aufzubrechen.[9] Die poststrukturalistische Perspektive kritisiert letztlich Vorstellungen von Handlungsmacht und des autonomen Subjekts als Teil des Wahns, durchgängig rationale oder identitäre Subjekte zu denken, welcher ebenso repressiv ist wie das Unterworfensein unter Traditionen und Normen (Ha 1999).[10] Im Kontext der Interkulturalitätsdebatte ist darauf hinzuweisen, dass poststrukturalistische AutorInnen Subjekte in allen Kulturen und Gesellschaften als abhängig und nicht autonom denken und Autonomie als Element der Selbstinszenierung der »westlichen« Moderne begreifen. Dies bedeutet, es gibt eine quasi »innerwestliche« Kritik des Autonomiebegriffs und eine globale Perspektive.

Interkulturelles Philosophieren

Aus einer philosophischen interkulturellen Perspektive sind Begriffe wie Subjekt oder Autonomie aufgrund ihres abendländischen Erbes nach Ansicht mancher AutorInnen für viele Philosophien in anderen kulturellen Kontexten irrelevant; sie spielen dort keine Rolle. Für viele Buddhisten stellt etwa die Frage nach dem Subjekt eine spezifisch »westliche« Frage dar und macht wenig Sinn (vgl. Fetz 1998).[11] Im Buddhismus gibt es aber auch Richtungen, gemäß denen politisches Handeln und Streiten für soziale Gerechtigkeit in ihm begründet sind – und damit auch Autonomiekonzepte. Dennoch sind auch deren Protagonisten der Meinung, die Konzeption dessen, was wir mit Subjekt bezeichnen, sei im Buddhismus eine andere (vgl. Fu/Wawrytko 1991; Tun 1999; Welch 1990).[12] Gleiches gilt beispielsweise auch für das hinduistische Denken. Im konfuzianischen Kontext wird die Position vertreten, dass Begriffe wie Handlungsmacht oder Autonomie durchaus gebraucht werden (vgl. Roetz 1992), aber anders, eher im Kontext von Gesellschaft und Gemeinschaft, mit einer metaphysischen Perspektive oder in einigen Epochen nur von bestimmten Autoren (z. B. Menzius in der chinesischen Philosophie).[13]

Vorstellungen von Autonomie und Handlungsmacht sind weder nur »westlich« noch global. So sei beispielsweise mit Kwameh Gyekye eine afrikanische Position erwähnt, die Autonomie und Kontextgebundenheit verbindet (ohne diese wiederum als *die* afrikanische Position zu verallgemeinern). Eine Person zeichnet sich Gyekye zufolge dadurch aus, ein Schnittpunkt im Gefüge sozialer Beziehungen zu sein. Eine Person verfügt aber auch über bestimmte rationale und andere Fähigkeiten, wie über die Figur der Selbstbehauptung, die sie über das Gefüge hinausblicken lässt. Das Subjekt wäre demnach offen und flexibel und damit handlungsmächtig und zugleich definiert durch Beziehungen (Gyekye 1992).[14]

Es wäre ein fataler Fehler anzunehmen, dass keinerlei kulturell und gesellschaftlich geprägte Vorannahmen in eine Fragestellung eingehen. Philosophische oder soziologische Begriffe sind gesellschaftlich und kulturell beeinflusst (Wimmer 1997).[15] Als problematisch erweist sich die Leugnung dieser Erkenntnis, die Anmaßung einer universalen Begrifflichkeit, die lediglich aus einem einzigen Diskurs entwickelt wurde (vgl. Appiah 1992).[16] Die Wissenschaftskritik aus Ländern des Südens hat gezeigt, dass eine vorgeblich universale Vernunft (oder auch Konzepte von Autonomie und Handlungsmacht) »weiß« und »westlich« konnotiert sind und »nicht-westliche« Kulturen ausgrenzen (Davies 1993).[17] In einer interkulturellen Perspektive ist zu fragen, ob und welche Konzeptionen unterschiedliche DenkerInnen aus unterschiedlichen Kulturen und Theorietraditionen zu Autonomie und Handlungsmacht entwickeln und wie unsere Begrifflichkeiten entsprechend modifiziert werden müssen.

Postkoloniale Perspektive

Aus einer postkolonialen Perspektive sind zwei Aspekte relevant: zum Einen wird hier auch der Kulturbegriff in Frage gestellt. Fremdheit und Differenz werden im Kontext eines geographisch-politischen Machtgefüges gesehen. Kulturelle Differenz wird als in Machtverhältnissen überhaupt erst erzeugt begriffen (Gutierrez-Rodriguez 1999).[18] Kulturen werden nicht als einheitliche, sondern als vielfältige, widersprüchliche, disjunktive Gebilde verstanden; ein Rekurs auf scheinbar intakte vorkoloniale Kulturen ist eine Fiktion.

Zum Anderen zeigt vor allem Gayatri Chakravorty Spivak, wie sehr die Rede von der Autonomie Teil des Prozesses der Konstruktion von (überlegenen) Europäern (bzw. dem Westen) und minderwertigen Anderen darstellt. Dies war die gedankliche Grundlage des Kolonialismus, die auch heute noch fortdauert. In der Vorstellung des autonomen Subjekts gibt es kein Gegenüber, keine Begrenzung. Das selbstmächtige Subjekt unterwirft das Andere unter sein Gesetz. So eignet sich das koloniale Subjekt Länder und Völker an und unterwirft sie seiner Verwertung, seiner Zivilisation und seinem Ausbeutungsinteresse (Spivak 1999).[19] Spivak sucht einen modifizierten Zugang zur Frage der Handlungsmacht. Sie versucht, auf Selbstbestimmung und Veränderung zielende Aktivitäten zu konzeptualisieren, ohne auf ein autonomes, intentionales Subjektmodell zurückzugreifen. Dabei greift sie auf die *subaltern studies group* zurück, die Bauernaufstände, Proteste von Stammesvölkern, Sabotageakte und Gegenbewegungen der verschiedensten Arten gegen die Kolonialmacht untersuchen (Guha 1988).[20] Sie rekonstruieren damit antikoloniale Kämpfe und soziale Bewegungen in sozialen und ethnischen Gruppen, die bislang als völlig passiv galten. Spivak analysiert diese widerständigen Handlungen mit literaturwissenschaftlichen Ansätzen (1996: 206, vgl. Fuchs 1999).[21]

Veränderungen sind als Verschiebungen auf der diskursiven Ebene zu begreifen. Spivak legt eine Konzeption von veränderndem Handeln und Widerstand vor, die sie als strategischen Essentialismus bezeichnet, die nur negativ bestimmbar ist und nicht von einem Subjekt der Veränderung ausgeht.

Perspektiven

Wie bereits angedeutet wurde, wird der *agency*-Begriff ähnlich zur Handlungsmacht gebraucht; er zielt stärker auf soziale Konstellationen, Netzwerke, Prozesse der Handlungsermächtigung und die Gestaltung von Handlungsspielräumen (vgl. Homfeldt 2006).[22] Der Begriff *agency* zielt auf soziale Aspekte, also soziale Prozesse der Handlungsbefähigung und auf die Handlungsfähigkeit von Akteuren, auf Prozesse, die eine strukturelle und eine individuelle Dimension implizieren. Der *agency*-Begriff geht davon aus, dass Menschen verändernd handeln können und ihr Handeln veränderbar ist. In der Auseinandersetzung mit stereotypisierenden Mustern der »westlichen« Frauenforschung haben Theoretikerinnen zu *agency* von Frauen in »nicht-westlichen« Gesellschaften gearbeitet. Sie versuchen in einer Bewegung der doppelten Dekonstruktion Gegenmodelle zu den Topoi der unterdrückten islamischen, indischen oder anderen Frau zu entwickeln und die durch das Muster vom kolonialen Anderen geprägten Herrschaftsverhältnisse sowie ihre Verquickung mit den indigenen patriarchalen Bedingungen zu erfassen. Sie analysieren die vielfache Unterdrückung von Frauen, ohne Frauen zu willenlosen unterworfenen Subjekten zu machen und ohne die ihnen eigenen Handlungspotentiale zu negieren (vgl. Lazreg 1994; Sunder Rajan 1993; Varadharajan 1995).[23] Sie verorten *agency* als ein auf Veränderung zielendes Handeln innerhalb rigider Strukturen.

Es ist davon auszugehen, dass auch in solchen Subjektkonzeptionen, die nicht von einem autonomen Subjekt ausgehen, Handlungsmacht oder *agency* gedacht wird. Gleiches gilt für historisch und kulturell unterschiedliche Gesellschaften. Wenn wir die Vorstellung eines Subjekts, das über sich und sein Handeln vollständig verfügt, aufgeben, müssen wir dann *alle* Konzeptionen von Handeln aufgeben? Ist nicht eher zu fragen: wie kann ein kontextabhängiges, situiertes, vielfältigen Herrschaftspraktiken unterworfenes Subjekt auch als ein verändernd handelndes Subjekt gedacht werden? Worin könnte seine Autonomie bestehen? In welchem Verhältnis stehen Selbstbestimmung und Verwiesensein, Kohärenz und Einheitlichkeit des Selbst, der Status der/des Anderen und die Autonomie? Die Leit- und Streitbegriffe »Autonomie und Handlungsmacht« bedürfen weiterer Klärung. Es ist zu betonen, dass die Gegenüberstellung von autonom Handelnden und in Kultur, Religion und Familie gebundenen Subjekten eine kulturalistische und ethnozentrische Falle darstellt. Sie leugnet die Vielfalt der »westlichen« und »nicht-westlichen« Diskurse, trägt zur Aufrechterhaltung kolonialer Strukturen und zur Abwertung der »Anderen« bei. Wir können aber immer nur über bestimmte AutorInnen, Konzepte oder soziale Gruppen in spezifischen Gesellschaften, Regionen oder Kulturen sprechen.

Eine weitere Herausforderung stellt die Arbeit mit unzulässig universalisierten Begriffen dar. Der Diskurs muss sich so verändern, dass hegemoniale, durch eine bestimmte »westliche« Tradition begründete Engführungen von Begrifflichkeiten überwunden werden, die Debatte wirklich interkulturell geöffnet wird und das auf Veränderungen zielende Handeln vieler Subjekte in den unterschiedlichen Gesellschaften der Welt in dieser Dimension anerkannt wird.

Nausikaa Schirilla, *Professorin, Katholische Hochschule, Freiburg*

Anmerkungen

[1] A. Reckwitz, *Das hybride Subjekt: Eine Theorie der Subjektkulturen von der bürgerlichen Moderne zur Postmoderne,* Weilerswist 2006.

[2] Reckwitz, *Das hybride Subjekt.*

[3] K. Meyer-Drawe, *Illusionen von Autonomie. Diesseits von Ohnmacht und Allmacht des Ich,* Kirchheim 1990.

[4] P. Bürger, *Das Verschwinden des Subjekts,* Frankfurt a. M. 1998.

[5] Bürger, *Verschwinden;* C. Taylor, *Quellen des Selbst. Die Entstehung der neuzeitlichen Identität,* Frankfurt a. M. 1996.

[6] S. Benhabib, *Selbst im Kontext,* Frankfurt a. M. 1995.

[7] S. Costa, *Vom Nordatlantik zum ›Black Atlantic‹: Postkoloniale Konfigurationen und Paradoxien transnationaler Politik,* Bielefeld 2007.

[8] J. Butler, *The Psychic Life of Power. Theories in Subjection,* Stanford 1997; S. Benhabib et al. (Hrsg.), *Der Streit um Differenz. Feminismus und Postmoderne in der Gegenwart,* Frankfurt a. M. 1993.

[9] J. Butler, *Haß spricht. Zur Politik des Performativen,* Berlin 1998; dies., *Kritik der ethischen Gewalt,* Frankfurt a. M. 2007.

[10] K. N. Ha, *Ethnizität und Migration,* Münster 1999.

[11] R. L. Fetz et al. (Hrsg.), *Geschichte und Vorgeschichte der modernen Subjektivität*, Berlin/New York 1998.
[12] C. W. Fu/S. Wawrytko (eds.), *Buddhist Ethics and Modern Society*, New York/London 1991; K. T. Tun, ›Autorität und Freiheit des Handelns im Theravada Buddhismus‹, in: V. Aithal et al. (Hrsg.), *Wissen-Macht-Transformation*, Frankfurt a. M. 1999, S. 113–127; C. E. Welch Jr. et al. (eds.), *Asian Perspectives on Human Rights: Traditions, Organizations, Individuals*, Boulder, Col. 1990.
[13] H. Roetz, *Die chinesische Ethik der Achsenzeit*, Frankfurt a. M. 1992.
[14] K. Gyekye, ›Person and Community in African Thought‹, in: K. Gyekye/K. Wiredu (eds.), *Person and Community. Ghanaian Philosophical Studies*, I, Washington 1992, S. 101–122.
[15] F. M. Wimmer, *Vorlesungen zu Theorie und Methode der Philosophie im Vergleich der Kulturen*, Bremen 1997.
[16] K. Appiah, *In My Father's House*, London 1992.
[17] M. W. Davies et al., *Barbaric Others. A Manifesto on Western Racism*, London 1993.
[18] E. Gutiérrez-Rodríguez, ›Das Denken »kritischer Differenzen« ohne geopolitische Kontextualisierung‹, *Polylog, Zeitschrift für Interkulturelles Philosophieren*, 4, 1999, S. 13–24.
[19] G. C. Spivak, *A Critique of Postcolonial Reason*, New York/London 1999.
[20] R. Guha et al. (eds.), *Selected Subaltern Studies*, New York/Delhi 1988.
[21] G. C. Spivak, *The Spivak Reader*, D. Landry et al. (ed.), London/New York 1996; M. Fuchs, *Kampf um Differenz. Repräsentation, Subjektivität und soziale Beziehungen*, Frankfurt a. M. 1999.
[22] H. G. Homfeldt et al., *Transnationalität, soziale Unterstützung, agency*, Nordhausen 2006.
[23] M. Lazreg, *The Eloquence of Silence*, New York/London 1994; R. Sunder Rajan, *Real and Imagined Women*, London/New York 1993; A. Varadharajan, *Exotic Parodies. Subjectivity in Adorno, Said and Spivak*, Minneapolis 1995.

Heteronomie

Der Terminus »Heteronomie« bezeichnet wörtlich die Abhängigkeit von einem Gesetz, das von außen auferlegt ist (von gr. *heteros* »verschieden« und *nomos* »Gesetz«).

In vielen Ansätzen der Ethik oder der politischen Philosophie ist Autonomie und d. h. Freiheit als Selbstbestimmung oder Selbstgesetzgebung die entscheidende Referenz. In der Interkulturalitätsdebatte wird diese Grundlage problematisiert und ihr ein Verständnis von Akteursschaft, Ordnung oder Kultur und normativer Angemessenheit entgegengestellt, für das konstitutiv ist, dass auf Andere und Anderes Bezug genommen wird. Heteronomie wird so zum Leitbegriff der Interkulturalitätsforschung, aber auch zu einem Streitbegriff, wenn erörtert wird, wie der Zusammenhang zwischen den Konstitutionsbedingungen und normativ Gebotenem beschaffen ist, ob also letztlich das Interesse an Heteronomie doch v. a. dasjenige an einem revidierten Autonomiebegriff ist.

Im Folgenden wird zunächst Immanuel Kants Bestimmung von Freiheit über die Überwindung von Heteronomie dargestellt, um dem eine Rekonstruktion soziologischer und kommunikationstheoretischer Überlegungen gegenüberzustellen, die festhalten, dass Handlungs- und Sprachvermögen genau über Heteronomie erzeugt werden. Im Anschluss daran wird die ethische Kontroverse über die Bedeutung von Heteronomie für die Bestimmung dessen nachgezeichnet, was moralisch geboten ist, wobei gezeigt wird, dass sich der Streit wesentlich auf die Frage konzentriert, wie das Bedingungsverhältnis von Heteronomie und Autonomie präzise zu beschreiben ist. Geschlossen wird mit dem Hinweis darauf, dass Heteronomie in der Globalisierungstheorie zu einem definierenden Kennzeichen von Globalisierung wird.

Die Ausgangskonstellation: Heteronomie zwischen Ethik und Sozialwissenschaften

Heteronomie als doppeltes Problem für die Freiheit: Kant

Mit Kants Ethik wird Heteronomie zu einem (negativen) philosophischen Leitbegriff: Bei der Untersuchung der Frage, was moralische Handlungen kennzeichnet, gebraucht Kant den Begriff der Heteronomie, um das Problem zu benennen, wie einer Handlung bzw. einem Handelnden moralischer Wert zugesprochen werden kann, wenn die Handlung unter Bedingungen steht, die der Handelnde nicht selbst bestimmt oder kontrolliert. Heteronomie ist dementsprechend in einer ersten Dimension im Fall eines Handelnden gegeben, der seinen Neigungen nachgeht und so seine Glückseligkeit befördert, aber nicht in einer Position ist, über die Neigungen selbst zu verfügen. Kant weist mit der Kennzeichnung solcher Handlungen als heteronomer den humeanischen Ansatz zurück, für den Handeln notwendig in den *desires* jeweils Handelnder und d.h. nicht in rationalen menschlichen Vermögen gründet. Für Kant ist zudem auch von Heteronomie zu reden, wenn das moralisch Gebotene sich einer »zufälligen« Konstellation von Umständen verdankt, wie z.B. bei Tugenden, die auf eine konkrete Gemeinschaft und ihre Erwartungen bezogen sind. In beiden Fällen besteht also Heteronomie, weil die (vermeintliche) Richtigkeit der Handlung durch die jeweiligen Gegebenheiten bedingt ist: ›Der Wille gibt alsdenn sich nicht selbst, sondern das Objekt durch sein Verhältnis zum Willen gibt diesem das Gesetz‹ (Kant 1974: 75).[1] In der Untersuchung der Frage, wie solche Heteronomie zu überwinden ist, kommt Kant zu der Einsicht, dass Heteronomie auch eine zweite Dimension hat: Denn die Handlung ist auch dann noch heteronom, wenn der Handelnde das Prinzip bzw. »Gesetz«, unter dem die Handlung steht, nicht aus eigener Einsicht und Entscheidung bzw. unter Berücksichtigung zukünftiger eigener und anderer Handlungen zur Grundlage der Handlung gemacht hat. Es reicht also nicht aus, dass die Handlung einfach auf die eigene Entscheidung eines Handelnden zurückgeht. Sie muss vielmehr so beschaffen sein, dass sie aus der Einsicht und Anwendung eines Prinzips resultiert, das zu einem allgemeinen Gesetz taugt und aufgrund dessen den Handelnden auch zukünftig nicht heteronom macht (Kant 1974: 66).[2] Kant folgert daher in Antwort auf die Probleme in den beiden Dimensionen der Heteronomie, dass von Moralität erst dann gesprochen werden kann, wenn ein Handelnder selbst das Prinzip aufstellt, unter dem eine Handlung stehen soll, und er die Handlung ausführt, *weil* dieses Prinzip gilt. Der Handelnde muss also autonom, d. h. in normativer und in nicht normativer Hinsicht frei sein (ebd.: 74 f.).[3]

Seit Kant gilt Autonomie bzw. insbesondere die Emanzipation von Heteronomie als wesentliches Ziel sozialer und politischer Bewegungen. Die Moderne wird in dieser Perspektive als Prozess verstanden, in dem Menschen sich zunehmend von Strukturen und Traditionen befreien, die ihnen Gewohnheiten und Erwartungen auferlegen und verhindern, dass es zu selbstbestimmten Lebensformen und größerer Gleichheit kommt. Heteronomie in ihren unterschiedlichen Formen wurde daher zu einem wichtigen Gegenstand der Kritik an gesellschaftlichen oder politischen Verhältnissen und als Grund verstanden, um Handelnden keine oder eingeschränkte Verantwortung für ihr Tun zuzuschreiben, wenn es nicht auf ihre Einsicht und Entscheidung zurückzuführen ist.

Heteronomie als konstitutiv für Freiheit

Die Soziologie des ausgehenden 19. Jahrhunderts beschäftigt sich – auch vor dem Hintergrund der Philosophie Georg Wilhelm Friedrich Hegels und der Entwicklung des Historismus – mit der Frage, wie das Handlungsvermögen überhaupt konstituiert wird. Hierbei kommen Autoren wie Émile Durkheim oder Max Weber zu dem Schluss, dass aufgrund der unvermeidbaren Sozialität von Handlungskontexten die Möglichkeit zu handeln eng damit zusammenhängt, dass Prinzipien, Handlungswissen oder Institutionen existieren, deren Geltung und Anwendung je einzelnen Handelnden entzogen sind. Handelnde bekommen Handlungsoptionen, indem sie in Prinzipien bzw. das Wissen hinein sozialisiert werden, sie also übernehmen, und indem sie sich in Gesellschaften oder Staaten bewegen, in denen sie wie die anderen Handelnden der Regelungs- und Steuerungskompetenz sozialer und politischer Institutionen oder existierender kollektiver Praktiken unterworfen sind. Wären Handelnde dagegen, wie (vermeintlich) von Kant gedacht, selbst der ausschließliche Grund ihrer Handlungen, würde es zu Anomien kommen, d. h. zu Handlungssituationen, die unter keinerlei Prinzip mehr stünden. Handelnde müssten in ihrem Interagieren jeweils die Bedingungen für die Koordination ihres Handelns (re-)konstruieren, so dass diese Aufgabe Vorrang vor ihren eigentlichen Handlungszielen bekäme.

Handelnde erwerben also dieser soziologischen Betrachtung zufolge (die Durkheim als ›Wissenschaft von der Moral‹ bezeichnet,[4] d. h. als Wissenschaft, die untersucht, warum Handeln notwendig unter Regeln steht und wie die Genese und Geltung von Regeln unabhängig von individuellen Intentionalitäten zu erklären ist) Handlungsvermögen und auf diesem Weg auch Freiheit gerade durch Heteronomie, die solcherart zu einem Streitbegriff wird. Indem alle in einem sozialen Zusammenhang gleichermaßen Prinzipien und Vorgaben (z. T. unhinterfragt) übernehmen, erzeugen sie einen Kontext, in dem jeder handeln und in diesem Handeln klare Erwartungen an das (nicht-interferierende, unterstützende oder kooperative) Handeln anderer erheben kann. Dieses »Übernehmen« von Prinzipien und Vorgaben erlaubt es wiederum, dass Institutionen bzw. sedimentierte Praktiken entstehen können, die die Handlungskontexte selbst zu einer »zweiten Natur« machen. Aufgrund dieser Faktizität der Handlungszusammenhänge kann sich eine gesellschaftliche Realität herausbilden, die nicht durch die »natürliche« Grundlage oder reine Machtdifferentiale determiniert ist. Die Prinzipien und Vorgaben und deren Entzogenheit (also die Heteronomie in der doppelten Dimension von Kant) sind folglich konstitutiv für Freiheit und stehen ihr nicht entgegen.

Die sozialwissenschaftliche Forschung des 20. Jahrhunderts sowie die philosophische Sozialontologie hat diese Perspektive zunehmend erweitert, und es wurde insgesamt argumentiert, dass Heteronomie eine Voraussetzung für nahezu alle sozialen Einrichtungen ist. In diesem Sinn lässt sich sagen, dass auch die Sprache nur als heteronome ihre kommunikative Funktion erfüllen kann. Würden die Sprecher einer Sprache deren Regeln nicht weitgehend unkritisch übernehmen (bzw. könnten sie nicht unterstellen, dass wenigstens die anderen Sprecher sie in dieser Art übernehmen), dann käme es zu einem beträchtlichen Aufwand bei dem Versuch zu rekonstruieren, wie sprachliche Äußerungen jeweils zu verstehen sind (vgl. Kripke 1987 und die Sprechakttheorie inklusive ihrer sozialontologischen Fortführung bei Searle 1971, 2011).[5] Gleichfalls wurde für die Entwicklung von Persönlichkeitsstrukturen dargelegt, wie Personalität ihren Ausgang in Heteronomie nimmt, um dann einem (eventuell durchaus idiosynkratischen) Aneignungs- und Transformationsprozess unterworfen zu werden. Und schließlich haben psychologische Studien zur Moralentwicklung gezeigt, wie wichtig es für Kinder ist, eine Stufe »heteronomer Moral« zu durchlaufen, da erst durch diese Stufe ein »Wissen« über moralische Prinzipien erworben wird, das in der weiteren Entwicklung hin zu einer »autonomen Moral« bearbeitet werden kann (Kohlberg 1995; Piaget 1983).[6]

Diese sozialwissenschaftliche und sozialtheoretische Perspektive auf Heteronomie hat zur Konsequenz, dass es schwierig wird, Autonomie als (bzw. wenigstens als unmittelbaren) Bezugspunkt für Kritik beizubehalten. Autonomie und Selbstbestimmung scheinen in vielen Zusammenhängen nicht nur nicht oder schwer erreichbar zu sein, sondern mit ihnen wird z. T. ein falscher Fluchtpunkt angegeben, der die Bedingungen der Möglichkeit für *agency*, Persönlichkeit oder Sozialität verkennt. Paradigmatisch zeigt sich diese Zurückweisung der Fokussierung auf Autonomie in der kommunitaristischen Problematisierung der liberalen politischen Philosophie (Brumlik/Brunkhorst 1993; Honneth 1993).[7]

Heteronomie zwischen Ambivalenz und Ermächtigung

Heteronomie als Bedingung für Moralität: Ethiken der Fürsorge und radikaler Alterität

Die Ausgangskonstellation in der Debatte über Heteronomie konfrontiert normative Ansprüche mit den gesellschaftlichen oder interaktionellen Handlungsbedingungen: die normative Forderung nach Autonomie wird so mit Bezug auf notwendig heteronome Handlungsvoraussetzungen bzw. -zusammenhänge problematisiert oder gar zurückgewiesen. Einige ethische Ansätze konzentrieren sich daher auf radikale Heteronomie, d. h. sie stellen heraus, dass von Moralität *nur* dann die Rede sein kann, wenn Handelnde ausschließlich und direkt durch die Bedürfnisse bzw. Ansprüche anderer bestimmt sind. Sie argumentieren, dass Moralität genau darin besteht, Handlungen zu vollziehen, die dem anderen angemessen sind, so dass es die entscheidende Bedingung für moralisches Handeln darstellt, sich auf Heteronomie einzulassen und sie anzuerkennen.

Eine wichtige Variante solcher radikaler moralischer Heteronomie bieten Positionen der sogenannten *Ethics of Care* oder Fürsorge-Ethik.

Diese Ansätze betonen, dass moralisches Handeln insbesondere in Situationen zur Erscheinung kommt, in denen Handelnde sich um andere kümmern, also Fürsorge leisten, ohne dass sie erwarten (können), dass es reziproke Leistungen oder Belohnungen gibt (wie etwa im Fall von Eltern oder bei der Pflege von Alten und Kranken). Kennzeichnend für moralisches Handeln in diesen Situationen ist es dieser Auffassung gemäß, von den eigenen Bedürfnissen und Interessen abzusehen, um sich durch die Bedürfnisse je anderer bestimmen zu lassen (Gilligan 1996).[8]

Eine andere ethische Theorie radikaler Heteronomie bietet die phänomenologische Alteritätsethik, wie sie v. a. von Emmanuel Levinas entwickelt wurde. In diesem Ansatz begegnen Handelnden andere Menschen immer schon so, dass letztere Ansprüche erheben und derart die ersten zwingen, sich zu ihnen zu verhalten (Levinas 1992).[9] Die Ansprüche sind die jeweilig singulären Forderungen eines konkreten anderen, die sich nicht in die Gesetzmäßigkeit gleicher und allgemein miteinander verrechenbarer Güter und Leistungen übersetzen lassen. Handelnde verfehlen Moralität grundlegend, wenn sie sich zu anderen nur im Modus von deren Subsumtion unter allgemeine Regeln verhalten, wobei das Eingehen auf die Singularität der jeweiligen Andersheit eines anderen notwendig die Konsequenz hat, dass Handelnde es aufgeben, über ihr eigenes Sein und die Handlungssituation zu verfügen. Auch hier hängt also Moralität wesentlich von Heteronomie ab.

Das Problem radikaler Heteronomie und die Ambivalenz von Autonomie und Heteronomie

Bei all diesen Ansätzen radikaler Heteronomie als Bedingung für Moralität stellt sich allerdings die Frage, ob es sich nicht um einen naturalistischen Fehlschluss oder eine vorschnelle ausschließliche Fokussierung auf Alterität handelt. Denn die bloße Tatsache, dass Relationen zu anderen unter der Voraussetzung stehen, dass jeweilig anderen ein Raum im Handelnden eröffnet wird, hat nicht notwendig Konsequenzen für die Bestimmung dessen, was moralisch richtig ist. Es mag zwar sein, dass es nicht zu einer »wahrhaftigen« Beziehung zum anderen, also zu einem inter-subjektiven Verhältnis kommt, wenn dieser nicht als solcher, d. h. als »eigenständiges« Wesen wahrgenommen wird. Aber daraus folgt nicht (oder wenigstens nicht unmittelbar), dass die

Bedürfnisse und Ansprüche je anderer richtigerweise zu den ausschließlich bestimmenden Faktoren für die Moralität von Handlungen werden. Zudem überzeichnen viele Positionen radikaler Heteronomie die Forderung nach Autonomie im Sinn eines Reklamierens von striktem Individualismus oder gar Atomismus. Viele Positionen weisen daher die Extreme absoluter Autonomie bzw. radikaler Heteronomie zurück und befassen sich stattdessen in problematisierender Perspektive mit heteronomen Aspekten der Autonomie oder betonen »optimistisch« die Emergenz von Autonomie aus Heteronomie.

Die ersten, problematisierenden Ansätze gehen davon aus, dass Autonomie weiterhin ein wichtiger oder sogar der wichtigste Referenzpunkt für die Ethik oder aber zumindest für die Gesellschaftstheorie oder politische Theorie ist. Angesichts dessen verweisen Autoren wie Michel Foucault oder Jacques Derrida jedoch darauf, dass die Autonomie zwar Orientierung zu geben vermag, Handelnde sich aber nicht aufgrund dieser Orientierung über die tatsächlich heteronomen Aspekte ihres Handelns täuschen sollten. Autonomie ist nie einfach gegeben, sondern sie muss erreicht werden und d.h. faktisch, dass sie zumeist (vielleicht sogar notwendig) verfehlt wird, weil Handelnde verkennen, dass ihr Handeln von Faktoren und Gegebenheiten bzw. der willkürlichen Leugnung von ebensolchen abhängt und somit heteronom bleibt. Aufgrund dieser Heteronomie im Kern vermeintlicher Autonomie kann die Orientierung an der Autonomie selbst zu einem Problem werden, da Handelnde sich der Bedingungen ihres Handelns nicht mehr bewusst sind bzw. diese gezielt ausblenden. Am Beispiel der Menschenrechte zeigt Derrida, dass sie in vorliegenden Artikulationen und rechtlichen Ausformulierungen keine »einfach« dem Menschen als solchen zukommenden Ansprüche sind. Es handelt sich vielmehr um spezifische Ansprüche und Gewährleistungen derselben, die selbst Resultate komplexer theoretischer, moralischer oder politisch-historischer Entwicklungsprozesse sind. Das Ziel, sich an Autonomie zu orientieren, erfordert daher ein beständiges »Dekonstruieren« der eigenen Annahmen (d.h. gerade die beständige Infragestellung, ob man wirklich autonom handelt), um eventuelle Heteronomie in ihnen aufspüren und thematisieren zu können.[10]

Foucault geht in seinen Studien zum Wandel von Regierungstechniken noch weiter und arbeitet heraus, dass selbst der Modus der Orientierung an Autonomie ein grundlegendes Problem mit sich bringt: Dieser Modus führt nämlich zu einer Form und einem Grad der Selbst-kontrolle, aber v.a. auch der Kontrolle durch die je anderen, dass die Menschen letztlich primär von der Sorge um die »Reinheit« und den »biologischen« Kern ihrer Existenz abhängig werden. Autonomie selbst läuft somit Gefahr, Ausdruck der tiefsten Gestalt von Heteronomie zu sein, die sich als Biopolitik darbietet (Foucault 2006).[11]

Während bei diesen Ansätzen die Bedingungen der Möglichkeit von Autonomie problematisiert werden, befassen sich andere Theorien mit den Arten von Autonomie, die auch unter heteronomen Verhältnissen erreichbar sind. Diese Positionen unterstreichen insgesamt, dass es keine an sich geltende oder bestehende Heteronomie geben kann (denn diese müsste *à la limite* auf der absoluten Autonomie desjenigen – etwa Gottes oder eines hobbesschen Leviathan – aufruhen, der die Heteronomie zu etablieren und erhalten vermag). Heteronomie ist daher, wie schon mit Blick auf die sozialwissenschaftlichen Positionen am Ende des 19. Jhds. herausgestellt wurde, der Ausdruck eines Problems der Autonomie – dass nämlich unmöglich alle oder auch nur viele gleichzeitig autonom sein oder handeln können. Die Heteronomie wird somit zu einer Bedingung von Handlungsfreiheit, aber sie steht selbst unter der Prämisse, dass sie tatsächlich solche Freiheit erzeugt oder wenigstens nicht vollständig verunmöglicht. Ernesto Laclau etwa nutzt diesen Gedanken in seiner Hegemonietheorie, um zu erklären, dass in der Politik Äquivalenzen zwischen heterogenen Interessen und Vorhaben erzeugt werden, die die Interessen und Vorhaben zwar verfälschen, ihnen aber wenigstens teilweise zur Geltung verhelfen. Die Heteronomie – in diesem Fall die Beschreibung des eigenen politischen Projekts in der Sprache eines anderen Projektes – ermöglicht es also gerade, das eigene Projekt zu verfolgen (Laclau 2004).[12]

Jürgen Habermas geht in seiner Theorie des kommunikativen Handelns noch weiter: Er unterstreicht, dass jede Form von Verbindlichkeit zwischen Handelnden und d.h. jede Regel, Gewohnheit oder Tradition, die einen gemeinsamen Handlungskontext bestimmt, letztlich davon abhängt, dass diejenigen, die davon betroffen sind, ihr ihre Zustimmung nicht verweigern. Der letzte Grund für die Anwendung entsprechender Regeln o.Ä. sind die Handelnden selbst, aber das heißt nicht, dass sie jemals in einer Position sein könnten, in der sie die Regeln direkt und in allen Hinsichten für sie transparent finden und festsetzen könnten. Autonomie zeigt sich in dem Vermögen, »Nein« sagen zu können und so diskursive Prozesse zu initiieren, in denen über Regeln gemeinsam und unter Austausch von Gründen beraten wird.

Dabei kann Heteronomie höchstens minimiert werden, aber sie wird niemals ganz überwunden – schon allein deshalb, weil niemals alles zugleich und in gleichem Maß thematisch sein kann und eine Welt, in der alles völlig autonom und transparent entschieden würde, materiell nicht reproduktionsfähig wäre (Habermas 1981; Niederberger 2007: 178–213).[13]

Heteronomie im Zeitalter der Globalisierung

Die 1980er und z. T. auch noch die 1990er Jahre waren von der Kontroverse zwischen den beiden zuletzt genannten Ansätzen, die Autonomie und Heteronomie in ihrer Wechselseitigkeit thematisieren, gekennzeichnet. Die eine Seite warf der anderen vor, die relativen, kontingenten, nicht universellen oder sogar exklusiven, d.h. heteronomen Aspekte ihres Autonomiebegriffs zu vernachlässigen, während die andere Seite der ersten vorhielt, in ihrer aporetischen Perspektive real existierende Autonomie- und Rationalitätspotentiale zu leugnen und damit zu einem neo-konservativen Verharren in Heteronomie beizutragen. Diese Kontroverse steht aktuell nicht mehr im Zentrum, und zwar nicht nur, weil sich die Angebote im Theoriefeld vervielfältigt und zahlreiche Vermittlungsangebote die Konfliktlinien verschoben und verwandelt haben. Wichtig ist dagegen v.a. auch, dass in der Auseinandersetzung über den Zustand und die Entwicklung der globalen Ordnung der Streit über Orte und Zulässigkeiten von Heteronomie eine ganz neue Dimension angenommen hat: Die Globalisierung insgesamt wird von vielen als Ausdruck einer »Kolonialisierung« ihrer Lebenswelten durch ökonomische Imperative und Strukturen wahrgenommen; internationalen Institutionen wird vorgeworfen, unter Demokratiedefiziten zu leiden; Menschenrechte werden als Ausdruck eines westlichen Hegemoniestrebens begriffen – das Zeitalter der Globalisierung scheint also geradezu durch Heteronomie definiert und von dorther in seiner Krisenhaftigkeit zu verstehen zu sein. Zugleich gibt es neue Phänomene der Unterwerfung unter religiöse und nationalistische Ideologien, das Wiedererfinden von Traditionen und die Ausbreitung eines kulturellen Konformismus, also die (teilweise explizite) Bejahung heteronomer Lebensformen. Die Untersuchung des Begriffs und der Formen von Heteronomie wird und bleibt damit entscheidend und umstritten für die Bestimmung dessen, was unser Zeitalter in seinen normativ relevanten Problemen und Perspektiven kennzeichnet.

Andreas Niederberger, *Professor am Institut für Philosophie, Goethe Universität, Frankfurt am Main*

Anmerkungen

[1] I. Kant, *Grundlegung zur Metaphysik der Sitten*, in: *Kritik der praktischen Vernunft/ Grundlegung zur Metaphysik der Sitten*, Frankfurt a. M. 1974, S. 9–102.
[2] Kant, *Grundlegung*.
[3] Kant, *Grundlegung*; H. E. Allison, *Kant's Theory of Freedom*, Cambridge 1990, S. 94–99.
[4] É. Durkheim, *De la division du travail social*, Paris 1930, S. xxxvii.
[5] S. A. Kripke, *Wittgenstein über Regeln und Privatsprache*, Frankfurt a. M. 1987; J. Searle, *Sprechakte. Ein sprachphilosophischer Essay*, Frankfurt a. M. 1971; ders., *Die Konstruktion der gesellschaftlichen Wirklichkeit*, Berlin 2011.
[6] L. Kohlberg, *Die Psychologie der Moralentwicklung*, Frankfurt a. M. 1995; J. Piaget, *Das moralische Urteil beim Kinde*, Stuttgart 1983.
[7] M. Brumlik/H. Brunkhorst (Hrsg.), *Gemeinschaft und Gerechtigkeit*, Frankfurt a. M 1993; A. Honneth (Hrg.), *Kommunitarismus. Eine Debatte über die moralischen Grundlagen moderner Gesellschaften*, Frankfurt a. M./New York 1993.
[8] C. Gilligan, *Die andere Stimme. Lebenskonflikte und Moral der Frau*, München 1996.
[9] E. Levinas, *Jenseits des Seins oder anders als Sein geschieht*, Freiburg i. Brsg. 1992.
[10] J. Derrida, *Marx' Gespenster*, Frankfurt a. M. 1996, S. 127–153; A. Niederberger, ›Zwischen Ethik und Kosmopolitik: Gibt es eine politische Philosophie in den Schriften Jacques Derridas?‹, *Allgemeine Zeitschrift für Philosophie*, Vol. 27, Nr. 2, 2002, S. 149–170.
[11] M. Foucault, *Geschichte der Gouvernementalität*, I–II, Frankfurt a. M. 2006.
[12] E. Laclau, ›Ethics, Normativity, and the Heteronomy of the Law‹, in: S. Cheng (ed.), *Law, Justice, and Power between Reason and Will*, Stanford 2004, S. 177–186.
[13] J. Habermas, *Theorie des kommunikativen Handelns*, I–II, Frankfurt a. M. 1981; A. Niederberger, *Kontingenz und Vernunft. Grundlagen einer Theorie kommunikativen Handelns im Anschluss an Habermas und Merleau-Ponty*, Freiburg i. Brsg. 2007.

Personale und kollektive Identität

Die Verlegenheit der Griechen

Im Glauben, ganz Neues zu leisten, haben die interkulturell Philosophierenden zu ausschließlich auf das »inter« geblickt und zu wenig bedacht, was die Pfeiler des Brückenschlages tragen. Das Problem der Identität brachte schon die antike griechische Philosophie in Verlegenheit. Die Betrachtung der Natur zeigte, dass alles entsteht und vergeht, in ständigem Wandel begriffen ist; nichts bleibt ewig so, wie es ist. ›In dieselben Flüsse steigen wir und steigen wir nicht, wir sind und wir sind nicht‹, heißt es bei Heraklit von Ephesos (535–456 v. Chr.).[1] Eine solche Sicht der Dinge erscheint jedoch in sich widersprüchlich. Kann etwas zugleich sein und nicht sein? Dies wollte Heraklits Zeitgenosse Parmenides aus Elea (515–445 v. Chr.) nicht akzeptieren: Wenn Denken und Sein auseinanderfallen würden, wäre unser Geist blind für die Wirklichkeit. ›Dasselbe ist Denken und Sein‹.[2] ›Unaussprechbar und undenkbar ist, daß NICHT IST ist‹.[3] In diesem Punkt treffen Sein und Denken aufeinander, gehen ineinander über und erhellen sich wechselseitig.

Allerdings, wenn dem so ist, kann nichts werden. Etwas, das nicht ist, kann nur aus dem Nichts kommen, oder aus dem Nichts seiner selbst. Das aber ist nicht. Der Übergang zwischen Sein und Nicht-Sein, Entstehen und Vergehen, ist somit undenkbar.

> Aber nur eine Wegkunde bleibt dann, daß IST ist. […] Weil ungeboren ist es auch unvergänglich, denn es ist ganz in seinem Bau und unerschütterlich sowie ohne Ziel und es war nie und wird nie sein, weil es im Jetzt vorhanden ist als Ganzes, eines (ebd.).

Dies ist ›der wohlgerundeten Wahrheit unerschütterlich Herz‹.[4] Folgerichtig kann es für Parmenides kein Entstehen und Vergehen der Dinge, keine Veränderung geben. Die Rede hierüber führt nur zu ›Schein-Meinungen, denen nicht innewohnt wahre Gewißheit‹.[5]

Soweit wiederum wollte Platon nicht gehen. Auch für ihn gilt: etwas Wahres zu sagen, meint notwendig, etwas Seiendes zu sagen.[6]

Da aber Entstehen und Vergehen sinnvoll nicht geleugnet werden können, ist es notwendig, dass das Seiende ›vom Sein etwas nachläßt zum Nichtsein‹[7], dem Nichtsein gleichsam Sein verleiht. Dies allein ermöglicht das Werden von Seienden. Wenn nämlich alles voller Sein und immer und ganz mit sich identisch ist, gibt es keinen Spielraum für Bewegung und Veränderung, für die Dynamik von Natur und Leben. Das Seiende ›muß also ein Band haben mit dem Nichtsein, nämlich das Nichtseiend sein‹.[8] Es führt kein Weg an der Annahme vorbei, das auch das Nichts *ist* – so unbefriedigend dies aus ontologischer Sicht auch sein mag. ›Daß also die Bewegung Selbes *sei* und auch nicht Selbes, muß man gestehen und darüber nicht schwierig sein‹, bilanziert Platon.[9] Bewegung und Leben sind rational nicht vollkommen zu erfassen.

Identitätssuche heute

Diese Verlegenheit ist geblieben. Der Mensch sucht nach dem, was immer mit sich gleich bzw. immer dasselbe ist; denn ein solches ist fassbar, verlässlich, rational und physisch vereinnahmbar, und deshalb beruhigt es uns. Die Suche nach Identität ist – jenseits ihrer logischen Notwendigkeit – eine Suche nach Sicherheit, nach theoretischer und praktischer Beherrschbarkeit. Leben aber ist Nicht-Identität, Identität ist der Tod. Der Keim muss sterben, damit die Pflanze werde (Hegel[10]). Identitätssuche, kollektive wie individuelle, vielleicht geboren aus der Angst, dass das Wandelbare uns entgleitet, ja, dass wir uns selbst entgleiten, verdankt sich nicht selten dem Versuch, dem Wandel aller der Dinge zu entkommen, der Teil der *conditio humana* und damit unabwendbar ist.

Der Suche nach personaler und sozialer Identität haftet ein Hauch von Verzweiflung an.

Personale Identität

»Ich denke, also bin ich«, dieser Satz gilt als Ausgangspunkt der neuzeitlichen Philosophie. Das Denken zieht sich aus der Bindung an die Natur und an Gott zurück, um sich allein auf sich selbst zu gründen. Der Zweifel gebiert die Gewissheit des seiner selbst bewussten Ich, in diesem findet der Mensch seine Identität. Vom Cartesischen Denkansatz her versteht sich John Lockes (1981: 154) klassisch gewordenes Diktum[11]:

> [Der Mensch ist] ein denkendes, verständiges Wesen, das Vernunft und Überlegung besitzt und sich selbst als sich selbst betrachten kann. Das heißt, er erfaßt sich als dasselbe Ding, das zu verschiedenen Zeiten und an verschiedenen Orten denkt. [...] Da das Bewußtsein das Denken stets begleitet und jeden zu dem macht, was er sein selbst nennt und wodurch er sich von allen anderen denkenden Wesen unterscheidet, so besteht hierin allein die Identität der Person, das heißt, das Sich-Selbst-Gleich-Bleiben eines vernünftigen Wesens.

Nun musste Descartes erfahren, dass das Ich nach dem Rückzug auf sich selbst aus eigener Kraft nicht wieder aus sich heraus gelangen konnte. Das Selbst, die Identität, bedarf der Nicht-Identität bzw. des Anderen, um zu seiner Bestimmung zu finden, genauer: das Selbst wird erst es selbst aus dem Verhältnis, das es zum anderen einnimmt.[12] Descartes fand zur letzten Gewissheit seiner selbst und allen Wissens erst dadurch, dass er in sich die Präsenz von etwas Gegensätzlichem, nämlich der Idee Vollkommenheit wahrnahm; sie war gleichsam eine Spur Gottes in ihm, durch die er Gewissheit der Richtigkeit seines Denkens und der Wahrnehmung der Welt gewinnen konnte. Die Nicht-Identität erst sichert die Identität.

Personale Identität im Sinne eines Wissens um sich selbst ist – wenn überhaupt – nur aus einer viele Dimensionen umfassenden wechselseitig konstituierenden Beziehung mit dem bzw. den Anderen zu gewinnen, auch mit dem anderen seiner selbst, dem eigenen Leib. Und sie ist vielfach gebrochen durch unterbewusste Triebschicksale, Ressentiments, Wünsche, durch Erziehung, durch das Einwirken vielerlei Erfahrungen usw. Sie ist offenbar nicht mehr als ›ein Reflexbündel in einem Mehrfachspiegel‹ (Strauss 1968: 34).[13] Wer wir sind bzw. wer wir zu sein glauben, das sind wir in den bzw. durch die Augen der Anderen.

Siegmund Freud konstatierte eine dreifache Kränkung der Menschheit durch die moderne Wissenschaft: einmal durch Kopernikus, dann durch Darwin und schließlich durch die Psychoanalyse, die die Herrschaft eines souveränen Ichs über sich selbst als eine Täuschung erscheinen ließ.[14] Zuvor aber hatte dies schon Friedrich Nietzsche (1980: 877) formuliert:

> Was weiss der Mensch eigentlich von sich selbst! [...] Verschweigt ihm die Natur nicht das Allermeiste, selbst über seinen Körper, um

> ihn, abseits von den Windungen der Gedärme [...] in ein stolzes gauklerisches Bewußtsein zu bannen und einzuschliessen! Sie warf den Schlüssel weg: und wehe der verhängnisvollen Neubegier, durch die eine Spalte einmal aus dem Bewusstseinszimmer heraus und hinab zusehen vermöchte und jetzt ahnte, daß auf dem Erbarmungslosen, dem Gierigen, dem Unersättlichen, dem Mörderischen, der Mensch ruht, in der Gleichgültigkeit seines Nichtwissens, und gleichsam auf dem Rücken eines Tigers in Träumen hängend.[15]

Gelegentlich erschrickt der Mensch vor dem Anderen in sich, dem Tier in ihm selbst.

Jean-Paul Sartre brandmarkt in seinen *Betrachtungen zur Judenfrage* den entfremdenden Charakter der Identitätsunterstellung: ›Der Jude ist ein Mensch, den die anderen Menschen für einen Juden halten‹ (1954: 183).[16]

> Da ist ein Jude, der in der Rue des Rosiers vor seiner Tür sitzt. Ich erkenne ihn sofort als Juden: er hat einen schwarzen, gekräuselten Bart, eine leicht gebogene Nase, abstehende Ohren, ein eisernes Brillengestell, eine bis zu den Augen heruntergezogene Melone, einen schwarzen Anzug, schnelle, nervöse Gesten und ein seltsam schmerzlich-gütiges Lächeln. Wie soll man das Physische vom Moralischen trennen? Sein Bart ist schwarz und gekräuselt: das ist ein somatisches Merkmal. Doch was mir besonders auffällt, ist, daß er ihn wachsen läßt; dadurch drückt er seine Bindung an die Tradition der jüdischen Gemeinschaft aus, er gibt sich als jemanden zu erkennen, der aus Polen gekommen ist und einer ersten Generation von Einwanderern angehört; ist sein Sohn weniger Jude, weil er sich rasiert? Andere Züge, wie die Nasenform oder die abstehenden Ohren sind rein anatomisch, wieder andere rein psychisch und sozial, wie die Wahl der Kleidung und der Brille, das Minenspiel und die Gesten. Was kennzeichnet ihn für mich als Juden, wenn nicht diese nicht zerlegbare Einheit, bei der das Psychische und das Physische, das Soziale, das Religiöse und das Individuelle sich gegenseitig durchdringen, wenn nicht diese lebende Synthese, die natürlich nicht durch Vererbung weitergegeben werden kann, und die, im Grunde, identisch ist mit *seiner Person* als ganzer? (ebd.: 41)[17]

Die Identität dieses jüdischen Bürgers ist eine dynamische, schillernde, einmalige Synthese; die er selbst schafft, indem er sie lebt. Sie entzieht sich jedem Zugriff, der sie auf einen Begriff bringen will.

Eine ähnliche Sicht findet man in der Migrationsforschung, wo der Begriff der Identität eher obsolet geworden ist. In der englischsprachigen Literatur spricht man an seiner Stelle von einer *inbetweenity*, vom Sein-in-der-Mitte-zwischen.[18]

Was soll dann die Rede von der personalen Identität? Muss sie aus dem Instrumentarium der Wissenschaften verbannt werden? Wenn wir in *essentialistischem* oder *ontologischem* Sinn glauben sagen zu können oder zu müssen, was die Identität einer Person oder der personalen Existenz überhaupt ausmacht, dann wohl. Hermann Hesse schreibt ganz im Sinne Nietzsches und Freuds: ›In Wirklichkeit aber ist kein Ich, auch nicht das naivste, sondern eine höchst vielfältige Welt, ein kleiner Sternenhimmel, ein Chaos von Formen, von Stufen und Zuständen, von Erbschaften und Möglichkeiten‹ (1955: 66).[19] Wir sollten nicht ausschließen, dass dem so ist.

In einem anderen, *heuristischen* Sinn ist dieses Begriffspaar allerdings unverzichtbar: Die Frage nach dem, was uns zu uns selbst macht, ist so elementar und so alt wie die Philosophie selber, ja älter noch. Auch die Religionen stellen sie und suchen nach Antworten. Diese können nicht einfach sein. So müssen wir uns hüten, von der *Heuristik* in die *Ontologie* überzuspringen.

Unter diesem Vorbehalt darf auch das oben genannte Diktum Lockes Verwendung finden, und ist keineswegs verwerflich. Es ist für die natürliche, naive Selbstwahrnehmung und Selbstfindung ein unverzichtbarer Orientierungsrahmen.

Kollektive Identität

Entsprechendes gilt auch für die Rede von der kollektiven Identität. Der *heuristische* Gebrauch des Begriffspaars ist legitim und unverzichtbar, die *Ontologisierung* aber zu verwerfen. Die Frage etwa, was z. B. Deutsche zu Deutschen macht, ist in keiner Weise zu beanstanden. Im Gegenteil: sie ist, wie alle Fragen nach dem Wesen der Dinge, ein Gebot des Philosophierens bzw. der Wissenschaften allgemein, und auch ein Gebot der kritischen Prüfung unseres naiven Selbst- und Menschheitsverständnisses. Etwas anderes aber ist es, wenn man z. B. meint, sagen zu können, was das »Deutschtum« oder das »deutsche Wesen« sei. Was unsere Identität ausmacht, ist, wenn überhaupt, nur perspektivisch zu beschreiben, als Fluchtpunkt vieler Nicht-Identitäten.

Nach Jürgen Habermas (1976: 25) sichert die kollektive Identität ›Kontinuität und Wiedererkennbarkeit‹, sie beinhaltet die ›generations- und manchmal epochenübergreifende geschichtliche Existenz einer Gesellschaft‹ und bestimmt außerdem, ›wie sich eine Gesellschaft gegenüber ihrer natürlichen und sozialen Umgebung‹ verhält und abgrenzt.[20] Letztlich geht es um die Frage, welches die Grundlagen und die Bindekräfte sind, die den Zusammenhalt einer Gesellschaft und ihr Selbstverständnis ausmachen. Auch da wird die Antwort nicht einfach sein. »Volk«, »Nation« und »Rasse« waren Bezugsgrößen, die kollektive Identitäten ausbilden und stabilisieren sollten. Sie führen im besseren Fall zu Folkloreveranstaltungen, oder zu bedenklichen, ja gefährlichen kollektiven Identitätsstiftungsversuchen, wie wir sie in Deutschland in schlimmer Weise erfahren haben und nicht noch einmal erleben möchten.

Geschichtliche Erfahrung und Wissenschaften haben deren innere Inkonsistenz bloßgelegt und alle Versuche einer kollektiven Wesensbestimmung als willkürlich erwiesen. Die Unhaltbarkeit der Rassenidee ist durch die Genforschung erwiesen.[21] »Volk« und »Nation« tragen in der aufgeklärten Welt als einheitsstiftende Bezugsgrößen nicht mehr.

Heute wird oftmals die Kultur als ein solches Identität stiftendes, zu schützendes und zu verehrendes Band angesehen. Kulturen bzw. deren Elemente haben aber *an sich* keinen Wert und verdienen *eo ipso* keinen Respekt. Ihre Wertschätzung muss davon abhängig sein, dass sie die freie Entfaltung des Menschen ermöglichen und dem Einzelnen *seinen* Weg eröffnen, die Bedingungen der *conditio humana* zu bewältigen. Es gilt, das in den Blick zu bekommen, was *nicht* in der Kultur (ebenso wenig wie in Volk und Rasse) aufgeht und nicht in ihr aufgehen darf: der fühlende, denkende, leidende, oft entfremdete Mensch in der Einmaligkeit seiner je eigenen Persönlichkeit.

Wenn das so richtig ist, gibt es keinen Grund, den Untergang von Kulturen oder den Verlust kultureller Artenvielfalt zu bedauern. Buntheit und Vielfalt sind keine menschlichen Werte an sich: Was wäre verloren, wenn sich weltweit die Meinung durchsetzte, der Bart sei nicht unbedingt gottgewolltes Zeichen der Würde des Mannes, oder wenn Frauen überall auf der Welt ohne Verstümmelung ein erfülltes Geschlechtsleben führen könnten?

Der Mensch ist Schöpfer, nicht Produkt der Kultur. Er geht nicht in ihr auf (ebenso wenig wie in Rasse und Volk). *Individuum est in-*

effabile, das Individuum ist unaussprechbar, so lehrte schon die alte Logik. Das Leben eines jeden Einzelnen ist weder durch eine Identitäts- bzw. Gattungszuordnung zu erfassen noch in eine solche zu pressen. Nicht kollektive Entitäten, sondern Individuen in ihrer Einmaligkeit (und Verlassenheit) sind die Träger alles Menschlichen.

Jürgen Hengelbrock, *Professor, Institut für Philosophie, Ruhr-Universität, Bochum*

Anmerkungen

[1] H. Diels, *Die Fragmente der Vorsokratiker,* I–II, Dublin/Zürich 1903, 22 B 49a.
[2] Ebd. 28 B 3.
[3] Ebd. 28 B 7.8.
[4] Ebd. 28 B 1.30.
[5] Ebd.
[6] Platon, Parmenides 161e5.
[7] Ebd. 162a3.
[8] Ebd. 162a4.
[9] Platon, Sophist 256a3.
[10] Vgl. G. W. F. Hegel, *Einleitung in die Geschichte der Philosophie,* J. Hoffmeister (Hrsg.), Hamburg 1940, S. 102f. (Vorlesungen 1823–1827/28, A I,2).
[11] J. Locke, *Versuch über den menschlichen Verstand,* I–II, Hamburg 1981, II.
[12] So schon Platon, Sophist 254e–255b.
[13] A. Strauss, *Spiegel und Masken. Die Suche nach Identität,* Frankfurt a.M. 1968.
[14] S. Freud, ›Eine Schwierigkeit der Psychoanalyse‹, *Imago. Zeitschrift für Anwendung der Psychoanalyse auf die Geisteswissenschaften,* 5, 1917, S. 1–7.
[15] F. Nietzsche, *Über Wahrheit und Lüge im außermoralischen Sinn,* Kritische Studienausgabe, I, München 1980.
[16] J.-P. Sartre, *Réflexions sur la question juive,* Paris 1954.
[17] Sartre, *Réflexions.*
[18] Vgl. D. A. Brown, ›Inbetweenity: Marginalization, Migration and Poverty among Haitians in the Turks and Caicos Islands‹, in: S. Courtmann (ed.), *The Society for Caribbean Studies, Annual Conference Papers,* III, 2002 (http://www.caribbeanstudies.org.uk/papers/2002/olv3p14.PDF) [letzter Zugriff am 21.11.11].
[19] H. Hesse, *Der Steppenwolf,* Frankfurt a.M. 1955.
[20] J. Habermas, ›Historischer Materialismus und die Entwicklung normativer Strukturen‹, in: ders., *Zur Rekonstruktion des Historischen Materialismus,* Frankfurt a.M. 1976.
[21] Vgl. L. Poliakov, *Le mythe aryen,* Paris 1971 [*Der arische Mythos. Zu der Quelle von Rassismus und Nationalismus,* Hamburg 1993]; R. Lewontin, *The Genetic Basis of Evolutionary Change,* New York 1974.

Personale Integrität und kollektive Integration

Von Immanuel Kant stammt die ebenso geistreiche wie provozierende These, der markanteste Wesenszug des Menschen sei dessen ›ungesellige Geselligkeit‹, und zwar der Hang, ›in Gesellschaft zu treten, der doch mit einem durchgängigen Widerstande, welcher diese Gesellschaft beständig zu trennen droht, verbunden ist‹ (Kant 1784: 20 f.).[1] Gemeint ist ein anthropologisch tiefsitzender Antagonismus, durch den laut Kant schlicht alle Menschen, sofern sie in Gemeinschaften leben, beinahe ständig in Zwietracht mit sich selbst und ihresgleichen geraten: Der Mensch braucht und sucht die Gemeinschaft, er will sich ›vergesellschaften‹, doch zugleich möchte er auch frei und ungebunden sein und sich ›vereinzelnen‹. Und aus dem Umstand, dass wir als Menschen nicht beides zugleich bzw. ganz ohne sogenannte Reibungsverluste haben können, erwachsen in uns allen Widerstände, Spannungen und Konflikte. Sollte ein Mensch *zu sehr* in die Gemeinschaft und deren Normgefüge eingebunden sein, so läuft er Gefahr, an Individualität, eigenen Überzeugungen, persönlichen Wertbindungen und unverwechselbaren Eigenheiten einzubüßen. Man kann dies das Problem der Bewahrung »personaler Integrität« nennen (Abschnitt 1). Wer sich aber *zu wenig* in die Gemeinschaft eingegliedert sieht, der sondert sich ab, wird unzugänglich und begünstigt so Verluste an gesellschaftlichem Zusammenhalt. Eben dies ist das Problem »kollektiver Integration« (Abschnitt 2). Für die Geistes-, Sozial- und Kulturwissenschaften stellt sich somit die nicht bloß theoretisch-konzeptionelle, sondern zugleich auch empirisch-praktische Frage, wie ein auf Individualität und Freiheit setzendes Gemeinschaftsleben zu organisieren wäre, in dem ›die Integration seiner Teilnehmer nicht auf Kosten der Integrität dieser Teilnehmer geht‹ (Seel 1996: 254)[2] (Abschnitt 3). Dieses *sozialanthropologische,* d. h. kulturübergreifende und mit fast jeder Form von Vergemeinschaftung gegebene Grundproblem muss sich verschärfen, wenn es dabei nicht nur um die Integration vergleichsweise homogener kultureller Gemeinschaften geht, sondern um einen stetig wachsenden Pluralismus *im Innern* dieser Gemeinschaften oder gar um die *kulturübergreifende* Integration einer wie auch immer gearteten »Weltkultur« (Abschnitt 4).

Personale Integrität

Das soziale Grundproblem der Bewahrung personaler Integrität kann wie folgt gefasst werden: Wie kann das einzelne, individuelle Gesellschaftsmitglied trotz der Notwendigkeit sozialer Vergemeinschaftungsprozesse eine eigene, unverwechselbare, intakte oder eben »integre« Persönlichkeit herausbilden und auch bewahren? Zunächst wäre allerdings zu klären, was genau hier mit »Integrität« gemeint ist. Die etymologischen Wurzeln des Wortes verweisen auf den indogermanischen Wortstamm *-teg*, was seinerzeit so viel wie »stechen« bedeutete. Zusammen mit der Verneinung *in-* ergibt sich so eine ursprünglich *physische* Bedeutung des Begriffs im Sinne von »ungestochen« bzw. »unbestechlich«, aber auch »unversehrt« oder eben »intakt«. Nun sagt aber die etymologische Herkunft eines Wortes nur wenig über dessen faktischen Gebrauch in der Gegenwart. Und tatsächlich fällt nicht nur die alltägliche, sondern auch die fachwissenschaftliche Verwendung des Begriffs gemeinhin sehr uneinheitlich aus. Im Wesentlichen lassen sich jedoch vier gängige Bedeutungsdimensionen personaler Integrität unterscheiden (dazu und für das Folgende: Pollmann 2005).[3]

Selbsttreue

Wenn man von einer Person anerkennend sagt, sie sei »unbestechlich« oder »integer«, so konstatiert man ihr gefestigte Grundüberzeugungen und Wertbindungen, von denen sie sich nicht allzu leicht wird abbringen lassen. Das bedeutet: Die betreffende Person bleibt sich und ihrer Persönlichkeit auch dann »treu«, wenn sie z. B. durch Anfechtungen, Geld, »unmoralische Angebote« oder sonstige Verlockungen zum Verlassen ihres lebenspraktischen und für sie existenziell sinnstiftenden Kurses verleitet werden soll. Sie wäre sonst nicht länger das, was sie zu sein beansprucht. Integrität in diesem ethischen Sinne von »Selbsttreue« meint folglich die Übereinstimmung von praktischem Lebensvollzug und existenziellem Selbstbild (vgl. Williams 1984: Kap. 1–3).[4]

Rechtschaffenheit

Einen im engeren Sinn moralischen Charakter nimmt die Verwendung des Integritätsbegriffs dann an, wenn man einer Person attestiert, sie lebe in Einklang mit den Regeln und Normen ihrer Gemeinschaft; ihr Leben verlaufe in »sittsamen Bahnen«. Diese moralische und sittliche Verlässlichkeit wird bisweilen »Rechtschaffenheit« genannt. Auch dabei handelt es sich um eine charakterliche Gradlinigkeit. Sie meint jedoch keineswegs dasselbe wie das Streben nach ethischer »Selbsttreue«. Denn beide Ansinnen können unmittelbar in Widerspruch zueinander geraten; z. B. dann, wenn die eigene Selbsttreue es von einem verlangt, sich direkt gegen die moralischen Konventionen der Gemeinschaft aufzulehnen (vgl. McFall 1987).[5]

Integriertheit

Eine eher psychologische Bedeutung bekommt der Integritätsbegriff dann zugewiesen, wenn auf die Möglichkeit lebensgeschichtlicher Lernprozesse oder Orientierungskrisen und die damit verknüpfte Notwendigkeit rekurriert wird, das eigene existenzielle Selbstbild episodisch wiederherzustellen; z. B. aufgrund von sich fundamental wandelnden Grundüberzeugungen und Wertvorstellungen. Im Sinne eines solchen Strebens nach biografischer »Integriertheit« personalen Lebens zielt der Begriff der Integrität auf eine möglichst kohärente Einheit in der Vielheit divergierender Lebensvollzüge; und zwar sowohl in der *horizontalen* Dimension des jeweils aktuellen Lebensvollzuges als auch in der *vertikalen* Dimension einer gelegentlich recht disparaten Lebensgeschichte (vgl. McFall ebd.).

Ganzheit

Vor allem in rechtlichen Diskussionen wird dem Integritätsbegriff noch eine wichtige vierte Bedeutung zugewiesen, wenn damit eine körperliche oder seelische »Ganzheit« gemeint sein soll, von der es heißt, sie sei durch ein entsprechendes Grund- oder Menschenrecht auf »physische und psychische Unversehrtheit« unter Schutz zu stellen. In diesem rechtlichen Kontext nimmt der Begriff einen eher defensiven Charakter an, indem er auf eine fundamentale Verletzbarkeit menschlicher Personen und damit auf den Umstand rekurriert, dass personale Integrität sowohl in körperlicher als auch in geistiger Hinsicht angreifbar ist (vgl. Pollmann 2007).[6] Anders gesagt: Der Besitz von Integrität hängt stets auch von einem schonenden Umgang der Menschen untereinander ab; und damit nicht zuletzt auch von gelingender kollektiver *Integration*.

Kollektive Integration

Der Terminus »Integration« ist ersichtlich mit dem der Integrität wortverwandt und zielt auf Vorgänge der *Wiederherstellung* einer mutmaßlich verlorenen Einheit, die als ursprünglich »unversehrt« vorgestellt werden soll. Während es aber im individuellen Fall personaler Integrität um die Wiederherstellung einer von Zerfallsprozessen bedrohten *Persönlichkeit* geht, meint »Integration« in kollektiven Zusammenhängen die temporär verlorene Einheit der sozialen oder kulturellen *Gemeinschaft*. Hier sind es folglich keine individuellen Persönlichkeitsveränderungen, die integriert werden müssen, sondern ganze Individuen oder auch Gruppen, die »neu« sind bzw. vormals separiert waren (vgl. Schimank 2008).[7]

Geht man nun mit Kant von jenem für den Menschen unumgänglichen Antagonismus »ungeselliger Geselligkeit« aus, so stellt sich das kollektive Integrationsproblem aus Sicht der Betroffenen wie folgt dar: Nur zu oft muss die jeweils eigene Integrität gegen die Übermacht gesellschaftlicher Imperative und Zwänge verteidigt werden. Aus Sicht der Gemeinschaft gilt hingegen: Prozesse der sozialen Integration sind mit der Vielzahl dieser teilweise recht unterschiedlichen und gelegentlich eben auch widerständigen Integritätsbestrebungen einzelner Individuen nicht immer vereinbar. In *beiden* Fällen ist jedoch eine notwendig zu erledigende Aufgabe gemeint, die zu der jeweils anderen Aufgabe in deutlicher Spannung steht: Sowohl das Individuum als auch die Gemeinschaft müssen gegen verstörende und desintegrierende Tendenzen verteidigt bzw. »zusammengehalten« werden. Und entsprechende Desintegrationserfahrungen ergeben sich vor allem dann, und zwar spiegelbildlich, wenn die Bewerkstelligung der jeweils entgegenstehenden Aufgabe »zu gut« gelingt.

Aus soziologischer und kulturwissenschaftlicher Perspektive ergibt sich somit unmittelbar eine doppelte Schlüsselfrage: ›Was hält die Gesellschaft zusammen?‹ (Heitmeyer 1997a) und ›Was treibt die Gesellschaft auseinander?‹ (ders. 1997b).[8] Und schon die Gründungsväter der modernen Soziologie – z. B. Max Weber, Émile Durkheim, Ferdinand Tönnies und Georg Simmel – haben darauf aufmerksam gemacht, dass jeweils unterschiedliche Gesellschaften und Kulturen zu jeweils unterschiedlichen Zeiten entsprechend auch unterschiedliche Mechanismen der Integration ausbilden müssen. So wird z. B. die Einheit einer traditionellen Ständegemeinschaft augenscheinlich anders gestiftet als die einer hochindustrialisierten, kapitalistischen Massendemokratie (dazu die Diskussion in: Beck/Sopp 1997; Friedrichs/Jagodzinski 1999).[9] Das grundlegende Problem jedoch bleibt transhistorisch sowie transkulturell das gleiche: Kollektive Integration ist gesellschaftlich notwendig, gelingt nicht selten jedoch nur dann, wenn sie sich über widerständige Integritätsbestrebungen einzelner Gemeinschaftsmitglieder hinwegsetzt.

Allerdings kann die Notwendigkeit kollektiver Integration als *Notwendigkeit* immer erst dann vor Augen treten, wenn diese Integration bedroht oder nur unzureichend vorhanden ist (Schimank ebd.).[10] Erst wenn sich z. B. die non-konformen Integritätsbestrebungen hinreichend vieler Einzelsubjekte störend als »Anomalie« bemerkbar machen, wird Integration zum Problem. Damit setzt soziale Integration bereits begrifflich soziale Desintegration durch personale Integritätsbestrebungen voraus. Und zugleich gilt umgekehrt: Das personale Integritätsproblem entsteht vor allem dann, wenn die soziale Integration ihrerseits übermächtig wird. Anders gesagt: In einer vollkommen normenkonformen Gesellschaft wären *beide* Probleme – soziale Integration und personale Integrität – gar keine *Probleme*.

Soziale Integration auf Kosten personaler Integrität

Trotz der begrifflichen Zusammenhänge und Gemeinsamkeiten gibt es eine auffallende Asymmetrie in der gesellschaftlichen und auch fachwissenschaftlichen *Bewertung* jener beiden Integrationsaufgaben: Während die ethische Norm individueller Integrität im Allgemeinen sehr hoch geschätzt und für unbedingt schutzwürdig gehalten wird, betrachtet man die Notwendigkeit kollektiver Integration gemeinhin kritischer. Die soziologischen Schlagworte und kulturkritischen Zeitdiagnosen dazu lauten: »Konformismus« »Paternalismus«, »Dominanzkultur«, »Zwangsassimilation«, »Entfremdung«, »kulturelle Verarmung«, »Stillstand« oder schlicht »Überintegration«. Bezieht man diese kritischen Diagnosen unmittelbar auf den Integritätsbegriff und seine vier Verwendungen, so ergeben sich vier Arten von *Pathologien* kollektiver Integration, die jeweils ein »Zuviel« an gesellschaftlichen Imperativen und sozialer Anpassung anzeigen: (a) Aus ethischer »Selbsttreue« mag *Selbstentfremdung* werden, wenn die sozialen Konventionen überhand nehmen und kollektive Assimilierungszwänge jede Art von widerständiger Individualität unterdrücken; (b) Aus moralischer »Rechtschaffenheit« wird sittliche *Gleichschaltung,* wenn dem Individuum schon bei geringsten Normabweichungen negative Sanktionen drohen; (c) Der Wunsch nach lebensgeschichtlicher »Integriertheit« kann in dogmatische Starrheit umschlagen, wenn der herrschende Konformitätsdruck biografisches Lernen oder »Umdenken« unmöglich macht; (d) Das Integritätsbedürfnis nach »Ganzheit« schließlich droht als ein Streben nach unversehrter Individualität fast vollends zu versanden, wenn das nach Integrität strebende Individuum mehr und mehr in den Belangen des Kollektivs aufgeht.[11]

Interkulturelle Herausforderungen

Die im letzten Abschnitt skizzierte vierfache Gefahrendiagnose ist zunächst recht allgemein gehalten und auch »formal« in dem Sinn, dass sie prinzipiell für jede Art von Vergesellschaftung Geltung beansprucht und – je nach Kontext – erst noch mit historischen und kulturellen Inhalten gefüllt werden muss. Denn auch hier gilt: Die Integrationspathologien von vormodernen oder traditionellen Standesgesellschaften werden andere sein als jene, die in modernen, kapitalistischen Massendemokratien drohen. Heute verändern und verschärfen sich diese Integrationsprobleme zusätzlich dadurch, dass die sich gegen die eigene Integration sträubenden Integritätsbestrebungen normabweichender Einzelner zunehmend nicht mehr nur »aus den eigenen Reihen« kommen, sondern auch aus anderen und teilweise »fremden« kulturellen Kontexten. Dabei muss aus konzeptioneller Sicht noch einmal zwischen einer interkulturellen *Binnenperspektive* und einer interkulturellen *Außenperspektive* unterschieden werden.

Interkulturelle Binnenperspektive

Ganz gleich, ob man das wachsende Ausmaß eines kulturellen »Pluralismus« und die Vielfalt unterschiedlichster Lebensstile preisen oder aber kritisch vor negativen Tendenzen einer zunehmenden »Überfremdung« und vor dem Verlust der eigenen »Leitkultur« warnen möchte: In beiden Fällen schaut man aus einer interkulturellen Binnenperspektive auf mögliche Folgen jener Entwicklungen für die jeweils *eigene* Gemeinschaft. Und je nachdem, ob man den Austausch oder die »Vermischung« verschiedenster Kulturen positiv oder negativ bewertet, stellt sich das Verhältnis von sozialer Integration und personaler Integrität entsprechend anders dar: Im positiven Fall erhofft man sich produktive und dynamische Lernprozesse sowie kulturelle Zugewinne, im negativen Fall hingegen sieht man vor allem desintegrierende Entfremdungsprozesse und kulturelle Identitätsverluste auf sich und die eigene Gemeinschaft zukommen.

Interkulturelle Außenperspektive

Eine zweite Frontstellung ergibt sich, wenn man über den eigenen gesellschaftlichen und kulturellen Tellerrand hinausschaut. Dann nämlich tritt ein noch viel umfassenderer interkultureller Austausch vor Augen, der sich nicht nur »hierzulande«, sondern auch jenseits der eigenen Grenzen und damit buchstäblich *zwischen* (»inter-«) den kulturellen Großkontexten abspielt. Man denke dabei an dezidiert globale Phänomene einer wachsenden »Homogenisierung« kultureller Unterschiede in Richtung einer Art ›Weltkultur‹ (Meyer 2005),[12] z. B. durch die Massenmedien, das Internet, ökonomische Geld- und Warenströme, überregionale Abkommen zum Umweltschutz oder auch das internationale Völkerrecht. Optimisten sehen darin vor allem Chancen auf eine zunehmende Universalisierung allgemeinmenschlicher Wertvorstellungen und eine Befriedung der Menschheit durch Moral und Recht. Pessimisten hingegen beklagen die imperialistischen Großmachtbestrebungen einiger weniger hegemonialer Kulturnationen und Wirtschaftsmächte sowie die damit verknüpfte globale Zwangsnivellierung kultureller Unterschiede und Eigenarten.

Sowohl für die Binnenperspektive als auch für die Außenperspektive gilt jedoch, dass »quer« zu den Fronten zwischen Optimisten und

Pessimisten eine aus konzeptioneller Sicht noch wichtigere Frontlinie verläuft. Etwas abseits von der *empirischen* Frage, welchen konkreten Nutzen bzw. Schaden der interkulturelle Austausch für personale Integrität einerseits, kollektive Integration andererseits mit sich bringt, stellt sich die sozialtheoretisch *grundlegende* Frage, wem in Zweifelsfall der Vorrang gebühren soll: der Integrität des Individuums (gleich welcher kulturellen Herkunft) oder aber der Integration der Gemeinschaft (gleich welcher kulturellen Prägung)? Aus interkultureller Binnensicht stehen sich in diesem Streit z. B. »liberal« und individualistisch gesinnte Denkansätze einerseits und »kommunitarisch« sowie kulturkonservativ ausgerichtete Positionen andererseits gegenüber (dazu exemplarisch die Beiträge in Etzioni 1998).[13] Aus Sicht der interkulturellen Außenperspektive hingegen verlaufen die Fronten zuvorderst zwischen einem vermeintlich westlichen Individualismus oder Universalismus zum einen und einem mutmaßlich asiatischen (Geiger/Kieserling 2001), arabischen (Tibi 2009) oder auch afrikanischen (An-Na'im 1999) Traditionalismus und Kollektivismus zum anderen.[14]

Wichtig ist dabei, dass sich ein Votum zugunsten einer der beiden Pole – personale Integrität vs. soziale Integration – nicht schon begriffsnotwendig aus einer adäquaten *Beschreibung* des gemeinten Spannungsverhältnisses ergeben wird. Es handelt sich vielmehr um eine politische, weltanschauliche und deshalb immer auch ideologische *Entscheidung*, die ihrerseits auf kulturellen Vorprägungen und Vorentscheidungen beruhen wird. Der gemeinte Konflikt ist *sozialanthropologischer* Natur und damit unaufhebbar. Er ließe sich nur dann – und auch nur auf konzeptioneller Ebene – beseitigen, wenn man den Kantischen Antagonismus der »geselligen Ungeselligkeit« leugnen oder einseitig auflösen würde, und zwar entweder zugunsten einer tendenziell »a-sozialen« Vereinzelung oder aber in Richtung einer dann vollends »ent-individualisierten« Kollektivität. Dieses theoretische Vorgehen wäre aber nicht nur wenig vielversprechend, sondern aus sozialanthropologischer und damit kulturübergreifender Sicht geradezu »widernatürlich«. Die Geistes-, Sozial- und Kulturwissenschaften müssen vielmehr weiterhin mit dem misslichen und auch für interkulturelle Fragen bedeutsamen Umstand rechnen, dass die Integration sozialer und kultureller Gemeinschaften *stets* auch auf Kosten der Integrität ihrer Mitglieder geht.

Arnd Pollmann, *Privatdozent am Institut für Philosophie der Universität Magdeburg*

Anmerkungen

[1] I. Kant, *Idee zu einer allgemeinen Geschichte in weltbürgerlicher Absicht*, Akademie-Ausgabe, Bd. VIII, Berlin 1900ff. [1784].

[2] M. Seel, ›Wohlergehen‹, in: ders., *Ethisch-ästhetische Studien*, Frankfurt a.M. 1996, S. 244–259.

[3] A. Pollmann, *Integrität. Aufnahme einer sozialphilosophischen Personalie*, Bielefeld 2005.

[4] Vgl. B. Williams, *Moralischer Zufall*, Königstein im Taunus 1984.

[5] L. McFall, ›Integrity‹, *Ethics*, Vol. 98, No. 1, 1987, S. 5–20.

[6] A. Pollmann, ›Ein Recht auf Unversehrtheit?‹, in: S. van der Walt/C. Menke (Hrsg.), *Die Unversehrtheit des Körpers*, Frankfurt a.M. 2007, S. 214–236.

[7] U. Schimank, ›Integration, gesellschaftliche‹, in: S. Gosepath/W. Hinsch/B. Rössler (Hrsg.), *Handbuch der Politischen Philosophie und Sozialphilosophie*, Berlin 2008, S. 554–557.

[8] W. Heitmeyer (Hrsg.), *Was hält die Gesellschaft zusammen?*, Frankfurt a.M. 1997a; ders. (Hrsg.), *Was treibt die Gesellschaft auseinander?*, Frankfurt a.M. 1997b.

[9] U. Beck/P. Sopp (Hrsg.), *Individualisierung und Integration*, Opladen 1997; J. Friedrichs/W. Jagodzinski (Hrsg.), *Soziale Integration*, Wiesbaden 1999 [Kölner Zeitschrift für Soziologie und Sozialpsychologie, Sonderheft 39].

[10] Schimank, ›Integration‹.

[11] Im letzten Kapitel von *Integrität* wird diese komplexe Gefahrendiagnose in psychopathologischer Hinsicht und mit Blick auf typisch spätmoderne Persönlichkeitsstörungen ausgeführt.

[12] J. W. Meyer, *Weltkultur. Wie die westlichen Prinzipien die Welt durchdringen*, Frankfurt a.M. 2005.

[13] A. Etzioni (ed.), *The Essential Communitarian Reader*, Lanham 1998.

[14] K. F. Geiger/M. Kieserling (Hrsg.), *Asiatische Werte*, Münster 2001; B. Tibi, *Islam's Predicament with Modernity*, London/New York 2009; A. A. An-Na'im (ed.), *Proselytization and Communal Self-Determination in Africa: Individual Versus Collective Rights*, Maryknoll 1999.

Subjectivity[1]

Prefatory note

Although the controversial character of the key concept subjectivity cannot be denied, I have tried to trace its cross-disciplinary adventures in order to demonstrate its resilience and continual re-invention. My emphasis on the discursive formation of subjectivity has the definite advantage of being able to attend to singular features associated with subject formation such as self, identity, body, sexuality, and mind. This focus can, moreover, open up the field to varied processes of subject formation, allowing intercultural elements to appear in unexpected places rather than only in the predictable contexts of postcoloniality and multiculturalism.

Defining subjectivity

Subjectivity connotes the duration, experience, narration and re-invention of selfhood for humans. Who or what is the entity signified by the term subject? And is subjectivity intrinsic to its very being, an acquired attribute or possession, an effect of enunciation, a self-fashioning in circumstances not of one's making, a reciprocal negotiation of (ant)agonistic selves and worlds, or a brutal and largely unconscious imposition of structures and forces that masquerades as autonomy, choice, rational deliberation, or mastery of one's fate? If the parameters within which subjectivity is debated remain relatively fixed, subject traces the movement from cogito to cyborg with woman, native, and homosexual, inhabiting ambivalent and uneasy positions within and between these categories and at whose expense their self-consolidation usually occurs.[2] Even more fugitive, perhaps, are the distinctions among self, individual, person, and ego, all of which seem readily conflatable with subject, or between sentience and suffering in the designations human and animal. And is the subject, defined as the subject of a sentence or the object of investigation, merely tangential to these existential concerns?

Technologies of the self

Tom Wolfe's *The Me Decade* (1976) still rings uncomfortably true in our own cultures of narcissism: 'remaking, remodeling, elevating, and polishing one's very *self* [...] and observing, studying, and doting on it' remains the 'alchemical dream' (ibid.: 32) of bloggers, tweeters, and frenemies[3] everywhere.[4] Wolfe's account of socio-cultural transformation in the wake of an economic boom may need some recalibration in the current historical moment; however, his insight that the apparent release of repression fuels social conformity rather than anarchy or even revolution is undeniably prescient. These canny claims resonate powerfully with Michel Foucault's sobering explanation of the modern self's inheritance of techniques from Christian confession 'oriented toward the permanent verbalization and discovery of the most imperceptible movements of our self' (Blasius 1993: 222).[5] Bearing witness against oneself (ibid.: 211) is crucial to 'the self's iteration and social reinforcement through an ongoing verbalization of this self-decipherment to others' (ibid.: 199).[6] This emphasis on the genealogy and technology of the self, its emergence and iteration rather than its mere existence, is crucial to discerning subjectivity. Far from being contested, reviled, or egregiously misunderstood, the concept of subjectivity has been inflected, expanded, and disseminated in disciplinary and public domains thus rendering it an enduring academic preoccupation and a 'consensus-hallucination' (Gibson 1987: 170).[7]

The ghost in the machine

The question of subjectivity within the philosophical discourse of modernity was perhaps most influentially posed by René Descartes and Maurice Merleau-Ponty,[8] the latter grappling with and arguably overcoming the mind-body dualism the former had inaugurated in his passion for both doubt and certitude. *Cogito ergo sum* establishes human being as an indivisible thinking (immaterial) substance, possessed of intuition, will, imagination, and sensation, and as the opposite of the divisible body contingent upon the configuration and motion of its parts. As is widely acknowledged, Cartesian philosophy is unable to explain the interaction of mind and body, of depth and surface, because each is possessed of different attributes – the body has size, shape, motion, quantity and direction because it exists in and extends into space while the mind's modes of being and rationality are substantial but intangible and invisible. Descartes envisages both animal and human bodies as complex nervous systems connecting the brain to bodily extremities, but renders only the human body hospitable to the machinations of the soul.

Merleau-Ponty comes to the defence of immanence, the body-subject or incarnated flesh rather than the ghost in the machine. He insists on the reciprocity between inside and outside, self and world, perception and action, elaborating situated subjects, coextensive with the world, and intentional objects, seeking their own equilibrium in a corporeal universe. He imagines a body that thinks, perceives, moves and mediates our access to the world through a process of habituation, of adaptation to environment and community. The simultaneous non-coincidence and encroachment of apparent dualisms – touching and being touched, looking and being looked at, the sentient and the sensible, intention and performance – define his phenomenology. These philosophical disquisitions, as both the obverse and reverse of each other, might be said to determine the interpretive horizon of academic inquiry into the conundrum that is subjectivity.

Consciousness and the brain

The phenomenal experience of subjectivity seems inextricable from the operations of consciousness, but, as Susan Blackmore explains, philosophers, scientists, and psychologists have been unable to define its contents, account for its emergence from the physical structure and substance of the brain, prove its continuity and coherence, or detect a coincidence between consciousness and perception. Blackmore describes a series of scientific experiments that only exacerbate the mystery of consciousness, or, at the very least, require us to abandon commonsensical perceptions of its workings, and widen the gap between the mental and the physical, action and perception, memory and continuity, consciousness and attention (Blackmore 2005: 17–32, 66–81,

116–133).[9] Like Daniel Dennett and Sadie Plant, Blackmore rejects 'the idea that the mind is like a theatre, or even that some things are in our consciousness while others are not' (ibid.: 47).[10] Consciousness is thus (in)voluntary, improvisatory, random and unpredictable. Her account is a tacit affirmation of a Zen worldview in which actions and consequences are privileged over the human actor, thus putting human agency in perspective. If Descartes denied the possibility of interfaces between mental and physical or natural substance, Plant, Dennett, and Blackmore are not necessarily phenomenologists because the transient hallucinations they describe do not partake of the symbiosis between body and environment that Merleau-Ponty envisions. They render consciousness inextricable from perception, sensation, memory, and emotion rather than the womb from which the latter emerge, and cannot prove conclusively who is conscious, of what, when, and for how long. Besides, in their failure to locate the seat of consciousness and motility in the physical substance of the brain, they reveal the *cogito* to be substance as Descartes imagined it, realized but disembodied. Curiously, however, Merleau-Ponty's phenomenology of perception parallels the inextricability of and interaction among brain, consciousness, and subjectivity that Blackmore describes, even if we are unable to discern an interiority that precedes its symbolic, cognitive, and fleshly incarnations.

The posthuman

Merleau-Ponty's characterization of embodiment as habituation has found both its corollary and its contradiction in recent conceptions of human identity. Katherine Hayles's description of the Turing test suggests that the failure to distinguish between intelligent machine and intelligent human both denies the irreducibility of embodied reality as well as putting embodiment back into the picture: the "posthuman" demonstrates that technology mediates identity.[11] These undecidable nexuses of human and artificial intelligence communicate the complex worlds in which human subjectivity incubates and mutates, according to thinkers such as Haraway and Plant who want to acknowledge both the materiality of the mind and the intelligence of the body. These claims recall Marshall McLuhan's analysis of technologies as extensions of bodily capacities, as responsible for creating the environments in which cognitive, neural and sensory experiences occur, and as locked in a symbiosis of mind, body, and machine.[12] One such symbiosis occurs in the realm of hand-held technologies: not only do they alter body language and make social interaction contingent upon 'visual anonymity and asynchronous communication', they increase 'acoustic neuroma', and have produced a new generation of ambidextrous thumbs rendering fingers passé (Hammersley 2005: 23).[13] Indeed, in 2002, 'under-25s in Japan referred to themselves as oya yubi sedai—the thumb [...] tribe' (Hill 2002: 1).[14] Perhaps the most chilling and poignant example of this symbiosis is the suicide bomber, body turned 'perverse projectile' and 'war machine' that fuses 'life and death, suicide and homicide, resistance and self-annihilation' (Puar/Rai 2004: 98).[15] The cyborg, or the posthuman, as the name for that which dismantles distinctions, not only between the natural and the artificial, but between words and flesh, gives new meaning to McLuhan's awareness that the uses of technology would have not only sociolinguistic and cultural, but also profound, because metabolic, consequences.

Structure and agency

As I have suggested, consciousness and embodiment do not comprehend the subject in its entirety, and intentionality and agency are, at best, ambiguous. Descartes' speculation that what he sees 'from [his] window [are] but hats and cloaks which might cover ghosts or automatons which move only by springs' (cited in Johnson 2008: 51),[16] sets the stage in part for the writings of Michel Foucault, Louis Althusser, and Jacques Lacan, all of which 'search for the [...] constitutive conditions of possibility of subjectivity' (Allen 2000: 125) and 'shift subjectivity from the position of that which explains to the position of that which must be explained' (ibid.: 121).[17] The subject, by their reckoning, is an effect, respectively, of the "springs" of disciplinary power, ideological state apparatuses, and sexuality. In the language of the social sciences, these philosophers reconstitute the relations between "structure and agency", between constraint and responsibility, between enduring social systems and "collective representations", conceived as "networks of interdependencies" and historical change wrought by "creative, potentially disruptive, social action" (Stones 2007).[18] Rather than conceive of structure and agency in a continual state of becoming and negotiation, Foucault, Althusser, and Lacan explore a more expansive notion of power, not only as 'legitimately constituted forms of political or economic subjection', but also as 'the government of children, of souls, of communities' (Foucault 1982: 790).[19] Simultaneously, however, they insist that power consists both of the calculated modes of subjection and governance as well as of 'a whole field of responses, reactions, results, and possible inventions [that] may open up' (ibid.: 789).[20] In short, both elements are indispensable to the functioning of power.

In his article 'The Subject and Power' (1982), Foucault proposes an analysis of the circulation and function of regimes of truth in relation to power, but from the perspective of struggles against domination and exploitation, secrecy and deformation, and most particularly against an 'administrative inquisition which determines [...] who one is' (ibid.: 781).[21] Foucault perceives power as neither merely coercive nor consensual; rather, he conceives the field of action of power as one of 'reciprocal incitation and struggle', of 'permanent provocation' (ibid.: 790).[22] Rather than infect the terrain of social action with an inherent dynamism, with the imminent possibility of social transformation, Foucault describes an 'elaborated, transformed, organized' (ibid.: 792)[23] and infinitely adaptable structuring principle that serves instead to explain the immanence of power.

Foucault's notion of the immanence of power finds its corollary in Althusser's claim that ideology is the very air humans breathe. Althusser is more inclined to analyze mechanisms of subjection 'from the point of view of [their] internal rationality' (ibid.: 780)[24] because he imagines the ubiquitous, trans-historical and immutable form of ideology as analogous to Freud's proposition that the unconscious is eternal. Althusser remains scrupulous, however, about describing subjection's 'relation to the mechanisms of exploitation and domination' (ibid: 782), to the forces and relations of production and to the institutions of church, family, and education which are no less powerful for being non-repressive and ideological agents of interpellation.[25] If Foucault acknowledges the possibility of both incitation and struggle, Althusser is uncompromising in his insistence: *'There are no subjects except by and for their subjection'* (Althusser 1971: 169).[26]

Sexuality and the unconscious

The subtle distinctions between implacable constraint and permanent provocation, and between internalized and unconscious behavior, mark the difference between Foucault and Althusser, but also expose their common conception of subjection as inscribed in power-knowledge relations and material apparatuses and embodied in rituals of confession, interpellation, and recognition. This tenuous connection to embodiment and materiality becomes pronounced in both Sigmund Freud and Jacques Lacan who are concerned with human sexuality and the unconscious, and who challenge the equation of genitality with sexuality, pleasure with the satisfaction of needs, or fantasies with biological drives (Mitchell 1985: 2).[27] While both Foucault and Althusser exploit the ambiguity inherent in the word subject, and, like Lacan, reject the humanist endeavor to cure man of his alienation, Lacan undertakes a more radical questioning and displacement of 'the grammatical subject [that] is either absent or shifting or, at most, only passively constructed' (ibid: 4).[28] If Foucault considers self-division and division from others a technique of power, Lacan believes that 'desire can only exist by virtue of its alienation'; thus, the latter is a condition rather than a reversible effect. For both Lacan and Althusser, subjectivity operates as an injunction: one must freely accept one's subjection or 'take up a position as either a man or woman' (ibid.: 6).[29] As Hayles discovers in the seemingly neutral and primal scenario of distinguishing between human and machine, sexual difference and normative heterosexuality continue to exercise their influence; for Alan Turing (who was homosexual) and for "woman" in the discourse of psychoanalysis, that influence could only be punitive (Hayles 1999: xi-xiv).[30] Both Juliet Mitchell and Jacqueline Rose emphasize Freud's and Lacan's interest in the price of acquiring human subjectivity, in exposing the phallus as fraud, sexual difference as constructed, arbitrary and alienating, and subjectivity as precarious (Mitchell ibid.: 7). This fraud, nevertheless, accrues symbolic value to anatomical difference, and produces woman as other, as symptom, and as failure (Rose 1985: 42–43, 56–57).[31] "Man" and "Woman" thus remain imponderables, just as the distinction between identity and appurtenance and between human and automaton in Descartes is unclear.

Subjectivity and difference

For both Freud and Lacan, as Rose explains, woman persisted as a difficulty, as a resistance against the normative ordering of sexuality (the administrative inquisition in Foucault's terms), and it is precisely this difficulty that she believes feminism must avail itself of in rewriting the traffic between sexuality and the unconscious in the production of the feminine. If both language and sexuality are structured around the phallus as master signifier, the task of feminism is 'to retrieve the woman from the dominance of the phallic term and from language [itself]' (Rose ibid.: 54).[32] Rose is suspicious of any move that would assign femininity 'to a point of origin prior to the mark of symbolic difference and the law', giving them access to 'an archaic form of expressivity outside the circuit of linguistic exchange' (ibid.). Her suspicion seems both reasonable and ethical; if, however, one considers Gayatri Spivak's transformation of the menstruating Bhubaneswari Bhaduri's body into revolutionary speech, one might glimpse forms of feminine expressivity that are possible only because they expose the limits of phallic (and colonial) signification and value, that can only speak otherwise, and whose excess and marginality are effects of the force of the law rather than exist prior to symbolization. Bhaduri's menstruating body, in Spivak's interpretation of her suicide, attests to her revolutionary fervor rather than to her romantic woes (Spivak 1988).[33] Frantz Fanon's *Black Skin, White Masks* (1952) brilliantly and painfully relives his overdetermination from without, making his blackness a visceral form of expressivity, and writing a physiognomy of subjectivity in which 'the primordial splitting' (Mitchell 1985: 5), to which the (white) Lacanian subject bears witness, is experienced as a simultaneous shattering and embalming, a radical dismemberment.[34] If the subject 'can only conceptualise itself when it is mirrored back to itself from the position of another's desire' (ibid.), 'Look, a Negro! *Maman*, a Negro!' imprisons the black man in his skin making the "Negro", like the Woman, both symptom and negation, and turning desire into hatred and repudiation rather than the mark of a necessary alienation (Fanon 1952: 93).[35] Fanon disinters the colonial violence at the heart of the melancholy in Lacan's account of subject formation. If both Fanon and Spivak make deliberate use of the mute and phantasmatic body as eloquent witness and testimony, slave narratives, in Houston A. Baker's telling phrase, '[gain] a "write of way" to Western civility' (Baker 1986: 184).[36] In these narratives, freedom and servitude, man and slave, both contingent upon the acquisition and deprivation of literacy, exchange places. The agency thus acquired was no doubt an ambivalent one, authorized by benevolent masters but masters, nonetheless. Their predicament is illustrative of the Janus-faced meaning of subjectivity: the unnerving ambiguity of freely accepting our subjection and an ideal we must continue to value in the name of those who have historically been denied it (Allen ibid.: 117).[37] These encounters with alterity lead the way in defining subjectivity as 'the revolt of man against his inhuman conditions' (Althusser 1969: 226).[38]

Asha Varadharajan, *Associate Professor, Department of English, Queen's University, Kingston*

Annotations

[1] The author gratefully acknowledges the assistance of Paul Barrett, Andrew Elfenbein, and Tim Wyman-McCarthy.

[2] These are widely used and contested terms, cf. R. Descartes, *Méditations Metaphysiques*, Paris 1967; D. Haraway, *Simians, Cyborgs, and Women: The Reinvention of Nature*, New York 1991; D. Haraway, 'A Cyborg Manifesto: Science, Technology, and Socialist-Feminism in the Late 20th Century', in: J. Weiss et al. (eds.), *The International Handbook of Virtual Learning Environments*, Vol. I, Dordrecht 2006, pp. 117–158; D. Haraway, 'Manifesto for Cyborgs: Science, Technology, and Socialist Feminism in the 1980s', *Socialist Review*, 80, 1985, pp. 65–108.

[3] I. e. a blend of friends and enemies.

[4] T. Wolfe, 'The "Me" Decade and the Third Great Awakening', *New York*, 23 Aug. 1976, pp. 26–40.

[5] M. Blasius, '"Introductory Note" to M. Foucault, "About the Beginning of the Hermeneutics of the Self: Two Lectures at Dartmouth"', *Political Theory*, 21, 2, 1993, pp. 198–200.

[6] Blasius, 'Introductory Note'.

[7] W. Gibson, 'Burning Chrome', in: W. Gibson, *Burning Chrome*, New York 1987, pp. 168–191.

[8] My discussion of Descartes and Merleau-Ponty relies on the essays by J. Reynolds and J. Skirry: J. Reynolds, 'Maurice Merleau-Ponty', in: J. Fieser/B. Dowden (eds.), *Internet Encyclopedia of Philosophy*, June 2005 [last accessed on 16 February 2012]; J. Skirry, 'René Descartes', in: Fieser/Dowden, *Internet*, Sept 2008 [last accessed on 16 February 2012].

[9] S. Blackmore, *Consciousness: A Very Short Introduction*, Oxford 2005.

[10] Blackmore, *Consciousness*.

[11] K. Hayles, *How We Became Posthuman: Virtual Bodies in Cybernetics, Literature, and Informatics*, Chicago 1999, pp. xi-xiv.

[12] M. McLuhan, *Essential McLuhan*, E. McLuhan/F. Zingrone (eds.), Concord 1995.

[13] B. Hammersley, 'Generation Text', *The Guardian*, 13 January 2005, p. 23, www.

guardian.co.uk/technology/2005/jan/13/gadgets.mobilephones [last accessed on 10 February 2012].

[14] A. Hill, 'Thumbs are the New Fingers for the Gameboy Generation', *The Guardian*, 24 March 2002, p. 1, www.guardian.co.uk/uk/2002/mar/24/mobilephones.games [last accessed on 10 February 2012].

[15] J. K. Puar/A. Rai, 'The Remaking of a Model Minority: Perverse Projectiles under the Specter of (Counter) Terrorism', *Social Text*, 22, 3, 2004, pp. 75–104.

[16] B. Johnson, *Persons and Things*, Cambridge 2008.

[17] A. Allen, 'The Anti-Subjective Hypothesis: Michel Foucault and the Death of the Subject', *The Philosophical Forum*, 31, 2, 2000, pp. 113–30.

[18] R. Stones, 'Structure and Agency', in: G. Ritzer (ed.), *Blackwell Encyclopedia of Sociology*, Malden, Mass. etc. 2007, pp. 4861–4864.

[19] M. Foucault, 'The Subject and Power', *Critical Inquiry*, 8, 4, 1982, pp. 777–795.

[20] Foucault, 'The Subject'.

[21] Foucault, 'The Subject'.

[22] Foucault, 'The Subject'.

[23] Foucault, 'The Subject'.

[24] Foucault, 'The Subject'.

[25] Foucault, 'The Subject'.

[26] L. Althusser, 'Ideology and Ideological State Apparatuses', in: L. Althusser, *Lenin and Philosophy, and other Essays*, B. Brewster (trans.), London 1971, pp. 127–187.

[27] J. Mitchell, 'Introduction – I', in: J. Mitchell/J. Rose (eds.), *Feminine Sexuality: Jacques Lacan and the école freudienne*, New York 1985, pp. 7–26.

[28] Mitchell, 'Introduction – I'.

[29] Mitchell, 'Introduction – I'.

[30] Hayles, *Posthuman*.

[31] J. Rose, 'Introduction – II', in: Mitchell/Rose, *Feminine Sexuality*, pp. 27–58.

[32] Rose, 'Introduction – II'.

[33] G. Spivak, 'Can the Subaltern Speak?' in: C. Nelson/L. Grossberg (eds.), *Marxism and the Interpretation of Culture*, London 1988, pp. 271–313.

[34] Mitchell, 'Introduction – I'.

[35] F. Fanon, *Black Skin, White Masks*, Paris 1952.

[36] H. A. Baker, 'Critical Response IV: Caliban's Triple Play', *Critical Inquiry*, 13, 1, 1986, pp. 182–196.

[37] Allen, 'The Anti-Subjective' (discussion of Nancy Hartsock).

[38] L. Althusser, 'Marxism and Humanism', in: L. Althusser, *For Marx*, B. Brewster (trans.), New York 1969, pp. 219–247.

Kollektive (inter-)kulturelle Selbstverständigung/

Collective (Inter-)cultural Self-understanding

Cultural Hybridity

Cut-'n'-mix experiences in consumption, lifestyles and identities are ubiquitous in today's world. Whereas hybridization, constituting a process, is defined as 'the ways in which forms become separated from existing practices and recombine with new forms in new practices' (Rowe/Schelling 1991: 231),[1] hybridity itself represents an outcome of this process. As such, hybridity has become ordinary and part of everyday life in a world of intensive intercultural communication, multiculturalism, growing migration and diaspora lives, and the subsequent erosion of boundaries, at least in some spheres. All the while, referring to the mixture of phenomena that are held to be different and separate, hybridity has acquired considerable thematic prominence in cultural studies. Admittedly, cultural hybridity gains its salience from the fact that it showcases how the social proclivity to boundary fetishism is intensely problematic. Hereby it can direct attention to the interstices which are typically inhabited by diasporas, migrants, exiles, refugees and nomads. Moreover, in its study of the impact that non-western cultures have on the West, it brings to the fore the role of the local reception of Western culture, for example, the indigenization of Western elements. In this sense, a hybridity perspective can open up new, informal spaces of social renewal. Precisely this challenge to the standardized view of homogenized cultures explains why cultural hybridity continues to be acutely contested.

The emergence of new hybrid forms and practices indicates profound changes that are taking place as a consequence of mobility, migration and multiculturalism. However, "hybridity thinking" also concerns already existing or, so to speak, old hybridity that used to be concealed under homogeneous identities. Thus, hybridity also involves different ways of looking at historical and existing cultural and institutional arrangements. This suggests not only that things are no longer the way they used to be but, in fact, were never really the way they used to be, or used to be viewed.

Anthropologists studying the travel of customs and foodstuffs show that our foundations are profoundly mixed, and it could not be otherwise. Mixing is intrinsic to the evolution of the species. History is a collage. Superimposed upon the deep strata of mixing in evolutionary time are historical episodes of long-distance cross-cultural trade, conquest and empire and episodes such as transatlantic slavery and the triangular trade. Within and across these episodes we can distinguish further hybrid configurations. So we can think of hybridity as layered in history, including pre-colonial, colonial and postcolonial layers. To each period belong distinct sets of hybridity because different boundaries were prominent, each with their pathos of difference.

Hybridization as a process is as old as history, but the pace of mixing accelerates and its scope widens in the wake of major structural changes, such as new technologies that enable new forms of intercultural contact. Contemporary accelerated globalization is such a new phase. If practices of mixing are as old as the hills, the thematization of mixing as a perspective is fairly new and largely dates from the 1980s. In a wider sense it includes the idea of *bricolage* in culture and art, which inspired the collage. Dada made mixing objects and perspectives its hallmark. Surrealism moved further along these lines and so do conceptual and installation art. Psychoanalysis brought together widely diverse phenomena – such as dreams, jokes, Freudian slips and symbols – under new headings relevant to psychological diagnosis.

While hybridity may be ordinary and unremarkable in itself, the critical contribution of hybridity as a theme is that it questions boundaries that are taken for granted. Thus, hybridity is noteworthy from the point of view of boundaries that are considered essential or insurmountable. Hybridity is an important theme also in that it represents one of three major approaches to globalization and culture: firstly, the idea that global culture is becoming increasingly standardized and uniform (as in McDonaldization); secondly, the notion that globalization involves a "clash of civilizations"; and thirdly, globalization as hybridization or the notion that globalization produces new combinations and mixtures.

The hybridity view holds that cultural experiences past and present have not been simply moving in the direction of cultural synchronization (Nederveen Pieterse 2009).[2] Cultural synchronization does take place, for instance, in relation to technological change; but there are also countercurrents to standardization along western lines which include the impact non-western cultures have on the West and the influence non-western cultures exercise on one another. The cultural convergence view ignores the local reception of western culture, the indigenization of western elements, and the significance of crossover culture and "third cultures" such as world music. It overrates the homogeneity of western culture and overlooks that many of the cultural traits exported by the West are themselves of culturally mixed character if we examine their lineages. Centuries of East-West cultural osmosis have resulted in intercontinental crossover culture, and European and western culture are part of this global mélange. For a long time Europe was on the receiving end of cultural influences from the Orient and the dominance of the West dates only from 1800 onward (Frank 1998).[3]

Genealogy of the term

The term hybridity originates in pastoralism, agriculture and horticulture. Hybridization refers to developing new combinations by grafting one plant or fruit to another. A further application is genetics. When belief in "race" played a dominant part, "race mixture" was a prominent notion. Now hybridity also refers to cyborgs (cybernetic organisms), combinations of humans or animals with new technology (pets carrying chips for identification, biogenetic engineering). Hybridity first entered the social sciences via the anthropology of religion and the theme of *syncretism*. Roger Bastide defined syncretism as 'uniting pieces of the mythical history of two different traditions in one that continued to be ordered by a single system' (1970: 101).[4] Creole languages and creolization in linguistics was the next field to engage social science interest. *Creolization* came to describe the interplay of cultures and cultural forms (Hannerz 1992).[5] In the Caribbean and North America creolization stands for the mixture of African and European elements (as in the Creole cuisine of New Orleans), while in Latin America *criollo* originally denotes those of European descent born in the continent. The appeal of creolization is that it goes against the grain of nineteenth-century racism and the accompanying abhorrence of *métissage* as miscegenation, as in the view that race mixture leads to decadence and decay, for in every mixture the lower element would be bound to predominate. The cult of racial purity involves the fear of and disdain for the half-caste. By foregrounding the *mestizo*, the mixed and in-between, creolization highlights what has been hidden and values boundary-crossing. The Latin American term *mestizaje* also refers to boundary-crossing mixture. Since the early 1900s, however, this served as an élite ideology of "whitening" or Europeanization; through the gradual "whitening" of the population and culture Latin America was supposed to achieve modernity. In the United States, crossover culture denotes the adoption of black cultural characteristics by European Americans and of white elements by African Americans. A limitation of these terms is that they are confined to the experience of the post-sixteenth century Americas and typically focus on "racial" mixing. A different perspective is the "orientalization of the world" and easternization, in contrast to westernization. This concerns the influence of Japan and the rise of East Asia, China and India and the twenty-first century as an "Asian century". Each of these terms – creolization, mestizaje, crossover and orientalization – opens a different window on the global mélange and global intercultural osmosis.

Hybridity across space and time

Hybrid regions straddle geographic and cultural zones such as the Sudanic belt in Africa, whereas Southeast Asia combines Indo-Chinese and Malay features. The Malay world, Indo-China, Central and South Asia, Middle Eastern, North African and Balkan societies are all ancient mélange cultures. Global cities and ethnic mélange neighborhoods within them (such as Jackson Heights in Queens, New York) are other hybrid spaces in the global landscape. What hybridity means varies not only over time but also in different cultures. In Asia it carries a different ring than in Latin America. In Asia, the general feeling has been upbeat, as in East-West fusion culture. Here, hybridity tends to be experienced as chosen and willed or voluntary, although there are many sites of conflict. In Latin America, the feeling has long been one of fracture and fragmentation, where hybridity was long experienced as a fateful condition that was inflicted rather than willed.[6] The Latin American notion of mixed times *(tiempos mixtos)* refers to the coexistence and interspersion of pre-modernity, modernity and post-modernity. In recent times Latin America's hybrid legacies are revalued as part of its cultural creativity.

The prominence of hybridity has given rise to a debate in which hybridity is being criticized as an élite perspective (Friedman 1999).[7] In the discussion below most arguments against "hybridity thinking" have been taken from Friedman (1997, 1999) as representative of a wider view.[8] A brief account of arguments against and in favor of hybridity is as follows: Some critics argue that asserting that all cultures and languages are mixed is trivial; a rejoinder is that claims of purity have long been dominant (see ibid.). Other critics hold that hybridity is meaningful only as a critique of essentialism, which is true, but in any case there is a surfeit of essentialism (Friedman 1999: 242).[9] Some even question whether the colonial era was really that essentialist;[10] a rejoinder is that it was essentialist enough for hybrids to be widely despised. Again, other critics object that hybridity is a dependent notion; but so are boundaries (ibid.: 236).[11] Further, it is argued that hybridity matters only to the extent that people identify themselves as mixed; but the existing classification categories hinder hybrid self-identification (ibid.: 249, 251).[12] Others claim that cultural mixing is mainly the privilege of élites;[13] but arguably cross-border knowledge constitutes survival knowledge, particularly for poor migrants. And if hybridity talk is considered the prerogative for a new cultural class of cosmopolitans, would this entitle an old cultural class to police boundaries? If critics question the rationale of hybridity, one could likewise query the significance of boundaries. However, as boundaries and borders can represent matters of life or death, similarly the failure to acknowledge hybridity is engendered as a result of political myopia whose ramifications can be measured in lives.

Patterns of hybridity

A next step is to unpack hybridity and to distinguish *patterns of hybridity*. The most conspicuous shortcoming of hybridity thinking is that it does not address questions of power and inequality: 'hybridity is not parity' (Shohat/Stam 1994).[14] This is undeniably true; but boundaries do not usually help either. In notions such as global mélange, what is missing is the acknowledgment of the actual unevenness, asymmetry and inequality in global relations. What are not clarified are the *terms* according to which cultural interplay and crossover take place. Relations of power and hegemony are reproduced *within* hybridity, for wherever we look closely enough we find the traces of asymmetry in culture, place and descent. Hence, hybridity raises, rather than erases, the question of the terms and conditions of mixing. In this connection, it is also important to note the ways in which relations of power are not merely reproduced but refigured in the process of hybridization.

Thus, according to the context and the relative power and status of elements in the mixture, hybridity can be either asymmetric or symmetric; for instance, colonial society is asymmetric. We can think of types of hybridity along a continuum with, at one end, a hybridity that affirms the center of power, adopts the canon and mimics hegemony and hegemonic styles, and, at the other end, hybrid mixtures that blur the lines of power, destabilize the canon and subvert the center; the novels of V. S. Naipaul illustrate the former constellation, and Salman Rushdie's novels often match the latter. Menus that mix cuisines and healthcare practices that combine diverse methods may offer examples of the symmetric end of the hybridity continuum. However, completely free-floating mixtures are rare, for even at a carnival the components carry different values.

The domains impacted by hybridity have been proliferating over time; contemporary phenomena include the hybrid car, hybridity in organizations and diverse cultural influences in management. Besides, interdisciplinarity in science gives rise to new hybrids such as ecological economics. We can also perceive hybridity beyond culture, in economics, political economy and institutions. Thus, hybridity also traverses different modes of production such as feudalism and capitalism which did not simply succeed one another but coexisted in time. The combination of modes of production gives rise to mixed social formations and combinations of hunting/gathering, pastoralism and cultivation, agriculture and industry, craft and industry, etc. Semi-feudalism and feudal capitalism are other instances of mixed political economies. Forms and institutions of economic regulation are often hybrid as well. The "social market" in Europe and Scandinavia and "market socialism" in China organize economies by combining diverse principles. The mixed economy and the social economy of cooperative and non-profit organizations are hybrid economic formations. Public-private partnership, social capital, civic entrepreneurship and corporate citizenship – all prominent themes of our times – are also hybrid in character.

Hybridity is constitutive of the contemporary age, both terminologically and empirically, given that boundary and border-crossing intrinsically mark our times. The *contingency* of boundaries is experienced more commonly than ever before. As a perspective, hybridity entails three different sets of claims: empirical (hybridization happens), theoretical (acknowledging hybridity as an analytical tool) and normative (a critique of boundaries and valorization of mixtures, under certain conditions, in particular relations of power). It involves a profound moment of collective reflexivity, including the awareness that boundaries are historical and social constructions. Hybridity also comprises the realization that these barriers are cognitive, the validity of which depends on epistemic orders that are ultimately of an arbitrary or at least contingent nature.

JAN NEDERVEEN PIETERSE, *Mellichamp Professor of Global Studies and Sociology, University of California, Santa Barbara*

Annotations

[1] W. Rowe/V. Schelling, *Memory and Modernity: Popular Culture in Latin America*, London 1991.
[2] J. Nederveen Pieterse, *Globalization and Culture, Global Mélange*, Lanham etc. 2009.
[3] A. G. Frank, *Re Orient: Global Economy in the Asian Age*, Berkeley, CA 1998.
[4] R. Bastide, 'Mémoire collective et sociologie du bricolage', *L'Année Sociologique*, 21, 1970, pp. 65–108.
[5] U. Hannerz, *Cultural Complexity*, New York 1992.
[6] N. G. Canclini, *Hybrid Cultures*, Minneapolis 1995; S. Gruzinski, *La pensée métisse*, Paris 1999 [*The Mestizo Mind: the Intellectual Dynamics of Colonization and Globalization*, New York 2002].
[7] J. Friedman, 'The Hybridization of Roots and the Abhorrence of the Bush', in: M. Featherstone/S. Lash (eds.), *Spaces of Culture: City-Nation-World*, London 1999, pp. 230–255.
[8] J. Friedman, 'Global Crises, the Struggle for Cultural Identity and Intellectual Porkbarrelling: Cosmopolitans versus Locals, Ethnics and Nationals in an Era of De-hegemonisation', in: P. Werbner/T. Modood (eds.), *Debating Cultural Hybridity*, London 1997, pp. 70–89; Friedman, 'The Hybridization'. A detailed account and rebuttal of the antihybridity backlash can be found in Nederveen Pieterse, *Globalization*.
[9] J. Friedman, 'The Hybridization'.
[10] R. C. Young, *Colonial Desire: Hybridity in Theory, Culture, and Race*, London 1995.
[11] J. Friedman, 'The Hybridization'.
[12] J. Friedman, 'The Hybridization'.
[13] Cf. A. Ahmad, *In Theory: Classes, Nations, Literatures*, London 1992; A. Dirlik, 'The Postcolonial Aura: Third World Criticism in the Age of Global Capitalism', *Critical Inquiry*, 1992, pp. 328–356.
[14] E. Shohat/R. Stam, *Unthinking Eurocentrism: Multiculturalism and the Media*, New York 1994.

Syncretism

The drudgery of defining and redefining a contested concept

The notion of syncretism has a reputation of being somewhat of a misconceptualization because of its use in theology and early anthropology to define false religiosity. The modern version of syncretism is a neo-etymologism derived from *synkerannumi*,[1] which means to 'mix' things that are incompatible (Leopold 2004: 14).[2] Traditionally Christianity disapproved of syncretism. In Germany Protestant theologians used the term polemically, during the *syncretistic strife* in the sixteenth and seventeenth century, to denote ecumenical betrayals against the Reformed orthodoxy by Protestant theologians.[3] Thus, one cannot speak of syncretism without its antithesis *anti-syncretism*. The theological condemnation of syncretism is part of the phenomenon under study, yet should not be confused with the scientific concept of syncretism.

Taxonomy

A short version of a general definition of syncretism is 'a generalization about diverse elements incorporated into some target religion from external religious or secular source or sources' (Martin/Leopold 2004: 93).[4] However, syncretistic formations vary a great deal depending on the historical, cultural, political and social climates, which have led scholars to define syncretism according to their empirical data, thereby generating a plurality of definitions that may confuse or even contradict a more generalized settlement of the phenomenon (Leopold 2009: 698).[5] Let me introduce some examples of syncretistic modes to elucidate the issue in question.

For one, we have *creolization*, which is a mode of syncretism, particularly related to Afro-American and Afro-Caribbean religions, and predominantly refers to the abuse of and the resistance to power. The

American anthropologist Melville Herskovits (1895–1963), who was particularly attentive to acculturation processes in the Afro-American and Afro-Caribbean cultures, introduced "cultural survivals" into the study of syncretism, which can be described as a "defense-mechanism" vis-à-vis the suppressive Euro-American culture.[6] The concept of syncretism reflects the situation of power abuse, given its reference to European colonialism and the history of Christian proselytization, it is a misunderstanding to see a direct link between the abuse of power and religious innovation. Accordingly, certain normative ideas about religion indicate that only religion pristine of historical and cultural melding can be true religion, in view of this immaculate definition of religion the notion of syncretism has been reduced to categorize "untrue" religion. Even so there is, nonetheless, a positive ring to the concept – that is 'the inclination to propagate cross-cultural imagination' because culture is never a finished product (Leopold 2004: 149).[7] Historian of religion Gregory D. Alles proposes to 'clarify the meaning of the term and point out its limitations, in the hopes of making its usages more precise' (Alles 2001: 438).[8] He claims that syncretism refers to 'one variety' of the broader class of cultural exchange (ibid.: 451), as exhibited in the work of Derek Walcott, the Caribbean poet and playwright, whose poetry is full of analogies between Homeric epic and the cultural struggles of postcolonial Caribbean (ibid.: 432–433). A similar dynamic is found in *parallelization*, another well-known mode of syncretism, where an element in a foreign religious tradition is identified as the same as in "one's own".[9] Parallelization, or *analogical coding*, may well be the essence of syncretism, yet is used for various reasons. The motivation behind a particular syncretistic formation tells us more than the actual parallelization itself. Often very divergent religious traditions are combined through making a false analogy. The remake of the Hopi Indians' prophecies in the western New Age movement is an example of how syncretistic formations get created through a false analogy, for instance, when the *White Brother* of Hopi mythology gets coupled with Christian Messianic expectations (Geertz 1992: 332; Leopold 2011).[10] On another level *interacting modes of religiosity* characterize a syncretism of divergent modes of religiosity. Gnostic-Christian revelation discourse, from the second and third century, can be characterized as both a *doctrinal mode* and *imagistic mode* of religiosity.[11] Gnostic scriptures, with their mystical language, worked similarly to imagistic strategies to effect emotional multi-vocal mystical experiences (Leopold 2004: 105–121).[12] *New spirituality* is a sub-categorization of two modes of religiosity: the practice of *yoga* in European secular societies today represents a mode of syncretism, where an Indian religious practice is adjusted to the secular way of life; as an illustration, *Yoga-rave* is a new trend that blends music, dance, meditation, yoga and chanting to a new form of spiritualized entertainment.[13] By additive import of foreign religious input syncretistic imagination becomes more innovative and generative. This may even result in the invention of a new religion. Indeed, Christianity grew out of the syncretistic environment in Palestine and Egypt during the Roman-Hellenistic period, being susceptible among other things to the Neo-Platonic influence upon Judaism. The historian of religion, Hans Kippenberg (2004: 35), states that the German *Religionsgeschichtliche Schule's* use of syncretism 'echoes the debates about fate of religion in the modern scientific and industrialized world':

> [W]hen historians of religions hailed ancient *syncretism* as a matrix for creating new world views and ethics, contemporary intellectuals embraced non-Christian religions. [...] They held the Jewish-Christian notion of *creatio ex nihilo* to be guilty of producing the view of a world ruled by mechanical laws.[14]

Defining syncretism

Various modes of syncretism are linked to specific data and therefore tend to become facts "in themselves"; but all categories we use are always interpretive. Taxonomy alone does not lead to the generalization of a phenomenon. Kippenberg's statement about the German *Religionsgeschichtliche Schule's* use of syncretism warns us that categories are always related to models. Research into syncretism is loaded with ethnocentric and political propaganda that must not be ignored, but should be incorporated into the study of syncretism. The historian of religion Ulrich Berner (2004: 260), in reviewing his 'Heuristic Model of Syncretism', states:

> Looking back, twenty-five years [...] the impression is ambivalent: on the one hand, the model looks very complex, comprising a lot of definitions, on the other hand it appears now as rather limited. [...] If the model remains a useful instrument [...] this very fact might have

> interesting implications concerning the relationship between different approaches to the problem of syncretism.[15]

In agreement with Berner, I consider that every definition of syncretism, which lucidly provides a valuable perspective, can contribute to an all-encompassing definition. Yet, I also agree with the historian of religion Luther H. Martin's (2001: 390) assertion that any attempt to redefine the category solely on historical descriptive grounds is inadequate:

> Since descriptive generalizations always replicate the same data as the evidence itself, together with their theoretical assumptions, such transcriptive efforts necessarily retain some normative point of reference to non-syncretistic origins characteristic of earlier usages.[16]

To assemble the topics of the dispute in defining syncretism into a feasible definition, I suggest, we divide the task of defining syncretism into two analytical positions. One position concerns the *concept* of syncretism, including the discourses regarding the concept and its various usages, in order to shed light on theoretical assumptions and normative positions related to the concept. The analysis of discourse about the concept of syncretism is, in line with Alles' suggestion, about precision and the constraint of usage. Research into the discourse or discourses of syncretism is important to prevent some unintended consequences of its use in the future. Thus, the analysis of discourse about the notion of syncretism is also a way to constrain the use of it.

The second task concerns the phenomenon of syncretism, i.e. to resolve the "nature" of syncretism. The mass of theoretical and empirical data about syncretism relates not only to power but also to more stocks of meaning and to the innovation of religion. To clarify this dense characteristic of the phenomenon, I am proposing a multi-dimensional analysis that divides different modes of syncretism into three explanatory levels: *the social, the semiotic* and *the cognitive level* of explanation. This methodology constitutes my definition of syncretism (Leopold 2004: 376–377).[17] The first level is the *social*, to which we may assign issues of power in relation to syncretism. This also concerns the different politics and modes of religion in encounter, notwithstanding the antonym anti-syncretism (Leopold 2009: 701–702).[18] The second is the *semiotic* level in reference to the transformative meaning-making of syncretistic formation, which can be best described by the underlying mechanism of the selectivity of the human mind (Leopold 2004: 381).[19] It describes the mechanisms of change and innovation in religious meaning that many scholars refer to as the dynamics of syncretism.[20] The third level, the *cognitive*, is the basic level underlying the two other levels, because it explains the "nature" of syncretistic formations from the structure of human cognition. In view of the cognitive theory about *conceptual blending* by cognitive linguists, Gilles Fauconnier and Mark Turner, syncretistic formations may be explained as the imaginative products of mental and conceptual blending (Fauconnier/Turner 2002: 147; Leopold 2011: 268, 274–277).[21]

The transformative and creative function of syncretism, furthermore, makes use of analogous coding between otherwise incompatible religious narratives. All in all, it is a cognitive process that involves seeing resemblances where there were none before, and ignoring differences in order for it to become "recognizable" in the minds of people (Leopold 2011: 268).[22] To illustrate this point, the Hopi tutelary deity *Maasaw* became equated with the Biblical Messiah or the Great Spirit, neither of whom he is (Geertz 1992: 318).[23] In rephrasing Hopi tradition in a new narrative setting the Traditionalist Movement placed itself on a new and more universal spiritual path 'whereby the Hopis were given a vital role to play in the coming universal redemption that they believe will lead to a new world' (Leopold 2011: 267).[24]

The leap

The concept of syncretism refers to a cross-cultural phenomenon and is therefore ambiguous by nature. Nevertheless, despite this ambiguity human imagination engenders big leaps, such as the "The Arab Spring" in March 2011. This peaceful revolutionary wave for democracy, in the Middle East and North Africa, was facilitated through the involvement of new social media such as Facebook. This does not constitute syncretism in its traditional religious form, but it does represent a mode of syncretism, exemplifying the coming together of very diverse cultural elements. Facebook was founded by a group of computer science students at Harvard in the US to help students get to know one another better. Who could ever have imagined that this combination of very dissimilar streams, a social media of the West and the suppressed hope for democracy experienced by Arabic youth, would be transformed into such a powerful blend that led to the Arab spring?

Although the concept of syncretism is implicated with dogmatic and political prejudices as evidenced by anti-syncretism, it, nevertheless, underscores the force of human imagination. Given its ability to bridge incompatibilities by blending divergent religious and/or secular forms into meaningful new forms to fit the *Zeitgeist* and its requirements, we would certainly be cognitively impoverished if we were to abolish the concept of syncretism.

Anita Maria Leopold, *PhD, Historian of religion, Writer and Lecturer, Aarhus*

Annotations

[1] The Greek historian Plutarch (ca. 50–120 AD) introduced in his *Moralia* the Greek term *synchretismos* to illustrate how the Cretans suspended their mutual disagreement and united to face a common enemy.

[2] A. M. Leopold, in 'Introduction to Part II', in: A. M. Leopold/J. S. Jensen (eds.), *Syncretism in Religion: A Reader*, London 2004.

[3] The Danish theologian Georg Calixt (1586–1656) was pronounced guilty of syncretism, when he tried to reconcile the confessional differences of competing Reformed Protestant sects in Germany after the Reformation, Leopold/Jensen *Syncretism*, pp. 14–15.

[4] L. H. Martin/A. M. Leopold, 'New Approaches to the Study of Syncretism', in: P. Antes et al. (eds.), *New Approaches to the Study of Religion, Vol. II, Textual, Comparative, Sociological, and Cognitive Approaches*, Berlin etc. 2004, pp. 93–107.

[5] A. M. Leopold, 'Syncretism', in: P. B. Clark/P. Beyer (eds.), *The World's Religions: Continuities and Transformations*, London etc. 2009, pp. 695–708; U. Berner, 'The Concept of "Syncretism": An Instrument of Historical Insight/Discovery?', in: Leopold/ Jensen, *Syncretism*, pp. 295–315 [Translated by David Warburton from 'Der Begriff "Synkretismus" – ein Instrument historischer Erkenntnis?', *Saeculum*, 30, 1979, pp. 68–85].

[6] Leopold, 'Introduction to Part IV', pp. 142–143, in: Leopold/Jensen *Syncretism;* A. Apter, 'Herskovits's Heritage: Rethinking Syncretism in the African Diaspora', in: Leopold/ Jensen, *Syncretism*, pp. 160–184; M. Herskovits, *The Myth of the Negro Past*, Boston [2]1958 [1941].

[7] Leopold, 'Introduction to Part IV', in: Leopold/Jensen, *Syncretism*.

[8] G. D. Alles, 'The Greeks in the Caribbean: Reflections on Derek Walcott, Homer and Syncretism', *Historical Reflections/Reflexions Historiques*, 27, 3, 2001, pp. 425–452.

[9] For example, the parallelisation of the Egyptian goddess Isis with the Greek goddess Demeter during the Hellenistic age.

[10] A. W. Geertz, *The Invention of Prophecy: Continuity and Meaning in Hopi Indian Religion*, Knebel 1992; A. M. Leopold, 'Narrativity in View of a Theory of Syncretism', in: A. W. Geertz/J. S. Jensen (eds.), *Religious Narrative Cognition and Culture: Image and Word in the Mind of Narrative*, Equinox 2011, pp. 263–279.

[11] The British anthropologist Harvey Whitehouse proposes a theory of two modes of religiosity, a "doctrinal" and an "imagistic": the "doctrinal mode" includes a discursive style of codification and transmission of beliefs by means of routinized instruction and

repetitive ritual controlled by institutionalized orthodoxy. The "imagistic mode" includes an imagistic mode of codification, transmission through infrequently performed rituals rendered memorable through intense sensory pageantry and heightened emotionality (H. Whitehouse, *Arguments and Icons: Divergent Modes of Religiosity*, Oxford 2000).

[12] A. M. Leopold, 'Syncretism and the Interaction of Modes of Religiosity: A Formative Perspective on "Gnostic-Christian" Movements in Late Antiquity', in: H. Whitehouse/ L. H. Martin (eds.), *Theorizing Religions Past: Archaeology, History, and Cognition*, Walnut Creek etc. 2004, pp. 105–121.

[13] Yoga-rave was established by the founder of *Art of living*, Sri Sri Ravi Shankar. See www.artofliving.org/founder-biography and http://en.wikipedia.org/wiki/Ravi_Shankar_%28spiritual_leader%29 [last accessed on 27 February 12].

[14] H. G. Kippenberg, 'In Praise of Syncretism: The Beginning of Christianity Conceived in the Light of a Diagnosis of Modern Culture', in: Leopold/Jensen, *Syncretism*, pp. 29–38.

[15] U. Berner, in 'Introduction to Part V', in: Leopold/ Jensen, *Syncretism*.

[16] L. H. Martin, 'To Use "Syncretism" or not to Use "Syncretism": That is the Question', *Historical Reflections/Réflexions Historiques*, 27, 3, 2001, pp. 389–400.

[17] Leopold, 'Conclusion', in: Leopold/Jensen, *Syncretism*, pp. 376–378.

[18] Leopold, 'Syncretism', in: Clark/Beyer *The World's Religions*, pp. 701–702.

[19] Ferdinand de Saussure's linguistic methodology has inspired me to work out the analytical model of analysis on the semiotic level: 'The semiotic function of selectivity describes how syncretistic formations produce meaning by placing selected material from various contexts into new contexts of meaning. It allows us to understand syncretistic formations as combinatorial systems of production of meaning, similar to those found in systems of language' (A. M. Leopold, 'The Architecture of Syncretism: A Methodological Illustration of the Dynamics of Syncretism', *Historical Reflections/Réflexions Historiques*, 27, 3, 2001, pp. 401–452, p. 406. See also L. H. Martin, 'Syncretism, Historicism, and Cognition: A Response to Michael Pye', in: Leopold/Jensen, *Syncretism*, pp. 286–294 [1996].

[20] G. van der Leeuw, 'The Dynamics of Religions, Syncretism, Mission', in: Leopold/ Jensen, *Syncretism*, pp. 98–102; M. Pye, 'Syncretism and Ambiguity', in: Leopold/Jensen, *Syncretism*, pp. 59–67 [1971]; A. Droogers, 'Syncretism, Power, Play', in: Leopold/ Jensen, *Syncretism*, pp. 217–236 [1995].

[21] G. Fauconnier/M. Turner, *The Way We Think: Conceptual Blending and the Mind's Hidden Complexities*, New York 2002.

[22] Biologist and semiotician Terrence Deacon suggests that drawing an analogy is cognitively a process of recognizing a similarity (T. Deacon, *The Symbolic Species: The Co-evolution of Language and the Human Brain*, London 1997, p. 71). This being similar to when a bird mistakes a moth on a tree whose wings resemble the color of the bark to just be more bark (ibid.: 75). He, thereby, claims that the interpretive step in making an analogy is negative – the act of not making a distinction (ibid.: 74).

[23] Geertz, *The Invention*.

[24] Leopold, 'Narrativity'.

Integration

In its most general sense the term *integration* is used in the field of cross-cultural studies to refer to a process by which elements of distinct cultures are harmonized within a single framework at the intra-/interpersonal or international levels. The concept can be linked to a constructivist approach to intercultural communication, which sees norms as being socially negotiated through dialogue among people from different cultures. The concept can be contested from both universalist perspectives, which attempt to define acultural standards regarded as applicable to all cultures, and particularist perspectives, which seek to maintain the essential features of distinct cultures.[1]

Psychological and social integration

At the psychological level, integration refers to the ability to combine aspects of two or more cultures into a single person's thought and behavior. In the area of intercultural communication Milton Bennett posits six stages individuals typically go through as they experience cultural difference and acquire greater intercultural sensitivity.[2] In the first three *ethnocentric* stages individuals continue to perceive other cultures through the lens of their own culture, either by remaining unaware of differences *(denial)*, by asserting the superiority of one culture over another *(defense)*, or by regarding differences as superficial *(minimization)*. At the higher *ethnorelative* stages individuals first acknowledge the validity of other cultural norms *(acceptance)*, then begin to think and act in accordance with some of those norms *(adaptation)*, and finally attempt to reconcile the norms of the other culture with the norms of their own culture *(integration)*.

Similar concepts of integration have been developed by other writers in the fields of intercultural communication and cultural studies. Glen Fisher speaks of the ability to acquire an "international mindset" which incorporates elements of both one's original culture and other cultures into one's own way of thinking.[3] Peter Adler (1977: 38) writes that multicultural persons are in a constant state of transformation and growth, enabling them to achieve '[...] a higher level of social, psychological, and cultural integration'.[4] Rather than simply assimilating the concepts of other cultures into one's existing mental schemas, integration involves accommodating those concepts through the construction of higher-order schemas. By offering a wider perspective that enables individuals to see the world from more than one cultural frame of reference, integration can overcome the ethnocentric tendency to judge other cultures on the basis of one's own cultural norms.

As influences from another culture are internalized and integrated into one's own personality and character, it becomes possible to develop an *intercultural identity,* defined by Young Yun Kim (2001: 191) as '[...] an acquired identity constructed after the early childhood enculturation process through the individual's communicative interactions with a new cultural environment'.[5] One contested aspect of integration at the psychological level is the extent to which it necessitates the abandonment of one's original cultural identity. Integration is likely to be resisted by those holding to an essentialist view of culture or who otherwise value preserving a sense of "cultural purity".

Individuals who have acquired intercultural mindsets at the psychological level are nonetheless capable of creating integrated *third cultures* in their interactions with others at the interpersonal and social levels.[6] Third cultures are defined by John Useem (1971: 14) as '[...] cultural patterns inherited and created, learned and shared by the members of two or more different societies who are personally involved in relating their society, or segments thereof, to each other'.[7] Muneo Yoshikawa's "double-swing model" posits of a state of "dynamic inbetweenness" between people from different cultures based on the creation of a "third perspective".[8] Homi Bhabha describes a similar state of liminality, suggesting that cultural *hybridity* leads to the creation of a "third space" that integrates aspects of both a subordinate and a dominant culture, transforming each in the process and transfiguring power relations between them.[9] As such, the concept of integration can be seen as having subversive, as well as harmonizing, tendencies.

The cross-cultural psychologist, John Berry, discusses the concept of integration in the context of the various attitudes immigrant groups and their host countries may have towards each other.[10] *Integration* occurs when both the subordinate and dominant groups favor creating a multicultural society in which all groups are able to preserve their distinct cultural traditions while simultaneously participating on equal terms with other groups in the larger society (expressed by the "salad bowl" or "mosaic" metaphors). *Assimilation* is the view that subordinate groups should abandon their distinctive cultures and adopt the norms and values of the dominant culture (expressed by the "melting pot" metaphor). *Separation* occurs either when subordinate groups seek to establish distinct enclaves apart from the mainstream of society, or when they are intentionally segregated from society by the dominant group. *Marginalization* results when a subordinate group wishes neither to preserve its own cultural traditions nor to join the larger society, or when the dominant group seeks the total exclusion of the subordinate group from society. Conflicts arise when the subordinate and dominant groups have different views of the specific form their relationship should take. While integration may be regarded as an ideal to be aspired to, either the subordinate or dominant groups may reject it in favor of one of the other alternatives.

Conceptual integration and integrative agreements

At the conceptual level integration refers to the ability to transcend binary oppositions between norms initially regarded as incommensurable, and, thus to achieve what political psychologists, Peter Suedfeld and Philip Tetlock, refer to as *integrative complexity.*[11] An example is provided by the supposed opposition between "Western individualism" and "Asian collectivism". Instead of simply privileging one of these cultural values over the other, a more differentiated analysis reveals that individualism can be understood either positively as *self-reliance* or negatively as *self-indulgence,* while collectivism may be regarded either positively as *cooperation* or negatively as *conformity.* The positive connotations of *individualism* and *collectivism* can then be combined and the negative ones discarded. The result is an integrated concept in which two ideas – *self-reliance* and *cooperation* – are seen as complementary rather than as contradictory. While differentiation and integration can be usefully employed to deal with the logical analysis of concepts, they do not in themselves determine which values should be regarded as "positive" or "negative". Such matters are themselves open to further negotiation. It also should be noted that "negative" values may be integrated just as readily as "positive" values.

Rather than follow the Aristotelian view that two opposite ideas cannot both be valid at the same time, conceptual integration relies on a more Hegelian logic which places two cultural concepts in dialectical tension with each other as thesis and antithesis, and then attempts to reconcile them into a synthesis. The result need not be a *fusion* of polarities, as critics such as Yoshikawa (1987: 320) contend,[12] but may instead constitute a form of *synergy*, which the business management scholar, Charles Hampden-Turner (1970: 190), defines as '[...] the optimal integration of that which was formerly differentiated'.[13] Synergy allows for apparently conflicting cultural values to be fully integrated in ways that simultaneously maintain high degrees of differentiation.

In cross-cultural negotiation theory, Dean Pruitt defines an *integrative agreement* as one which maximizes the benefits of both sides, without resorting to compromise.[14] Various strategies for achieving integrative agreements can be discovered once attention is focused on the ultimate goals of each of the parties rather than on their initial positions. It is clear, of course, that it may be impossible to achieve integrative agreements in all situations. As Kenneth Thomas notes, while integration may be the preferred negotiation strategy when two sides want to satisfy both their own and the other party's concerns, there may be occasions in which other strategies, such as compromise, competition, accommodation, or avoidance, might be plausibly resorted to.[15]

The process for achieving integrative agreements is essentially dialogical. In Jürgen Habermas's discourse ethics an agreement is considered valid if everyone who is affected by the consequences of a decision has the opportunity to participate in a free and uncoerced manner in the deliberative process by which that decision is reached.[16] Dialogue involves subjecting one's views to the scrutiny of others, with the possibility that the initial views of the participants may change. The ideal outcome is a consensus which both sides can freely agree to. The postmodern philosopher, Jean-François Lyotard (1979: xxv) argues, to the contrary, that attempts to integrate dissenting opinions into an overarching consensus commit '[...] violence to the heterogeneity of language games'.[17] Minorities may feel obliged to submit to the majority opinion even if they do not agree with it. Maintaining a plurality of views may be preferable to reducing them all to a single position.

Integration and globalization

The concept of integration is sometimes used to refer to the ultimate convergence of all cultures on a single economic and political order, based on the creation of a global market and various institutions for global governance. To the extent that integration along these lines involves simply universalizing the model of the dominant capitalist and liberal democratic states while suppressing or excluding alternatives, it does not represent a true integration of variant systems. Moreover, groups which seek to maintain their distinctive traditions, particularly indigenous societies, may prefer *not* to be economically, politically, or culturally integrated into a global world order. Bringing cultures into increased contact with each other may actually render differences between them more visible, leading not to convergence but to greater divergence as cultures seek to avoid homogenization and detraditionalization.

A modernist, cosmopolitan understanding of integration seeks to establish universal norms among people from different cultures, while a postmodern, relativist stance aims to preserve the uniqueness of each cultural tradition. The advantage of a universalist approach is that it enables people from various cultures to cooperate with one another without respect to differences in nationality, ethnicity, religion, etc. The disadvantage is that it often results in a global monoculture which suppresses what may be regarded as legitimate differences. Relativist approaches encourage respect and understanding of other cultures, but often fail to offer guidance as to how people from different cultures can work together effectively to resolve problems of mutual concern.

It may be possible to overcome these dilemmas by linking the concept of integration to a constructivist perspective, which holds that while there may no preexisting "common ground" in cross-cultural disputes, mutually agreed-upon norms can nonetheless be *constructed* through a process of intercultural dialogue.[18] Since each culture differentiates itself in various ways, no culture can presume itself to be universal; each may have something to contribute to the dialogical process. The aim of intercultural dialogue is not to integrate all of the world's cultures into a single, all-embracing economic, political, or cultural system, but rather to resolve shared problems at the appropriate levels. Sufficient convergence is needed to foster cooperation among cultures, while sufficient divergence is needed to permit a flourishing of diversity and continued cultural evolution.

Cultures need not be seen as progressing in a unilinear fashion from "primitive" to "advanced", nor as moving along unique multilinear trajectories towards greater insularity and parochialism. A co-evolutionary, ecological model of cultural evolution sees cultures as developing not only on the basis of their own internal dynamics, but also through the interactions they have with each other. Integration can be conceived not as the convergence of all cultures on a single totalizing metanarrative (whether capitalist, Marxist, or something else), but rather as the formation of non-hierarchical and sometimes shifting networks, or *rhizomes,*[19] among cultures that continue to maintain high degrees of heterogeneity.

Richard Evanoff, *Professor, School of International Politics, Economics, and Communication, Aoyama Gakuin University, Tokyo*

Annotations

[1] For a fuller treatment of some of the issues discussed here, see R. Evanoff, 'Integration in Intercultural Ethics', in: L. A. Samovar/R. E. Porter/E. R. McDaniel (eds.), *Intercultural Communication: A Reader,* Boston [12]2009, pp. 447–459.
[2] M. Bennett, 'Towards Ethnorelativism: A Developmental Model of Intercultural Sensitivity', in: R. M. Paige (ed.), *Education for the Intercultural Experience,* Yarmouth 1993, pp. 21–71.
[3] G. Fisher, *Mindsets: The Role of Culture and Perception in International Relations,* Yarmouth [2]1997.
[4] P. S. Adler, 'Beyond Cultural Identity: Reflections upon Cultural and Multicultural Man', in: R. W. Brislin (ed.), *Topics in Culture Learning: Concepts, Applications, and Research,* Honolulu 1977, pp. 24–41.
[5] Y. Y. Kim, *Becoming Intercultural: An Integrative Theory of Communication and Cross-Cultural Adaptation,* Thousand Oaks 2001.
[6] See F. L. Casmir, 'Ethics, Culture, and Communication: An Application of the Third-Culture Building Model to International and Intercultural Communication', in: F. L. Casmir (ed.), *Ethics in Intercultural and International Communication,* London 1997, pp. 89–118.
[7] J. Useem, 'The Study of Cultures', *Studies of Third Cultures,* No. 6, 1971, pp. 1–27.
[8] M. J. Yoshikawa, 'The Double-Swing Model of Intercultural Communication between the East and the West', in: L. D. Kincaid (ed.), *Communication Theory: Eastern and Western Perspectives,* San Diego 1987, pp. 319–329.
[9] H. Bhabha, *The Location of Culture,* London 1994.
[10] J. Berry, 'Fundamental Psychological Processes in Intercultural Relations', in: D. Landis/J. M. Bennett/M. J. Bennett (eds.), *Handbook of Intercultural Training,* Thousand Oaks [3]2004, pp. 166–184.

[11] P. Suedfeld/P. E. Tetlock, 'Integrative Complexity of Communications in International Crises', *Journal of Conflict Resolution*, Vol. 21, 1977, pp. 169–184.
[12] Yoshikawa, 'The Double-Swing Model'.
[13] C. Hampden–Turner, 'Synergy as the Optimization of Differentiation and Integration by the Human Personality', in: J. W. Lorsch/P. R. Lawrence (eds.), *Studies in Organization Design*, Homewood 1970, pp. 187–196.
[14] D. G. Pruitt, 'Achieving Integrative Agreements in Negotiation', in: G. R. Weaver (ed.), *Culture, Communication and Conflict: Readings in Intercultural Relations*, Needham Heights 1994, pp. 487–497.
[15] K. W. Thomas, 'Conflict and Conflict Management', in: M. D. Dunnette (ed.), *Handbook of Industrial and Organizational Psychology*, Chicago 1976, pp. 889–935.
[16] J. Habermas, *Justification and Application*, trans. C. Cronin, Cambridge 1993.
[17] J.–F. Lyotard, *The Postmodern Condition*, trans. G. Bennington/B. Massumi, Minneapolis 1979.
[18] R. Evanoff, 'Universalist, Relativist, and Constructivist Approaches to Intercultural Ethics', *International Journal of Intercultural Relations*, Vol. 28, No. 5, 2004, pp. 439–458.
[19] G. Deleuze/F. Guattari, *A Thousand Plateaus*, trans. B. Massumi, London 1987.

Transkulturalität

»Transkulturalität« bezeichnet die veränderte Verfassung heutiger Kulturen.[1] Diese sind nicht mehr, wie das klassische Kulturkonzept es wollte, in sich geschlossene, homogene Kugeln, sondern sie weisen intern vielfältige Differenzen auf und sind extern stark miteinander verflochten.

Das traditionelle Kulturkonzept (Kugelmodell)

Der aus dem 19. Jh. überkommene (und weithin auf Herderschen Vorstellungen basierende) traditionelle Kulturbegriff sah Kulturen idealtypisch als Kugeln an, die jeweils intern homogen und extern klar abgegrenzt sein sollten. Das interne Homogenitätsgebot war streng gemeint: Fremdes sollte ebenso sehr minimiert sein wie die soziale Binnendifferenzierung – Kultur sollte ›die Gesamtform‹ sein, ›in der ein Volk lebt – von der Geburt bis zum Grabe, vom Morgen bis in die Nacht und selbst im Schlaf‹ (Eliot 1967: 29).[2] Der inneren Selbstgenügsamkeit entsprechend (›jede Nation hat ihren *Mittelpunkt* der Glückseligkeit *in sich* wie jede Kugel ihren Schwerpunkt!‹[3]) sollte im Außenverhältnis Abgrenzung gelten:

> Alles was mit meiner Natur noch *gleichartig* ist, was in sie *assimiliert* werden kann, beneide ich, strebs an, mache mirs zu eigen; *darüber hinaus* hat mich die gütige Natur mit *Fühllosigkeit, Kälte* und *Blindheit* bewaffnet; sie kann gar *Verachtung* und *Ekel* werden (Herder 1967: 45).[4]

Das Kugelideal verfügt im gleichen Zug inneren Homogenisierungsdruck und äußere Abgrenzung (bis hin zu expliziten Formen der Feindseligkeit). Kulturen, die wie Kugeln aufgefasst sind, können nicht wirklich miteinander kommunizieren, sie müssen einander abstoßen und bekämpfen. Sie können sich – wie Herder, schon 1774 das Theorem vom »clash of civilizations« vorwegnehmend, erklärt hatte – nur ›stoßen‹ (ebd.: 46).[5]

Zeitgenössisch veränderte Verhältnisse

Offensichtlich entsprechen die heutigen Kulturen den Auflagen dieses traditionellen Kulturbegriffs nicht mehr. Sie haben den Kugelcharakter hinter sich gelassen, weisen nicht mehr die Form der Homogenität und Separiertheit auf, sondern sind weithin durch Mischungen und Durchdringungen gekennzeichnet. Damit ist das alte Kulturkonzept deskriptiv inadäquat geworden, und ebenso kritikwürdig sind seine normativen Konsequenzen. Der Aufgabe, ein den heutigen Verhältnissen adäquates Konzept zu bieten, dient der Begriff der Transkulturalität. Er will (dem Doppelsinn des lateinischen *trans-* entsprechend) darauf hinweisen, dass die heutige Verfassung der Kulturen *jenseits* der herkömmlichen Kulturvorstellung steht, und dass dies gerade deshalb der Fall ist, weil die kulturkonstitutiven Inhalte heute durch die alten Kulturgrenzen wie selbstverständlich *hindurch*gehen.

Hauptpunkte des Konzepts der Transkulturalität

Externe Vernetzung und interner Hybridcharakter der Kulturen

Die alt-moderne, separierende Idee von Kultur ist heute durch die *externe Vernetzung* der Kulturen überholt. Zeitgenössische Kulturen sind denkbar stark miteinander verbunden und verflochten. Die Lebensformen enden nicht mehr an den Grenzen der Einzelkulturen von einst (der vorgeblichen Nationalkulturen), sondern überschreiten diese, finden sich ebenso in anderen Kulturen. Die Lebensform eines Ökonomen, eines Wissenschaftlers oder eines Journalisten ist nicht mehr einfach deutsch oder französisch, sondern – wenn schon – europäisch oder global geprägt.

Ferner sind zeitgenössische Kulturen intern durch *Hybridisierung* gekennzeichnet. Für eine jeweilige Kultur sind tendenziell alle anderen Kulturen zu Binnengehalten geworden. Das gilt auf der Ebene der Bevölkerung, der Waren und der Information: Weltweit leben in der Mehrzahl der Länder auch Angehörige aller anderen Länder dieser Erde; immer mehr werden die gleichen Artikel (wie exotisch sie einst auch gewesen sein mögen) allerorten verfügbar; zudem machen die elektronischen Kommunikationstechniken alle Informationen von jedem Punkt aus quasi identisch verfügbar.

Derlei Veränderungen sind eine Folge von weltweiten Verkehrs- und Kommunikationssystemen sowie des globalen Kapitalismus. Die Neuerungen sind von den Menschen nicht aus freien Stücken erfunden, sondern sind ihnen in etlichen Fällen durch Macht, ökonomische Abhängigkeit, Ungleichverteilung, Migrationsprozesse usw. aufgezwungen worden. Deskriptiv aber muss man diese Folgen, auch wenn man ihre Ursachen als anstößig ansieht, zur Kenntnis nehmen. Im Übrigen werden wir sehen, dass die Veränderungen auch einige positive normative Implikationen aufweisen.

Im Gefolge dieser Veränderungen nimmt die Trennschärfe zwischen Eigen- und Fremdkultur immer mehr ab. Man findet heute in den Innenverhältnissen einer Kultur ähnlich viele Unterschiede wie in ihren Außenverhältnissen: ›Die kulturelle Unterschiedlichkeit tendiert jetzt dazu, innerhalb von Nationen ebenso groß zu sein wie zwischen ihnen‹ (Hannerz 1992: 231).[6]

Umfassendheit des Wandels

Durchdringung gilt keineswegs nur für die Konsumkultur, sondern für alle kulturellen Dimensionen, von den täglichen Routinen bis zur Hochkultur. Die Speisezettel werden immer transkultureller; während die westliche Medizin in asiatischen Ländern vordringt, greift man im Westen zunehmend zu Akupunktur, Quigong und Ayurveda; in der Popkultur ist eine nationale Zuordnung der Stars längst unmöglich geworden. Und in Grundfragen der Orientierung (Menschenrechte, Feminismus, Ökologie) treten heute weltweit die gleichen Problem- und Bewusstseinslagen auf. Sie bilden mächtige Wirkfaktoren quer durch die einst für so verschieden erachteten Kulturen.

Transkulturelle Prägung der Individuen

Transkulturalität dringt nicht nur auf der sozialen Makroebene, sondern ebenso auf der individuellen Mikroebene vor. Die Menschen sind in ihrer kulturellen Formation zunehmend durch *mehrere* kulturelle Herkünfte und Verbindungen bestimmt, sind kulturelle Mischlinge. Heutige kulturelle Identität ist patchwork-Identität. Da die Heranwachsenden schon alltäglich mit einer weitaus größeren Anzahl kultureller Muster bekannt werden als dies in der Elterngeneration der Fall war, können sie bei ihrer kulturellen Identitätsbildung eine Vielzahl von Elementen unterschiedlicher Herkunft aufgreifen und verbinden. Das gilt nicht etwa nur für Migranten, sondern generell. Alternativen zum Standard von einst liegen nicht mehr außer Reichweite, sondern sind Teil des Standards geworden. Heutige Menschen sind zunehmend in sich transkulturell.

Entkoppelung von staatsbürgerlicher und kultureller Identität

Die neuen Verhältnisse nötigen, klarer zwischen genuin kultureller Identität und anderen Gesichtspunkten zu unterscheiden, die nicht mehr ohne weiteres mit Kultur ineinsgesetzt werden können: Aspekte der politischen Identität, der Sprachzugehörigkeit, der territorialen Extension. So ist es heute zu einer antiquierten Annahme geworden, dass die kulturelle Formation eines Individuums schlicht durch dessen Heimat oder Nationalität bzw. Staatszugehörigkeit bestimmt sein müsse – als ob nicht Geschlecht, Klasse und Beruf ebenso wichtig wären oder auch Erfahrungen mit Literatur und Religion, mit Vorbildern und Freunden.[7] Insofern ist auf der Entkoppelung von staatsbürgerlicher Identität und persönlich-kultureller Identität zu bestehen (zumal in Staaten, welche die Freigabe der kulturellen Formation zu den Grundrechten zählen).[8] Die gängige (oft unbewusste) Bindung von Kultur an politische Gebilde und territoriale Bestimmungen (meist hat man ja, wenn man von deutscher, französischer, japanischer, indischer etc. Kultur spricht, gar nicht *kulturelle* Gegebenheiten, sondern Staatsgeographien, also *politische* Gebilde im Sinn) ist unhaltbar geworden. Politische und kulturelle Geographien decken sich immer weniger. Die kulturelle Formation der Individuen weist Gemeinsamkeiten quer durch die unterschiedlichen politischen Formationen auf: ein chinesischer Intellektueller hat mit einem brasilianischen Intellektuellen mehr gemeinsam als mit einem chinesischen Bauern – der hingegen in vielem die Sorgen und Verhaltensweisen eines Bauern in der Uckermark teilt.

Interne Transkulturalität erleichtert den Umgang mit externer Transkulturalität

Die innere Transkulturalität der Individuen befähigt die Individuen zugleich, mit äußerer Transkulturalität zurechtzukommen. Denn aus je mehr Elementen die kulturelle Identität eines Individuums zusammengesetzt ist, umso größer ist die Chance, dass zumindest eine gewisse Schnittmenge mit der Identität anderer Individuen besteht. Von da aus können diese Individuen statt einer Haltung der Abwehr Praktiken der Kommunikation entwickeln. Darin liegt einer der großen Vorteile des Übergangs zu Transkulturalität.

Transkulturalität schon in der Geschichte

Das Kugelmodell war mit der Fiktion kultureller Reinheit verbunden. Allerdings handelte es sich dabei weniger um eine historische Realität als um eine Wunschvorstellung. De facto waren die Kulturen in ihrer Geschichte weitaus weniger rein und beträchtlich transkultureller, als die romantische und historistische Fiktion der Kulturkugeln sehen will.

»Griechenland« beispielsweise, einst zur ganz aus sich selbst sprudelnden Quelle des Abendlands stilisiert, war keinesfalls »rein«: ohne Ägypten und Asien, Babylonien und Phönizien ist die Entstehung der griechischen Kultur gar nicht zu verstehen (nahezu 40 % der griechischen Wörter sind semitischen Ursprungs). Wo immer man hinblickt, trifft man statt vorgeblicher Reinheit auf kulturelle Mischungen und Netze: ›Alle Kulturen sind hybrid; keine ist rein; keine ist identisch mit einem »reinen« Volk; keine besteht aus einem homogenen Gewebe‹ (Said 1996: 24).[9] Nicht nur Europa war jahrhundertelang ganz selbstverständlich durch transkulturellen Austausch bestimmt (man denke an den Warenverkehr oder die Kunstgeschichte), auch die Kultur anderer Länder lebte von Einflüssen, Übernahmen und Verwandlungen, und transkulturelle Strukturen finden sich noch in scheinbar geschlossenen Einheiten:

> Die Rede von einer Kultur, welche die Idee von einer homogenen Gestalt erweckt, ist ganz irreführend. Die indische Kultur oder die hinduistische besteht aus ganz verschiedenen Kulturen. [...] Eine ganz homogene Subkultur findet man nicht (Mohanty 1993: 118).[10]

Aber auch wenn ein genauer Blick lehrt, dass historisch Transkulturalität und nicht Reinheit die Regel war, so ist doch das *Ausmaß* der Transkulturalität in den letzten Jahrzehnten stark angestiegen. Eine wirklich globale *lingua franca* hatte die Welt zuvor nicht gekannt und ebenso wenig einen weltweiten Zusammenschluss durch Informations- und Transportwesen. *Grosso modo* kann man sagen, dass historisch doch immer wieder Absetzungen dominierten, während es heute in erster Linie um Verbindungen geht.

Debatten: Transkulturalität versus Multikulturalität und Interkulturalität

Verschiedentlich wird das Transkulturalitätskonzept mit den Konzepten der Multikulturalität und der Interkulturalität in Verbindung gebracht. Aus der Sicht des Transkulturalitätskonzepts liegt das gemeinsame Manko jener Konzepte jedoch darin, dass sie im Grunde noch immer am alten Kugelmodell von Kultur festhalten. Der Unterschied beider ist nur, dass die Multikulturalisten dies im Blick auf Verhältnisse *innerhalb* von Gesellschaften, die Interkulturalisten hingegen im Blick auf die Verhältnisse *zwischen* Gesellschaften tun.

Der Multikulturalismus sieht die Partialkulturen innerhalb einer Gesellschaft noch immer wie Inseln oder Kugeln an und befördert dadurch tendenziell Ghettoisierung.[11] Darin schlägt die Erblast des antiquierten Kulturverständnisses durch – Kugelkulturen haben das Ghetto eben nicht zum Negativbild, sondern zum Ideal.

Das Konzept der Interkulturalität geht ebenfalls weiterhin von der alten Kugelvorstellung der Kulturen aus und ist dann bemüht, einen interkulturellen Dialog in Gang zu bringen, der zu einem gegenseitigen Verstehen zwischen den im Ansatz als hochgradig verschieden, ja inkommensurabel angesehenen Kulturen führen soll.[12] Was dem Transkulturalitätskonzept zufolge durch die reale Entwicklung befördert wird, soll dem Interkulturalitätskonzept zufolge durch hermeneutische Anstrengungen geleistet werden. Allerdings scheint die heutige Hermeneutik dafür denkbar ungeeignet zu sein, denn ihr zufolge sind Verstehensmöglichkeiten prinzipiell auf die eigene Herkunft beschränkt, während jenseits derselben nur noch ein Missverstehen (ein Ummodeln des Anderen ins Eigene) möglich sein soll: ein Deutscher könne, da er dem Kontext des Abendlandes entstammt, zwar vielleicht noch einen Altgriechen verstehen, niemals aber einen Japaner oder einen Inder, weil diese aus prinzipiell anderen Kulturtraditionen kommen (und entsprechend umgekehrt einen Abendländer allenfalls apart missverstehen können). Angesichts der langen Misserfolgsgeschichte interkulturellen Dialogs könnte man zwar den Eindruck gewinnen, dass die Hermeneutik im Recht ist, es dürfte aber eher die umgekehrte Erklärung zutreffen: Weil die Interkulturalisten die Kulturen von Grund auf wie Kugeln konzeptualisieren, kaprizieren sie sich auf das Verstehen eines »Anderen«, von dem sie zugleich annehmen, dass es ob seiner Inkommensurabilität eigentlich nicht verstanden werden könne – so dass die Erfolglosigkeit des Unternehmens schlicht aus der Verfehltheit und Widersprüchlichkeit der Ausgangsvorstellung resultiert. Die antiquierte Fiktion inkommensurabler Kulturen ruft sowohl den Wunsch nach interkulturellem Dialog wach wie sie diesen strukturell zum Scheitern verurteilt (Wang 1991: 222, 236).[13]

Weniger theoretisch, eher pragmatisch sind Konzepte interkultureller Kompetenz (Wirtschaftskompetenz, Transferkompetenz etc.) ausgerichtet. Auch hier aber ist vor einer Überstilisierung des »Fremden« zu warnen. Oft wird eine Kultur von außen weitaus stereotyper gesehen, als sie innen ist – und die »Einheimischen« stören sich längst an der Festlegung auf ein Klischee, während dieses außerhalb des Landes in Vorbereitungs- und Trainingskursen verbreitet wird. Auch im Kunstmarkt ist die Tendenz zum Nationalstempel (»Du bist ein Afrikaner, du muss afrikanische Kunst machen, sonst hast Du auf dem internationalen Markt keine Chance«) retrograd. Die Sprüche solch wohlmeinender Interkulturalisten erinnern fatal an ältere Slogans (»Deutsche, kauft deutsch«). Besser als das Training in Kulturstereotypen wäre eines, das Überschneidungen aufsucht und Anschlussmöglichkeiten zeigt.

In der soziokulturellen Praxis ist gegenwärtig eine Verschiebung der Bedeutung von »interkulturell« zu verzeichnen: Man will mit diesem Ausdruck nicht mehr so sehr auf die Unterschiede, sondern auf die immer offensichtlicher werdenden Verbindungen und Mischungen hinweisen und diese befördern – damit geht das Konzept der Interkulturalität in das der Transkulturalität über.[14]

Einwände gegen das Transkulturalitätskonzept

Wiederkehr der »Stämme«

Ein naheliegender Einwand besagt, dass Transkulturalität zwar den Hauptweg bezeichnen mag, man darüber aber die Neben- und Gegenströmungen nicht übersehen darf: neue Nationalismen, wiedererstarkende Partikularismen, die Wiederkehr der »Stämme«. In der Zukunft könne durch sie der Trend zur Transkulturalität durchaus wieder gestoppt werden.

Solche Gegenphänomene sind unbestreitbar und lassen sich vielfach als Reaktion der Verlierer im Prozess der Globalisierung verstehen. Aber ob diese Tendenzen imstande sein werden, langfristig die Agenda zu bestimmen, darf bezweifelt werden. Sie machen jedoch deutlich, dass der Prozess der Transkulturalisierung imstande sein sollte, ältere kulturelle Prägungen auch aufzunehmen und nicht nur auszulöschen.

Uniformierung

Der gängigste Einwand besagt, dass Transkulturalität auf Uniformierung hinauslaufe. Phänomene der Globalisierung (in der Tat werden etliche Faktoren, die Welsch 1992 als Züge von Transkulturalität benannte, heute unter dem Stichwort »Globalisierung« verbucht)[15] werden dafür als Kronzeugen aufgerufen: die weltweite Modellfunktion der westlichen Konsumkultur, die informationstechnologische Vereinheitlichung von Inhalten, die kapitalistische Generalrekrutierung von Ressourcen, etc.

Aber erstens stimmt es gar nicht, dass die Aneignung westlicher Technologien auch einen Gebrauch gemäß westlichen Standards nach sich ziehen müsse, im Gegenteil: sie kann geradezu zu einer Wiederbelebung lokaler Traditionen führen.[16] Die uniformierenden Trends der »Weltkultur« werden vielfach in regionale Kulturprofile eingebunden und erfahren dabei eine beträchtliche Differenzierung und Umwandlung. »Globale Uniformierung« ist somit nur eine oberflächliche Diagnose.

Zweitens ist die Uniformierungsbefürchtung auch auf der Mikroebene unzutreffend. Verschiedene Individuen greifen bei ihrer Identitätsbildung auf manche gemeinsame, aber darüber hinaus auch auf etliche unterschiedliche kulturelle Quellen zurück. Also wird schon das Inventar ihrer Identitätsgeflechte verschieden ausfallen. Aber selbst wenn zwei Individuen auf genau die gleichen Muster zurückgreifen, werden sie diese in den meisten Fällen in einer unterschiedlichen Anordnung verbinden oder ihnen eine unterschiedliche Gewichtung geben (was für den einen an erster Stelle steht, mag für den anderen erst an dritter Stelle kommen) – und so werden selbst diese Individuen deutlich verschieden sein.

Transkulturalität bedeutet also nicht das Ende der Unterschiede, sondern die Entstehung eines neuen Typs von Unterschieden. Die Unterschiede ergeben sich jetzt nicht mehr aus einem (gesellschaftlichen bzw. territorialen) Nebeneinander von Monokulturen, sondern zwischen ihrerseits schon transkulturellen Identitätsnetzen von Gruppen oder Individuen, die nicht mehr durch nationale oder territoriale Vorgaben definiert sind.

Drittens weist die neue Art kultureller Vielfalt gegenüber der älteren einen großen Vorteil auf. Die transkulturellen Netze von heute sind füreinander anschlussfähiger, als die herkömmlichen kulturellen Identitäten es je waren. Sie beinhalten jeweils Elemente, die auch in anderen Netzen vorkommen und somit Anknüpfungspunkte zwischen den diversen transkulturellen Formen bieten. Daher begünstigt der neue Typ von Unterschieden von seiner Struktur her eher Koexistenz als Konflikt. Die neuen, transkulturellen Identitäten sind von den alten Problemen der separatistischen Differenz frei. Transkulturalität arbeitet so der Bildung einer Weltinnengesellschaft und einer friedlicheren Weltgesellschaft zu. Dafür könnte man wohl bereit sein, einige Verluste an kultureller Vielfalt in Kauf zu nehmen. Im Übrigen ist der nostalgische Lobpreis der alten kulturellen Diversität allzu oft heuchlerisch: er unterschlägt, dass das Insistieren auf ihr regelmäßig zu Ausschlüssen, Verfolgungen und Kriegen geführt hat.

Transkulturalität im Gesamtgang der Menschheitsgeschichte

Wie nimmt sich der Trend zu Transkulturalität im Gesamtrahmen der Menschheitsgeschichte aus? In dieser gab es einen großen Einschnitt. Bis vor ca. 40.000 Jahren dominierte die biologische Evolution des Menschen, wobei kulturelle Leistungen zwar schon auftraten, aber noch nicht ausschlaggebend waren – man spricht dafür von der »protokulturellen Periode«. Zum genannten Zeitpunkt waren die Menschen (die Mitglieder von *homo sapiens*) genetisch extrem gleich (einheitlicher als jede vergleichbare Spezies). Nicht Differenz, sondern Gleichheit dominierte.

Vor 40.000 Jahren aber setzte die kulturelle Evolution ein, und diese hat das ganze Bild verändert.[17] Die kulturelle Evolution war ein enormes Unternehmen der Produktion von Differenz. Mit dem Übergang zur kulturellen Dynamik war Distinktion (innerhalb von Gruppen und zwischen Gruppen) zum Motor der Entwicklung geworden.

In der Gegenwart scheinen wir jedoch in eine dritte Phase einzutreten, die durch eine Ermäßigung der Differenzen gekennzeichnet ist. Die bisher auf dem kulturellen Weg entwickelten Unterschiede beginnen Verbindungen und Durchdringungen einzugehen. Die transkulturelle Periode scheint eine neue Gemeinsamkeit zu befördern. Prognostiziert hatten eine solche Entwicklung (auf je unterschiedliche Weise) schon Johann Wolfgang von Goethe in seinem Plädoyer für eine ›Weltliteratur‹ (Goethe 1903: 299), Max Scheler mit seiner Konzeption eines »Ausgleichs« zwischen den Kulturen und Karl Jaspers durch den Gedanken einer »zweiten Achsenzeit«.[18] Eine transkulturelle Epoche würde den kulturellen Reichtum nicht preisgeben, aber die historisch mit dessen Ausbildung verbundene Abgrenzungsdynamik in eine Dynamik der Gemeinsamkeit überführen. Vielleicht kommen wir so dem alten Traum von einer »Family of Man« ein Stück näher.

Wolfgang Welsch, *Emeritus, Professor für Theoretische Philosophie, Friedrich-Schiller-Universität, Jena*

Anmerkungen

1 Der Terminus wurde 1992 von Wolfgang Welsch in die deutsche Debatte eingeführt (W. Welsch, ›Transkulturalität – Lebensformen nach der Auflösung der Kulturen‹, *Information Philosophie* 2, 1992, S. 5–20.

2 T. S. Eliot, ›Beiträge zum Begriff der Kultur‹ [1948], in: *Essays I*, Werke 2, Frankfurt a. M. 1967, S. 9–113. Anscheinend war Eliot der Auffassung, dass die Menschen jeweils nationalspezifisch auf die gleiche Weise atmen, schwitzen, schlafen etc.

3 J. G. Herder, *Auch eine Philosophie der Geschichte zur Bildung der Menschheit*, Frankfurt a. M. 1967, S. 44 f. [1774].

4 Herder, *Auch eine Philosophie*.

5 Herder, *Auch eine Philosophie*.

6 U. Hannerz, *Cultural Complexity. Studies in the Social Organization of Meaning*, New York 1992.

[7] Vgl. W. Welsch, ›Rolle und Veränderungen der Religion im gegenwärtigen Übergang zu transkulturellen Gesellschaften‹, in: D. C. Siedler (Hrsg.), *Religionen in der Pluralität – Ihre Rolle in postmodernen transkulturellen Gesellschaften: Wolfgang Welschs Ansatz in christlicher und islamischer Perspektive*, Berlin 2003, S. 13–41.
[8] W. Welsch, ›Transkulturelle Gesellschaften‹, in: P.-U. Merz-Benz/G. Wagner (Hrsg.), *Kultur in Zeiten der Globalisierung. Neue Aspekte einer soziologischen Kategorie*, Frankfurt a. M. 2005, S. 39–67, hier S. 53 f.
[9] E. W. Said, ›Kultur und Identität – Europas Selbstfindung aus der Einverleibung der Welt‹, *Lettre International*, 34, 1996, S. 21–25.
[10] J. Mohanty, ›Den anderen verstehen‹, in: R. A. Mall/D. Lohmar (Hrsg.), *Philosophische Grundlagen der Interkulturalität*, Amsterdam 1993, S. 115–122.
[11] D. Ravitch, ›Multiculturalism. E Pluribus Plures‹, *American Scholar*, 1990, S. 337–354; A. Gutmann (ed.), *Multiculturalism. Examining the Politics of Recognition*, Princeton 1994.
[12] Vgl. F. M. Wimmer, *Interkulturelle Philosophie. Geschichte und Theorie*, Bd. I, Wien 1990; A. Cesana, *Interkulturalität – Grundprobleme der Kulturbegegnung*, Mainz 1999; H. Kimmerle, *Interkulturelle Philosophie zur Einführung*, Hamburg 2002.
[13] B. Wang, ›Relativismo culturale e meta-metodologia‹, in: A. Le Pichon/L. Caronia (ed.), *Sguardi venuti da lontano. Un'indagine di Transcultura*, Milan 1991, S. 221–241.
[14] M. Göhlich/H.-W. Leonhard/E. Liebau/J. Zirfas (Hrsg.), *Transkulturalität und Pädagogik*, Weinheim/München 2006.
[15] Welsch, ›Transkulturalität‹.
[16] S. Greenblatt, *Marvelous Possessions. The Wonder of the New World*, Chicago 1991, S. 4; Hannerz, *Cultural Complexity*, S. 264 ff.
[17] Vgl. W. Welsch, ›Das Rätsel der menschlichen Besonderheiten‹, in: W. Welsch, *Immer nur der Mensch? Entwürfe zu einer anderen Anthropologie*, Berlin 2011, S. 277–293.
[18] J. W. v. Goethe, ›Bezüge nach außen‹ [entst. 1827/28], in: *Goethes Werke*, I. Abth., Bd. 41.2, Weimar1903, S. 299–301; J. P. Eckermann, *Gespräche mit Goethe in den letzten Jahren seines Lebens*, München 1984, S. 198 [31. Januar 1827]; M. Scheler, ›Der Mensch im Weltalter des Ausgleichs‹ [1927], in: *Späte Schriften*, Gesammelte Werke, Bd. 9, Bern 1976, S. 145–170; K. Jaspers, *Vom Ursprung und Ziel der Geschichte*, München 1949.

Multiculturalism

Multiculturalism may be viewed as fact or value. As fact, multiculturalism registers merely the presence of many cultures. Its abstract enumerative character, its indefinite quality and decontextualized form makes it amenable to different interpretations, open to different ideological incarnations, with applicability across space and time. Hence, the possibility of an Indian, German or Canadian multiculturalism. As value, multiculturalism morally endorses the presence of many cultures, even perhaps celebrates them. Put simply, multiculturalism as fact or value challenges the fact or value of a single-culture society.

A number of interrelated values are brought together under normative multiculturalism: the need to have a stable identity, the contribution of cultural communities to the fulfillment of this need, the link between identity and recognition, the importance of cultural belonging and the desire to maintain difference.

Recent interest in multiculturalism can scarcely be understood without acknowledging a shift in underlying theoretical presumptions, a large intellectual move away from mainstream traditions of enlightenment political philosophy and individualist presuppositions of their concepts of negative freedom, equality and distributive justice. Three developments underscore this change. First, communitarian writing emphasized the need to have a stable identity and explicitly registered the relevance of cultural communities for the formation of identities (Taylor 1989: 32–33).[1] Second, it was belatedly recognized that a culture-relative self-esteem matters to people as much as the fulfillment of material needs. Equally significant was the recognition that the sense of identity and self-worth of persons derive from cultures that they not only know well but can and may call their own. Therefore, not culture in general, but rather *particular* cultures matter to people. This foregrounds issues of cultural belonging as well as the interest people have in ensuring the survival of their own particular cultures, even when other cultures may suffice. It also underlines the importance of states pursuing irreducibly collective goals. Third, philosophers such as

Charles Taylor, drawing upon the work of Georg Wilhelm Friedrich Hegel, pointed out that well-delineated identities as well as specific cultural communities to which these identities are linked are formed through dialogic interaction and struggle.[2] A further implication of such work is this: if cultural particularity is pervasive and valuable, and if the number of political communities can never be the same as the number of cultural communities then it is neither feasible nor desirable to have unicultural polities. In short, it is imperative to design multicultural polities.

Thus, multiculturalism embodies the politics of collective goals as well as the politics of difference. This is sometimes believed to necessitate the politicization of group identities and the abandonment, or at least a modification of, the ideal of equal treatment under common laws. Every law of the land need not be followed by all cultural groups. The demand for a strictly uniform set of laws may unfairly impose great burdens on some groups. It may for example be unfair to expect Sikhs to abandon their turbans in order to meet the requirements of a uniform dress code, say in the army. Fair treatment entails that a slightly different dress code be acceptable if stipulated by religious precepts. Multiculturalism justifies minority rights (Kymlicka 1995: 2).[3]

Forms of multiculturalism

To situate the demand for multicultural recognition in recent times, we might place it within what I call the broader dialectic of multiculturalism. The first moment in this dialectic is the moment of *particularized hierarchy* characterized by a dominant community to which other communities are subordinate. Differences between cultural communities are maintained but only within a relation of hierarchy. In short, the only way in which difference is sustained is by treating communities unequally. The second moment may be called the moment of *universalistic equality*. The only way to sustain equality here is to deny the significance of cultural difference. People are equal because their membership in a cultural community is deemed inconsequential. Rather, what matters is their somewhat illusory status as individuals and their membership in an abstracted political community. The third moment may be called the moment of *particularized equality*. Here people are different but equal. Membership in a particular cultural group is important but so is the relationship of equality among different cultural communities within the same polity.

Recent demands for political recognition belong clearly to the moment of particularized equality rather than particularized hierarchy. This means that recognition must be made available to everyone within a given society. Neither a community nor its members should be subordinate to other communities or its members. Recent demands for a multicultural society constitute a plea for *egalitarian multiculturalism* against abstract universalism and hierarchical multiculturalism. Second, neither class nor level of achievement is viewed within this perspective as the sole basis of recognition. Any politics that requires the exclusion of cultural identity as a condition for membership or recognition is ruled out. A demand to renounce cultural identity as a condition for free and equal citizenship is no longer viable.

Within egalitarian multiculturalism, it is useful to distinguish between liberal, democratic and authoritarian forms of it. *Liberal multiculturalism* is liberal because equal recognition of cultural groups must be compatible with requirements of basic individual liberties and perhaps even with individual autonomy. Illiberal multiculturalism has no such requirements and affirms equal recognition of all cultural groups including the ones that violate freedom of individuals. *Authoritarian multiculturalism* justifies top-down support from the state for all cultural communities regardless of the moral content of their beliefs and practices. *Democratic multiculturalism* justifies state-support for cultures only as long as they have democratic legitimacy. A good example of authoritarian multiculturalism comes from many successor states of old empires. On examining the history of empires, it is found that different cultural groups were brought together by imperial powers and divided for more effective political domination.[4] Each group was granted considerable autonomy in exchange for their acceptance of imperial hegemony. Such was the case in the Ottoman empire that developed the millet system. Groups within the system were given equal legal standing, every individual was required to identify himself with one of these and submit to its laws pertaining to marriage, divorce, inheritance and so on. Roughly the same is true of the British empire in India where Hindus, Muslims, Parsis and Christians were given equal legal status; consequently every individual gradually felt compelled to identify with one of these communities and to comply with their separate laws.

Problems of multiculturalism

The approach delineated above assumes that the identity of a person flows from a particular culture and that such cultures are wholes with easily discernible boundaries. Differences in identity therefore correspond to differences in clearly identifiable, homogenous and mutually distinct cultures. However, it is doubtful if it is, firstly, appropriate to view cultures as neatly separated, internally coherent wholes. Cultures in fact may be more like clusters of heterogeneous elements with varying origins, more like 'differences within climatic regions or ecosystems than like the frontiers drawn with a pen between nation-states (Lukes 1995: 174)'.[5] Existing models of multiculturalism may not only be insensitive to internal differentiation within groups but also to the fluid, criss-crossing and overlapping nature of identities, at least in many non-western societies.[6] They are unable to grasp the simultaneity of or mobility within different identities, i. e. the fact that people can be simultaneously X and Y or move easily from X to Y. They pigeonhole and imprison people into single cultures and identities.

Second, multiculturalism's insistence on rigidly demarcated self-contained cultures exaggerates cultural difference and conjoined with politics generates bitter, protracted conflicts and radical exclusions of people. Mutual distrust, antagonism and rivalry between groups (communalism) in India, which were at least partly responsible for the partition of the sub-continent, is a case in point.

Third, multiculturalism is believed to support aggregative community power over individual freedom especially by according equal right to oppressive cultures which severely impacts women and vulnerable communities. Cultural traditions often undermine the ability of individuals to take a critical distance vis-à-vis social and cultural practices and if need be to change them particularly by aggregative individual agency within civil society, and without the help of state power. Without critical distance individuals are unable to appreciate how oppressive cultural practices thwart their capacity to conceive and pursue their good or to ensure that existing social practices do not license abuse, injustice and cruelty within communities.

Fourth, the demand for political recognition of cultural communities invariably translates as state-recognition and fosters reliance on the use of state power to facilitate the continuation and maintaining the health of cultural traditions. Critics of multiculturalism find this state-dependence dangerous. It facilitates alliance between state power and communal power and undermines the capacity of voluntary associations to sustain traditions, often the only way to reconcile tradition with individual freedom.

Two criticisms can be handled comfortably. The third critique is valid for illiberal, hierarchical and authoritarian forms of multiculturalism. However, other less vulnerable forms can easily accept the importance of critical distance but insist that it too is a social practice into which individuals need initiation. They could claim further that such practices exist in virtually every cultural tradition, sometimes actively, at other times suppressed but can be revived by external influence or challenge. To insist on the value of one's own cultural traditions need not imply a conservative defense of every oppressive element within it.[7]

The rebuttal of the fourth critique begins by discarding the traditional liberal fear of the political, advocating a political community and bringing into it even fiercely contentious issues. Furthermore, the state is viewed not as fundamentally authoritarian, always only in need of checks from outside, but rather as a political community which has self-limiting mechanisms located *inside*, within itself.

A cultural communitarian who sees a constitutive link between identity and particular cultures is not necessarily a political communitarian. Likewise, a political communitarian such as Jean-Jacques Rousseau's Republican citizen need not acknowledge or value cultural identity. Multiculturalism's fundamental affinity exists with cultural communitarianism. This is why it may even combine with authoritarian, anti-democratic political structures. The distinctiveness of *democratic multiculturalism* is that it combines cultural and political communitarianism. Democratic multiculturalism recognizes the importance of cultural identity, the need to maintain cultural difference *and* is committed to bring these differences into the political domain. Since these differences frequently turn into conflicts, it is also committed to their resolution through dialogue, discussion and negotiation. If required, multiple cultural traditions can be maintained by the democratic state. Thus, another way exists to reconcile tradition with freedom.

Why is democratic multiculturalism better than its liberal counterpart? By denying the importance of cultural traditions and practices, the liberal individualist fails even to notice their systemic biases. Liberal multiculturalism is able at least to clearly see these oppressions but by making large areas of public life immune from political intervention, it simply allows inbuilt oppression and subordination to persist. Furthermore, by insulating the political domain from different identities it ends up freezing difference rather than negotiating or unraveling it. The plain truth is that oppressive cultural practices flourish due to the indifference of the state. Unless the state uses non-punitive measures enabled by its considerable authority, and encourages a variety of non-governmental organizations to move in a certain direction, subordination and oppression are likely to continue. In many societies, the state has had to intervene democratically in religious and cultural practices to get rid of oppression. Such practices have continued, congealed and become worse whenever the state has refrained from intervention or acted without democratic legitimacy. The success and failure of Indian secularism attests to the need for democratic multiculturalism.[8]

The problems highlighted by the first two criticisms are intractable, however. Normative multiculturalism purports to be a solution to problems generated by relatively demarcated and fixed communities. Although it appears quite late, it is still part of a process that arrests the fluidity of identities. It has no resources to help us return to fluid and criss-crossing identities. The first critique rightly identifies the problem of rigid identities but wrongly blames multiculturalism for generating it. The primary cause of rigidity lies elsewhere. Besides, multiculturalism is a mitigating remedy for this malaise and must not be seen or touted as a permanent cure.

The second critique refuses to abandon the view that multiculturalism constitutes part of the disease. By encouraging cultural particularity, it deepens divisions and undermines the common foundation necessary for a viable society. So far in the discussion, an underlying assumption has been that cultural conflicts are fairly controlled, and occur within the parameters of civic peace. But societies may also undergo civil war or be on the verge of it. Under such volatile conditions what if cultural communities are over-politicized? What if we are dealing with problems not of inferiority, internal oppression or conflicts within acceptable moral limits, the usual kind that liberals take into account but with acute, intractable, insurmountable difficulties of a multicultural society where bitter relations between groups have soured and turned rancid? Consider for example post-partition societies where members cannot cope with new boundaries and borders.

Michael Ignatieff reports a conversation with an East German, inhabitant originally of Upper Silesia, a German province of what is now Poland.[9] When asked if he ever wanted to visit Upper Silesia, he said, 'not as a tourist, never. Only with a German flag' (Ignatieff 1993: 83). Such resentment was not exactly uncommon among Punjabi refugees in India. It is hard to envisage a principled strategy to counter vicious multicultural conflicts or to cope with the bitter after-taste of horrific conflicts.

Yet, to pin the blame for conflict entirely on rival cultures that are conceptually and ethically segregated from one another is to miss the real nature of conflict in which togetherness, sameness and a variety of emotions which these produce play a much greater role than is allowed by rationalist traditions within liberalism.[10] Frequently, it is precisely a narcissism of minor differences among people with broadly similar cultures that creates deep schisms. For example, the power of face to face interactions on nationalist imaginations, in particular the clutch of family ties may be a real factor in deep conflicts.

Even so, communitarian advocates of cultural belonging will benefit from recognizing the relationship between violence and an intense sense of belonging. If belonging sanctions self-sacrifice, it also legitimizes killing the other. Proponents of a politics of recognition may not fully see that even when self-affirmation is unavoidable, it takes positive as well as negative forms. People justify all manner of wrong deeds in the name of self-affirmation. Only a proper appreciation of these facts can provide an adequate explanation for why people who have lived peacefully with each other for long suddenly turn hostile and also why large, abstract ideologies manage to enthuse ordinary people. Several scholars rightly point out that ordinary people are not fundamentalist but perhaps like most of us, they insufficiently recognize just how enmeshed the lives of ordinary people are in little holocausts hidden within each small community. When relations between the peoples of two different communities are already sour, the danger from over-politicization and therefore political intolerance is very real.

This point can be reformulated by deploying terms introduced above. When the first moment of particularized hierarchy is safely buried in the past, we can confidently move from the second moment in the dialectic to the third, final moment of particularized equality – to democratic multiculturalism. If, on the other hand, one step forward in the direction of the third ends up taking us two steps backward to the first moment, then holding on to the moment of universalistic equality and therefore to liberal multiculturalism may be the only reasonable option.

Rajeev Bhargava, *Director, Centre for the Study of Developing Societies, New Delhi*

Annotations

[1] C. Taylor, *Sources of the Self, The Making of Modern Identity*, Cambridge 1989.

[2] C. Taylor, *Multiculturalism and the 'Politics of Recognition': An Essay*, Princeton 1995.

[3] W. Kymlicka, *Multicultural Citizenship, A Liberal Theory of Minority Rights*, Oxford 1995.

[4] On this see M. Walzer, 'Education, Democratic Citizenship and Multiculturalism', in: Y. Tamir (ed.), *Democratic Education in a Multicultural State*, Oxford 1995, pp. 23–31.

[5] S. Lukes, 'Moral Diversity and Relativism', *Journal of the Philosophy of Education*, Vol. 29, No. 2, 1995, pp. 173–179. Nonetheless, such perceptions are fairly widespread and sustained in different degrees, at different times and places, by imperialist powers, nationalist movements, populist leaders and social anthropologists.

[6] See S. Mayaram 'Recognizing Whom? Multiculturalism, Muslim Minority Identity and the Mers', in: R. Bhargava/A. K. Bagchi/R. Sudarshan (eds.), *Multiculturalism, Liberalism and Democracy*, New Delhi 1999, pp. 380–399.

[7] A number of good discussion of these issues exist including Charles Taylor, 'Cross-purposes: The Liberal-Communitarian Debate', in: N. Rosenblum (ed.), *Liberalism and the Moral Life*, Cambridge Mass. 1989, pp. 159–182.

[8] See R. Bhargava, *The Promise of India's Secular Democracy*, New Delhi 2010.

[9] Michael Ignatieff, *Blood and Belonging*, New York 1993.

[10] Ignatieff, *Blood*, p. 244–246.

Essentialism and its Critiques[1]

Strictly speaking this article would need to be retitled "Anti-essentialism and its Critiques" for no one calls themselves an "essentialist"; the concept has been created as an object of critique by anti-essentialists. No statement defending "essentialism" is available. Hence, essentialism is currently found in social theory as an object of critique by positions some of which are self-referred to as "anti-essentialism" (so paradoxically an entry here on essentialism must recognize that "anti-essentialism" is the primary and "essentialism" the secondary term). This point will be elaborated upon by focusing on one of the most common occurrences of this critique, namely when it targets multiculturalism and asserts that "cultures" or "groups" do not exist in the ways presupposed by multiculturalism. It is said that the positing of minority or immigrant cultures, which need to be respected, defended and publicly supported, appeals to the view that cultures are discrete, frozen in time, impervious to external influences, homogeneous and without internal dissent (Feuchtwang 1990; Gilroy 1992; Schierupp/Alund 1991; Yuval-Davis 1992; Al-Azmeh 1993; Dirlik 1990; Baumann 1996; Sen 2006).[2] Group membership supposedly falsely implies the existence of some shared essential characteristics, an essence, and multiculturalism is portrayed as 'a picture of society as a "mosaic" of several bounded, nameable, individually homogeneous and unmeltable minority uni-cultures which are pinned onto the backdrop of a similarly characterized majority uni-culture' (Vertovec 1996: 5; recently characterized as 'plural monoculturalism', Sen 2006).[3] An examination of this critique will contest the interpretation of the concept of "anti-essentialism" and exhibit the value of transdisciplinarity. I shall draw on an argument from philosophy to critique a dominant social science interpretation of anti-essentialism and offer an alternative.

Anti-essentialism and reification: a philosophical perspective

This critique sometimes assumes a philosophical or ontological character. Thus, Gerd Baumann states that 'culture is not a real thing, but an abstract and purely analytical notion' (Baumann 1996: 11).[4] Similarly, Rogers Brubaker argues that 'ethnicity, race and nation are not things in the world but perspectives on the world; ways of seeing, interpreting and representing the social world' (Brubaker 2005: 17).[5] One way to interpret this claim might be to conclude that there is something false, fictitious and illegitimate about appeals to culture and ethnicity in understanding oneself, let alone others or a whole society. Stuart Hall's words sometimes lend themselves to this skeptical conclusion:

> If we feel we have a unified identity [...] it is only because we construct a comforting story or "narrative of the self" about ourselves [...]. The fully unified, completed, secure and coherent identity is a fantasy (Hall 1992: 277).[6]

However, these authors and other anti-essentialists do not necessarily intend their words to bear such a radical interpretation. For example, in the above quote from Hall, the term "we" presupposes an underlying self behind all the stories. Baumann quotes in aid the sociological classic, Berger and Luckmann (1967) to the effect that: reification is 'apprehension of human phenomena as if they were things [...] as if they were something other than human products – such as facts of nature [...]' (Berger/Luckmann 1967: 106; quoted in Baumann ibid.: 12).[7] But that applies no less to the concepts of individuals, citizens and workers than it does to race and ethnicity. If anti-reification is anti-multiculturalism, then, for the sake of consistency, it must be against all social concepts. Ethnicity may only be a "human product", but that does not mean that it is less sociologically real or less normatively important than other "human products".

Brubaker and Baumann do have a more specific claim about reification, namely that it is 'central to the *practice* [as opposed to the analysis] of politicised ethnicity', to the creation of the political fiction that constitutes the sense of belonging to an ethnic group (Brubaker ibid.: 10).[8] Baumann holds that reification, homogenization and essentialism are a characteristic of British official and political discourses of multiculturalism (ibid.: 20–31).[9] Indeed some claim that this characteristic has grown and is central to the Parekh Report (2000), a touchstone of multiculturalism (Alexander 2004: 533–534).[10] Others assert that the same is true of some forms of black politics (Gilroy 1992, 2000), of Muslim political "fundamentalism" (Yuval-Davis 1992; Al-Azmeh 1993), of official discourses in European countries (Schierrup/Alund 1991; Vertovec 1996; Baumann 1999) and of US racial discourses (Hollinger 1995).[11]

Cultural change and ordinary discourse: language as an example

Although the wariness about some discourses of culture is well-founded, it does not follow that the ordinary, non-theoretical discourses are vitiated by conceptual errors. In talking about other people's cultures, it is not uncommon to assume that a culture has just the kind of features that anti-essentialists identify. There cannot merely be flux and fluidity, for change implies the continuation of something which has undergone change. It is the same in the case of a person: at the end of one's life one might reflect on how one's personality changed over time and through experience, and see how all the changes constitute a single person, yet without believing that there was an original, already formed, essential "I" prior to the lived experiences; as with a person, likewise with a culture. A culture is made *through* change; it is not defined by an essence which exists apart from change, a *noumenon* hidden behind the altering configurations of phenomena. In individuating cultures and peoples, we neither need nor for the most part resort to the idea of an essence.

Many consider language to be a key indicator of a culture. Yet, needless to say, languages evolve. The South Asian language, Urdu, for instance, is as hybridized a language as one could find, derived as it is from Arabic, Farsi, some central Asian Turkish languages and north Indian languages, especially Hindi and its predecessors. Yet it would be hard to deny that Urdu is a distinct language. This is the case even though orally it overlaps with a number of contemporary South Asian languages – a plural overlap that used to be called "Hindustani" but might best now be called "Bollywoodese". Bollywood film-makers think they are making films in Hindi but what is interesting is that many who do not think of themselves as Hindi speakers (which includes most Urdu speakers), nevertheless understand the films as native speakers, given the large degree of overlap between oral Hindi and oral Urdu. So, Urdu is a typical human product, is hybrid and fluid (as the growing entry of English words and phrases testifies), but no one would deny it has an identity as a distinct language.

So, what kind of essences are implicit in multiculturalism-talk? Well, let us remain with the illustration of Urdu. This is particularly apposite because languages can be transported and can, including under conditions of conquest, become the secondary (or tertiary etc.), or even the primary language of others; the latter case is exemplified by English, for not only is it a language that has borrowed from so many others (including Urdu-Hindi), but its development, whether at the level of slang or literature, has been and continues to be profoundly influenced by those whose ancestors were not English-speakers (recent examples includes South Asians, but historical examples include the Scots, the Irish and African-Americans). So, there can be identifiable, distinct cultures even under conditions of domination, interaction and hybridity, and multiculturalism can constitute a political response to such a legacy.

Wittgenstein's notion of a family resemblance

As a philosophical concept, anti-essentialism is closely connected with the work of the philosopher Ludwig Wittgenstein (1889–1951). In the 1930s and 1940s Wittgenstein thoroughly revised the philosophy of his earlier work, the *Tractatus.*[12] In the *Tractatus* Wittgenstein had assumed that all languages aspired to a single ideal structure. In his later work he assumed that languages were of many different kinds, reflecting different histories, purposes and forms of life and could not be judged against an ideal standard. But he did not think it followed that *anything* could be a language; he thought that specific languages could have a unity in the way that different elements of a game hang together and make sense to the players. The point applies to the relations between the elements that give to a particular game its distinct identity, and it equally applies to what different games have in common in order for each to be a game (i.e. members of the same group). Wittgenstein went through a list of possible essential characteristics that a game must have (Wittgenstein 1968: paras 65–67).[13] For example, must it be competitive? (no, some games are played for fun); involve teams? (no); players? (no, games can be played by just one person – for instance, patience), and so on. He concluded that there was no single essential characteristic that all games shared. Rather, there were a number of important characteristics and most games had some or other combination of these characteristics. The result was that different games resembled each other in the way that different members of the family do:

> I can think of no better expression to characterize these similarities than "family resemblances"; for the various resemblances between members of a family; build, features, colour of eyes, gait, temperament, etc. etc. overlap and criss-cross in the same way. – And I shall say: "games" form a family (para 67).[14]

Moreover, while there is always change over time, there are different levels of changeability; some things are structurally deeper to a language or way of thinking, "deep grammar", and under normal conditions would change much more slowly and perhaps imperceptibly so.

Theories and cultural essences: some concluding remarks

The first key point, then, is that one does not need an idea of essence in order to believe that some ways of thinking and acting have coherence; and so undermining the ideas of essence does not necessarily damage the assumption of coherence nor the actual use of a language (ibid.: para 108).[15] If we do not expect actually existing ethnic groups to measure up to some idealized notion of being 'things in the world' (Brubaker ibid.: 17), or judge ethnic identities in terms of falling short of a 'fully unified, completed, secure and coherent identity' (Hall ibid.: 272) then we will not be tempted into asserting absences in ways which confuse rather than illuminate.[16] Family resemblance may be enough to characterize group membership. The second key point I draw from Wittgenstein is that theorists should be wary of reading philosophical errors into non-theoretical activities. If we, as non-philosophers, can understand what languages or games are, we can successfully operate in the world – play the appropriate "language-game" – without positing essences or indeed philosophical theories. Confused or false theories, or even the absence, of theories about culture are compatible with the ordinary language games in which someone being culturally different has a meaning. Quite simply, we do not have to essentialize or reify cultures to be multiculturalists; successful politics of difference recognition may (or may not) be accompanied by crude, confused, unreflective notions of culture. Not only is there no inherent reification in politicized ethnicity, but even more significantly, for theorists to latch onto reification in the confused or crude accounts that agents give of their activities and beliefs is actually to over-homogenize and essentialize the beliefs that people have. Taking the two key points together, the coherence of a group – its groupness – is neither a fiction nor an essence but more akin to family resemblance.

Hence, the charge of essentialism is itself essentialist. It rightly identifies some elements of essentialism in the political discourses of identity and culture, but attributes a false importance to them. It gives them the status of being *the* beliefs that constitute the understanding of culture and identity in multiculturalism, when in fact multicultural discourses may be, indeed invariably are, based on a variety of beliefs and assertions about culture. While some of these are essentialist, others are not – as critical anti-essentialists themselves record. Baumann records just such a discursive mix. But he dichotomizes – in an essentialist way – multicultural discourse so that the bad essentialist kind is the public, official one, while the more mixed one, capable of subtlety is called demotic.[17] Rather than seeing that our discourses at both (overlapping) levels are mixed and pull us in different directions, this essentializing by some theorists of anti-essentialism is made worse by their failure to see that multicultural politics, official or otherwise, is not dependent on theoretical clarity; it can proceed, be reformed, qualified and extended without the deconstructivist strictures of the theorists. Theoretical reflection can help to check the essentializing tendencies of multiculturalism and thereby help it progress. In many ways, it is the misguided search for a discursive coherence – like the search for an ideal language in the *Tractatus* – that constitutes the essentialist move, sometimes more than the social and political phenomena which is charged with essentialism. Essentialist ideas are present in ordinary social discourses, but it is the theoretical critique of ethnicity, race and multiculturalism that affixes these ideas to multiculturalism. This inevitably leads to the conclusion that political multiculturalism is inherently essentialist and reificatory; so we need to go "beyond multiculturalism", "beyond race" and the like. If, however, we continue to be interested in a refined, sophisticated, self-critical and moderate multiculturalism, then multiculturalism is strengthened, not destroyed by anti-essentialism.

Summa summarum, we have elucidated here not just a contestation of "anti-essentialism", but also provided an example of transdisciplinarity, with a dominant social science interpretation critiqued by reference to a philosophical theory.

Tariq Modood, *Professor of Sociology, Politics and Public Policy, Centre for the Study of Ethnicity and Citizenship, University of Bristol*

Annotations

[1] First published in: T. Modood, *Multiculturalism,* Cambridge 2007. Printed with kind permission of Polity Press.

[2] S. Feuchtwang, 'Racism: Territoriality and Ethnocentricity', in: A. Cambridge/S. Feuchtwang (eds.), *Antiracist Strategies,* Aldershot 1990, pp. 3–26; P. Gilroy, 'The End of Anti-Racism', in: J. Donald/A. Rattansi (eds.), *'Race', Culture and Difference,* London 1992, pp. 49–61; C.-U. Schierup/A. Alund, *Paradoxes of Multiculturalism: Essays on Swedish Society,* Aldershot 1991; N. Yuval-Davis, 'Fundamentalism, Multiculturalism and Women in Britain', in: Donald/Rattansi (eds.), *'Race', Culture and Difference,* pp. 278–291; A. Al-Azmeh, *Islam and Modernities,* New York 1993; A. Dirlik, 'Culturalism as Hegemonic Ideology and Liberating Practice', in: J. Mohamed/D. Lloyd (eds.) *The Nature and Context of Minority Discourse,* New York 1990; G. Baumann, *Contesting Culture,* Cambridge 1996; A. Sen, *Identity and Violence,* London 2006.

[3] S. Vertovec, 'Multiculturalism, Culturalism and Public Incorporation', *Ethnic and Racial Studies,* 19, 1996, pp. 49–69; Sen, *Identity.*

[4] Baumann, *Contesting Culture.*

[5] R. Brubaker, *Ethnicity without Groups,* Cambridge, USA 2005. See also p. 79, p. 219, cover flap, p. 11, p. 65.

[6] S. Hall, 'The Question of Cultural Identity', in: S. Hall/T. McGrew (eds.), *Modernity and its Futures,* Cambridge 1992, pp. 273–326.

[7] P. L. Berger/T. Luckmann, *The Social Construction of Reality,* Harmonsworth 1967; Baumann, *Contesting Culture.*

[8] Brubaker, *Ethnicity.*

[9] Baumann, *Contesting Culture.*

[10] C. Alexander, 'Imagining the Asian Gang: Ethnicity, Masculinity and Youth after "the Riots"', *Critical Social Policy,* 24, 4, 2004, pp. 526–549.

[11] Gilroy, 'End of Anti-Racism', P. Gilroy, *Between Camps: Nations, Cultures and the Allure of Race,* Harmondsworth 2000; Yuval-Davis, 'Fundamentalism'; Al-Azmeh, *Islam;* Schierup/Alund, *Paradoxes;* Vertovec, 'Multiculturalism'; G. Baumann, *The Multicultural Riddle,* New York 1999; D. A. Hollinger, *Postethnic America: Beyond Multiculturalism,* New York 1995.

[12] L. Wittgenstein, *Tractatus Logico-Philosophicus,* London 1922.

[13] L. Wittgenstein, *Philosophical Investigations,* translated by G. E. M. Anscombe, Oxford 1968.

[14] Wittgenstein, *Philosophical Investigations.*

[15] Wittgenstein, *Philosophical Investigations.*

[16] Brubaker, *Ethnicity;* Hall, 'The Question'.

[17] Baumann, *Contesting Culture.*

Ethnizität

Obwohl Ethnizität in der Ethnologie erst seit den 1970er Jahren zu einem wichtigen Begriff wurde, ist die Zahl der Publikationen dazu inzwischen unüberschaubar. Ethnizität wurde seitdem unzählige Male kritisiert, überdacht, dekonstruiert, neu definiert und verworfen. Er stellte für einige Jahrzehnte durchaus einen Leitbegriff in der Ethnologie dar, hat aber inzwischen diesen Status verloren. Trotzdem gingen die Debatten auch im letzten Jahrzehnt weiter und in unterschiedlichen Zusammenhängen und Bereichen aktueller ethnologischer Forschung nimmt er weiterhin eine wichtige Position ein.

Forschungsgeschichte und -ansätze[1]

›Quite suddenly, with little comment or ceremony, ethnicity is an ubiquitous presence‹, schreibt Cohen (1978: 379) im Jahr 1978.[2] Obwohl die 1970er und 80er Jahre die Phase bildeten, in der Untersuchungen zu Ethnizität Konjunktur hatten, ist der Ursprung von Vorstellungen, die bis heute mit dem Begriff verbunden sind, jedoch in den vierziger und fünfziger Jahren des 20. Jahrhunderts zu suchen. Die damaligen Ethnologen gingen bei ihren Untersuchungen von bestimmbaren Einheiten, die Ethnien genannt wurden, aus. Auf solche Einheiten bezogen sich ethnologische Klassiker wie Edward E. Evans-Prichards Ethnographie *The Nuer* (1940).[3] Der Begriff bildete damit die Nachfolge für einen anderen vorherig verwendeten, den »Stamm«. Die Ethnologen waren es, die entschieden, wer aufgrund der von ihnen beschriebenen Merkmale zu einer bestimmten Ethnie gehörte. Die Frage nach den eigenen Identifizierungen der Menschen spielte eine nachgeordnete Rolle. Bei der Benennung der Ethnien folgten die Ethnologen damals nicht selten den Zuschreibungen und Bezeichnungen, die von der Kolonialverwaltung der damaligen Zeit gewählt worden waren (Cohen ebd.: 380 ff.).[4] Die von Staat und Wissenschaft nicht selten gemeinsam verwendeten Ethnonyme spiegelten dabei oft vergangene, gegenwärtige oder angestrebte politische Verhältnisse wider (Höllmann 1992: 179).[5] Diese Vorgehensweise wird in der Diskussion um den Ethnizitätsbegriff der essentialistischen Sichtweise zugeordnet, da versucht wurde, anhand einer »Essenz« von als objektiv bestimmbaren – vor allem kulturellen und historischen – Gemeinsamkeiten Gruppen von Menschen voneinander abzugrenzen.

Während der essentialistische Ansatz ethnische Gruppen von außen anhand gemeinsamer Merkmale bestimmen will, geht der sogenannte Primordialismus davon aus, dass primordiale Bindungen der Mitglieder von ethnischen Gruppen für die Bildung bzw. Abgrenzung ethnischer Gruppen grundlegend sind. Primordiale Bindungen resultieren laut der Vertreter dieses Ansatzes aus den grundlegenden sozialen Gegebenheiten, in die ein Mensch hineingeboren wird, wie beispielsweise Verwandtschaftsbeziehungen, Sprache oder Kultur. Beim starken Primordialismus werden diese Bindungen als gegeben, natürlich vorausgesetzt, die Vertreter des schwachen Primordialismus hingegen gehen davon aus, dass zwar die Bindungen tief verwurzelt sind, ihnen aber lediglich der Glaube der Mitglieder einer ethnischen Gruppe zugrundeliegt, ihre Gemeinschaft existiere bereits seit sehr langer Zeit sowie die Annahme, ihre Traditionen besäßen ein sehr hohes Alter (Smith 1994: 707).[6] Clifford Geertz, der meist als Vertreter der primordialistischen Sichtweise genannt wird, geht nicht von einer ›Primordialität »primordialer« Bindungen‹ (Scheffler 1985: 31) aus,[7] sondern begreift primordiale Bindungen als etwas, von dem angenommen wird, dass es existiert und das dann verwendet wird, um politische Einheiten voneinander abzugrenzen (Geertz 1963: 110).[8] Vertreter eines starken Primordialismus findet man in der Ethnologie selten (Smith ebd.: 707).[9]

Einen anderen Schwerpunkt setzt die konstruktivistische Sichtweise, die meist dem Primordialismus als entgegengesetzt gegenübergestellt wird. Alle konstruktivistischen Ansätze greifen auf Barths *Ethnic Groups and Boundaries* (1969) zurück;[10] es hat die heutige Ethnizitätsforschung am stärksten beeinflusst. Im Zentrum von Barths theoretischen Überlegungen stehen die Interaktion zwischen verschiedenen Gruppen und die Frage nach der Schaffung und Aufrechterhaltung der Grenzen zwischen sozialen Einheiten. Dabei sind diese Grenzen nicht undurchlässig, sondern Kontakte über diese Grenzen hinweg sind für das soziale Leben häufig entscheidend (ebd.: 12 ff.). Der ausschlaggebende Aspekt seiner Ausführungen ist also die ethnische

Grenze. Barth kritisiert an den älteren Darstellungen, dass sie die Aufrechterhaltung von Grenzen zwischen ethnischen Gruppen nicht problematisieren. Dies führe zu der Vorstellung, dass jede Gruppe im Laufe ihrer Geschichte in relativer Isolation ihre kulturelle und soziale Form entwickle (ebd.: 11). Für Barth dagegen sind Prozesse der eigenen ethnischen Identifikation und der Kategorisierung von außen und die damit geschaffenen und aufrechterhaltenen Grenzen der zu untersuchende Gegenstand (ebd.: 13 f.). Auch wenn die in der ethnologischen Literatur meist hervorgehobenen Merkmale von ethnischen Gruppen grundsätzlich zutreffen, plädiert Barth dafür, die gemeinsame Kultur der Mitglieder als Implikation oder Resultat der Organisation als ethnische Gruppe zu betrachten und nicht als primäres und definitorisches Charakteristikum (ebd.: 11). Daraus ergibt sich, dass sich ethnische Einheiten nicht einfach durch kulturelle Gemeinsamkeiten und Unterschiede bestimmen und ausdrücken lassen (ebd.: 14), wie dies die »Essentialisten« taten.

Barths Ansatz wird auch oft als formalistischer Ansatz bezeichnet, da hier nicht bestimmte Merkmale für die Existenz einer ethnischen Gruppe als entscheidend gesehen werden, sondern für die Gruppenbildung formale Akte wie das Schaffen von Gruppengrenzen bei Interaktionen (Elwert 1989: 18).[11]

Neuere Entwicklungen in der Diskussion um Ethnizität

Obwohl der Großteil der Ethnologen nach Barth dessen grundlegenden konstruktivistischen und formalistischen Ansatz aufnahm,[12] wurden auch einzelne Aspekte seiner Sichtweise kritisiert.

Kritik an Vergegenständlichungen

Ein mehrfach geäußerter Kritikpunkt an Barths Ausführungen ist, dass auch er ethnische Gruppen, Kategorien und Grenzen, wie die Essentialisten, verdinglicht. Denn er richtet seine Aufmerksamkeit vor allem auf Prozesse der Aufrechterhaltung von Grenzen und betont somit die Stabilität von ethnischen Gruppen. Demgegenüber müsse man, so Cohen (1978: 387),[13] die situationale Qualität und die vielfältigen Identitäten, die mit Ethnizität verbunden sind, hervorheben. Denn ethnische Grenzen sind nicht, wie Barth es impliziert, stabil und dauerhaft, sondern vielfältig und bestehen aus überlappenden zugeschriebenen Bindungen, die zu multiplen Identitäten führen. Cohen kritisiert auch Barths Feststellung, Ethnizität sei die grundlegende und allgemeinste Identität einer Person und stellt fest, dass Ethnizität je nach den Bedürfnissen einer Situation in den Vordergrund oder gegenüber anderen Identitäten in den Hintergrund treten kann (ebd.: 386 ff.).

Ethnizität als politischer und wissenschaftlicher Begriff

Spätestens ab Mitte der 1980er Jahre rückt verstärkt die Problematik in den Vordergrund, dass Ethnizität und ethnische Gruppe zu politischen Begriffen geworden sind, aus denen ethnonationalistische Bewegungen und indigene[14] Bevölkerungsminderheiten bestimmte Rechte ableiten (Scheffler 1985: 17; s. a. Eriksen 1993).[15] Dabei beziehen sie sich in ihrer Argumentation auch auf Merkmale wie gemeinsame Geschichte, Abstammung und kulturelle Traditionen, also definitorische Merkmale, die einer essentialistischen Sichtweise entsprechen. Nach Barth wurden diese jedoch von den meisten Ethnologen als sekundär, variabel, veränderlich und als Resultat von Konstruktions- und Grenzziehungsprozessen betrachtet. Ethnologen standen nun vor dem Problem, wie sie mit diesem Phänomen umgehen sollten. Die Betonung des konstruierten Charakters von Ethnien birgt die Gefahr, dass Angehörige dies als Missachtung ihrer Vorstellungen interpretieren. Tatsächlich gab es mehrere Diskussionen, bei denen vor allem Angehörige von Minderheiten Ethnologen vorwarfen, sie würden unterstellen, bestimmte kulturelle Traditionen seien erfunden worden, um politische Ansprüche an Land oder besondere politische oder andere Rechte zu erlangen, (s. z. B. Jolly 1992; Hanson 1989; Linnekin 1991; Trask 1999).[16] Eine Akzeptanz der einheimischen Theorien über Ethnizität würde ein Bekenntnis der Wissenschaft zur essentialistischen Sichtweise bedeuten, was die meisten Ethnologen ablehnen. Da dies eine Einengung bedeuten würde, fordert zum Beispiel Richard Handler (1985: 171 ff.) daher eine ›destructive analysis of the familiar‹, die sowohl ethnologische wie auch indigene Annahmen hinterfragt und herausfordert.[17]

Nach einer Reihe von Autoren kann Ethnizität zudem im Kampf um knappe Ressourcen auftreten und in diesem Zusammenhang auch instrumentalisiert werden (Eriksen 1993; Apitzsch 2009: 83).[18] Laut Margit Feischmidt (2007: 57) unterliegt Ansätzen, welche diesen Aspekt von Ethnizität untersuchen, die Annahme, dass Zusammengehörigkeitsgefühle und Gemeinschaftsvorstellungen der Menschen im Dienst politischer oder materieller Interessen instrumentalisiert werden können.[19]

Selbstzuschreibung vs. Fremdzuschreibung

Wie seinerzeit Cohen (ebd.: 384)[20] hebt Richard Jenkins Barths starke Betonung des subjektiven Prozesses der Identifikation von Menschen mit einer ethnischen Gruppe gegenüber der ebenfalls wichtigen Kategorisierung von außen hervor. Jenkins stellt fest, dass Barth zwar Ethnizität als Zusammenspiel von Prozessen auffasst, sich aber letztlich auf die interne Definition ethnischer Gruppen, also Selbstzuschreibungen der Mitglieder, konzentriert und externe Definitionen vernachlässigt. Die Trennung der beiden Definitionsweisen ist vor allem eine analytische, da im alltäglichen Leben jede in der anderen impliziert ist (Jenkins 1994: 198 f.).[21] Beide hängen also untrennbar zusammen und die letztgenannte darf nicht außer Acht gelassen werden, da sie auf vielfältige Weise zu einer Gruppenidentität beiträgt. Jenkins wirft beispielsweise die Fragen auf, warum externe Definitionen internalisiert werden und wie dies geschieht (ebd.: 216 f.).[22]

Macht

Jenkins (1994: 219) betont, dass mit der Kategorisierung von außen auch der Faktor Macht und die Art und Weise, wie verschiedene Arten der Herrschaft in die soziale Konstruktion von ethnischen und anderen Identitäten hineinwirken, bei Forschungen zu Ethnizität mit-einbezogen werden müssen. Die Vernachlässigung von Macht als Faktor bei ethnischen Prozessen bei Barth und anderen kritisierten mehrere Autoren (z. B. Banks 1996: 16; Cohen 1978).[23] Laut Cohen (ebd.: 391)[24] entstehen ungleiche Beziehungen, wenn die Mitgliedschaft in ethnischen Gruppen wesentlich dazu beiträgt, den Zugang zu knappen Ressourcen zu bestimmen.

Gruppen und Kategorien

In seinem vielzitierten *Ethnicity without Groups* (2004) konzentriert sich Rogers Brubaker[25] auf die Unterscheidung zwischen ethnischen Gruppen und Kategorien. Er kritisiert den von ihm so genannten *groupism* bei Ethnizitätsstudien und fordert eine »Ethnizität ohne Gruppen«. Unter *groupism* versteht er die Tendenz, abgegrenzte Gruppen als grundlegende Bestandteile des sozialen Lebens, Hauptfiguren von sozialen Konflikten und grundlegenden Einheiten der Analyse zu sehen, Einheiten, denen Interessen und Handlungsmacht zuerkannt werden kann. Das Alltagsverständnis von Ethnizität, nämlich die Tendenz, die Welt in quasi-natürliche Gruppen aufzuteilen, ist etwas, das sozialwissenschaftlich erklärt werden muss und nicht etwas, das von sich aus erklärt, stellt also kein analytisches Werkzeug dar (ebd.: 9). Ethnische Konflikte sollten nicht als Konflikte zwischen ethnischen Gruppen angesehen werden, auch wenn sie von Teilnehmern als solche dargestellt werden. Trotzdem sei diese oft primordialistische Sichtweise der Akteure ernst zu nehmen, da sie dazu beitrage, das, was Ethnologen untersuchen, zu konstituieren (ebd.: 10). Sein Lösungsvorschlag für dieses Problem ist, Ethnizität nicht mit Wesenheiten, Dingen, Einheiten o.ä. zu konzeptualisieren, sondern in relationalen, prozessualen, dynamischen, ereigniszentrierten Begriffen zu erfassen. Nicht Gruppen oder Einheiten wären dann die Analysebegriffe, sondern pragmatische Kategorien, situationsabhängige Handlungen, kulturelle Idiome, kognitive Schemata, diskursive Strukturen, organisatorische Routinen, institutionelle Formen, politische Projekte und ungewisse Ereignisse. Ethnisierung soll als politischer, sozialer, kultureller und psychischer Prozess gedacht werden und Gruppen nicht als Einheiten, sondern »Gruppenhaftigkeit« als Variable (ebd.: 11). Brubaker will Gruppenbildungsprozesse untersuchen und dabei Gruppen und Kategorien unterscheiden, da nur die Beziehung zwischen beiden untersucht werden kann (ebd.: 12f.). Besonders bei Konflikten können auf diese Weise Prozesse und Gegebenheiten als entscheidend analysiert werden, die ansonsten durch die Darstellung als ethnischer Konflikt in den Hintergrund geraten. Rhetorische Darstellungen von ethnischen Gruppen dürfen nicht als Gruppen auf der empirischen Ebene interpretiert werden. Die Existenz von Gruppen kann sogar eher die Folge von Konflikten sein als deren Ursache (ebd.: 19). Auch Bob Carter und Steve Fenton argumentieren, dass Ethnizitätsbegriffe keine analytischen Kategorien sind, sondern historisch spezifische Beschreibungen sozialer Gegebenheiten. Für sie ist die zentrale Frage, unter welchen Umständen und in welchen Zusammenhängen bestimmte soziale Akteure ihre soziale Situation durch die Verwendung von Ethnizitätskategorien interpretieren (Carter/Fenton 2009: 10, 14).[26]

Das Verhältnis von Ethnizität und Nationalstaat

Mit Ausnahme von Marcus Banks (1996: 131) gehen nur wenige Autoren explizit auf das Verhältnis zwischen Ethnizität und Nationalismus ein.[27] In Nationen herrscht im Allgemeinen die Tendenz zur Homogenisierung von Kultur, indem in einer »Nationalkultur« lokale Formen angeeignet werden. Auf einer idealen Ebene ist die Nation ein zusammenhängendes Ganzes, das durch lokale Variationen nicht gespalten wird. In bestimmten Fällen, so Banks, sind jedoch die Unterschiede zwischen den Menschen innerhalb der Grenzen eines Nationalstaates zu groß, um von einem solchen umfasst werden zu können. Dies ist zum Beispiel der Fall, wenn Individuen bereits als Kollektiv eine Minderheit bilden, wenn bestimmte Individuen bereits in bestimmten Hinsichten politisch entrechtet sind, wenn sie eine andere Sprache sprechen oder wenn sie eine grundsätzlich nicht industrialisierbare Produktionsweise haben. Versuche, Minderheiten durch Zwang dazu zu bringen, sich den Normen der Mehrheit anzupassen und damit solche Unterschiede zu beseitigen, fördern oft bei den Menschen, die diesen Minderheiten angehören, die Wahrnehmung von Zusammengehörigkeit. Unter bestimmten Umständen kann die ethnische Identität in eine proto-nationalistische Identität transformiert werden (ebd.: 158 f.).[28] Das Resultat ist, dass diejenigen, die ihre Identität nicht aufgeben wollen oder können, zu ethnischen Gruppen einer Nation werden – zu ihren Problemgruppen. Die eine Nation definierende Gruppe, die die Nation als ihre eigene beanspruchen, ist nicht einfach eine andere ethnische Gruppe, ihr Name ist gleichbedeutend mit der Bezeichnung der Nation, kein ›Bindestrich-Anhängsel‹ (ebd.: 160; ähnlich Feischmidt 2007: 60).[29] Nationalismus kann als homogenisierender, differenzierender und kategorisierender Diskurs angesehen werden. Wenn Assimilation nicht funktioniert, werden Differenzen sichtbar gemacht, indem sie zum Beispiel als ethnische Kategorien bezeichnet werden. Bestimmte Bevölkerungsteile werden so mit politischen und sozialen Mitteln von der übrigen Gesellschaft ab- und ausgegrenzt. Ethnizität kann, wie Feischmidt herausstellt, heute nur im Zusammenhang mit der nationalstaatlichen Logik betrachtet werden. Ethnisierungsstrategien von Seiten des Nationalstaates und von Seiten der Minderheiten und Ethnizität als strategische Antwort auf den Mangel an Integration sind Aspekte, die hier eine wichtige Rolle spielen (Feischmidt ebd.: 69).

Ethnizität im Alltag

Einen weiteren Schwerpunkt der neueren Ethnizitätsforschung hebt Feischmidt hervor: die kulturelle Repräsentation von ethnischen Unterschieden und Gemeinsamkeiten. Diese kann zum Beispiel in Form von kollektiven Narrativen oder Symbolen auftreten. Der Ausgangspunkt für Untersuchungen ist hier oft der Alltag und im Mittelpunkt stehen Erfahrungshorizonte, Handlungsmuster und Selbstentwürfe von Menschen. Diese Arbeiten fragen, wie ethnische Kategorisierungen im Alltag genutzt und vermittelt werden. Auch hier spielt eine situationale Variabilität eine große Rolle, aber die Bedeutung von Ethnizität variiert auch zwischen Angehörigen von Minderheiten und dominanten Bevölkerungsteilen. Zum Teil sind diese Unterschiede aber auch auf individuelle Lebensgeschichten und Erfahrungen zurückzuführen. Damit in Verbindung stehen Forschungen zu hybriden Lebenswelten von Individuen, die sich mit mehreren unterschiedlichen ethnischen oder nationalen Kategorisierungen identifizieren (ebd.: 62 ff.). Der biographische Aspekt von Ethnizität steht auch in einem neueren Sammelband (Rosenthal 2009) im Vordergrund.[30] In diesem betont zum Beispiel Ursula Apitzsch (ebd.: 91), dass es die biographische Arbeit von Individuen ist, die dessen unterschiedliche Zugehörigkeiten verbindet, auch wenn ethnische Zugehörigkeiten meist nicht frei gewählt sind, sondern durch ethnische Politik Individuen aufgezwungen werden (ebd.: 94).[31] Demgegenüber heben Carter und Fenton (2009: 9)[32] hervor, dass ethnische Identität, die in einem Ethnisierungsprozess geschaffen wurde, auch subversiv verwendet werden kann, als ein Mittel, sich dieser Art des ›Erfundenwerdens‹ zu widersetzen oder als Art von Organisation, die die Bedeutung von ethnischen Kategorien nutzt.

Neue Perspektiven …?

Die bisher angesprochenen Aspekte von Ethnizität waren explizit oder implizit bereits bei den frühen theoretischen Auseinandersetzungen mit dem Thema und oft auch bei Barth angelegt. Es gibt jedoch auch neue Themen, die im Zusammenhang mit gegenwärtigen (globalen) Entwicklungen auftreten. Es seien hier nur zwei genannt:

In ihrem neuen Artikel stellt Vivian Ibrahim fest, dass man zwar nicht vorhersagen könne, was die Zukunft für ethnische Gruppen bringt, dass jedoch technische Fortschritte dazu führten, dass ethnische Gruppen zumindest im Cyberspace geformt werden. Die Nutzung des Internet durch Diaspora-Gruppen zeigt, dass »nicht-traditionale« Räume genutzt werden, um ethnische (und nationale) Identitäten zu entwickeln (Ibrahim 2011: 19).[33]

In ihrem Buch *Ethnicity, Inc.* zeigen John und Jean Comaroff zudem, wie ethnische Identität vermarktet werden kann – in Ethno-Themenparks, durch Häuptlinge, die eine Investmentfirma gründen, um Ethnizitätspolitik zu vermarkten oder durch nordamerikanische Indianer, die Kasinos betreiben (Comaroff/Comaroff 2009).[34]

Fazit

Ethnizität ist also kein Leit-, aber weiterhin ein Streitbegriff, der durch seine Präsenz im öffentlichen und politischen Diskurs die Forschung noch in Zukunft beschäftigen wird. Durch eine fortgesetzte wissenschaftliche Untersuchung von Ethnizität wird das Phänomen laut Banks (ebd.: 189)[35] immer wieder neu erschaffen; man müsse sich bewusst sein, dass die heute untersuchten Manifestationen von Ethnizität die Geister von früheren wissenschaftlichen Ausführungen in sich tragen. Angesicht von Forderungen, den Begriff aufzugeben (Brubaker 2004: 27), bleibt aber offen, inwieweit Ethnizität als analytische Kategorie weiterbestehen wird. Ferner hat sich gezeigt, dass Ethnizität eine bequeme und in bestimmten Hinsichten irreführende Rubrik ist. Eine Schlussfolgerung, zu der auch Carter und Fenton (2009)[36] und andere kommen.[37] Doch bereits Max Weber stellte fest, dass der Begriff der ethnischen Gemeinschaft, wenn es zu einer exakten Begriffsbildung komme, aufgegeben werden könne (Weber 1980: 242).[38]

ARNO PASCHT, *Wissenschaftlicher Assistent,*
Institut für Ethnologie, Universität zu Köln

Anmerkungen

[1] Für eine ausführlichere Darstellung der Forschungsgeschichte und der grundsätzlichen theoretischen Ansätze siehe A. Pascht, *Ethnizität: Zur Verwendung des Begriffs im wissenschaftlichen und gesellschaftlichen Diskurs, Eine Einführung,* München 1999.

[2] R. Cohen, ›Ethnicity: Problem and Focus in Anthropology‹, *Annual Review of Anthropology,* 7, 1978, S. 379–403.

[3] E. E. Evans-Pritchard, *The Nuer: A Description of the Modes of Livelihood and Political Institutions of a Nilotic People,* Oxford 1940.

[4] Cohen, ›Ethnicity‹.

[5] T. O. Höllmann, ›Kritische Gedanken zum Ethnos-Begriff in der Völkerkunde – am Beispiel festländisch südostasiatischer Bevölkerungsgruppen‹, *Tribus,* 41, 1992, S. 177–186.

[6] A. D. Smith, ›The Politics of Culture: Ethnicity and Nationalism‹, in: T. Ingold (ed.), *Companion Encyclopedia of Anthropology: Humanity, Culture and Social Life,* London/New York 1994, S. 706–733.

[7] T. Scheffler, *Ethnisch-religiöse Konflikte und gesellschaftliche Integration im Vorderen und Mittleren Orient,* Berlin 1985.

[8] C. Geertz, ›The Integrative Revolution: Primordial Sentiments and Civil Politics in the New States‹, in: C. Geertz (ed.), *Old Societies and New States,* New York 1963, S. 105–157.

[9] Smith, ›Politics of Culture‹.

[10] F. Barth, *Ethnic Groups and Boundaries: The Social Organization of Cultural Difference,* Bergen 1969.

[11] G. Elwert, *Nationalismus und Ethnizität: Über die Bildung von Wir-Gruppen,* Berlin 1989.

[12] Der Konstruktivismus festigte sich noch in den 1980er Jahren, nicht zuletzt durch die Veröffentlichung des vielzitierten Werkes von Benedict Anderson (*Imagined Communities,* London 1983). Anderson bezog sich zwar vor allem auf Nationen, hob aber auch allgemein den ›erfundenen‹ Charakter politischer Gemeinschaften hervor (ebd.: 6).

[13] Cohen, ›Ethnicity‹.

[14] Meist wird unter »indigener Bevölkerung« in Anlehnung an die ILO-Konvention Nr. 169 Folgendes verstanden: Es handelt sich um einen Teil einer Bevölkerung eines Staates. Die Menschen, die sich als »indigen« bezeichnen, beanspruchen, vor den restlichen Einwohnern und seitdem kontinuierlich ein bestimmtes Territorium bewohnt zu haben, eigene Traditionen, Sozialorganisation, politische Institutionen usw. zu besitzen. Das wichtigste Kriterium ist jedoch die eigene Identifikation als »indigen«.

[15] Scheffler, *Ethnisch-religiöse Konflikte;* Eriksen, *Ethnicity.*

[16] M. Jolly, ›The Politics of Tradition in the Pacific: Introduction‹, *Oceania,* 62, 4, 1992, S. 241–248; A. Hanson, ›The Making of the Maori: Culture Invention and Its Logic‹, *American Anthropologist,* 91, 4, 1989, S. 890–902; J. Linnekin, ›Cultural Invention

and the Dilemma of Authenticity‹, *American Anthropologist*, 93, 2, 1991, S. 446–449; H. Trask, *From a Native Daughter: Colonialism and Sovereignty in Hawaii*, Honolulu 1999.

[17] R. Handler, ›On Dialogue and Destructive Analysis: Problems in Narrating Nationalism and Ethnicity‹, *Journal of Anthropological Research*, 41, 1985, S. 171–182.

[18] T. H. Eriksen, *Ethnicity and Nationalism: Anthropological Perspectives*, London etc. 1993; U. Apitzsch, ›Ethnicity as Participation and Belonging‹, in: G. Rosenthal (ed.), *Ethnicity, Belonging and Biography*, Münster etc. 2009, S. 83–96.

[19] M. Feischmidt, ›Ethnizität: Perspektiven und Konzepte der ethnologischen Forschung‹, in: B. Schmidt-Lauber (Hrsg.): *Ethnizität und Migration: Einführung in Wissenschaft und Arbeitsfelder*, Berlin 2007, S. 51–68.

[20] Cohen, ›Ethnicity‹.

[21] R. Jenkins, ›Rethinking Ethnicity: Identity, Categorisation and Power‹, *Ethnic and Racial Studies*, 17, 1994, S. 197–223.

[22] Jenkins, ›Rethinking Ethnicity‹.

[23] Jenkins, ›Rethinking Ethnicity‹; M. Banks, *Ethnicity: Anthropological Constructions*, London 1996; Cohen, ›Ethnicity‹.

[24] Cohen, ›Ethnicity‹.

[25] R. Brubaker, *Ethnicity without Groups*, Cambridge, Mass. 2004.

[26] B. Carter/S. Fenton, ›Not Thinking Ethnicity: A Critique of the Ethnicity Paradigm in an Over-Ethnicised Sociology‹, *Journal for the Theory of Social Behaviour*, 40, 1, 2009, S. 1–18.

[27] Banks, *Ethnicity*.

[28] Banks, *Ethnicity*.

[29] Feischmidt, ›Ethnizität‹.

[30] Rosenthal, *Ethnicity*.

[31] Apitzsch, ›Ethnicity‹.

[32] Carter/Fenton, ›Not Thinking Ethnicity‹.

[33] V. Ibrahim, ›Ethnicity‹, in: S. M. Caliendo/C. D. Mcllwain (ed.), *The Routledge Companion to Race and Ethnicity*, London etc. 2011, S. 12–20.

[34] J. L. Comaroff/J. Comaroff, *Ethnicity, Inc.*, Chicago, Ill. 2009.

[35] Banks, *Ethnicity*.

[36] Carter/Fenton, ›Not Thinking Ethnicity‹; s. Banks, ebd., S. 188.

[37] Banks, *Ethnicity*.

[38] M. Weber, *Wirtschaft und Gesellschaft. Grundriß der verstehenden Soziologie*, Tübingen [5]1980 [1921].

Diaspora

Der Begriff »Diaspora« hat seit geraumer Zeit Konjunktur in den Kultur- und Sozialwissenschaften. Viele Schlüsselbegriffe der Forschung zu Kulturkontakt und Globalisierung – Akkulturation, Exil, Entfremdung, Hybridität etc. – werden derzeit unter den Vorzeichen der Diasporadebatte neu konturiert und korreliert. Ein Perspektivwechsel zeichnet sich ab, der annehmen lässt, dass das altbewährte Vokabular zur Beschreibung von kulturellen und sozialen Gruppenbildungs- und Identifikationsprozessen nicht länger als ausreichend empfunden wird – und vielleicht tatsächlich nicht länger präzise genug ist –, um den Erfahrungen und Perspektiven des frühen 21. Jahrhunderts, auch im Rückblick auf die Vergangenheit, zu entsprechen. Diasporische Gemeinschaften, so wird im Zuge der aktuellen Debatten deutlich, lassen sich dem Nationalstaatsgedanken nicht subsumieren, aber ihre Herausbildung und ihr Selbstverständnis sind doch komplex mit der Semantik und Rhetorik des Nationalen und des Nationalistischen verwoben. Die Rede von der Diaspora, könnte man folglich mit Benedict Anderson schreiben, ist ein Symptom einer neuen ethnischen Selbstverortung mit globalen Dimensionen. Die ›vorgestellte Gemeinschaft‹ der Nation wird nun unter den Bedingungen der Transnationalisierung weitergeschrieben, ausdifferenziert und rekonfiguriert (Anderson 1994: 327; vgl. auch ders. 1983).[1]

Definitionen und Debatten

Der Begriff »Diaspora« stammt aus dem Griechischen und bedeutet »Zerstreuung« oder »Verbreitung«. Das Verb »diaspeirein«, so Matthias Krings, war ursprünglich ›ausschließlich negativ konnotiert‹ (Krings 2003: 139) und erfuhr erst im Kontext der jüdischen Tradition (genauer, im Zuge der griechischen Übersetzung der hebräischen Schriften im 3. Jahrhundert v. Chr.) eine semantische Engführung, die der heutigen Begriffsverwendung näher kommt.[2] Erst in diesem Zuge wurde der Begriff der Diaspora auf soziale Formate und existenzielle Lebensumstände bezogen. Er bezeichnete nun die Situation der Juden, die außerhalb Palästinas lebten (ebd.; vgl. auch Ages 1973).[3] Weiterhin war der Begriff primär negativ besetzt, er bezog sich auf die Erfahrung der meist unfreiwilligen Existenz in der Fremde, im Exil oder in der Verbannung. Diese negative Konnotation erhielt sich auch im christlichen Sprachgebrauch, in dem der Begriff – bei allen Unterschieden zum jüdischen Diasporaverständnis – ebenfalls auf geografischen und soziologischen Konnotationen basiert ›[which] have remained and still remain historically descriptive‹, wie der Religionswissenschaftler Martin Baumann im Jahre 2000 erläuterte: ›Indeed, most scholars in Judaic and Christian theological studies have not even noticed the present popularity and wide usage of the term outside their disciplines‹ (Baumann 2000: 320).[4]

Tatsächlich unterscheiden sich die traditionellen theologischen und die neuen kultur- und sozialwissenschaftlichen Forschungsansätze zur Diasporadebatte gravierend: Für die Diskurse der sogenannten *Diaspora Studies* fungiert Diaspora als eine sehr viel stärker analytisch ausgerichtete und theoretisch reflektierte Kategorie, die oft latent oder explizit utopisch angelegt ist (vgl. Evans Braziel/Mannur 2005: 3 f.).[5]

Im Gründungsheft der Zeitschrift *Diaspora* markierte William Safran 1991 eine Reihe von Parametern zur kulturwissenschaftlichen Begriffsbestimmung. So führte er an, in die Formation einer Diaspora müssten mindestens zwei periphere Orte involviert sein, Erinnerungen an eine ursprüngliche Heimat oder ein kommunaler Gründungsmythos müssten kultiviert werden – er nannte die Erfahrung von Ausgrenzung oder Marginalisierung »in der Fremde« als wichtigen negativen Bezugspunkt der diasporischen Verortung – und wies abschließend auf die Relevanz diasporischer Vernetzungen zur Entwicklung und Aufrechterhaltung eines Gruppenbewusstseins und einer Gruppensolidarität hin.[6] All diese Aspekte der Begriffsbestimmung sind bis heute weitgehend Konsens in den Debatten um das Konzept. Allein ein letztes von Safran genanntes Kriterium erwies sich als höchst strittig: das Kriterium des ›gemeinsamen Ursprungs‹ einer diasporischen Gruppe, und davon ausgehend die Utopie der ›letztlichen Rückkehr‹ aus dem Exil zu diesem Ursprungsort, der Heimat (Safran 1991: 83 f.).[7]

Spätestens seit James Clifford 1997 die Begriffsbestimmung Safrans aufgriff und kritisch reflektierte, wird Safran im Grunde nur noch zitiert, um danach eine Erweiterung einzufordern. Clifford argumentierte dafür, das Element der erstrebten Rückkehr nicht zentral zu setzen und stattdessen die diasporische Lebenssituation unter den Vorzeichen von Dynamik und Hybridisierung anzugehen. Eine geteilte und anhaltende Geschichte der Entwurzelung, des Leidens, der Anpassung oder des Widerstands, so Clifford weiter, könne für die Herausbildung diasporischer Gemeinschaften so wichtig sein wie die Projektion eines spezifischen Ursprungs (Clifford 1997: 249).[8] Mit dieser Definition entspricht Clifford den Vorstellungen, die wichtige Theoretiker der afrikanischen Diaspora wie Stuart Hall, Kobena Mercer oder Paul Gilroy bereits zuvor formuliert hatten. All diese Ansätze, die dem Poststrukturalismus und der postkolonialen Theorie Homi K. Bhabhas viel verdanken, betonten die Hybridität und den Konstruktcharakter des Bezugspunktes (der »Heimat«). Diasporen, lautet so mit Stuart Hall das breite Fazit dieser Tage, sind von ›dispersal and fragmentation‹ eher denn einem imaginären Bezugspunkt geprägt (Hall 1994: 394; vgl. auch Gilroy 1994; Cohen 1997; Tölölyan 1996, 1991).[9] Von der Vorstellung einer nostalgisch-vergangenheitsorientierten, nationalistischen, konservativen Gemeinschaft haben wir uns wegbewegt: heute werden die diasporischen Subjekte dagegen gerne zu den exemplarischen Kosmopoliten stilisiert: mobil, flexibel, offen für neue Kontakte und Technologien – kein Wunder, dass sich die jüngst vorgestellte open source-Alternative zum elektronischen sozialen Netzwerk Facebook »diaspora« nennt.[10]

Perspektiven

Warum haben die Begriffe der Diaspora und des Diasporischen gerade nun – zu Beginn des 21. Jahrhunderts – Konjunktur? Was lässt die Begriffe von ›exile, immigrant, expelled, refugee, expatriate or minority‹ (Fludernik 2003: xvi), die lange Zeit zur Beschreibung des Lebens fern des Geburtsortes ausgereicht haben, nun auf einmal unzureichend oder erklärungsbedürftig erscheinen?[11] Die Entwicklung dürfte eng im Zusammenhang mit dem Trend zur »Ethnisierung des politischen Lebens in den reichen, postindustrialistischen Staaten« stehen, den Benedict Anderson beschrieben hat. Sie geht in ihrem Effekt über die westliche Welt weit hinaus, weil der ›long-distance nationalism‹, der sich in der Folge herausbildet, nicht nur gestattet, sondern für bestimmte

Gruppen geradezu verlangt, dass man sich mit einem anderen Land identifiziert als dem, in dem man lebt (Anderson 1994: 326; vgl. auch Friedman 1994).[12] So gesehen ist die Identifizierung des Begriffs Diaspora mit dem Begriff des »Transnationalen«, die dieser Tage so gebräuchlich ist, höchst fragwürdig. Diasporen mögen kosmopolitische und flexible Formen der (post)modernen Lebensweise darstellen, aber sicherlich ist mit der diasporischen Existenz nicht wesentlich oder notwendig eine subversive oder kritische Tendenz gegenüber dem Nationalstaatsgedanken verbunden: ›the nationalist genie, never perfectly contained in the bottle of the territorial state, is now itself a diasporic‹, schreibt Arjun Appadurai (Appadurai 1993: 798; vgl. auch Sheffer 2006).[13] Diese inhärente Ambivalenz des Phänomens Diaspora macht es notwendig, sich bei der Auseinandersetzung mit den Facetten und Formationen des Diasporischen eines konsequent historisierenden Zugriffs zu bedienen. Nur im genauen Blick auf kulturelle und soziale Hierarchien, auf politische und ökonomische Machtverhältnisse und auf die sich ständig verschiebende komplexe Realität und Fantasie des Globalen lassen sich Diasporen und diasporische Erfahrungen beschreiben. Der Begriff der Diaspora schließlich sollte im engen Bezug auf soziale Realitäten und globale Konstellationen in Vergangenheit und Gegenwart formuliert werden. Als Kurzformel für gesellschaftstheoretische Utopien dagegen ist der Begriff denkbar ungeeignet.

Ruth Mayer, *Professorin, American Studies,*
Leibniz Universität, Hannover

Anmerkungen

1 B. Anderson, ›Exodus‹, *Critical Inquiry,* 20, 1994, S. 314–327; ders., *Imagined Communities: Reflections on the Origin and Spread of Nationalism,* London 1983. Ich habe diese Zusammenhänge in sehr viel breiterem Rahmen in meiner Studie *Diaspora. Eine kritische Begriffsbestimmung,* Bielefeld 2005, entfaltet.

2 M. Krings, ›Diaspora: historische Erfahrung oder wissenschaftliches Konzept? Zur Konjunktur eines Begriffs in den Sozialwissenschaften‹, *Paideuma: Mitteilungen zur Kulturkunde,* 49, 2003, S. 137–157.

3 A. Ages, *The Diaspora Dimension,* The Hague 1973, S. 3–7.

4 M. Baumann, ›Diaspora: Genealogies of Semantics and Transcultural Comparison‹, *Numen,* 47, 3, 2000, S. 313–337.

5 J. Evans Braziel/A. Mannur, ›Nation, Migration, Globalization‹, in: J. Evans Braziel/A. Mannur (ed.), *Theorizing Diaspora,* London 2005, S. 1–22.

6 W. Safran, ›Diasporas in Modern Societies: Myths of Homeland and Return‹, *Diaspora,* 1, 1, 1991, S. 83–89.

[7] Safran, ›Diasporas‹.
[8] J. Clifford, ›Diasporas‹, in: J. Clifford, *Routes: Travel and Translation in the Late Twentieth Century*, Cambridge, Mass. 1997, S. 244–277.
[9] S. Hall, ›Cultural Identity and Diaspora‹, in: P. Williams/L. Chrisman (ed.), *Colonial Discourse and Post-Colonial Theory*, New York 1994, S. 392–403; P. Gilroy, ›Diaspora‹, *Paragraph*, 17, 1, 1994, S. 207–212; R. Cohen, *Global Diasporas. An Introduction*, Seattle 1997; K. Tölölyan, ›Rethinking Diaspora(s): Stateless Power in the Transnational Moment‹, *Diaspora*, 5, 1, 1996, S. 3–36; K. Tölölyan, ›The Nation-State and its Others: In Lieu of a Preface‹, *Diaspora*, 1, 1, 1991, S. 3–7.
[10] https://joindiaspora.com, Zugang am 16. Februar 2012.
[11] M. Fludernik, ›Introduction. The Diasporic Imaginary: Postcolonial Reconfigurations in the Context of Multiculturalism‹, in: M. Fludernik (ed.), *Diaspora and Multiculturalism. Common Traditions and New Developments*, Amsterdam 2003, S. xi–xxxviii.
[12] Anderson, ›Exodus‹; J. Friedman, *Cultural Identity and Global Process*, London 1994, S. 233–253.
[13] A. Appadurai, ›The Heart of Whiteness‹, *Callaloo*, 16, 4, 1993, S. 796–807; G. Sheffer, ›Transnationalism and Ethnonational Diasporism‹, *Diaspora*, 15, 1, 2006, S. 121–145.

Öffentliche Sphäre I: Gesellschaft/

Public Sphere I: Society

Universalismus und Kultur-Universalien

In der Debatte um interkulturelle Verhältnisse und interkulturellen Umgang bildet der Universalismus eine Strömung, die in einem Meer kultureller Vielfalt die Gemeinsamkeiten und Ähnlichkeiten sucht. Der Universalismus wird oft mittels der ihm gegenteiligen Haltungen verortet. Vor allem werden ihm Partikularismus und Relativismus als Gegenpole gegenübergestellt. In dieser binären Sicht erscheint die Abgrenzung des Universalismus einfach. Relativismus betont die Besonderheiten und die kulturelle Vielfalt. Partikularismus ist die Perspektive, die das Studium einzelner Phänomene oder einzelner Kulturen in den Mittelpunkt stellt. Fruchtbarer als solche binären Trennungen ist jedoch eine dreifache Unterscheidung. Universalismus ist danach einerseits vom Relativismus und andererseits vom Absolutismus zu unterscheiden (Lonner 2007).[1]

Universalismus vs. Absolutismus

Eine absolutistische Haltung geht davon aus, dass ein Phänomen, wie etwa »Ehre« prinzipiell in allen Kulturen qualitativ dasselbe ist und demnach kontextfrei bestimmt werden kann. Solche Phänomene könnten entsprechend empirisch leicht mit standardisierten Verfahren erhoben und ohne kulturspezifische Interpretation gedeutet werden. Vergleiche erscheinen hier unproblematisch und ergeben quantitative Unterschiede (z. B. Gairdner 2008).[2] Wegen seines Namens und des vergleichenden Ansatzes wird der Universalismus oft fälschlich mit Absolutismus gleichgesetzt. Universalismus ist jedoch prinzipiell offen für Kultur als Motor der Vielfalt und für die Entdeckung von kulturellen Spezifika neben den Universalien. Eine universalistische Haltung liegt demnach zwischen den Extremen. Der Universalismus nimmt an, dass es zwar grundlegende Phänomene und Prozesse gibt, die in allen Kulturen bzw. für alle Menschen (als Speziesmitglieder) dieselben sind, die jedoch in jeder Gesellschaft variiert werden. Metaphorisch gesagt, geht es um Variationen zu denselben humanen Themen, womit ein so verstandener Universalismus den Absolutismus als theoretisch naiven Universalismus sieht und zurückweist. Entsprechend muss der kulturspezifische Kontext bei der empirischen Datenaufnahme und der Interpretationen berücksichtigt werden.

Normativer Universalismus und universale Menschenrechte

Im politischen und religiösen Rahmen werden universalistische Postulate oft im Bemühen gemacht, interkulturelles Verstehen zu befördern. Mittels Gemeinsamkeiten sucht man Brücken zwischen den Kulturen zu bauen. Eine durchgehende, aber bislang weitgehend unbeantwortete Frage ist, ob, und wenn ja welche der Menschenrechte durch empirisch nachweisbare Universalien zu untermauern sind. In der Menschenrechtscharta der Vereinten Nationen von 1948 werden explizit »Allgemeine Menschenrechte« aufgestellt: Die Teilhabe an der Würde des Menschen kommt jedem menschlichen Wesen ohne Einschränkung zu. Damit erfüllen die Rechte grundlegende Merkmale des Universalismus, wie sie Tönnies ([3]2001: 15) klar fasst:

> Universalismus ist das Kennzeichen dessen, »quod semper, quod ubique, quod omnibus«, dessen also, das Gültigkeit für immer, überall und für alle beansprucht und deshalb von der Voraussetzung ausgeht, dass die Menschen unter einem gewissen, distanzierten Blickwinkel »gleich« sind.[3]

Man kann argumentieren, dass Menschenrechte anthropologisches Wissen berücksichtigen können oder sogar sollten. Ein Beispiel einer klaren Aussage hierzu bietet Müller (2002: 51 f.):

> Die Erfahrung [menschlichen Leidens] ist unmittelbar und sinnenhaft, sie ist eng mit der physischen Verfasstheit des Menschen verbunden, und alle Menschen teilen sie in irgendeiner Weise. Die durch das Leid ausgelösten Gefühle zeigen sich nach außen überall in weithin gleichen Formen, etwa im Gesichtsausdruck. Die fundamentalste Form ist der physische Schmerz.[4]

Andere dagegen lehnen innerhalb der Menschenrechtsdebatte Annahmen über allgemeinmenschliche Charakteristika vehement ab. Universale Menschenrechte werden von vielen Autoren als theoretisch diffus oder empirisch nicht haltbar eingeschätzt. Die Behauptung von empirischen Universalien erscheint immer verdächtig, absolutistisch, totalitär, eurozentrisch, ethnozentrisch, kolonialistisch, imperialistisch, kulturimperialistisch, patriarchal oder in sonst einer Weise unterdrückerisch oder hegemonial zu sein. Der Vorwurf trifft als Generalverdacht jeglichen Universalismus: sie alle implizierten eine interessegeleitete Universalisierung des de facto Partikularen. Das vermeintlich Allgemeine sei faktisch ein partikuläres bürgerliches Freiheitsideal des europäischen 18. Jahrhunderts, des westlichen Individualismus oder Ausdruck des *American way of life*. Unterstützt wird eine solche Haltung dadurch, dass in humanistischen Bewegungen unter dem Banner des »Universalen« immer wieder bestimmte Kategorien von Menschen ausgeschlossen wurden.

Verhandelte Universalien und Universalisierbarkeit

In Diskussionen über Interkulturalität und besonders in der Menschenrechtsdebatte werden kulturelle Gegensätze typischerweise zu inter-kulturellen Kontrasten erhoben, obwohl ähnliche Kontraste auch intra-kulturell auszumachen sind. Das ist ein allgemeiner Methodenfehler. Die Menschrechtsdebatte wird oft als Kulturkonflikt, als »Kampf der Kulturen«, dargestellt. Es gibt jedoch weder eine einheitliche islamische, noch eine allgemeine westliche, noch eine einfache christliche Position. Mit Elmar Holenstein (1985: 117) kann zu Unterschieden der Rechtsideale wie philosophischer Ideen überhaupt Folgendes vermutet werden:

> Was von Kultur zu Kultur variiert, sind nicht die Rechte an sich, wenigstens nicht die fundamentalsten, sondern das Gewicht, das bei einzelnen Konflikten den einzelnen Rechten beigemessen wird.[5]

Der weitgehenden Einigkeit über die universale Geltung bestimmter basaler Werte stand immer die Vielfalt partikulärer Begründungen gegenüber. Statt also spezifische universelle Werte zu suchen, etwa in Form eines kleinsten gemeinsamen Nenners, geht es in der neueren Diskussion eher um die »Universalisierbarkeit« von Menschenrechten, also darum, Rechte, die in Nordwesteuropa entstanden sind, dadurch überall zu verbreiten, dass man sie attraktiv macht (Bracht 1994: 109 ff.).[6] Ein *relativer Universalismus* verbindet den grundlegenden Konsens über Menschenrechte mit der Option, die Pluralität der Sozialentwürfe beizubehalten. ›Was für alle gelten soll, kann jeder durchaus auf seine besondere Weise rechtfertigen und so innerhalb der eigenen Gruppe zustimmungsfähig machen‹ (Graf 2004: 222).[7] Dies deckt sich mit der Position in der Debatte um alternative Modernitäten bzw. *multiple Modernität,* die gemeinsame Werte einerseits und differente Entwicklungen sowie Pluralität andererseits gleichermaßen wertschätzt. Universalien werden auch dort nicht als universalisierte westliche Werte mit universalen Begründungen aufgefasst, sondern als verhandelte Universalien *(negotiated universals)*, denen sich Kulturen aus unterschiedlichen Gründen und mit verschiedenen Begründungen anschließen können.[8] Der Verdacht eines als »Menschenrechte« verpackten neuerlichen westlichen Imperialismus, jetzt mit kulturellen Werten, könnte so entkräftet werden. Kulturspezifische Begründungen und Metaphern wären demnach auch für das gemeinsame Ziel durchaus bereichernd. Die Grenze solcher Kompromisse ist aber durch den normativen Kern gesetzt, die Idee überpositiver, aus der Natur des Menschen abgeleiteter Rechte der einzelnen Person, die dem allgemein Guten oder dem Gemeinwohl vorgeordnet sind.

Kultur-Universalien (pan-kulturelle Universalien)

Die ethnologische und die historische Universalienforschung suchen nach kulturen-übergreifenden Phänomenen. Unter Universalien versteht man Merkmale, Elemente oder Phänomene, die in allen Gesellschaften vorfindlich sind. Universalien können in unterschiedlicher Form auftreten: in Lebensbedingungen, im Verhalten, Denken und Fühlen und hergestellten Gegenständen. Ethnologen waren und sind gegenüber Vermutungen oder Behauptungen universaler Muster zwischen Kulturen prinzipiell skeptisch. Verbreitet ist die Meinung, dass Kulturen sich in einer Weise unterscheiden, die transkulturell gültige Aussagen ausschließt. Entsprechend stehen dergleichen Studien immer in dem Verdacht, mehr über die universalistischen Träume ihrer Autoren zu sagen, als zum Stand der Wissenschaft. Ethnologinnen und Ethnologen sind gegenüber universalen Aussagen vor allem aus ihrer wertrelativistischen Grundhaltung heraus skeptisch.[9]

Es gibt aber eine empirisch ausgerichtet vorsichtig argumentierende Universalienforschung (Antweiler ²2009 als Systematik; vgl. Brown 1991; Roughley 2000).[10] Universalien lassen sich bestimmen als Charakteristika (Merkmale, Merkmalskomplexe, Muster), die in allen bekannten menschlichen Gesellschaften regelmäßig vorkommen bzw. in weit mehr Gesellschaften zu finden sind, als dass von bloß zufälligen Gemeinsamkeiten auszugehen ist (Antweiler ebd.: 300).[11] Es handelt sich um Phänomene, die man als pankulturelle Charakteristika bezeichnen kann, weil sie quer durch die Kulturen gehen. Mit *regelmäßig* ist gemeint, dass das Phänomen in einer Kultur und Gesellschaft nicht etwa nur selten oder in Ausnahmesituationen auftritt, sondern z. B. in jeder Generation die statistische Norm darstellt. In einer anderen Bestimmung finden sich Universalien nicht nur in allen heutigen, sondern in sämtlichen Kulturen aller Zeiten und Räume.

Universalien in diesem empirischen Sinn fordern die Human- und Kulturwissenschaften durch die einfache Tatsache heraus, dass von allen denkbaren Formen kultureller Vielfalt nur eine begrenzte Anzahl faktisch verwirklicht wird. Das Spektrum menschlicher Vielfalt ist enorm, aber doch deutlich kleiner als die Bandbreite aller denkbaren Variationen. Es gibt z. B. keine Kultur, die ohne Regelung für Sexualität oder Heirat auskommt. Der neuere Universalismus bestreitet also mitnichten die Vielfalt von und in Kulturen. Was er bestreitet, ist die Grenzenlosigkeit der Variation.[12]

Universalismus und kosmopolitische Orientierung

Die Suche nach Universalien wird von Kritikern häufig mit einem normativen Projekt identifiziert. Universalität ist aber nicht mit gewollter Uniformität gleichzusetzen. Wenn sich aber innerhalb eines breiten und empirisch dokumentierten Kaleidoskops klare Tendenzen, Ähnlichkeiten, Muster und Regelhaftigkeiten zeigen, wird es interessant. So können Verallgemeinerungen über den Menschen und über Kulturen auf eine solide Basis gestellt werden. Entscheidend ist demnach die vergleichende Untersuchung von Variation unter der Maxime, dass Varianten nicht als Ausnahmen oder Abweichungen gesehen werden, sondern als Teil eines Spektrums im Rahmen universaler Phänomene (vgl. Hunt 2007; Rippl/Seipel 2008).[13]

Diese Problematik betrifft auch normativ ausgerichtete Vorhaben in Bezug auf Kulturen, z. B. die interkulturelle Erziehung, vor allem, da Bildungskonzepte traditionell mit Universalismus verbunden sind. Sie folgen der Idee, die eigene kulturelle Befangenheit zu überwinden. Für eine humanistisch ausgerichtete Kulturwissenschaft sind relativistische und universalistische Richtungen als zwei komplementäre Seiten aufzufassen (Schöfthaler 1983: 342 ff.).[14] Universalismus und Relativismus benötigen jeweils die Ergänzung der anderen Seite (Wiredu 1996; Eriksen 2001; Welsch 2006).[15] Dem Relativismus fehlen Außenkriterien, weshalb er zur Beliebigkeit neigt. In politischer und pragmatischer Hinsicht führt das leicht zu Widersprüchen, Kritikunfähigkeit und Irrelevanz. Dem Universalismus wiederum fehlen Innenkriterien, weshalb Universalisten dazu tendieren, kulturelle Spezifika vorschnell zu werten, z. B. als atavistisch oder dysfunktional. Interkultureller Umgang braucht einen Universalismus, der kulturrelativistische Positionen nicht außen vor lässt, sondern mit einbezieht, also einen selbstreflexiven statt eines dogmatischen Universalismus.

Christoph Antweiler, *Professor für Südostasienwissenschaft, Rheinische Friedrich-Wilhelms-Universität, Bonn*

Anmerkungen

[1] W. J. Lonner, ›Das Aufkommen und die fortdauernde Bedeutung der kulturvergleichenden Psychologie‹, in: G. Trommsdorff/H.-J. Kornath (Hrsg.), *Theorien und Methoden der kulturvergleichenden Psychologie*, Göttingen etc. 2007, S. 97–117.

[2] W. D. Gairdner, *The Book of Absolutes. A Critique of Relativism and a Defense of Universals*, Montreal/Kingston 2008. Zur Problematik des Vergleichens siehe die Beiträge in J. Matthes (Hrsg.), *Zwischen den Kulturen? Die Sozialwissenschaften vor dem Problem des Kulturvergleichs*, Göttingen 1992 [Soziale Welt, Sonderband 8].

[3] S. Tönnies, *Der westliche Universalismus. Die Denkwelt der Menschenrechte*, Opladen [3]2001.

[4] J. Müller, ›Ethische Grundsatzprobleme in der Entwicklungspolitik: Der Imperativ menschlicher Solidarität und die Entwicklungsethnologie‹, in: F. Bliss/M. Schönhuth/P. Zucker (Hrsg.), *Welche Ethik braucht die Entwicklungszusammenarbeit?*, Bonn 2002, S. 50–64.

[5] E. Holenstein, ›Interkulturelle Beziehungen – multikulturelle Verhältnisse. Im Ausgang von Japan-Berichten in der westdeutschen Presse‹, in: ders., *Menschliches Selbstverständnis. Ichbewußtsein – Intersubjektive Verantwortung – Interkulturelle Verständigung*, Frankfurt a. M. 1985, S. 104–180.

[6] E. Bracht, *Multikulturell leben lernen. Psychologische Bedingungen universalen Denkens und Handelns*, Heidelberg 1994.

[7] F. W. Graf, *Die Wiederkehr der Götter. Religion in der modernen Kultur*, München 2004.

[8] D. Sachsenmaier/J. Riedel/S. N. Eisenstadt (eds.), *Reflections on Multiple Modernities. European, Chinese and Other Interpretations*, Leiden 2002; darin bes. J. Kocka, ›Multiple Modernities and Negotiated Universals‹, S. 119–128 und J. Riedel, ›The Multiple Modernities Perspective: Enriching Business Strategy‹, S. 271–292. Siehe auch C. Antweiler *Mensch und Weltkultur. Für einen realistischen Kosmopolitismus* im *Zeitalter der Globalisierung*, Bielefeld 2011, S. 223–253.

[9] Siehe meinen Beitrag ›Relativismus‹ in diesem Band S. 198–205.

[10] C. Antweiler, *Was ist den Menschen gemeinsam? Über Kultur und Kulturen*, Darmstadt [2]2009 [2007]; D. E. Brown, *Human Universals*, New York etc. 1991; N. Roughley (ed.), *Being Humans. Anthropological Universality and Particularity in Transdisciplinary Perspectives*, Berlin/New York 2000.

[11] Antweiler, *Was ist den Menschen*.

[12] Ähnlich *Menschliches Selbstverständnis*; J. Stagl, ›Anthropological Universality. On the Validity of Generalizations about Human Nature‹, in: Roughley, *Being Humans*, pp. 25–46.

[13] R. C. Hunt, *Beyond Relativism. Rethinking Comparability in Cultural Anthropology*, Lanham etc. 2007; S. Rippl/C. Seipel, *Methoden kulturvergleichender Sozialforschung. Eine Einführung*, Wiesbaden 2008.

[14] T. Schöfthaler, ›Kultur in der Zwickmühle. Zur Aktualität des Streits zwischen kulturrelativistischer und universalistischer Sozialwissenschaft‹, *Das Argument*, Vol. 139, 1983, S. 333–347.

[15] K. Wiredu, *Cultural Universals and Particulars. An African Perspective*, Bloomington/Indianapolis 1996; T. H. Eriksen, ›Between Universalism and Relativism‹, in: J. K. Cowan/M. B. Dembour/R. Wilson (eds.), *Culture and Rights. Anthropological Perspectives*, Cambridge etc. 2001, S. 127–148; W. Welsch, ›Über den Besitz und Erwerb von Gemeinsamkeiten‹, in: C. Bickmann/H. J. Scheidgen/T. Voßhenrich/M. Wirtz (Hrsg.), *Tradition und Traditionsbruch zwischen Skepsis und Dogmatik. Interkulturelle philosophische Perspektiven*, Amsterdam/New York 2006, S. 113–145.

Relativismus

Menschliches Dasein, Erkennen und Urteilen stehen prinzipiell in mehrfachen Kontexten. Diese Rahmenbedingungen sind für jedes Individuum und vor allem für jede Kultur bzw. Gesellschaft, Ethnie, Nation etc. besonders und außerdem in der Geschichte veränderlich. Da keine von diesen Kontextbedingungen per se den anderen übergeordnet ist, kann es keine universalen bzw. absoluten Maßstäbe für wahre Erkenntnis und keine allgemeinverbindlichen Werte für ethisches Handeln geben. Das ist die Grundaussage des *Relativismus,* der bis auf Protagoras zurückgeht.

Der *Kulturrelativismus* entwickelte sich in klassischer Form in der US-amerikanischen Ethnologie seit Boas im ausgehenden 19. Jahrhundert (zur Bandbreite der philosophischen Relativismen vgl. Hales 2011).[1] Bis heute ist Relativismus in der Regel eine Reaktion auf andere Geisteshaltungen, etwa Naturalismus, Sozialevolutionismus, Rationalismus und Universalismus. Diese Richtungen werden als Kontrast gesehen, auch wenn sie teilweise mit manchen Formen des Relativismus vereinbar sind.

Um in Debatten über Relativismus echte sachliche Differenzen von Missverständnissen trennen zu können, muss man jeweils klären, ob eine starke oder eine schwache Form von Relativismus vertreten wird. Außerdem muss man sich vor unbedachten Folgerungen hüten:

> Die ganze Diskussion um den sogenannten Relativismus krankt daran, dass nicht präzise genug beachtet wird, welche Reichweite einzelne Schlussfolgerungen haben bzw. daran, dass aus an sich zutreffenden Beobachtungen falsche oder nicht notwendige Schlüsse gezogen werden (Saalmann 2005: 127).[2]

Kulturrelativismus: Partikularismus und Relationismus

In der Ethnologie bezieht sich der Begriff des Kulturrelativismus erstens auf eine allgemeine Maxime im wissenschaftlichen Umgang mit (vor allem fremder) Kultur und zweitens auf ein Postulat der Erklärung von Unterschieden zwischen menschlichen Kulturen (Rudolph 1968).[3] Die Maxime eines deskriptiven Kulturrelativismus besagt, dass Kulturen aus sich heraus beschrieben und verstanden werden sollten. Sie richtet sich gegen unvorsichtige Vergleiche und die unbedachte Anwendung universaler Erklärungen, die allzu leicht eurozentrisch gefärbt sind. Ziel der Wissenschaft soll Beschreibung sein, weniger dagegen Generalisierung und Erklärung. Wie im Historismus der Geschichtswissenschaft steht die Beschreibung einzelner Kulturen in bestimmten Räumen und zu spezifischen Zeiten (Partikularismus) im Mittelpunkt.

Eine Grundannahme des Kulturrelativismus besteht darin, dass Kulturen sinnvolle Lösungen von Lebensproblemen bzw. Anpassungen an Umwelten darstellen, die vor allem dann plausibel werden, wenn sie vom Standpunkt der Kultur selbst gesehen werden. Das leitet über zu einer speziellen Variante des Erkenntnisrelativismus und eine daraus gefolgerte methodische Maxime. Sie besagt, dass kulturelle Charakteristika nur im Kontext der ganzen Kultur, in der sie vorkommen, zu verstehen oder zu erklären sind. Dabei wird der Gesamtzusammenhang einer Kultur herausgestellt *(Holismus)* und die quasi organischen Beziehungen *(Relationen)* zwischen ihren verschiedenen Komponenten betont. Diese epistemische und methodische Haltung basiert auf einer systemischen und funktionalistischen Vorstellung von Kultur. Einzelne Elemente einer Kultur sind Teil eines Ganzen und machen nur in diesem Kontext Sinn. Das Ganze besitzt emergente Eigenschaften und hat eine eigene systemische Dynamik. Kurz: das Ganze ist mehr als die Summe seiner Teile. Eine treffendere Bezeichnung für diese Variante des Kulturrelativismus, welche dergleichen Beziehungen herausstellt, wäre *Kulturrelationismus*.

Als allgemeiner Kulturrelativismus ist der *konventionelle Kulturrelativismus* (Whitacker ²2010: 604) ein fachlicher Identitätsanker der Ethnologie.[4] Ein schwacher Kulturrelativismus ist hierbei wenig kontrovers insoweit er gängige Erkenntnisannahmen beibehält, agnostisch gegenüber Universalien ist und ethische Fragen ausspart. Ansonsten wird dieser allgemeine Relativismus selbst relativiert, wenn es um konkrete empirische Forschung geht. Dies steht im Gegensatz zu den eher radikalen Lesarten des Begriffs, etwa in Form einer strikten Wissenschaftskritik oder eines totalen Wertrelativismus. Diese starken Formen finden sich vor allem in populärethnologischen Texten, in der Diskussion um Menschenrechte und in manchen nichtethnologischen Kulturtheorien. Nach systematischen Überlegungen und nach Erkenntnissen der kulturvergleichenden empirischen Ethnologie ist die kulturelle Vielfalt und Relativität jedoch begrenzt. Dies liegt daran, dass Kultur zum großen Teil Antwort auf letztlich vergleichbare Probleme darstellt und es funktionale Notwendigkeiten gibt, die in jeder Kultur gelten (Rudolph 1968: 274 ff.; Stagl 1992: 155).[5]

Kulturalismus und Wertrelativismus

Kulturrelativismus als spezielle Maxime des Verstehens und Erklärens besagt, dass Unterschiede im Handeln und Denken zwischen menschlichen Kollektiven (z. B. Nationen, Gesellschaften, Ethnien, Subkulturen, Milieus) in erster Linie auf kulturelle und nicht auf biotische Ursachen zurückzuführen sind. Diese methodische Maxime wendet sich gegen jeglichen Biologismus. Einige Vertreter des Kulturrelativismus gehen weiter und fordern, Kultur ausschließlich mittels Kultur zu erklären, also ohne jegliche biologische Aspekte einzubeziehen. Kritiker halten diesen Ansatz für tautologisch (Kultur wird kulturell erklärt) und bezeichnen ihn als *Kulturdeterminismus*. Je deutlicher der Relativismus mit einer unbegrenzt formbaren Psyche argumentiert, nähert er sich einer anti-realistischen bzw. anti-naturalistischen Position und umso stärker setzt er sich der Kritik durch Erkenntnisse über biokulturelle Zusammenhänge aus (Rudolph ebd.: 274; Antweiler 2011: 223–253).[6]

Der Wertrelativismus (auch ethischer Relativismus, moralischer Relativismus oder normativer Relativismus) baut auf den Annahmen des beschreibenden und methodologischen Kulturrelativismus auf. Da moralische Werte ein Produkt einer jeweiligen Kultur sind, sind universale ethische Urteile zugleich inkohärent und unfair. Der Wertrelativismus geht zumindest bis auf Michel de Montaigne zurück (zur Geschichte vgl. Hatch 1983).[7] Der Wertrelativismus wendet sich gegen die Hierarchisierung von Kulturen, wie sie im Sozialevolutionismus des 19. Jhd. vorgenommen wurde, und vor allem gegen das Abwerten von anderen bzw. fremden Kulturen. Deshalb ist Wertrelativismus gegen Ethnozentrismus und Rassismus ins Feld geführt worden. Die Maxime dient also als Argument für den Respekt der je spezifischen Kultur und aller Kulturen. Wenn eine einzelne Kultur bewertet werden soll, dann sollte nur sie nur im lokalen Kontext und nach ihren eigenen Maßstäben statt eurozentrisch beurteilt werden. Falls Kulturen überhaupt vergleichend beurteilt werden, haben sie aus kulturrelativistischer Sicht alle denselben immanenten Wert, und die kulturelle Vielfalt wird als ein Eigenwert gesehen.

Eine schwache Form dieses Relativismus läuft auf ein Plädoyer für gegenseitige Toleranz hinaus, eine starke liefe auf eine ethische Fragmentierung hinaus und verstrickt sich dabei gegebenenfalls in Widersprüche. Der Wert der Wertfreiheit ist ja selbst ein Wert. Konsequenter Wertrelativismus würde auch bedeuten, dass ein handelndes Eingreifen, z. B. für den Frieden, in der Armutsbekämpfung oder auch für den Schutz einer bedrohten Kultur nicht begründbar ist. Auch einer Kritik an Verletzungen von Menschenrechten, etwa durch Genitalbeschneidung von Frauen, wäre der Boden entzogen. Hier ist wiederum festzuhalten, dass seit dem Zweiten Weltkrieg nur wenige Wissenschaftler einen Wertrelativismus solch extremer Form vertreten. Dies hat u.a. mit den Erfahrungen mit Nationalsozialismus und Stalinismus und mit der postkolonialistischen Kritik am Relativismus als westlicher Ideologie und der Kritik an relativistisch motivierter Toleranz von Repression zu tun.[8]

Erkenntnisrelativismus

Das Postulat einer Relativität der Erkennbarkeit von Kultur (auch epistemologischer Relativismus, kognitiver Relativismus) besagt, dass das Verstehen einer Kultur, die einem selbst fremd ist, prinzipiell begrenzt ist. Jeder Forscher wird bestimmte Vorstellungen aus seiner Kultur mitbringen. Ein Hauptgrund besteht in der prinzipiellen Schwierigkeit, kulturfreie Begriffe für die kulturübergreifende Beschreibung und Analyse bilden zu können (Matthes 1992).[9] Sprache ist immer stark kulturspezifisch geprägt und jedes Wort hat kulturspezifische Konnotationen. Es wird argumentiert, dass es allenfalls triviale pankulturelle Merkmale bzw. Charakteristika[10] geben könne. Damit sind echte Übersetzungen zwischen Kulturen prinzipiell unmöglich. Diese Spielart des Relativismus geht oft auf einen strikten Skeptizismus zurück. Nur ein extremer Erkenntnisrelativist würde daraus aber schließen, dass jedes Verstehen einer Fremdkultur unmöglich und jeglicher Vergleich unsinnig ist.

Strikte Formen des Erkenntnisrelativismus wurden von frühen Vertretern des Sprachrelativismus vorgebracht. Die Sapir-Whorf-Hypothese besagt in ihrer starken Form, dass Menschen einer Kultur nur das denken können, was durch ihre Sprache ausdrückbar ist. Aus den Besonderheiten einer jeweiligen Sprache wird abgeleitet, dass Kulturen füreinander letztlich nicht verständlich sind. Die meisten Sprachwissenschaftler und Ethnologen vertreten heute eine schwache Form dieser These. Sie besagt, dass Sprache allgemein und besonders einzelne Sprachen das Denken prägen (Werlen 2002).[11] Ein verwandtes Problem wurde in der sogenannten Rationalitätsdebatte diskutiert, die Frage, ob es eine allgemeinmenschliche Form von Denken gibt (Hollis/Lukes 1982; Lukes ³2009).[12] Relativistische Vertreter argumentierten, dass es zwischen verschiedenen Kulturen inkompatible Denkweisen gebe *(modes of thought)*. Vorstellungen zu Hexerei in afrikanischen Gesellschaften wurden so interpretiert, dass sie ein ganz anderes Denken darstellten als die universale Logik. Dies wurde von einigen Philosophen, z. B. Peter Winch dahingehend verallgemeinert, dass sogenannte westliche Sozialwissenschaften andere Kulturen prinzipiell nicht verstehen könnten.[13] Andere Philosophen argumentierten dagegen für die Möglichkeit interkultureller Übersetzung.

Kontroversen über relativistische vs. universalistische Annahmen treten auch in einzelnen Forschungsfeldern der Ethnologie immer wieder auf. So wurde in der Wirtschaftsethnologie diskutiert, wie man die Wirtschaftsweise einer fremden Kultur analysieren kann. Formalisten tun das mit allgemeinen Modellen der Wirtschaftswissenschaften. Substantivisten forderten, für jede einzelne Kultur spezielle Modelle zu entwickeln, weil die Wirtschaft jeweils anders kulturell eingebettet sei. Heute wird diese Debatte ähnlich wie die Debatte um Sprachrelativismus weniger polarisiert geführt.[14]

Das Postulat eines starken Erkenntnisrelativismus führt zu inneren Widersprüchen, schon weil er selbst eine absolute Aussage zur Erkennbarkeit macht. Zudem kann er die Tatsache, dass man sich offensichtlich praktisch doch mit Vertretern anderer Kulturen verständigen kann, nicht erklären. Er würde implizieren, dass Ethnologie nicht existieren kann, weil Verallgemeinerung und Vergleich völlig unmöglich sind.[15] Schließlich wäre er auch mit einem Wertrelativismus nicht vereinbar, denn Kulturen können nicht gleichzeitig unvergleichbar und gleichwertig sein. Ein strikter Erkenntnisrelativismus wird in der Wissenschaft heute eher selten vertreten. Dies gilt auch für fast alle Vertreter des Postmodernismus, der *Postcolonial Studies* und der *Cultural Studies*, was von Kritikern, z. B. seitens des Feminismus, oft übersehen wird. So wie die Kritik am Relativismus viel mehr ist als vorethnologische Nostalgie (contra Geertz 1996),[16] so ist auch eine Kritik westlicher wissenschaftlicher Rationalität möglich, ohne gleich in einen totalen Erkenntnisrelativismus zu verfallen.

Kulturrelativismus als praxisrelevante regulative Maxime in einer kosmopolitischen Welt

Polarisierende Bezeichnungen wie Kulturdeterminismus und Biologismus werden als Kampfvokabeln in den *Science Wars* zwischen Sozial-, Kultur- und Naturwissenschaften ins Feld geführt. Franz Boas als Begründer des modernen Relativismus war vor allem Wertrelativist und insgesamt kein extremer Relativist. Er wollte nicht als Relativist bezeichnet werden und rechnete durchaus mit der Existenz von Universalien. Das gilt auch für die klassischen Vertreter des Kulturrelativismus der 1930er und 1940er Jahre, wie Margaret Mead und Melville Herskovits.[17] Allein Ruth Benedict propagierte einen explizit strikten kognitiven Relativismus. Gerade ihr Buch, das Kulturen überscharf kontrastierte, machte aber den Kulturrelativismus populär (Benedict 1955).[18] Die meisten heutigen Kultur- und Sozialwissenschaftler vertreten gemäßigte Formen der allgemeinen kulturrelativistischen Doktrin und/oder der methodischen Haltung (Brown 2008).[19]

Ein moderater Kulturrelativismus ist als Regulativ eine wichtige Voraussetzung interkulturellen Umgangs und einer kosmopolitischen Orientierung der vernetzten Kulturen auf einem begrenzten Planeten. Da Kulturrelativismus prinzipiell auf kulturelle Besonderheiten und Unterschiede fokussiert ist, sollte der Relativismus durch eine Betonung von Ähnlichkeiten oder Gemeinsamkeiten ergänzt werden. Pankulturelle Muster existieren erstens zwischen allen Menschen und zweitens zwischen allen oder fast allen Kulturen. Die Pole der Differenz und Universalität sind nicht gegeneinander auszuspielen. Die Anerkennung von Differenz bzw. die Würdigung anderer Kulturen müsste durch die Achtung von Menschen und der ganzen Menschheit ergänzt werden (Antweiler ebd.).[20] Dafür braucht man neben außerwissenschaftlich zu bestimmenden Werten nicht nur Wissen über die Vielfalt der Kulturen, sondern auch empirische Kenntnisse über den

Menschen und die Menschheit. Das Desiderat ist eine Humanwissenschaft des ganzen Menschen, eine umfassende Anthropologie. Ein neuerer Ansatz dazu ist ein inklusiver, also nicht eurozentrischer, Humanismus, der mit einem realistischen Kosmopolitismus kombiniert werden kann.

CHRISTOPH ANTWEILER, *Professor für Südostasienwissenschaft, Rheinische Friedrich-Wilhelms-Universität, Bonn*

Anmerkungen

[1] S. D. Hales (ed.), *A Companion to Relativism*, Malden, Mass./Oxford 2011.
[2] G. Saalmann, *Fremdes Verstehen. Das Problem des Fremdverstehens vom Standpunkt einer ›metadisziplinären‹ Kulturanthropologie*, Aachen 2005.
[3] W. Rudolph, *Der kulturelle Relativismus. Kritische Analyse einer Grundsatzfragendiskussion in der amerikanischen Ethnologie*, Berlin 1968.
[4] M. P. Whitaker, ›Relativism‹, in: A. Barnard/J. Spencer (eds.), *Encyclopedia of Social and Cultural Anthropology*, Abingdon/New York, [2]2010, S. 604–607.
[5] W. Rudolph, *Der kulturelle Relativismus;* J. Stagl, ›Eine Widerlegung des kulturellen Relativismus‹, in: J. Matthes (Hrsg.), *Zwischen den Kulturen? Die Sozialwissenschaften vor dem Problem des Kulturvergleichs*, Göttingen 1992, S. 145–166.
[6] Rudolph, *Der kulturelle Relativismus;* C. Antweiler, *Mensch und Weltkultur. Für einen realistischen Kosmopolitismus im Zeitalter der Globalisierung*, Bielefeld 2011.
[7] E. Hatch, *Culture and Morality. The Relativity of Values in Anthropology*, New York 1983.
[8] E. Kalny, ›Der »Westen« und die Menschenrechte. Abschied vom Ursprungsmythos einer Idee‹, *Peripherie*, 109–110, 2008, S. 196–223; S. van der Walt, ›Die Last der Vergangenheit und die kulturrelativistische Kritik an den Menschenrechten. Ursprung und Folgen der westlichen Alteritätsobsession‹, *Saeculum* 57, 2, 2006, S. 231–253.
[9] Matthes, *Zwischen den Kulturen.*
[10] Siehe meinen Artikel ›Universalismus und Kultur-Universalien‹ in diesem Band S. 191–197
[11] I. Werlen, *Sprachliche Relativität. Eine problemgeschichtliche Einführung*, Tübingen 2002.
[12] M. Hollis/S. Lukes (eds.), *Rationality and Relativism*, Cambridge, Mass. 1982; S. Lukes, ›Relativism‹, in: A. Kuper/J. Kuper (eds.), *The Social Science Encyclopedia*, London/New York [3]2009, S. 864–867.
[13] P. Winch, *The Idea of Social Science and its Relation to Philosophy*, London 1958.
[14] R. Wilk/L. Cligett, *Economies and Cultures: Foundations of Economic Anthropology*, Boulder, Col. [2]2007.
[15] M. J. Herskovits, *Cultural Relativism. Perspectives on Cultural Pluralism*, F. Herskovits (ed.), New York 1972; Stagl, ›Eine Widerlegung‹; Saalmann, *Fremdes Verstehen*, S. 138–154.
[16] C. J. Geertz, ›Anti-Antirelativismus‹, in: R. Konersmann (Hrsg.), *Kulturphilosophie*, Leipzig 1996, S. 253–291 [›Distinguished Lecture: Anti-Anti-Relativism‹, *American Anthropologist*, Vol. 86, 1984, S. 263–278].

[17] M. Mead, *Coming of Age in Samoa*, New York 1928; M. J. Herskovits, *Man and His Works, The Science of Cultural Anthropology*, New York [10]1966 [1948].
[18] R. F. Benedict, *Urformen der Kultur*, Reinbek bei Hamburg 1955 [*Patterns of Culture*, Boston/New York 1934].
[19] M. F. Brown, ›Cultural Relativism 2.0‹, *Current Anthropology*, Vol. 49, No. 3, 2008, S. 363–383.
[20] Antweiler, *Mensch*.

Hegemonie

Der Hegemoniebegriff im frühen 20. Jahrhundert

Hegemonie hat sich zu Recht als ein Leitbegriff der Kultur- und Sozialwissenschaften herausgeschält. Doch bei dem Begriff der Hegemonie handelt es sich nicht allein um einen kultur- und sozialwissenschaftlichen Leitbegriff, sondern auch um einen Streitbegriff. Nicht etwa deshalb, weil die Bedeutungen dieses theoretischen Konzepts besonders umstritten wären, sondern weil es für den Einsatz in einer hochgradig umkämpften politischen Situation selbst entwickelt wurde. Dazu muss man sich den historischen Kontext, in dem der Begriff vor allem von Antonio Gramsci ausgearbeitet wurde, vor Augen halten. 1891 in Sardinien geboren war Gramsci zunächst in der Turiner Rätebewegung aktiv und wurde 1921 zum Mitbegründer der Kommunistischen Partei Italiens. Von den Faschisten 1926 ins Gefängnis geworfen (er starb 1937 nach seiner Entlassung an den Folgen der Haft), entwickelte er dort den Hegemoniebegriff unter ungünstigsten Bedingungen, aber auf Basis seiner früheren Erfahrung in politischen Kämpfen.

Was also war die historische Situation, mit der sich Gramsci theoretisch auseinanderzusetzen versuchte? Nach der russischen Revolution von 1917 fand sich die europäische Linke sehr bald in einer Phase der Ernüchterung. Die theoriegeleiteten Prognosen hatten sich nicht bewahrheitet. Nicht nur hatte die einzige sozialistische Revolution nicht im wirtschaftlich fortschrittlichsten Land Europas mit der stärksten Arbeiterbewegung stattgefunden (in Deutschland), sondern in einem der industriell »rückschrittlichsten« (in Russland). Auch fanden die vorhergesagten Anschlussrevolutionen im Westen nach Ende des Ersten Weltkriegs entweder nicht statt oder scheiterten kläglich.

Diese Situation musste Auswirkungen auf den Theoriebau des Marxismus haben, da sie jeden Ökonomismus und Determinismus effektiv widerlegte. Gramscis Antwort darauf bestand in der Weiterentwicklung des Hegemoniebegriffs. Er übernahm diesen aus dem Vokabular Wladimir I. Lenins, für den Hegemonie die Strategie von

Klassenallianzen bezeichnete. Doch verstand Lenin darunter nur ein manipulatives Bündnis zwischen Klassen, innerhalb dessen die eintretenden Klassen ihre Identität unabhängig von dieser Allianz beibehielten. Gramscis Hegemoniebegriff geht über das leninistische Konzept des Klassenbündnisses hinaus. Gramsci spricht von der Notwendigkeit der Konstruktion eines *kollektiven Willens*, der eine Vielzahl von Positionen zu einem gemeinsamen politischen Projekt artikuliert, das sich keineswegs automatisch aus deren Klassenzugehörigkeit ergibt. Damit wird der im strengen Sinn politische und strategische Aspekt der Konstruktion sozialer Identität betont: ›der Kollektivwille ist ein Resultat der politisch-ideologischen Artikulation verstreuter und fragmentierter historischer Kräfte‹ (Laclau/Mouffe 1991: 111).[1]

Der Name für diesen Konstruktionsprozess ist Hegemonie. Bei dieser handelt es sich streng genommen nicht um etwas, das man einfach »gewinnt«, sondern um ein *Verhältnis* zwischen an sich heterogenen Elementen. Das wird deutlich an der historischen Situation, von der Gramscis Beobachtung ausgeht: So wurde die Macht in den Ländern des europäischen Westens offenbar nicht durch die Stürmung eines Winterpalasts gewonnen. Während in einer Gesellschaft wie dem zaristischen Russland die Übernahme der Staatsmacht ein offenbar hinreichendes Kriterium für eine Revolution darstellte, musste in den westeuropäischen Ländern mit ihrer vergleichsweise stärker entwickelten Zivilgesellschaft eine Revolution erst außerhalb des Staatsapparats, das heißt auf dem Terrain der Zivilgesellschaft vorbereitet werden. Unter Zivilgesellschaft versteht Gramsci jenen dem Staat im engeren Sinn vorgelagerten Bereich privater Organisationen, die nicht direkt unter dessen Verwaltung stehen, also z. B. Erziehungsinstitutionen wie Schulen und Universitäten, die Massenmedien, private Vereine und selbst Gewerkschaften. In den »fortgeschrittensten Staaten« hatte sich die Zivilgesellschaft, wie Gramsci anmerkt, zu einer sehr komplexen Struktur entwickelt, die genauso widerstandsfähig gegenüber ökonomischen Krisen und Depressionen wie gegenüber politischen Revolutionsversuchen war:

> Im Osten war der Staat alles, die Zivilgesellschaft war in ihren Anfängen und gallertenhaft; im Westen bestand zwischen Staat und Zivilgesellschaft ein richtiges Verhältnis, und beim Wanken des Staates gewahrte man sogleich eine robuste Struktur der Zivilgesellschaft. Der Staat war nur ein vorgeschobener Schützengraben, hinter wel-

chem sich eine robuste Kette von Festungen und Kasematten befand (Gramsci 1992: 874).[2]

Mit diesem Bild vergleicht Gramsci die Zivilgesellschaft mit den Grabensystemen des ersten Weltkriegs. Das Terrain, auf dem die hegemoniale Auseinandersetzung geführt wird, muss als ein hochgradig in sich verkeiltes, komplexes System zivilgesellschaftlicher Institutionen gedacht werden. Der Kampf innerhalb dieses Systems wurde von Gramsci metaphorisch als »Stellungskrieg« bezeichnet. Im Unterschied zum »Bewegungskrieg« übernimmt im Stellungskrieg eine politische Kraft nicht etwa mit wehenden Fahnen die Staatsmacht, sondern kämpft sich gleichsam von Graben zu Graben vor. Der Zweck dieser Bemühungen besteht in der Herstellung von Hegemonie in einem sehr präzisen Sinn, nämlich in der Erzeugung von *Konsens* und *freiwilliger Zustimmung* auf dem komplexen Terrain der Zivilgesellschaft. Entscheidend daran ist die *Freiwilligkeit,* denn sie grenzt den Begriff der Hegemonie von jenem des Zwangs ab. Dabei ist die auf dem Terrain der Zivilgesellschaft ausgeübte Hegemonie, im Unterschied zum staatlichen Zwang, durch das Bemühen charakterisiert, einen Zustand des allgemeinen Konsenses und der freiwilligen, also eben nicht erzwungenen Zustimmung zum jeweils hegemonialen Projekt herbeizuführen. Aus dieser Perspektive ist Hegemonie der Name für die Organisation von Zustimmung. Die Zwangsmittel der »politischen« Staatsapparate sind schon allein deshalb nicht zureichend für dauerhafte Herrschaft, weil die freiwillige Zustimmung zu einem gegebenen Status quo auch in den Köpfen des Personals dieser Zwangsapparate hergestellt werden muss.

Damit sagt Gramsci nicht, dass die Ausübung von Zwang in Herrschaftsverhältnissen keine Rolle spielen würde, im Gegenteil. Herrschaft kann nur als gesichert gelten, solange beide Seiten ›des Zwangs und des Konsenses, der Autorität und der Hegemonie, der Gewalt und der Kultur‹ integriert bleiben (Gramsci 1996: 1554).[3] Um diesen Gedanken zu entwickeln, führt Gramsci den Begriff des »integralen Staates« ein. Die einschlägige Formel lautet: ›Staat = politische Gesellschaft + Zivilgesellschaft, das heißt Hegemonie, gepanzert mit Zwang‹ (ebd. 1992: 783).[4] Eine hegemoniale Allianz kann ihre Herrschaft auf Dauer nur sichern, wenn sie sich auf beide Aspekte – Zwang, ausgeübt durch die politische Gesellschaft (durch den Staat im landläufigen Sinn von Regierung, Justiz, Polizei, Militär), und Hegemonie, ausgeübt in der Zivilgesellschaft – stützt. Dennoch liegt der Primat bei der Hegemonie, denn – und das haben zuletzt die arabischen Revolutionen gezeigt – sind Konsens und freiwillige Zustimmung auf breiter Front erst einmal geschwunden, wird auch der Zwangsapparat instabil.

Das »Medium«, innerhalb dessen Konsens und freiwillige Zustimmung hergestellt werden, bezeichnet Gramsci als *Alltagsverstand (senso comune)*. Der hegemoniale Stellungskrieg findet also wesentlich *um* den Alltagsverstand statt. Hier entscheidet sich, ob eine bestimmte Version des Konsenses mit dem Anschein von Plausibilität ausgestattet werden kann. In dieser Hinsicht bezeichnet Hegemonie den Kampf um die Aktivierung bestimmter Elemente des Alltagsverstands, ihre Verknüpfung mit dem eigenen hegemonialen Projekt, wie auch die Desaktivierung anderer Elemente. Zugute kommt diesem Bemühen die Inkohärenz und *heteroklite* Natur des Alltagsverstands. In ihm fänden sich ›Elemente des Höhlenmenschen und Prinzipien der modernsten und fortgeschrittensten Wissenschaft, Vorurteile aller vergangenen, lokal bornierten geschichtlichen Phasen und Intuitionen einer künftigen Philosophie, wie sie einem weltweit vereinten Menschengeschlecht zueigen sein wird‹ (ebd. 1994: 1376).[5] Es ist also gerade sein inkohärenter Charakter, der den Alltagsverstand gegenüber hegemonialen Rekodierungen empfänglich macht. Solche Rekodierungen sind Voraussetzung dafür, dass sich eine »organische Ideologie« bildet, die unterschiedliche Klassen und Strata der Bevölkerung wie durch Zement aneinander bindet. Das Ergebnis ist, in Gramscis Terminologie, ein »historischer Block« oder, in moderner Terminologie, eine hegemoniale Formation, die sowohl die ökonomische Basis einer Gesellschaft als auch deren so genannten Überbau umfasst.

Hegemonietheorie heute

Die wichtigste theoretische Weiterentwicklung der Hegemonietheorie Gramscis wurde in den 1980er Jahren von Ernesto Laclau und Chantal Mouffe geleistet (siehe einführend Marchart 1998; zur Anwendung u.a. Norval 1996).[6] Laclau und Mouffe schließen an Gramscis Idee von Hegemonie als einem *Verhältnis* an und wenden sie diskursanalytisch: ›Hegemonie ist ganz einfach ein politischer *Typus von Beziehung*, eine *Form*, wenn man so will, von Politik, aber keine bestimmbare Stelle innerhalb einer Topographie des Gesellschaftlichen‹ (Laclau/Mouffe 1991: 198).[7] Damit wird die topographische Vorstellung etwa verschiedener sozialer »Regionen« wie Ökonomie, Zivilgesellschaft und politischer Gesellschaft, wie sie simplistische Lektüren Gramsci vielleicht unterstellen könnten, zurückgewiesen. Weder ist Gesellschaft in hierarchisch organisierte Ebenen (wie Basis und Überbau), noch ist sie in selbstregulierte Teilsysteme differenziert. Sondern das Soziale ist, Laclau und Mouffe zufolge, hegemonial *zu diskursiven Formationen artikuliert,* die quer zu jeder topographischen System- oder Ebenenunterscheidung liegen. Die allgemeine Perspektive der diskursanalytischen Hegemonietheorie Laclaus und Mouffes lässt sich dann zur Frage verdichten: *Wie wird eine gegebene hegemoniale Formation auf einem von Kämpfen durchzogenen Terrain diskursiv artikuliert?*

Konkret ist diese Frage für jede gegebene hegemoniale Formation immer nur mit Blick auf den Einzelfall zu beantworten, doch auf theoretischer Ebene machen Laclau und Mouffe eine allgemeine diskursive »Logik« der Vereinheitlichung relationaler Ensembles aus. Denn wird das Soziale – im Anschluß an den Linguisten Ferdinand de Saussure – als ein Feld von Bedeutung und damit von Differenzen verstanden (denn die Bedeutung eines diskursiven Elements stellt sich nur her qua relationaler Differenz zu anderen Elementen), so bleibt zu klären, wie diese Differenzen miteinander verknüpft, d. h. artikuliert werden. Die Erklärung hierfür liefert Laclaus und Mouffes Konzept des Antagonismus. Eine vorübergehende Verknüpfung relationaler Elemente stellt sich her durch deren gemeinsame Abgrenzung gegenüber einem antagonistischen *Außen*. Dieses stellt keine weitere Differenz dar, d. h. kein weiteres »positives« Element, denn dann wäre es ja Teil des Felds der Differenzen und nicht dessen *Außen*. Es muss vielmehr als rein negativer Bezugspunkt gedacht werden, dem gegenüber sich die Differenzen zu einem gemeinsamen Ensemble – einer »Äquivalenzkette« – zusammenschließen. Als das *ganz Andere* der Differenz präsentiert sich der Antagonismus dem Feld der Differenzen gegenüber somit als *Prinzip von Äquivalenz*. Insofern jedes relationale (= differentielle) Ensemble aber konstitutiv auf eine Instanz verwiesen bleibt, die ihm notwendigerweise entkommt (= ein negatorisches *Außen*), wird es immer von seinem Gegenteil (dem Prinzip der Äquivalenz) subvertiert, welches es zugleich konstituiert. So folgern Laclau und Mouffe (ebd.: 1994),

> daß Hegemonie auf einem kreuz und quer von Antagonismen durchzogenen Feld auftaucht und deshalb Äquivalenzphänomene und trennende Grenzeffekte voraussetzt. [...] Die beiden Bedingungen einer

hegemonialen Artikulation sind also einmal die Präsenz antagonistischer Kräfte und zum zweiten die Instabilität der sie trennenden Grenzen.

Eine Grundvoraussetzung hegemonialer Artikulation besteht dabei für Laclau und Mouffe, wie schon für Gramsci, im Überschreiten der rein korporativ-ökonomischen Interessen – bzw. bei Laclau und Mouffe der Überschreitung des eigenen Partikularismus hin zum politisch Verallgemeinerbaren. Eine partikulare soziale Kraft muss sich hegemonial *universalisieren* (qua Herstellung von Konsens und freiwilliger Zustimmung, d. h. zugleich qua Allianzenbildung). Laclau kann an eine entscheidende Strecke aus Gramscis Gefängnisheften anschließen, die dieser neu dargelegten Logik von Hegemonie zum Vorbild dient. So bestehe die politische Phase im Aufbau von Hegemonie darin, dass ›das Bewußtsein erlangt wird, daß die eigenen »korporativen« Interessen in ihrer gegenwärtigen und künftigen Entwicklung den »korporativen« Umkreis, also den der ökonomischen Gruppierung, überschreiten und zu Interessen anderer untergeordneter Gruppen werden können und müssen‹ (Gramsci 1992: 496).[8]

Dies sei die ›Phase, in der die zuvor aufgekeimten Ideologien in Kontakt kommen und in Kontrast treten, bis eine einzige von ihnen, oder zumindest eine einzige Kombination derselben, dazu tendiert, das Übergewicht zu erlangen, sich durchzusetzen, sich über das gesamte Gebiet zu verbreiten, über die ökonomische und politische Einheit hinaus auch die intellektuelle und moralische Einheit determinierend, auf einer nicht korporativen, sondern universellen Ebene der Hegemonie einer gesellschaftlichen Hauptgruppierung über die untergeordneten Gruppierungen‹ (ebd).

Mit einem entscheidenden Vorbehalt wird Laclau Gramsci folgen: Für Laclau sind die Reste des Ökonomismus, der sich in dem Zitat spiegelt, nicht länger tragbar. Vor allem sei zu bestreiten, dass es sich – spätestens nach der Erfahrung der *Neuen Sozialen Bewegungen* in den 1970er-Jahren – bei korporativen Interessen allein um ökonomische Interessen handeln muss. Unter korporativen Interessen können alle Formen des Partikularismus und der identitären Selbstabschließung (etwa in Form von *identity politics*) verstanden werden. Diese korporative Phase muss allerdings im Aufbau einer Hegemonie überwunden werden; darin besteht der Aspekt ihrer Universalisierung. In *Emanzipation und Differenz* (2002) hat Laclau aus dieser Logik der Hegemonie eine Art negative Dialektik zwischen Partikularität und

Universalität destilliert.[9] Er kann sich dabei wiederum auf Gramsci stützen, der an einer Stelle der *Gefängnishefte* selbst davon spricht, dass im hegemonialen Verhältnis ›das »Partikulare« zu »Universellem« erhoben wird‹ (Gramsci 1992: 771).[10] Laclau geht jedoch auch hier über Gramsci hinaus, indem er dieses Verhältnis dekonstruktiv als notwendig und doch zugleich prinzipiell unmöglich fasst. Er wird in der Unüberbrückbarkeit des Spalts zwischen dem Partikularen und dem Universellen die eigentliche Bedingung der (Un-) Möglichkeit des hegemonialen Verhältnisses erkennen. Das Universelle besitzt keinen notwendigen Inhalt, und es wird nie ein partikularer Körper gefunden werden können, der sich als wahrer Körper des Universellen erwiese. Stattdessen ›wetteifern verschiedene Gruppen miteinander, um ihren Partikularismen eine Funktion universeller Repräsentation zu geben‹ (Laclau 2002: 64).[11] Dieser Prozess ist prinzipiell unabstellbar, denn der Spalt zwischen Partikularität und Universalität bleibt auf Dauer unüberbrückbar. Das Universelle (einer ein für allemal errichteten hegemonialen Ordnung) wird so zu einem unmöglichen Objekt, das letztlich nicht erreichbar ist, dennoch aber notwendig bleibt als leerer Ort, um den der politische Kampf tobt. Auch in dieser Hinsicht also erweist sich Hegemonie als Streitbegriff.

Oliver Marchart, *SNF-Förderprofessur, Soziologisches Seminar, Universität Luzern*

Anmerkungen

1 E. Laclau/C. Mouffe, *Hegemonie und radikale Demokratie: Zur Dekonstruktion des Marxismus*, Wien 1991.

2 A. Gramsci, *Gefängnishefte*, I-X, Kritische Gesamtausgabe, Deutsches Gramsci-Projekt (Hrsg.), Hamburg 1991–2002, zitiert aus IV, Hefte 6–7, Hamburg 1992.

3 Gramsci, *Gefängnishefte*, VII, Hefte 12–15, Hamburg 1996.

4 Gramsci, *Gefängnishefte*, IV.

5 Gramsci, *Gefängnishefte*, VI, *Philosophie der Praxis*, Hefte 10–11, Hamburg 1994.

6 O. Marchart (Hrsg.), *Das Undarstellbare der Politik: Zur Hegemonietheorie Ernesto Laclaus*, Wien 1998; A. J. Norval, *Deconstructing Apartheid Discourse*, London/New York 1996.

7 Laclau/Mouffe, *Hegemonie*.

8 Gramsci, *Gefängnishefte*, III, Hefte 4–5, Hamburg 1992.

9 E. Laclau, *Emanzipation und Differenz*, Wien 2002.

10 Gramsci, *Gefängnishefte*, IV.

11 Laclau, *Emanzipation*.

Moral Imperialism

Introduction

The term imperialism has been coupled to or prefixed by a wide range of labels and descriptors, many of them controversial or contested. Examples that readily come to mind include neo-imperialism, economic imperialism, cultural imperialism, liberal imperialism, humanitarian imperialism, democratic imperialism, Western imperialism, American imperialism, and the subject of this essay, moral imperialism. The level of controversy and contestation tends to depend on factors such as one's social, political, economic or cultural perspective. For many, to be accused of being an imperialist is a pejorative term, but over the years it has been regarded by some as a badge of honor and a measure of national esteem. Some flatly reject any form of imperialism in the belief that imperialism by its very nature assigns different moral worth to different peoples. In addition to exploring the nature of moral imperialism and its contested meanings and merits, the key point that I want to make in this essay is that all forms of imperialism have a moral dimension. Before I get to that topic, however, first it is helpful to discuss the nature and meaning of imperialism more generally.

Empires and imperialism

Michael Doyle begins his book *Empires* (1986) with reference to a 1940 quote form Lord Hailey: 'Imperialism is not a word for scholars'. Doyle (1986: 11) suggests that in Hailey's time, imperialism was 'not in the mainstream of scholarly literature […] nor is it today'.[1] Much has changed in the quarter century since Doyle's book was published, especially in the decade since 11 September 2001, when questions of imperialism have never been far away from discussions about how our world ought best be organized and governed. These discussions have covered a wide range of perspectives and permutations: left, right and centre; for, against and everything in between.[2] Some of these differences of opinion can be attributed in part to competing accounts of the roles played by empires and imperialism in world history: virtuous bringer of civilization to the masses or ruthless exploiter of the oppressed?

As Doyle (ibid.: 13) noted,

> in a field in which Hobson warned about the use of "masked words" to rally bemused intellectual support for brutal policies, in which Lenin feared the impact of jingoistic ideas on a labor aristocracy bought by imperialistic gold, and in which Schumpeter discussed the use of imperialism itself as a "catchword", one has to be especially careful not to contribute to obfuscation.[3]

Given the call for clarity, it is worth defining imperialism in the most general sense before going on to discuss different varieties or means of imperialism. Imperialism refers to the imposition of one nation's authority over another nation (or nations) or peoples through the establishment of political, economic and/or cultural dominance. While it is often used interchangeably with colonialism, imperialism is a somewhat broader process in that it includes informal modes of control that do not necessarily require territorial domination, annexation or settlement. As with colonialism, imperialism is characterized by unequal and exploitative relations of power between the core or metropole and the periphery, including a general lack of independence or autonomy over many aspects of personal, social, political and economic life in the periphery.

Doyle makes the point that 'Empires have conventionally been defined in narrow terms as the formal annexations of conquered territory' (ibid.: 13), or what we call colonialism. Yet empires are also increasingly defined more 'broadly as any form of international economic inequality, as international power, as international exploitation, and as international order – even as the extension of civilization (presumably that of the conquerors) (ibid.: 20)'.[4] In essence, empire is defined as 'a relationship, formal or informal, in which one state controls the effective political sovereignty of another political society. It can be achieved by force, by political collaboration, by economic, social, or cultural dependence' (ibid.: 45). And 'Imperialism is simply the process or policy of establishing or maintaining an empire (ibid.)'.[5]

This definition explains in part why, particularly in respect to informal relationships, the label imperialism is attached to so many of the unequal power relationships that constitute the vast web of connections in an increasingly globalized world. Moreover, imperialism does not just apply to the usurpation of political sovereignty; it can also be applied to realms beyond the purely political, including the economy, social and cultural domains, and systems of values and morals.

Modes of imperialism

Much of the general issue of imperialism continues to revolve around claims to superiority and the notion of a hierarchy of peoples, races, states, or whatever the particular collective might be. Throughout much of recent history it was Europe that was said to represent the highest stage of progress and development, and it was a condition that other peoples at various stages of "arrested development" were encouraged to aspire to. In more recent times it is the United States that is held up as the shining light of modernity, the epitome of a fully-developed, individualist, and commercial and consumer society. It is still argued by many that "traditional" or "underdeveloped" societies still require a good measure of tutelage to help them achieve a similar state of "development".

John Stuart Mill firmly argued that there are exceptions to whom liberty and full self-government are extended. As in times past, like children, 'backward states of society in which the race itself may be considered at its nonage'[6] are excluded. In the post-colonial world intervention is no longer justified in terms of references to race, rather allusions to culture are often the preferred pretext. Nevertheless, it remains the case that societies deemed to be at a stunted stage of development are still thought to 'require being taken care of by' developed states, and 'must be protected against their own actions' (ibid.). Mill further argued, for such "traditional" or "underdeveloped" societies, paternalistic 'Despotism is a legitimate mode of government' (ibid.). While the language used by today's institutions, theorists, policy-makers and practitioners has changed ever so slightly from that used by Mill, the intent and the implications remain constant.

Western-style modernization or development programs, for instance, raise a range of questions relating to imperialism. Dean Tipps makes the point that while not 'all modernization theorists are necessarily apologists of American expansionism', nevertheless, it is a theory that tends to necessitate a 'form of "cultural imperialism"'. That is, 'an imperialism of values which superimpose American or, more broadly, Western cultural choices upon other societies, as in the tendency to subordinate all other considerations (save political stability perhaps) to the technical requirements of economic development' (1973: 210).[7]

A rather blunt example of this is David Rothkopf's (1997: 45) suggestion that it is in the US's interests to

> ensure that if the world is moving toward a common language, it be English; that if the world is moving toward common telecommunications, safety, and quality standards, they be American; that if the world is becoming linked by television, radio, and music, the programming be American; and that if common values are being developed, they be values with which Americans are comfortable.[8]

More alarming is his claim that the

> United States should not hesitate to promote its values. In an effort to be polite or politic, Americans should not deny the fact that of all the nations in the history of the world, theirs is the most just, the most tolerant, the most willing to constantly reassess and improve itself, and the best model for the future (ibid.: 48–49).[9]

This begs the question, in a supposedly post-colonial world, has all that much really changed, have not formal empires merely been superseded by some sort of informal imperialism?

Michael Ignatieff (2002: 54), for instance, insists that 'imperialism doesn't stop being necessary just because it becomes politically incorrect. Nations sometimes fail, and when they do, only outside help – imperial power – can get them back on their feet'.[10] Ignatieff argues elsewhere that the 'twenty-first century imperium is a new invention in the annals of political science, an empire lite, a global hegemony whose grace notes are free markets, human rights and democracy, enforced by the most awesome military power the world has ever known' (2003: 24).[11]

Anders Stephanson (1995: 18) notes that there has long existed the idea that civilization and progress is 'carried forward by a single dominant power or people'.[12] As noted, for centuries that power was Europe, but in the middle of the twentieth century the baton of standard-bearer was thought to have been passed on to America. Paul Kennedy (Eakin 2002) has suggested that nothing past or present 'has ever existed like this disparity of power' between the US and its allies and rivals.[13] Conservative columnist, Charles Krauthammer, is even more strident in insisting the 'fact is no country has been as dominant culturally, economically, technologically and militarily in the history of the world since the Roman Empire' (ibid.). As such, it is the US which is inclined to take the lead and seeks to set the tone across all manner of spheres: political, economic, legal, military, technological, cultural, moral and more. As Richard Shweder (2002: 118) describes it, at present the 'gold standard for defining progress is often, if only implicitly, the United States – our wealth and free enterprise, our democratic form of government, our dedication to work, and our ideas about gender, sexuality, marriage, and the family'.[14]

Moral imperialism

This brings us more explicitly to the issue of moral imperialism. Questions of moral imperialism lie at the intersection of debates about ethical/moral universalism and cultural relativism. Moral universalism refers to the position that some system of values or ethics applies universally; that is, to all people in all places at all times regardless of their differences, be they cultural, national, racial, religious, gendered, or related to sexuality or any other distinguishing feature one might choose to apply. The justification for claims to universality of such a system of values might be based on understandings of human nature and the demands of universal reason, or assertions about what existing moral codes hold in common, such as the similar requirements of various religions. An example of this is the ethic of reciprocity, or the so-called 'Golden Rule', which is a fundamental moral principle common to most major religions. While it is expressed in a range ways, the essence of the ethic of reciprocity is captured in the phrase, "treat others as you would like to be treated".[15]

Cultural relativism, on the other hand, refers to the principle that one's values, beliefs and general way of life is dependent on and possibly unique to one's own culture. The central argument is that systems of morals or ethics have no universal or timeless claims. The values, beliefs and principles by which one lives their life are only relevant or valid for the time and place in which that person or collective live by those beliefs, values or superstitions. Such arguments have been used to challenge claims about the universal nature and applicability of things such as individual human rights. It is argued by some that the human rights tradition is based on a particularly liberal mode of politics which, although generally accepted in the West, is not necessarily the norm elsewhere. It is further argued that the foundation of human rights lie in influential liberal thinkers, such as John Locke and John Stuart Mill, who are not only of the West but were involved in establishing imperial policies and the running of European empires.

This is essentially what moral imperialism is all about; it involves attempts by one cultural group, usually a dominant group, to impose their values on others at the expense of their own values and, potentially, much of their way of life. One of the key questions claims to universality raises is: If one group has to define and promote their values among the various groups holding different values, then are they really universal values at all? As Naeem Inayatullah and David L. Blaney highlight, of real concern is 'that claims of universal values are accompanied by a temptation to impose values on the recalcitrant, resulting in violence and domination' (Inayatullah/Blaney 2004: 6–7).[16]

By definition the United Nations' Universal Declaration of Human Rights enshrines rights that apply to all human beings equally, regardless of their various differences. Contrary to this view, the cultural relativism argument claims that not all human rights are universal; some might actually conflict with some cultures' beliefs and values and could even threaten their survival. Significant cultural critics of the individual nature of universal rights include proponents of "Asian Values", in which filial piety is a major consideration. For instance, in the early 1980s the Iranian representative to the UN, Said Rajaie-Khorassani, declared that the UDHR was 'a secular understanding of the Judeo-Christian tradition', which could not be implemented without breaching Sharia law (Littman 2003).[17] Similarly, the then prime ministers of Singapore and Malaysia, Lee Kuan Yew and Mahathir bin Mohamad, respectively, claimed in the 1990s that Asian values are different from Western values and include a sense of loyalty and the foregoing of personal freedoms for the sake of social stability and prosperity.[18] This was countered by former Malaysian deputy prime minister, Anwar Ibrahim (2006: 6–7), who argued: 'To say that freedom is Western or un-Asian is to offend our traditions as well as our forefathers, who gave their lives in the struggle against tyranny and injustices'.[19]

An oft-cited example of what is claimed to be a double-standard is female genital cutting, which occurs in different cultural groups in

Africa, Asia and South America; and in diasporas elsewhere. While it is not mandated by any religion, it has become a tradition in a number of cultures. Cutting is considered by many to be a violation of women's and girls' rights and is outlawed in some countries. At the same time, it is noted by some that the male equivalent, circumcision, is based on a broadly Jewish cultural tradition and is legal in many countries: hence claims of hypocrisy or moral imperialism. One response to such claims is that arguments about cultural relativism are often resorted to by those who wield power in societies or cultures that commit human rights abuses, and that the people whose human rights are abused are in fact themselves powerless. One difficulty in assessing claims of universalism versus relativism lies in part on who is claiming to represent a particular culture; is it a dictator, acting in their own interests, or is it a genuine community leader standing up for the rights of her people? Either way there is likely to be some measure of moral imperialism going on.

Conclusion

Johann Gottfried Herder wrote, 'Is not the good dispersed all over earth?' Surely 'it could not be encompassed by one face of humankind, by one region of the compass' (1997: 41).[20] Imperialism denies that this is the case. At the core of imperialism is the claim, explicit or implied, that one way of doing something, be it organizing society and the economy or a system of social values, is superior to another way. As such, all forms of imperialism, historical and contemporary, inherently have a moral dimension to them. Imperialism says, often forcibly, that my way of doing this or that is superior to yours, my beliefs and values and way of life are superior to yours, as such you will be compelled to give up what you hold dearly so that you can live by my rules. In short, it says I am morally superior to you. That is the essence of all forms of imperialism – political, cultural or economic. They are all a form of moral imperialism.

Brett Bowden, *Associate Professor of History and Political Thought, University of Western Sydney*

Annotations

[1] M. W. Doyle, *Empires*, Ithaca 1986.

[2] Examples include G. Vidal, *Imperial America: Reflections on the United States of Amnesia*, New York 2004; O. Harries, *Benign or Imperial? Reflections on American Hegemony*, Sydney 2004; D. Harvey, *The New Imperialism*, Oxford 2003; N. Ferguson, *Colossus: The Price of America's Empire*, New York 2004; W. E. Odom/R. Dujarric, *America's Inadvertent Empire*, New Haven 2004; J. Ninio, *The Empire of Ignorance, Hypocrisy and Obedience*, Melbourne 2004.

[3] Doyle, *Empires*. See J. A. Hobson, *Imperialism: A Study*, London [3]1948; V. I. Lenin, *Imperialism, the Highest Stage of Capitalism: A Popular Outline*, Peking 1965; J. A. Schumpeter, *Imperialism and Social Classes*, trans. H. Norden, Oxford 1951.

[4] Doyle, *Empires*. See B. Bowden, *The Empire of Civilization: The Evolution of an Imperial Idea*, Chicago 2009.

[5] Doyle, *Empires*.

[6] J. S. Mill, *Utilitarianism, Liberty, and Representative Government*, London 1962, pp. 73–74.

[7] D. C. Tipps, 'Modernization Theory and the Comparative Study of Societies: A Critical Perspective', *Comparative Studies in Society and History*, Vol. 15, No. 2, 1973, pp. 199–226.

[8] D. Rothkopf, 'In Praise of Cultural Imperialism?', *Foreign Policy*, No. 107, 1997, pp. 38–53.

[9] Rothkopf, 'In Praise of Cultural Imperialism?'.

[10] M. Ignatieff, 'Nation-Building Lite', *New York Times Magazine*, 28 July, 2002.

[11] M. Ignatieff, 'The Burden', *New York Times Magazine*, 5 January, 2003.

[12] A. Stephanson, *Manifest Destiny: American Expansion and the Empire of Right*, New York 1995.

[13] P. Kennedy/C. Krauthammer, quoted in E. Eakin, '"It Takes an Empire", Say Several US Thinkers', *New York Times Online*, 2 April, 2002.

[14] R. A. Shweder, 'On the Return of the "Civilizing Project"', *Dædalus*, Vol. 131, No. 3, 2002, pp. 117–121.

[15] See J. Wattles, *The Golden Rule*, New York 1996.

[16] N. Inayatullah/D. L. Blaney, *International Relations and the Problem of Difference*, New York 2004.

[17] D. G. Littman, 'Human Rights and Human Wrongs', *National Review Online*, January 19, 2003 [last accessed on 12 December 2011].

[18] F. Zakaria, 'Culture is Destiny: A Conversation with Lee Kuan Yew', *Foreign Affairs*, Vol. 73, No. 2, 1994, pp. 109–125.

[19] A. Ibrahim, 'Universal Values and Muslim Democracy', *Journal of Democracy*, Vol. 17, No. 3, 2006, pp. 5–12. See also Kim Dae Jung, 'Is Culture Destiny?', *Foreign Affairs*, Vol. 73, No. 6, 1994, pp. 189–194.

[20] J. G. Herder, *On World History: An Anthology*, eds. H. Adler/E. A. Menze, trans. E. A. Menze/M. Palma, London 1997.

Modernity

Modernity is indeed an ambiguous notion. The usual tendency, at least in the West, is to view it from an historical perspective and to offer a theorization of recent or contemporary times marked by certain distinctive features. The implied contrast is to the historical past and to incipient trends or tendencies embedded in the present that might point to a possible future age. Such privileging of historical consciousness, which is but one dimension of human consciousness, is itself a feature of modernity implying reflexive valorization and tacit self-congratulation. After all, no self-respecting person would want to be seen as antiquarian or out of tune with the times.

Not only is "modernity" itself a modern category, it has until recently been a largely Western idea. But such is the imperializing thrust of the modern West that the rest of the world does not want to be left behind, suggesting a pressure towards a mimesis or imitation of the West. Indeed, in thinkers like Georg Wilhelm Friedrich Hegel, Karl Marx, or Max Weber, a single developmental path to be modern is laid down, a path that the modern West has pioneered and the non-Western world is fated to follow if it wants to earn the badge of "modernity". Alternatively, this cultural and philosophical hegemony of the West may be questioned, and while still privileging the present, non-Western cultures may come up with the notion of "alternative modernities" which embody a different set of cultural characteristics that, nonetheless, qualify as modern.

This article will accordingly begin with (1) an account of the broadly Western notion of modernity; (2) then proceed to a cross-cultural and postcolonial critique of that notion; (3) and finally examine what is left of the notion after it has faced these critiques.

Western modernity

I begin with the ideas of Western modernity, both because they are the most widely circulated and discussed and also because for that very reason they serve as a point of departure. It might be useful to cite a much discussed description, namely the one provided by the sociologist Anthony Giddens (1998: 94) who describes modernity as a shorthand term for modern society, or industrial civilization. Portrayed in more detail, it is associated with (1) a certain set of attitudes towards the world, the idea of the world as open to transformation by human intervention; (2) a complex of economic institutions, especially industrial production and a market economy; (3) a certain range of political institutions, including the nation-state and mass democracy. Largely as a result of these characteristics, modernity is vastly more dynamic than any previous type of social order.[1]

Underlying and accompanying these socio-political and economic developments is a philosophical faith associated with the eighteenth century Enlightenment that the use of one's autonomous reason is conducive to both progress and freedom. The clarion call of that Enlightenment vision was proclaimed by Immanuel Kant (1988: 462) in a famous 1784 essay: '"Sapere Aude!" (Dare to reason for yourself!) "Have courage to use your own understanding!" – that is the motto of enlightenment'.[2] And Kant's latter-day follower, Jürgen Habermas (1985: 9), sees this faith in reason as having far-reaching implications: 'The project of modernity [...] consisted in their [i.e. eighteenth century philosophers of the Enlightenment] efforts to develop objective science, universal morality and law, and autonomous art according to their inner logic. [...] The Enlightenment philosophers wanted to utilize this accumulation of specialized culture for the enrichment of everyday life – that is to say, for the rational organization of everyday social life'.[3]

Three main implications may be distilled from these citations: (1) a philosophical self-confidence marking Europe and the West as cultural pioneers and exemplars; (2) the attendant belief that a new age of progress and social betterment was being ushered in. Already in the seventeenth century, claims were being made in the *Académie Française* that modern culture is superior to classical (Greco-Roman) culture; (3) a de-traditionalizing of society and with it a move away from divine authority towards secularism predicated upon an individualized and self-conscious human subjectivity.

Cross-cultural and postcolonial critiques

These claims and consequences are increasingly being critiqued both from within the West and from without. Western thinkers like Jean-François Lyotard, Emmanuel Levinas and Jacques Derrida have criticized both the hegemonic pretensions of Enlightenment reason and the egocentricity and insensitivity to otherness of the modernist paradigm. In place of certainty, these postmodern thinkers offer ambiguity and undecidability; in place of the universal, the local; instead of broad meta-narratives of history, the piecemeal and the particular; instead of totality, the fragmentary. While it may be going too far to claim an end to Eurocentrism in postmodern discourse, there is certainly a suspicion of it and a corresponding openness to non-European voices.

These internal philosophical criticisms of modernity need to be distinguished from moral and political ones of which at least two are noteworthy: the critique of moral thinkers like Mohandas Karamchand Gandhi, John Ruskin, and Leo Tolstoy, on the one hand, and postcolonial political critiques, on the other. Gandhi and Ruskin were ferocious critics of the modern industrial system that they saw as ugly, violent, wasteful, and dehumanizing. In *Hind Swaraj* (1909), Gandhi presents a long list of evils spawned by the modern industrial system. He ties together his critique of the economic system with that of its technological underpinning, the larger phenomenon of industrialism, a self-propelling process creating larger and larger industries to satisfy the insatiable demand for cheap consumer goods and profits. Since it has a built-in momentum of its own, it renders men largely powerless and passive and hence represents a modern and insidious form of slavery, the more dangerous because of its meretricious charms, which are greedily seized. It mistakes material comfort for progress, constant motion for purposeful movement, restlessness for vitality and dynamism, speed for efficiency, and consumerism for an improved quality of life. From Gandhi's point of view the Western path of modernization is a fundamentally alienating and unstable one. It is materialistic, exploitative of nature and human beings, unrestrained and lacking a sense of direction and moral purpose.[4]

The postcolonial critiques by and large take two forms. On the one hand, there are thinkers who contextualize and deconstruct the Western notion of modernity, and on the other, there are those who relativize it and show it to be merely one strand of a more global phenomenon. As an example of the first, deconstructive criticism, I may cite the work of the Argentinean-Mexican philosopher Enrique Dussel. He points out that thinkers – as different as Charles Taylor, Stephen Toulmin and Jürgen Habermas – in their accounts of modernity have presented it as an exclusively European occurrence centering around the key events of the Reformation, the Enlightenment, and the French Revolution, and in Toulmin's case, the Renaissance. This Eurocentrism is most explicit in Max Weber (1958: 13) when he introduces the 'problem of universal history' with the question as 'to what combination of circumstances should the fact be attributed that in western civilization, and in western civilization only, cultural phenomena have appeared which (as we like to think) lie in a line of development having *universal* significance and value'.[5] According to this model, Europe had exceptional internal resources that allowed it to supersede through its superior rationality and organizational power all other cultures. What is forgotten in this account is the history of European world conquest and the wealth and power that Europe acquired through such conquests and the misery visited on the native peoples. The solipsism of Descartes' *"ego cogito"* is the mirror image and resonant expression of this inward looking modern subjectivity and reflects the dominant imperial position of Europe. If Europe represents the center of the modern world system, the production of knowledge issuing from that center reflects its location.

To this Eurocentric model of modernity, Dussel counterposes a planetary model, which conceptualizes modernity in global terms and incorporates the parallel histories of the conquered peoples. To quote Dussel (2003: 54–55), 'European modernity is not an *independent*, autopoietic, self-referential system, but is instead "part" of a "world system", in fact: its *center*. […] [T]he centrality of Europe in the "world system" is not the sole fruit of an internal superiority accumulated during the European Middle Ages over against other cultures. Instead, it is also the effect of the simple fact of the discovery, conquest, colonization, and integration (subsumption) of Amerindia (fundamentally). This simple fact will give Europe the determining *comparative advantage* over the Ottoman-Muslim world, India, or China. Modernity is fruit of this happening, not its cause'.[6] That is Dussel's answer to Max Weber (ibid.: 25), who asks, 'Why did not the scientific, the artistic, the political, or the economic development there [that is, in China and India] enter upon that path of rationalization which is peculiar to the Occident?'[7]

The other version of postcolonial critique rather than contextualizing the model of Western modernity aims to relativize it by showcasing it as one version of modernity among others. Modernity, in other words, is now made a global category affecting different cultures variously. As representatives of this particular strand of criticism, I may cite the South Asian anthropologists, Arjun Appadurai and Carol Breckenridge (1998: 15–16):

> Every national society now creates its own ways of playing with modernity [...] As far as this sort of play with the "means of modernity" is concerned, the advanced capitalist countries may have a head start, but they are no longer gatekeepers [...] [P]articular societies become locations not of pristine cultures, but rather of complex and specific negotiations between history and globality.[8]

Concluding remarks: what is left?

The effect of these various critiques on the original model of Western modernity presented here is to rob it of both its exemplarity and its normativity. All societies modernize, with no one society possessing exceptional or hegemonic status. Indeed, the very distinction between tradition and modernity if pushed too far becomes suspect. Any living tradition has a sense of its past, its present, and its future. No tradition is completely without a nisus toward self-modernization and of bringing itself up-to-date, nor do traditions necessarily lack norms of internal critique. The very word "tradition" implies such a passing-on after it has attempted to recreate itself in new circumstances. If that is so, it is appropriate to see modernity more generally as self-critique and renewal and to talk of modernity itself as a particular tradition.

Joseph Prabhu, *Professor of Philosophy, California State University, Los Angeles*

Annotations

[1] A. Giddens, *Conversations with Anthony Giddens: Making Sense of Modernity*, Palo Alto, CA, 1998.
[2] I. Kant, 'What is Enlightenment?', in: L. W. Beck (ed.), *Kant: Selections*, New York 1988, pp. 462–467.
[3] J. Habermas, 'Modernity: An Incomplete Project', in: H. Foster (ed.), *Postmodern Culture*, London 1985.
[4] M. Gandhi, *Hind Swaraj and Other Writings*, A. Parel (ed.), Cambridge UK, 1997.
[5] M. Weber, *The Protestant Ethic and the Spirit of Capitalism*, T. Parsons, trans., New York 1958.
[6] E. Dussel, *Beyond Philosophy: Ethics, History, Marxism, and Liberation Theology*, E. Mendieta (ed.), Lanham, MD 2003.
[7] Weber, *The Protestant Ethic.*
[8] A. Appadurai/C. Breckenridge, 'Public Modernity in India', in: C. Breckenridge (ed.), *Consuming Modernity: Public Culture in a South Asian World*, Minneapolis 1998.

Ethnozentrismus

Der Begriff Ethnozentrismus wurde vom US-amerikanischen Soziologen William Graham Sumner (1906: 29) in seinem Buch *Folkways* eingeführt und diente als Bezeichnung ›for this view of things in which one's own group is the center of everything, and all others are scaled and rated with reference to it‹.[1]

Jede Kultur hat ihr eigenes Weltbild. Die Perspektive auf andere Kulturen, bzw. die Auseinandersetzung mit ihnen, lässt Unterschiede erkennen bezogen auf ihr Verhalten, ihre Normen und Werte, ihr Aussehen und vieles mehr. Die Andersartigkeit anderer Kulturen wird stets mit der eigenen verglichen, wobei das eigene Weltbild als Basis zur Einschätzung und Beurteilung der anderen Kultur dient. Dieser Prozess geschieht meist unbewusst, da nicht davon ausgegangen wird, dass andere ein Weltbild haben, das sich von dem eigenen differenziert. So wird das Verhalten anderer vor dem eigenen Hintergrund beurteilt und es kommt zu subjektiven, häufig irrationalen Urteilen. Diese subjektive Sichtweise muss nicht zwangsläufig zu negativen Urteilen führen, sie enthalten jedoch meist negative Wertungen.

Ein ethnozentrisches Weltbild wird gefördert durch Enkulturation. Das Maß des ethnozentrischen Weltbildes ist für das Verhalten gegenüber fremden Kulturen verantwortlich und determiniert, wie ein Individuum Fremdem gegenübertritt. Jedes Individuum wird in eine bestimmte Kultur hineingeboren. Diese Kultur verfügt, wie jede andere Kultur, über (a) bereits festverankerte Werte und Normen, die abstrakte Ideale darstellen und für die Gesellschaft zugleich als Orientierung und Beurteilungsmaßstab dienen, (b) zumindest eine gemeinsame Sprache, die ihre Mitglieder sprechen und verstehen, (c) bestimmte Symbole wie Wörter, Gesten oder Mimik, (d) Helden, die für die Gesellschaft bedeutend sind und (e) konventionalisierte Rituale, die in bestimmten Situationen ablaufen. Der unbewusste Kulturerwerb – die Enkulturation – wird von den einzelnen Individuen nicht reflektiert oder hinterfragt, sondern für selbstverständlich gehalten. Das Individuum wird auf diese Weise durch seine Kultur in seinem Denken und Handeln geprägt, was wiederum sein soziales Verhalten in der Gesellschaft regelt. In seiner Kultur fühlt sich das Individuum – im Idealfall – verstanden und geborgen. Der Erhalt und die Kontinuität der eigenen Kultur wäre unmöglich, gäbe es keine Übereinstimmung ihrer Mitglieder.

Bei einem ethnozentrischen Weltbild steht die eigene Kultur bzw. Gruppe im Mittelpunkt/Zentrum. Dabei lassen sich drei Ebenen des Ethnozentrismus feststellen:

1. *Ethnozentrische Optik:* Die Welt bzw. die Menschen werden aus der Perspektive der Eigengruppe wahrgenommen.
2. *Ethnozentrische Einstellung:* Der Perspektive der Eigengruppe entsprechend, wird die Welt bzw. werden die Menschen beurteilt/bewertet.
3. *Ethnozentrisches Verhalten/Handeln:* Gemäß der Einstellung, die sich aus der ethnozentrischen Wahrnehmung ergibt, werden die Menschen behandelt.

Demnach wird alles auf die eigene Gruppe bezogen und mit ihr verglichen. Durch die automatisierte Übernahme des Werte- und Normensystems der eigenen Kultur, welches als universell und allgemeingültig erachtet wird, kann eine Überhöhung der eigenen Gruppe stattfinden. D. h. die alltäglich gelebten Werte, die bekannten Traditionen, alles Vertraute und »Immer-so-dagewesene« wird in einem hierarchischen Konstrukt als höherrangig wahrgenommen und mit dem Neuen, aber Fremden und womöglich Angsteinflößenden verglichen. Zu den Gegenüberstellungen zählen unter anderem Religion, Aussehen, Hautfarbe und Kleidung. Dabei kommt es zu einem dichotomen Weltbild – Innensphäre und Außensphäre, »Ich« und mein »Nicht-Ich«. Durch die Überhöhung der eigenen Kultur werden wahrgenommene Unterschiede eher als Mängel der anderen Kultur begriffen, statt sie als »einfache«, aber gleichberechtigte Ungleichheiten zu betrachten. Die eigenkulturellen Lebensformen, Normen, Wertorientierungen und religiösen Überzeugungen werden als die einzig richtigen aufgefasst. Diese Haltung implementiert eine Tendenz zur Totalisierung und Verabsolutierung: das Eigene ist das Beste, die eigene Kultur allen anderen überlegen. Was von der einen Kultur für »normal« und »richtig« erachtet wird, kann für eine andere als abnorm gelten. Durch diese Interpretation entsteht eine subjektive Sichtweise vor dem Hintergrund der eigenen kulturellen Vorstellungen. Dieser Prozess geschieht zumeist unbewusst, da die Beteiligten nicht davon ausgehen, dass andere einen von ihnen unterschiedlichen, kulturellen Hintergrund haben.

Die Intensität des ethnozentrischen Weltbildes ist kontextabhängig und regional sowie historisch sehr unterschiedlich. Individuell gesehen, können Gefühle wie Angst, Misstrauen und Ablehnung gegenüber dem »Anderen/Fremden« empfunden werden. Die Begegnung wird in diesem Fall zu einer Bedrohung und es entstehen psychische Spannungen, die zu einer erhöhten Wahrnehmung der Unterschiede führen können.

Zahlreiche unterschiedliche Formen des Ethnozentrismus sind in Gegenwart und Vergangenheit erkennbar. Bei folgenden Beispielen handelt es sich um historische Ereignisse oder ethnozentrische Erscheinungsformen unseres Alltags: Genozid (Völkermord), Ethnozid (Vernichtung einer Sprache, Religion oder Kultur), Sklaverei, Rassismus (extreme Form des Ethnozentrismus mit Unterscheidung körperlicher Merkmale), ethnische Diskriminierung, kulturelle Vorurteile, Verallgemeinerungen, Stereotypen, Klischees, Kolonisierung, Missionierung und verschiedene Formen des Fundamentalismus.

Der Ethnozentrismus kann grundsätzlich als ein universales Phänomen betrachtet werden, allerdings hat er in einigen Gesellschaften und Kulturen – insbesondere in unserer westlich geprägten – seit der Industriellen Revolution eine stark aktivistisch und eroberungsorientierte Form. Lediglich gerechtfertigt durch den Eindruck der westlichen technischen Überlegenheit wirkte sich dies zum Schaden auf andere Gesellschaften und Kulturen aus – etwa durch den Aufbau von Monokulturen und der damit verbundenen Bekämpfung von traditionellen Wirtschaftsformen. Spürbar ist diese Überlegenheit heute bspw. in den stark einseitig gestalteten außenwirtschaftlichen Interaktionsfeldern zwischen Industrieländern und den Ländern des Südens.

Der westliche Ethnozentrismus enthält jedoch noch weitere Elemente, die das Verständnis anderer Gesellschaften und Kulturen entscheidend prägen und eine gleichwertige interkulturelle Kommunikation verhindern:

- Rationalismus, d.h. die Vorstellung, dass eine bestimmte Form der vernunftmäßigen Erkenntnis solchen Erkenntnisformen, die dem Bereich der Intuition zugeordnet werden, grundsätzlich überlegen ist;
- Chronometrismus, d.h. die Vorstellung, dass der auf exakter Zeitmessung beruhende Zeitbegriff allen anderen Zeitvorstellungen überlegen ist;

- Alphabetismus, d. h. die Vorstellung, dass schriftliche Überlieferungen oralen Überlieferungen überlegen seien;
- Sedantarismus, d. h. die Vorstellung, dass die Sesshaftigkeit eine höhere Stufe der Entwicklung darstelle als der Nomadismus;
- Evolutionismus, d. h. die Vorstellung, dass alle Gesellschaften eine bestimmte stufenmäßige Entwicklungsgeschichte durchlaufen müssten.

Daraus ergibt sich eine chronozentrische Beurteilung, in der die gegenwärtige Situation der anderen unserer okzidentalischen Vergangenheit parallel gegenübergestellt wird. Der Großteil der westlichen Wissenschaften ist in diesem Sinne ethnozentrisch geprägt.

Der Kulturrelativismus steht dem Ethnozentrismus als Entwurf gegenüber. Gesellschaften und Kulturen werden hier als ganzheitliche Systeme aufgefasst, die sich aus Einzelteilen zusammensetzen, aber nur als Ganzes verstanden werden können. Dabei wird jede Kultur als etwas Einzigartiges wahrgenommen. Kulturrelativisten vertreten die Ansicht, dass das Normen- und Wertesystem einer Kultur nicht universell ist und somit keine Rechtfertigung für die Beurteilung oder Bewertung einzelner Kulturen besteht. Es wird demnach darauf verzichtet, vorschnelle Urteile gegenüber Gesellschaften und Kulturen, die sich von der eigenen unterscheiden, zu fällen. Extremer Kulturrelativismus kennzeichnet sich durch eine ausschließlich wertfreie Betrachtung einzelner Kulturphänomene aus.

Grundsätzlich ist ethnozentrisches Denken weltweit anzutreffen. Spätestens seit der Industriellen Revolution haben jedoch die westlichen Industrieländer mehr als alle anderen Länder dazu beigetragen, eine große Anzahl ihrer eigenen kulturellen Elemente über die Welt zu verteilen. Der Eurozentrismus stellt daher eine besondere Form des Ethnozentrismus dar. Hierbei handelt es sich um die sehr spezielle Sichtweise der westlichen, europäisch geprägten Gesellschaften und Kulturen heute zumeist gegenüber den Ländern des Südens.

Wolfgang Gieler, *Professor für Politikwissenschaft, Friedrich-Schiller Universität, Jena*

Anmerkungen

[1] W. G. Sumner, *Folkways: A Study of the Sociological Importance of Usages, Manners, Customs, Mores, and Morals*, Boston 1906.

Toleranz

Ein umstrittener Begriff

Kaum eine Woche vergeht, in der man sich nicht einer Zeitreise gleich rückversetzt sieht in die trüben Zeiten religiöser Konfrontationen, in Gang gesetzt etwa durch geplante (oder verhinderte) Moscheebauten, eine Rede des Papstes, Karikaturen in dänischen Zeitungen, den Ritterschlag für einen Schriftsteller, Kopftücher von Lehrerinnen oder gleichgeschlechtliche Ehen. Auffällig an diesen Auseinandersetzungen ist, dass der Begriff der Toleranz allerorten bemüht wird, um konfliktentschärfend zu wirken – aber auch, dass jede der beteiligten Seiten ihn für sich reklamiert. Sind nun die Karikaturen, die Regensburger Rede, die Kopftücher etc. Akte bzw. Symbole der Intoleranz oder vielmehr die Reaktionen darauf?

Der Begriff der Toleranz wird heute in aller Regel positiv konnotiert. Das war keineswegs immer so; Kant (1968: 40) etwa nannte die Toleranz ›hochmütig‹,[1] und Goethe (1981: 507) formulierte prägnant: ›Toleranz sollte nur eine vorübergehende Gesinnung sein: sie muss zur Anerkennung führen. Dulden heißt beleidigen‹.[2] Philosophen wie Voltaire oder Lessing hingegen beurteilten die Toleranz positiv und betrachteten sie als menschlichste und vernünftigste Haltung.[3] Wie ist dieser Widerstreit zu erklären, der sich bis in heutige Debatten fortsetzt? Aufschluss in dieser Frage wie auch obiger verspricht ein näherer Blick auf den Begriff. Was also heißt »Toleranz« genau?

Drei Komponenten der Toleranz

Analytisch betrachtet, ist eine Haltung der Toleranz durch drei Komponenten gekennzeichnet[4]:

a) Die erste ist die sogenannte *Ablehnungs-Komponente*. Sie besagt, dass die tolerierten Überzeugungen oder Praktiken als falsch angesehen oder als schlecht verurteilt werden. Ohne diese Komponente lägen entweder Indifferenz oder Bejahung vor, nicht aber Toleranz. Dabei aber ist zu beachten, dass die von der Toleranz vorausgesetzte Ablehnung nicht auf gravierenden Vorurteilen oder blindem Hass beruhen darf. Wenn bspw. jemand Menschen anderer ethnischer Herkunft generell ablehnt, sollten wir ihn nicht zu einer »Toleranz gegenüber anders Aussehenden« auffordern. Denn dann akzeptierten wir sein Vorurteil als ethisches Negativurteil, ähnlich dem der Ablehnung einer anderen Religion. Ein Rassist soll nicht tolerant werden, er soll vielmehr seinen Rassismus überwinden.

b) Zweitens gehört zur Toleranz eine positive *Akzeptanz-Komponente*, die Gründe dafür nennt, wieso es richtig oder gar geboten ist, die falschen oder schlechten Überzeugungen bzw. Praktiken zu tolerieren. Dabei werden die Ablehnungsgründe nicht aufgehoben, sondern nur aufgewogen und übertrumpft; es muss sich eine Balance der Gründe herstellen. (Scheinbar) paradox ausgedrückt: Der Toleranzüberlegung zufolge wäre es falsch, das Falsche nicht zu tolerieren.

c) Drittens schließlich gehört eine *Zurückweisungs-Komponente* hinzu, die Gründe für die Bestimmung der vieldiskutierten »Grenzen der Toleranz« enthält. Hier überwiegt eine eindeutig negative Bewertung, die ein Ende der Toleranz und ggfs. ein Eingreifen fordert. Diese Bewertung muss besonders gut begründbar sein, wenn sie etwa Rechtsfolgen nach sich zieht. Dabei muss beachtet werden, dass der Satz »Keine Toleranz gegenüber den Intoleranten« so eindeutig nicht ist, denn allzu leicht schleicht sich in die Bezeichnung der Anderen als »intolerant« selbst die eigene Intoleranz ein.

Die knappe Analyse zeigt, dass wir es mit drei Arten von Gründen zu tun haben, so dass für die Praxis der Toleranz die Aufgabe der rechten Verknüpfung dieser Gründe vorgegeben ist. Erkennbar wird jedoch auch, dass der Begriff der Toleranz *normativ unbestimmt* ist, denn er bedarf an allen drei Stellen der Füllung durch bestimmte Prinzipien oder Werte. Diese können unterschiedlicher Natur sein; etwa können alle drei Gründe religiöser Art sein, es ist aber auch möglich, an der zweiten und besonders der dritten Stelle andere Prinzipien zu Rate zu ziehen – etwa solche des wechselseitigen Respekts, der Gerechtigkeit und der Menschenrechte. Von der besagten normativen Füllung hängt es ab, ob die Toleranz gut begründet ist – ja, ob sie überhaupt in einem bestimmten Fall eine Tugend ist. Sie ist es jedenfalls nicht von sich selbst aus.

Zwei Konzeptionen der Toleranz

Der Begriff der Toleranz weist darüber hinaus eine gewisse Zwiespältigkeit auf. Diese ist nicht zuletzt dadurch begründet, dass sich, zumindest in der westlichen Tradition, historisch verschiedene Toleranzkonzeptionen ausgebildet haben. Die beiden wichtigsten sollen im Folgenden kurz erläutert werden. Das erste, in einem gewissen Sinne klassische Toleranzverständnis nenne ich *Erlaubnis-Konzeption*. Eine Autorität gibt dabei einer oder mehreren Minderheiten die Erlaubnis, ihren als »abweichend« gekennzeichneten Überzeugungen gemäß zu leben, solange die Vorherrschaft der Autorität nicht in Frage gestellt wird. Das Anderssein der Minderheiten soll »Privatsache« bleiben, innerhalb eines eng umgrenzten Rahmens, den die machthabende Seite allein festlegt; die Toleranz wird gewährt und kann jederzeit zurückgezogen werden, wenn die Minderheiten bestimmte Bedingungen verletzen. Ablehnung, Akzeptanz und Zurückweisung liegen in der Hand der Autorität, die unter keinem prinzipiellen, institutionalisierten Rechtfertigungszwang steht.

Diese vertikale Toleranzkonzeption findet sich in den klassischen Toleranzgesetzgebungen, etwa im Edikt von Nantes (1598), dessen Sprache eindeutig ist:

> Um keinen Anlaß zu Unruhen und Streitigkeiten zwischen Unseren Untertanen bestehen zu lassen, haben Wir erlaubt und erlauben Wir den Anhängern der sogenannten reformierten Religion, in allen Städten und Ortschaften unseres Königreiches […] zu leben und zu wohnen, ohne daß dort nach ihnen gesucht wird oder sie bedrückt und belästigt und gezwungen werden, etwas gegen ihr Gewissen zu tun (Herdtle/Leeb 1987: 69).[5]

Hier zeigt sich die ganze Ambivalenz dieser Art von Toleranz. Während sie einerseits verfolgten Minderheiten eine gewisse Sicherheit und bestimmte Freiheiten gewährt, ist sie andererseits eine Fortsetzung der Herrschaft mit anderen Mitteln. Denn die tolerierten Minderheiten müssen ihre Freiheiten mit Gehorsam und Loyalität bezahlen, da sie auf den Schutz der Autorität angewiesen sind, und sie werden als Bürger zweiter Klasse gekennzeichnet. Diese – zugleich disziplinierende und repressive – Toleranz ist es, die in den erwähnten Bemerkungen von Kant und Goethe attackiert wird.

Im Zuge der revolutionären neuzeitlichen Veränderungen zunächst in den Niederlanden, dann in England und schließlich in Amerika und Frankreich bricht sich demgegenüber eine zweite, horizontale, demokratische Toleranzvorstellung Bahn, die ich *Respekt-Konzeption* nenne. Dabei ist der Grundgedanke der, dass die Toleranz eine Haltung *der Bürger zueinander* ist: Sie sind zugleich Tolerierende und Tolerierte, und zwar als dem Recht Unterworfene und es Setzende. Obwohl sie in ihren Vorstellungen über das Gute und das Richtige deutlich voneinander abweichen, erkennen sie einander einen Status als gleichberechtigte Bürger (und später: Bürgerinnen) zu, der besagt, dass die allen gemeinsame Grundstruktur des politischen und sozialen Lebens allein mit solchen Normen gerechtfertigt werden kann, die alle Bürger *gleichermaßen* akzeptieren können – und nicht mit partikularen ethischen bzw. religiösen Überzeugungen.

Toleranz und Demokratie

Diese Toleranzkonzeption scheint mir am besten geeignet, den Weg durch die Konflikte, die unsere Gegenwart prägen, zu weisen.[6] Ihr zufolge ist die Toleranz dort gefordert, wo ethische bzw. religiöse Differenzen aufeinander treffen, bei denen keine Seite gute Gründe hat zu behaupten, die andere verletze die Grundregeln des Zusammenlebens. Trotz tiefgreifender Unterschiede respektieren die Einzelnen einander auf der Basis von Normen, die nicht einer Seite allein entstammen, sondern wechselseitig *teilbar* sind. Die wichtigste Lehre aus der Geschichte der Toleranz ist die, dass ohne solche Normen, die sich auf konfliktreichem Wege herausgebildet haben, ein faires Zusammenleben nicht möglich ist. Die entsprechenden Grundprinzipien, zu denen die Menschenrechte zählen, »gehören« somit keiner Religion oder Kultur; sie sind vielmehr die moralische Errungenschaft, die aus dem Streit derselben hervorgegangen ist. Dies ist die entscheidende reflexive Lehre für alle Beteiligten.

Die wichtigsten Komponenten der demokratischen Toleranzvorstellung, für die ich argumentiere, sind erstens ein Verständnis der autonomen moralischen Person als Wesen mit einem »Recht auf

Rechtfertigung«, d. h. mit dem Recht darauf, dass die Normen, Gesetze und Strukturen, denen sie unterworfen wird, ihr gegenüber adäquat gerechtfertigt werden können, ohne dass eine Partei ihre Interessen und Überzeugungen auf die andere einseitig projiziert.[7] Zweitens gehört dazu ein Verständnis der Differenz von Glauben und Wissen als Differenzierung der endlichen Vernunft selbst, so dass es Raum für das gibt, was John Rawls (1998: 127 ff.) *reasonable disagreement* nennt: einen Dissens, bei dem beide Seiten die Positionen der anderen als falsch ansehen, ohne dass sie damit auch der Auffassung sind, diese seien unvernünftig oder unmoralisch.[8] Tolerant zu sein heißt folglich zu sehen, dass die eigenen Ablehnungsgründe stark, aber *nicht stark genug* sind, um eine Zurückweisung zu begründen. Darin steckt eine komplexe Form der Selbstüberwindung ohne Selbstrelativierung – ein Kennzeichen der Tugend der Toleranz.

Nur wenn es gelingt, die Basis wechselseitiger Toleranz und die Bestimmung ihrer Grenzen nicht auf die »Hausordnung« einer kulturell-religiösen Gemeinschaft zu reduzieren, sondern als allgemein teilbaren Besitz anzusehen, erhält das Bestehen auf nicht zur Disposition stehenden Prinzipien wie solchen der Rechtsstaatlichkeit, der Gleichberechtigung der Geschlechter, der Demokratie und der Freiheit der Rede seinen besonderen normativen Sinn, der Mehrheiten und Minderheiten gleichermaßen bindet. Toleranz und Menschenrechte stellen ein Erbe dar, das nur als geteiltes genossen werden kann.

Rainer Forst, *Professor für Politische Theorie und Philosophie, Goethe-Universität, Frankfurt*

Anmerkungen

[1] I. Kant, *Was ist Aufklärung?*, in: *Kants gesammelte Schriften*, Akademie-Ausgabe, Band VIII, ND Berlin 1968.

[2] J. W. Goethe, *Maximen und Reflexionen*, in: *Werke 6*, Emil Staiger (Hrsg.), Frankfurt a. M. 1981.

[3] Voltaire, ›Art. Fanatismus‹, in: *Voltaire, Aus dem philosophischen Wörterbuch*, K. Stierle (Hrsg.), Frankfurt a. M. 1967, S. 66–73.

[4] Näher dazu und mit Verweisen R. Forst, *Toleranz im Konflikt. Geschichte, Gehalt und Gegenwart eines umstrittenen Begriffs*, Frankfurt a. M. 2003, Kapitel 1.

[5] ›Edikt von Nantes‹, in: C. Herdtle/T Leeb (Hrsg.), *Toleranz*, Stuttgart 1987.

[6] Dazu R. Forst, *Toleranz im Konflikt*, Teil 2.

[7] Vgl. dazu ausführlich R. Forst, *Das Recht auf Rechtfertigung. Elemente einer konstruktivistischen Theorie der Gerechtigkeit*, Frankfurt a. M. 2007.

[8] J. Rawls, *Politischer Liberalismus*, Frankfurt a. M. 1998.

Fundamentalismus[1]

Der Begriff des Fundamentalismus ist in den letzten drei Jahrzehnten zu einem wissenschaftlichen Basisbegriff avanciert, mit dessen Hilfe die Politisierung der Religion auf globaler Ebene konzeptualisiert werden kann (Tibi 1993, 1998).[2] Doch eine undifferenzierte, aber nichtsdestotrotz allgegenwärtige Verwendung des Begriffs mit so großer politischer Tragweite, hat ihn zu einem Streitbegriff gemacht. So behaupten Islamisten, der Begriff diene der Islamophobie und bestreiten die analytische Eignung des Terminus. Sie übersehen dabei, dass Fundamentalismus-Forscher nicht nur die islamische Spielart, sondern das Phänomen in allen Religionen studieren.

Im öffentlichen Gebrauch hat sich der Begriff im Laufe der letzten Jahrzehnte immer weiter von seiner ursprünglichen Bedeutung entfernt. Die Unterscheidung, die zum Beispiel in Deutschland zwischen »dogmatisch-fundamentalistischen« und »gemäßigten« Umweltaktivisten vorgenommen wird, ist ihrem Charakter nach irreführend. »Fundamentalistisch« steht hier in keinem Bezug mehr zu dem Zusammenhang, den sowohl die Geschichte des Phänomens, als auch die des Begriffs an sich nahe legt: Fundamentalismus in seiner ursprünglichen Bedeutung ist immer ein Verweis auf Religion, bzw. auf die Verwendung von Schriftreligion als Vehikel dafür, politische und soziale Forderungen zu stellen, das heißt zu religionisieren.[3] Das ist keine Instrumentalisierung der Religion, weil Fundamentalisten das Selbstbild von wahren Gläubigen haben.

Neben der so beschriebenen, misslichen Anwendung des Begriffs Fundamentalismus hat auch die Wahrnehmung des Konzepts selbst einen bemerkenswerten Wandel erfahren, welcher den Hintergrund für mögliche Gründe der Konfliktgeladenheit des Konzepts bildet. Trotz dieses Missstands beweist die Forschung, dass der Begriff an sich eine geeignete Kategorie für die wissenschaftliche Analyse eines äußerst komplexen, gesellschaftlichen Phänomens darstellt. Der Vorwurf einer »orientalistischen Essentialisierung« erweist sich als Kampfbegriff in einer Debatte, in der die perspektivische Vielschichtigkeit der Realität der Politisierung der Religion völlig eingebüßt wird.

Die Herausforderungen, die generell den Ausgangspunkt für die Entstehung fundamentalistischer Bewegungen bilden, sind im Kontext einer kulturellen Moderne begründet (Habermas 1986).[4] Fundamentalismus stellt eine Antwort dar auf die rasante und zunehmend globale Entzauberung einer Welt, der im Laufschritt das Fundament entzogen wird, auf der sie für Jahrhunderte ruhte: die Religion. Während die traditionell-europäische Begegnung auf die gesellschaftlichen Veränderungen und Umstürze, welche der christlichen Reformation folgten, grundsätzlich eher in kultureller Anpassung an die veränderten Umstände lag (ebd.), provoziert die gegenwärtige Bedeutungs- und Sinnkrise in den außereuropäischen Kulturen eine grundlegend abweichende Reaktion: es entsteht eine Defensiv-Kultur. Das kulturübergreifende Phänomen eines ›predicament with cultural modernity‹ (Tibi 2009) führt zu einer nicht vollständig neuen Erscheinung: der Politisierung von Religion.[5] Die Religion, selbst im Zuge eines jahrhundertelangen Säkularisierungsprozesses angefochten, wird von Fundamentalisten zu einer Waffe im Kampf gegen eben jene kulturelle Moderne und ihre rationalen Weltbilder mobilisiert. Die Verwendung des Begriffs Fundamentalismus mit der Konnotation eines »Kampfes« impliziert schon deutlich die politische Realität des Phänomens: während alle bisherigen Varianten des Fundamentalismus sich gerne in den Kontext einer vermeintlichen »Wiederkehr von Religion« setzen, handelt es sich vielmehr um politische Bewegungen, welche die Religion zum Zweck der Legitimierung einer neuen Agenda des »Remaking of the World« (Neuordnung der Welt) neu bestimmen. Grundsätzlich haben wir es bei Fundamentalismen in ihrer globalen Vielzahl also eher mit einer »Erfindung von Tradition« zu tun, obwohl sie Authentizität beanspruchen: Gehandelt wird zwar unter Berufung auf die der jeweiligen Bewegung zugrunde liegende, religiöse Schrift; diese schrift-religiösen Referenzen sind aber äußerst selektiv. Entgegen ihrer Selbstdarstellung ist die fundamentalistische Lesart religiöser Schriften eine Interpretation wie jede andere und damit notwendigerweise auch vom Kontext der Moderne geprägt, die Fundamentalisten ablehnen und dennoch in ihr verhaftet bleiben. Von einer »Renaissance« der Religion im Sinne einer Wiederkehr des schon da Gewesenen kann also keine Rede sein. Religiöses Erwachen ist somit nicht eine Erscheinung zunehmender Religiosität.

Im Rahmen der oben erwähnten Politisierung von Religion stellt Fundamentalismus demnach nicht nur eine defensiv-kulturelle Antwort auf die Moderne dar, sondern, in einem Klima zunehmender religiöser Aufgeladenheit von Politik, vor allem eine aktive politische Unternehmung, gerichtet auf das Ziel einer politischen und systemischen Neuordnung der Welt. Ein Grund für das enorme Konfliktpotential, welches der Ideologie des Fundamentalismus innewohnt, ist seine Vision der Gottesherrschaft, die eine kompromisslose Ablehnung jeglicher Form von Volkssouveränität darstellt. Diese absolute Oppositionshaltung gegenüber der Demokratie als Staats- und Regierungsform, welche seit der Publikation von Jean-Jacques Rousseaus *Contrat social* zu einem Teil der Identität westlicher Nationen gewachsen ist, resultiert aus der selbst gesetzten Aufgabe einer »Verteidigung Gottes« gegen die Volkssouveränität. Nach fundamentalistischer Weltsicht kann dies nur durch eine Umsetzung der Souveränität Gottes, einer »Gottesherrschaft« auf Erden als einziger, legitimer Regierungsform verwirklicht werden. Ist Gott aber der einzig zugelassene Souverän, so folgt daraus logischerweise die Beseitigung jeglicher Form von Mitregentschaft: das Volk kann keinesfalls, wie in demokratischen Systemen vorgesehen, die Basis demokratischer Willensbildung stellen. Deshalb erweist sich die Ideologie des religiösen Fundamentalismus in allen Religionen als ›der neue Totalitarismus‹ (Tibi 2004).[6] Im Islam der Gegenwart wird somit die Demokratie durch eine »Islamokratie« (der Shari'a selbst) ersetzt.

Entstehungsgeschichte und Entstehungskontext

Die Erkenntnis, dass es sich beim Fundamentalismus um eine globale Erscheinung mit Ausprägungen in einer Vielzahl von Religionen, darunter Christentum, Hinduismus, Islam, Judentum und Sikhismus handelt, setzt eine kurze geschichtliche Betrachtung der Rahmenbedingungen nicht nur für die Aktualität, sondern auch für die Globalität des Phänomens voraus. Den übergreifenden, geschichtlichen Kontext, in den die heutigen Ausprägungen des Fundamentalismus zu setzen sind, bildet die europäische Expansion der letzten vier Jahrhunderte. Die Entstehung eines internationalen Systems von souveränen Staaten im Anschluss an den Westfälischen Frieden von 1648 (Bull/Watson 1984) bildet die Kulisse, zu deren Gegnerschaft sich der Fundamentalismus positioniert.[7] Expansion muss hier im Sinne nicht nur einer real-strukturellen und institutionellen Ausweitung und Einteilung der Welt in ein ursprünglich europäisches System säkularer Nationalstaaten, sondern auch als universaler Prozess der »Verwestlichung« und Säkularisierung verstanden werden. Gegen diesen Prozess der Universalisierung eines westlichen, säkularen Staats- und Gesellschaftsmodells und seiner Wertesysteme richten sich fundamentalistische Bewegungen in nicht-westlichen Gesellschaften. Somit ist der zeitgenössische, religiöse Fundamentalismus nicht nur eine Revolte gegen den säkularen Nationalstaat, sondern auch gegen die kulturell-politischen Grundlagen der bestehenden Weltordnung (Philpott 2002).[8]

Das Konzept der Globalisierung beinhaltet ein Zusammenwachsen, eine gefühlte räumliche wie auch ideelle Verkleinerung der Welt. Entgegen einer weithin verbreiteten Darstellungsweise bringt der Prozess der Globalisierung aber keineswegs auch eine gleichmäßige Universalisierung westlicher Werte mit sich. Diese Sicht verwechselt die strukturelle Globalisierung als Standardisierung der Welt mit der Universalisierung eines nicht näher definierten Wertesystems. Die Vorboten dieser Sichtweise demonstrieren nur ein defizitäres Verständnis der wichtigsten Aspekte von Fundamentalismus, wenn sie diesen als Aufstand gegen »McWorld« deuten. Während die strukturelle Globalisierung zwar einen bis dato unbekannten Grad an weltweiter Vernetzung, Interdependenz und Sensibilisierung hervorgebracht hat, ist es bis heute nicht zu einer Entstehung ähnlich umfassender Parallelen und Einheitlichkeiten innerhalb der Wahrnehmung vermeintlich globaler Realitäten gekommen. Die Folge ist kulturelle Fragmentierung (Bull 1977: 273; Tibi 2011).[9] Eine adäquate Beschreibung dieses komplexen Phänomens findet sich in dem Terminus der »Simultaneität von struktureller Globalisierung und kultureller Fragmentierung«.[10] Die systemische, globale Ausweitung von ursprünglich europäischen Staats- und Gesellschaftsstrukturen im Zuge der angesprochenen »europäischen Expansion«, wurde also nicht von einer Globalisierung der ebenfalls europäischen, dem genannten politischen System zugrunde liegenden Werte begleitet. Das Spannungsverhältnis, welches aus dieser Ungleichzeitigkeit einer einerseits systemischen und andererseits normativen Universalisierung hervorgeht, resultiert in der globalen Zunahme fundamentalistischer Strömungen.

Die sich zunehmend entfaltende kulturelle Fragmentierung manifestiert sich nicht nur als solche, sondern vor allem auch im weltweiten

Aufstieg fundamentalistischer Bewegungen in allen Religionen.[11] Offenbar ist die Tragweite dieser Entwicklung und die Rolle, die Religion darin spielt, jedoch erst seit dem Ende des Kalten Krieges sichtbar. Folgen wir der These von Raymond Aron (1962) und nehmen an, dass es der beherrschende politische Faktor der Bipolarität während des Ost-West-Konflikts vermochte, die zivilisatorische Heterogenität einer globalisierten Welt zu verdecken, so macht es Sinn, dass der Fundamentalismus erst in der post-bipolaren Politik seit 1989 eine bestimmende Rolle spielt.[12]

Die Debatte um den Begriff am Beispiel des islamischen Fundamentalismus

Obwohl die Ursprünge des Fundamentalismus im protestantisch-christlichen Milieu der Vereinigten Staaten zu finden sind (Ammerman 1991), fällt, bei Betrachtung der weltweiten Verbreitung fundamentalistischer Bewegungen, eine weit höhere Dichte fundamentalistischer Strömungen und der ihnen inhärenten Neigung zur religiösen Aufladung politischer, ökonomischer und sozialer Konflikte außerhalb westlicher Gesellschaften auf.[13] Grund dafür ist, neben der oben dargestellten Auseinandersetzung um die Unabhängigkeit der eigenen, nicht-westlichen Identität in Abgrenzung zur Hegemonie eines westlichen Systems säkularer Nationalstaaten, auch die Tatsache, dass sich fundamentalistische Strömungen häufiger in Gemeinschaften finden, deren Zusammenhalt wesentlich auf der Zugehörigkeit zu einer religiösen Gruppe gründet. Die »westliche Zivilisation« bildet hier schon aus dem Grund eine Ausnahme im Prozess einer Säkularisierung religiöser Weltbilder.

Die politische Bedeutung des Begriffs »Fundamentalismus« und seine auch daher rührende Konfliktgeladenheit ist also vor dem Hintergrund nicht einer »religiösen Renaissance«, sondern vielmehr eine Auseinandersetzung um Werte und daraus folgende soziale Strukturen zu verstehen. Die Verwendung des Begriffs gewinnt in Anbetracht des Einflusses, den die Bezeichnung nicht nur auf die Tagespolitik, sondern auch auf das gegenseitige Verständnis von Gesellschaften und Nationalstaaten ausübt, eine enorme Bedeutung und ist auch daher äußerst umstritten. Da in der aktuellen politischen und wissenschaftlichen Debatte der Islamismus als Spielart des islamischen Fundamentalismus diejenige fundamentalistische Bewegung darstellt, um deren Abgrenzung und Beurteilung sich die Diskussion verdichtet, ist der Streit um die Verwendung des Begriffs »Fundamentalismus« am besten an der islamischen Variante festzumachen. Die Gefahr, die man hierbei eingeht, nämlich von Islamisten dem Vorwurf der Islamophobie ausgesetzt zu werden, steht auf der Tagesordnung. Schließlich handelt es sich um einen Streitbegriff.

Vor den Anschlägen des 11. Septembers 2001 war man sich in Wissenschaftskreisen weitgehend einig, wie die Verwendung des Begriffs »Fundamentalismus« in Verbindung mit und Bezug auf den politischen Islam zu werten und einzuschätzen sei. Nur wenige Stimmen widersprachen der Ansicht, dass das Phänomen der Politisierung des Islam keinesfalls mit einer »Fundamentalisierung« des Islam selbst gleichgesetzt werden könne. Denn seriöse Forscher unterscheiden zwischen Islam und Islamismus. Dennoch werden Forscher, die »Fundamentalismus« als eine geeignete Kategorie für die analytische Betrachtung des politischen Islam ansehen, bezichtigt, innerhalb einer »orientalistischen« Perspektive, oder gar »zwischen Mythos und Realität«, gefangen zu sein. Und auch wenn sich die äußeren Umstände nach den Anschlägen des 11. September 2001 grundlegend geändert haben, ist die Ansicht, dass Fundamentalismus und jihadistischer Terrorismus zwei vom Islam getrennt zu betrachtende Phänomene seien, immer noch weit verbreitet.

Es ist jedoch nicht zu widerlegen, dass der jihadistische Terror, der auch für die Anschläge des 11. September 2001 verantwortlich ist, seinen Ursprung im politischen Islam hat (Islamismus). Der Islam ist neben dem Christentum die einzige Religion, die auf einem Universalismus, d. h. auf dem Anspruch, für alle Menschen gültig zu sein, gründet. Die Politisierung dieses Universalismus aber resultiert in einen politischen Internationalismus, der prägend ist für den politischen Islam des letzten Jahrhunderts. Bezug nehmend auf die oben schon beschriebene »Erfindung von Tradition« wird dieser traditionelle islamische Universalismus reinterpretiert und stellt als islamistischer Internationalismus eine eigene Variante des Fundamentalismus dar. Um an dieser Stelle Missverständnisse zu vermeiden, muss aber deutlich zwischen der Religion des Islam an sich und der fundamentalistischen Ideologie des Islamismus unterschieden werden (Tibi 2012).[14] Der Islamismus geht aus einer fundamentalistischen Interpretation des Islam hervor. Dies geschieht in einer Krisensituation, in der nicht-westliche Gesellschaften sich mit den Herausforderungen einer säkularen, globalen Moderne auseinandersetzen. Bezeichnend für die Krisensituation ist ihr doppelter Charakter. Die Tatsache, dass wir uns gegenwärtig nicht nur mit einer politischen wie auch sozioökonomischen Krise, sondern zudem mit einer Sinnkrise konfrontiert sehen, gibt Aufschluss über die Resistenz fundamentalistischer Strömungen, wie beispielsweise der islamischen Variante des religiösen Fundamentalismus. Gerade das Zusammentreffen beider Phänomene, einer einerseits materiell-politischen und andererseits ideologisch-identitären Krise im Zeitalter einer gleichzeitig agglomerierenden und entfremdenden Globalisierung, erklärt die Vehemenz der Erscheinungsformen des Phänomens. Die Widerstandsfähigkeit des islamischen Fundamentalismus, der alles andere als eine »post-säkulare Entwicklung« indiziert, ist in diesem globalen Kontext zu sehen. Es ist ein Totalitarismus – und steht als solcher im Gegensatz zur Weltreligion des Islam, der ein unpolitischer Gottesglaube ist und Toleranz verdient.

Der Islamismus ist die islamische Spielart des globalen Phänomens des Fundamentalismus. Die in diesem Kontext religionisierte Politik versteht sich als eine Alternative zu der infolge der europäischen Expansion globalisierten, auf dem westfälischen Staatensystem beruhenden Weltordnung. Der nominale Charakter, den die im Zuge der Entkolonialisierung entstandenen Nationalstaaten mit einer, auch im islamischen Raum, häufig nur formalen Verpflichtung zum säkularen Staatswesen verbinden, trägt zur Entstehung und Verschärfung innergesellschaftlicher Spannungen und Widersprüche bei, die wiederum den Machtzuwachs fundamentalistischer Parteien begünstigen. Die Vorstellung, der oben beschriebenen Anforderungen und Anfechtungen einer als nicht authentisch empfundenen, kulturellen Moderne durch die Implementierung einer durch »Gott legitimierten« Herrschaft Herr werden zu können, bildet sowohl Hintergrund als auch Legitimation fundamentalistischer Bewegungen.

Die Verwendung des Begriffs »Fundamentalismus« hat sich in einer gleichermaßen defamierten und inflatorischen Weise im tagespolitischen Gebrauch durchgesetzt, und ist somit als polemischer Streitbegriff kontaminiert. Für die Analyse nicht-westlicher Religionen und politischer Bewegungen, die mit politischen Religionen operieren, bleibt er dennoch ein Leitbegriff, wenn man hierbei ein angemessenes Verständnis für den Kontext des Gegenstandes und den Entstehungshintergrund des Phänomens mitbringt.

Bassam Tibi, *Emeritus, Professor für Internationale Beziehungen,*
Georg-August-Universität Göttingen,
Koret Fellow, Stanford University

Anmerkungen

[1] Dieser Artikel ist ein Original-Beitrag des Autors unter Rückgriff auf die eigenen »entries« über Fundamentalismus in den folgenden drei Enzyklopädien: S. M. Lipset (ed.), *Encyclopedia of Democracy,* I–IV, Washington 1995, II, S. 507–510; M. Hawkesworth/M. Kogan (ed.), *Encyclopedia of Government and Politics,* I–II, London [2]2004, I, S. 184–200; M. Bevir (ed.), *Encyclopedia of Political Theory,* I–III, Los Angeles/London 2010, II, S. 536–540.
Der englische Original-Text wurde dankenswerterweise von Frau Almut Büchsel (Heidelberg) ins Deutsche übertragen und vom Autor durchgesehen.

[2] B. Tibi, ›The Worldview of Sunni Arab Fundamentalism‹, in: M. Marty/S. Appleby (ed.), *The Fundamentalism Project,* I-V, II, *Fundamentalism and Society,* Chicago 1993, S. 73–102; B. Tibi, *The Challenge of Fundamentalism,* Berkeley 1998.

[3] Für eine Definition von Fundamentalismus im Bezug auf Religion, vgl. M. Marty/ S. Appleby (ed.), *The Fundamentalism Project,* I, *Fundamentalism Observed,* Chicago 1991, S. vii-viii.

[4] J. Habermas, *Der philosophische Diskurs der Moderne,* Frankfurt a. M. 1986.

[5] B. Tibi, *Islam's Predicament with Modernity,* New York/London 2009.

[6] B. Tibi, *Der neue Totalitarismus,* Darmstadt 2004.

[7] H. Bull/A. Watson, *The Expansion of International Society,* Oxford 1984.

[8] D. Philpott, ›The Challenge of September 11 to Secularism in International Relations‹, *World Politics,* 55, 1, October 2002, S. 66–95.

[9] H. Bull, *The Anarchical Society,* New York 1977; B. Tibi, ›Global Communication and Cultural Particularisms: The Place of Values in the Simultaneity of Structural Globalization and Cultural Fragmentation‹, in: R. Fortner/M. Fackler (ed.), *Handbook of Global Communication,* I, Oxford 2011, S. 54–78 [I–II].

[10] B. Tibi, *Challenge of Fundamentalism,* Berkeley 2002, Kap. I und V.

[11] M. Marty/S. Appleby (ed.), *The Fundamentalism Project,* I-V, Chicago 1991–1995.

[12] R. Aron, *Paix et guerre entré les nations,* Paris 1962.

[13] N. Ammerman, ›North American Protestant Fundamentalism‹, in: Marty/Appleby, *Fundamentalism Observed,* S. 1–65.

[14] B. Tibi, *Islamism and Islam,* New Haven, Conn. 2012.

Öffentliche Sphäre II: Politik und Wirtschaft/

Public Sphere II: Politics and Economics

Discrimination

In the wake of the French revolution the political theorist Mary Wollstonecraft wrote: 'I have such a plain downright understanding that I do not like to make a distinction without a difference' (Wollstonecraft 1995: 30).[1] Her sarcasm is poignant: If we are to distinguish between people and treat or assess them differently, there has to be an actual difference between them, one that properly matters for such a moral exercise. If there is no such difference, then there is no ground for a distinction. Wollstonecraft based her defense of sex equality on the dismissal of sex as a morally relevant difference. This argument illustrates the structure of the concept of discrimination as it appears in moral and legal discourse today.

The term discriminate, in itself, simply means to make distinctions or discern differences. In that sense, to discriminate is to discern the difference between red and green when picking a red apple out of a fruit basket or to discern differences in physical appearance when noticing a friend in a crowd. Morally and legally, however, discrimination is used to denote a differentiation that is unfair or arbitrary (McKean 1983: 10); it is that use which is of concern to us now.[2]

Discrimination appears at the level of international, constitutional, and statutory law, which is important since the meaning and use of the term do not remain static across these different contexts. Discrimination would not be the object of law were it not regarded as an instance of unfairness, but the two issues cannot be separated. They are closely intertwined, even to the extent that legal technicalities – like the distinction between direct and indirect discrimination[3] – has come to be included as features also of moral discourse.

I will focus on the following components: Discrimination is essentially *comparative;* it represents or results in *disadvantage;* it is *group related*. There are vexed issues surrounding every point.

The comparative nature of discrimination

Let us approach this via international human rights law. It is not immediately obvious that human rights raise issues of discrimination. The point of human rights, we might say, is to protect essential goods for individual persons. To exemplify, under article 18 of the International Covenant on Civil and Political Rights (ICCPR) everyone has the right to freedom of religion.[4] Were I to be thwarted in my religious observance, then my right would have been violated. I do not need to compare myself to others in order to show and know that.

Human rights are fixed, not comparative, standards. This notwithstanding, human rights instruments typically include a non-discrimination principle. Article 2 of ICCPR states that rights are to be ensured 'without distinction of any kind, such as race, color, sex, language, religion, political or other opinion, national or social origin, property, birth or other status'.[5]

The Convention on the Elimination of All Forms of Discrimination against Women (CEDAW) includes a definition of discrimination against women in its article 1.[6] Discrimination here is 'any distinction, exclusion or restriction made on the basis of sex' whereby the human rights protection for women is impaired or nullified. The definition makes an explicit reference to the principle of equality between women and men, a comparative principle.

What is the point of reframing rights in comparative terms? If a woman is subjected to arbitrary arrest, we do not need to establish that there are men who are not so subjected in order to know that her right is violated. Also, human rights are individual entitlements, so what is the point of introducing collective markers like religion, national origin, or sex?

One answer is that violations are indicators not only of institutional incapacity but also of pervasive inequalities. Put simply, in a nationalist society members of national minorities will be more at risk of arbitrary arrest than members of the national majority. The non-discrimination principle directs our attention to the fact that people are more vulnerable to rights violations if they belong to a low-status group. Consequently, there are separate human rights conventions regulating discrimination against women, children, ethnic and linguistic minorities and people with disabilities, but not against white, able-bodied men. This raises an interesting question: Is the comparative assessment that the non-discrimination principle requires a symmetric assessment or not? Swedish law will be our example.

In the Swedish Discrimination Act of 2008, "discrimination" occurs when a person is comparatively disadvantaged on the basis of sex, transgender identity or expression, ethnicity, religion or other belief, disability, sexual orientation or age.[7] Technically, this is symmetric: it is as unlawful to disadvantage a member of the majority culture as it is to disadvantage a member of a minority culture. This makes sense in a way. Pervasive inequalities are rarely complete. It is true on a general level that minorities are more vulnerable on the labor and housing markets than majorities, but statute law on discrimination, contrary to international or constitutional law, does not regulate the general level. It regulates instances of wrongdoing. On the other hand, a symmetric rule risks obfuscating the reason why the phenomenon is regulated at all.

Ethnicity, religion, sex, and disability are on the list because they pick out pervasive vulnerability to disadvantageous treatment, but it is difficult to formulate this asymmetric concern into workable statute law. As a moral principle, however, non-discrimination has the asymmetric purpose of rectifying the effects of relations of domination on comparatively vulnerable groups. This asymmetric concern explains why discrimination is regulated, even though the legal provisions themselves may be symmetric in nature.[8]

Discrimination represents or results in disadvantage

Consider this example: Sara belongs to a religious minority. She applies for a job but is turned down; her religion is the reason. She quickly secures another job with better pay and is satisfied with how things turn out. Has she been the victim of discrimination?

That depends on how we interpret "disadvantage": as an outcome or as an inherent feature of differentiation. On the first interpretation, differential treatment is discrimination only if it *results* in some non-trivial harm, like emotional trauma or loss of income (Lippert-Rasmussen 2006).[9] On the second, the disadvantage lies embedded in the unfairness of being subjected to differential treatment (Hellman 2008: 172).[10] In the first case, there is no discrimination in Sara's case, in the second, there is.

But this might be too hasty a conclusion. Even if, all in all, there are no bad effects for Sara, there might be for religious diversity in general. If the employer can do this to Sara with impunity, then he can do it to other members of religious minorities and so their vulnerable position is reinforced. Statutory discrimination law does not regulate the general level but only separate instances of wrongdoing; however, the rationale for the regulation is the relative social vulnerability of groups. So, the relevant effects to calculate might be general and long-term effects for the group, rather than for the individual in the case.

Yet, there might not be *one* answer to the question of the relevance of outcomes for discrimination. The purpose for which discrimination law is set up varies and so does the role and relevance of outcomes. The non-discrimination principles in ICCPR and CEDAW refer directly to specific rights. Outcomes in terms of rights fulfillment are built into the principle itself. In the Swedish Discrimination Act there is no such reference to fixed standards and, consequently, one is disadvantaged in the relevant sense simply "by being treated less favorably" than others. Here the unfairness of the treatment, not its effects, is built into the principle. There is no reason to be confused by this. We always use principles with an end or purpose in view and in differing circumstances. That these ends, purposes and circumstances affect how a principle is spelled out should not surprise us.

One good reason not to insist on disadvantage as outcome is the risk of unduly unburdening the discriminator of responsibility. The employer in the Sara example caused her no harm in the end. But one might reasonably think that he should not be free responsibility simply because another employer was less intolerant.

This brings us to the *act* of discrimination. One could argue that an act of discrimination is an intentional act in a specific sense: the discriminator acts with the intention to cause harm.[11] There might be no harm in the end, as in the Sara example, but unless there is *intention* to harm there is no discrimination. This view should be resisted.

Inequality is a dynamic social phenomenon. The more vulnerable and marginalized a group is, the more likely its members are to be victims of prejudice and ignorance. Acting on such an attitude is, however, perfectly compatible with acting without any attention to harm at all. Say that the employer believes that members of this religious community are undisciplined workers. This explains his treatment of Sara but his intention may well have been to secure production. Holding someone in low regard, is not the same thing as wishing that person ill. If discrimination requires an intention to cause harm, we would be unable to address and deal with such cases.

Here is another example: Saul belongs to a national minority group and applies for a job in marketing. The employer, who wishes to shield Saul from negative attitudes against this minority group among the company's clients, offers him a job involving no customer contact but also with lower pay. Saul's nationality explains the differential treatment; there is even harmful effect on the individual level. But if we insist on an intention to harm as a necessary criterion for discrimination, then the non-discrimination principle has nothing to offer Saul.

Saul's employer acts intentionally. She knows very well what she is doing and can account for her reasons. But her intention is directed toward the differential treatment itself, not toward its harmful effects. This should be familiar. A rule prohibiting women from holding public office need not come with any wish to harm them; it might be motivated by a deep-rooted belief that women are not suitable for that kind of job, or by sheer habit.[12]

A lesson here is that prejudice, misconceptions and ignorance against a group can be so normalized that they shape behavior as a matter of routine. A non-discrimination principle that does not take such cases into account is of no use to those most marginalized members of society who are regarded as so inconsequential that they do not even figure as possible objects of harm.

The difference between acting intentionally and acting with intention to harm is one that any reasonable principle of non-discrimination needs to recognize.[13]

Discrimination and groups

The discrimination of Sara and Saul is due to their belonging to a particular group. The fact that we associate discrimination with collective group markers – national origin, religion, sex, disability – raises some issues. There is an infinite number of collective group markers; is there anything special about those that make *the list?* And, is it always wrong to treat people differently on the basis of a feature on the list?

The first question concerns the list itself. What should be on it? One suggestion is that the list refers to groups that are 'socially salient' (Lippert-Rasmussen 2006: 169), meaning that they are structurally important to social interaction in most contexts in which people find themselves.[14] The fact that I am a woman affects how people interact with me in most social contexts; the fact that I am left-handed does not. The suggestion is that people should be subject to specific protection from the effects of features that affect them wherever they go, from which there is no refuge. But there is a reason to be skeptical of the social salience-model; it is too symmetric.

The interpretation of a principle needs to account for the purpose it serves. Why is discrimination a concern? Because some group features mark people out as comparatively vulnerable. The collective markers that should be on the list are not identified through their importance to the structure of social interaction but to their relevance in identifying patterns of exclusion and differences in life prospects. National origin is included in the list because of the insecure position and political marginalization of national minorities. We need to keep the eye on the ball, and the ball is pervasive inequalities and vulnerability, not social salience.

Given this, making the list is in itself an achievement; it signals the political recognition of the legitimate claims of a vulnerable group, as when transgender identity was included in the Swedish Discrimination Act in 2008. One further reflection that needs to be made is related to our second question.[15]

Is it always inadmissible to differentiate between people on one of these grounds? Is differential treatment on the basis of a collective marker on the list always discrimination? The answer can differ between legal contexts.

Non-discrimination principles in general human rights instruments – like ICCPR – include an open-ended list. It lists a number of distinctions and ends with "or other status". A reason is to do with the role that the principle plays in human rights law. The principle refers to human rights as fixed standards, rights that are the same for everyone. Nothing can make it right to grant rights to some but not to others. Non-discrimination here refers to the *moral irrelevance* of distinguishing between people on the basis of anything at all. This is the basic moral commitment of the human rights perspective. Differential treatment in rights ascription is always discrimination because the differentiation violates the moral irrelevance of differences between people. This is Wollstonecraft's point about how sex inequality makes a distinction without a difference.[16]

With this in mind a quandary appears for national statutory law. Distinctions like national origin, religion, or sex are *morally* irrelevant but can still constitute relevant grounds for decision-making in specific situations.[17] If a religious congregation were hiring a counselor to do pastoral work among its members, it would be odd if it were not allowed to distinguish between applicants on the basis of religion. To put it crudely, there are situations when a morally irrelevant feature counts as part of a person's relevant qualifications. A reasonable non-discrimination rule needs to account for this. There is no inconsistency here. The moral irrelevance of religion remains and does not vary; the situational relevance does.

Yet, there is a problem. A feature can be situationally relevant in a way that is objectionable. The example I just gave seems harmless, but consider this: This religious congregation completely dominates social services in its area, so that counselors of other faiths or of people without any religious denomination struggle to find work.

This shows that for a non-discrimination rule to be not only a viable law but also a useful tool in the name of fairness, it cannot simply take the world as it is and assess instances of differentiation in isolation from social and traditional patterns. The application of the rule needs to be in keeping with, or at least not in contradiction to, the purpose of the principle on which it is based. There is, and will remain, a tension between non-discrimination as workable law and the asymmetric concern for fairness of its moral principle, a tension which accounts for much of the contentious issues of interpretation.

Lena Halldenius, *Professor of Human Rights, Lund University, Sweden*

Annotations

[1] M. Wollstonecraft, *A Vindication of the Rights of Men* and *A Vindication of the Rights of Woman*, S. Tomaselli (ed.), Cambridge 1995.

[2] W. A. McKean, *Equality and Non-Discrimination under International Law*, Oxford 1983.

[3] Discrimination is direct when someone is disadvantaged by being treated less favorably than someone else on the basis of a protected feature, such as religion or sex. Indirect discrimination is when such disadvantage is the result of the application of a

procedure or rule that appears neutral. An example could be regulation work clothes that cannot be worn together with religious dress. (See for example European Council Directive 2006/54, Art. 2, http://eur-lex.europa.eu/LexUriServ/LexUriServ.do?uri=OJ:L:2006:204:0023:0036:en:PDF) [last accessed on 27 February 2012].

[4] 'Everyone shall have the right to freedom of thought, conscience and religion. This right shall include freedom to have or to adopt a religion or belief of his choice, and freedom, either individually or in community with others and in public or private, to manifest his religion or belief in worship, observance, practice and teaching' (ICCPR, Art. 18:1, http://www2.ohchr.org/english/law/ccpr.htm) [last accessed on 27 February 2012].

[5] On the relation between equality and non-discrimination, see McKean, *Equality*, p. 285 and M. Craven, *The International Covenant on Economic, Social and Cultural Rights: A Perspective on its Development*, Oxford 1995, p. 154.

[6] 'For the purposes of the present Convention, the term "discrimination against women" shall mean any distinction, exclusion or restriction made on the basis of sex which has the effect or purpose of impairing or nullifying the recognition, enjoyment or exercise by women, irrespective of their marital status, on a basis of equality of men and women, of human rights and fundamental freedoms in the political, economic, social, cultural, civil or any other field' (CEDAW, Art. 1, http://www.un.org/womenwatch/daw/cedaw/text/econvention.htm#article1) [last accessed on 27 February 2012].

[7] Discrimination Act (2008: 567), Section 4 (http://www.regeringen.se/sb/d/10105/a/115903) [last accessed on 27 February 2012].

[8] It is because of this symmetric form that affirmative action is a contentious issue. If the law is symmetric, then affirmative action is discrimination, only reversed. If the legislator wants to allow it for reasons of furthering equality in the long run, this has to be made explicit as an exception to the non-discrimination rule. If the law were asymmetric, then there would not be a need for that since affirmative action would in that case not be discrimination. A case for an asymmetric account of discrimination is made in L. Halldenius, 'Genetic Discrimination', in: V. Arnason et al. (eds.), *The Ethics and Governance of Human Genetic Databases: European Perspectives*, Cambridge 2007, pp. 170–180.

[9] K. Lippert-Rasmussen, 'The Badness of Discrimination', *Ethical Theory and Moral Practice*, Vol. 9, No. 2, 2006, pp. 167–185.

[10] D. Hellman, *When is Discrimination Wrong?* Cambridge, MA 2008.

[11] Pincus (1996) differentiates between different forms of discrimination on the basis of the role of intention. See F. L. Pincus, 'Discrimination Comes in Many Forms. Individual, Institutional, and Structural', *American Behavioral Scientist*, Vol. 40, No. 2, 1996, pp. 186–194.

[12] On the impact of implicit bias in discrimination cases, see D. L. Faigman/N. Dasgupta/C. L. Ridgeway, 'A Matter of Fit: The Law of Discrimination and the Science of Implicit Bias', *University of California Hastings Law Journal*, Vol. 59, No. 6, 2008, pp. 1389–1434.

[13] See also L. Halldenius, 'Dissecting Discrimination', *Cambridge Quarterly of Healthcare Ethics*, Vol. 14, No. 4, 2005, pp. 455–463.

[14] K. Lippert-Rasmussen, 'The Badness'.

[15] On the complexity of a politics based on categories, C. L. Bacchi, *The Politics of Affirmative Action. 'Women', Equality and Category Politics*, London 1996, particularly chapter 8.

[16] I do not claim that human rights law is consistent on this point, but it should be.
[17] In discussions about fairness, the emphasis typically is on things that are morally, rather than contextually, irrelevant; see J. Rawls, A *Theory of Justice,* Oxford 1971, pp. 18–19 and J. Narveson, *Moral Matters,* Peterborough 1993, p. 243. On the complexity of moral relevance for discrimination cases, see J. M. Nickel, 'Discrimination and Morally Relevant Characteristics', *Analysis,* Vol. 32, No. 4, 1972, pp. 113–114. On the role of context for assessing relevance in moral terms, see R. Wasserstrom, 'Preferential Treatment, Color-Blindness, and the Evils of Racism', in: S. Cahn (ed.), *The Affirmative Action Debate,* New York 1995, pp. 153–168.

Generationengerechtigkeit

Der Begriff intergenerationeller Gerechtigkeit bezieht sich auf das Problem der gerechten Verteilung von Lasten und Vorteilen zwischen Generationen, wobei »Generation« hier temporal (im Sinne von Altersgruppen) und nicht soziologisch (im Sinne von Gruppen, die durch gemeinsame historische Erfahrungen geprägt sind) verstanden wird. Im öffentlichen Diskurs hat der Begriff der Generationengerechtigkeit vor allem in den Bereichen der Umwelt-, Finanz-, Renten- und Gesundheitspolitik eine große Bedeutung. Dabei sind grob zwei Problemfelder zu unterscheiden. Auf der einen Seite geht es bei der Generationengerechtigkeit um die Verteilung von Lasten und Vorteilen zwischen *heute lebenden Personen* in unterschiedlichen Altersgruppen; zum anderen bezieht sich der Begriff auf das Verhältnis zwischen heute Lebenden, Verstorbenen und noch nicht Geborenen. Wenn in der philosophischen Literatur von »intergenerationeller Gerechtigkeit« gesprochen wird, geht es in aller Regel um das zuletzt genannte Thema. Im Vordergrund steht dabei die Frage, ob Personen, die nicht mehr oder noch nicht existieren, ungerecht behandelt werden können – dies wiederum wird an der Frage festgemacht, ob und inwiefern nicht mehr oder noch nicht existierende Menschen Rechte haben können. Generationengerechtigkeit lässt sich als ein Hintergrundbegriff der Interkulturalitätsdebatte verstehen, insofern er darauf verweist, dass Kultur als ein intergenerationeller Zusammenhang immer schon durch Verteilungskonflikte zwischen den Lebenden, den Toten und den noch nicht Geborenen gekennzeichnet ist – sowie die Suche nach einer gerechten Lösung dieser Konflikte.

Gerechtigkeit zwischen Altersgruppen

Intergenerationelle Gerechtigkeit ist ein vergleichsweise junger Begriff, der auf Problemlagen bezogen wird, die seit der zweiten Hälfte des vergangenen Jahrhunderts an Dringlichkeit gewonnen haben.

(1) *Erstens* begannen die wirtschaftlich und technologisch am weitesten entwickelten Staaten nach dem Ende des Zweiten Weltkriegs forciert, staatliche Sicherungssysteme auf- und auszubauen, die auf Annahmen über die Bevölkerungsentwicklung und die daraus resultierende Altersstruktur beruhten. So wurde z. B. das bundesdeutsche System der umlagefinanzierten Rentenversicherung in der Erwartung eingerichtet, dass die Geburtenrate über die Zeit nicht zurückgehen würde. Die Nichterfüllung dieser stillschweigenden Erwartung und die im Verlauf der Zeit daraus resultierende relative Mehrbelastung der jüngeren Generation wirft nach verbreiteter Auffassung Gerechtigkeitsfragen auf (Miegel 2002: 301; Sinn 2003: 499).[1] Mit Blick auf die viel diskutierte Problematik der Staatsverschuldung wird in der öffentlichen Debatte häufig unzureichend hinsichtlich der Herkunft der Mittel differenziert. Eine hohe Staatsverschuldung heißt nicht unbedingt, dass die gegenwärtige Generation auf Kosten späterer Generationen konsumiert oder investiert. Nimmt der Staat ausschließlich im Inland Mittel auf, so steht der Staatsschuld eine inländische Forderung gegenüber. Es handelt sich somit um eine Umverteilung von Mitteln innerhalb der gegenwärtigen Generation eines Landes, bei der inländische Gläubiger inländischen Schuldnern gegenüberstehen. Es kommt zu keiner Ausweitung des Konsums oder der Investitionen über die vorhandenen inländischen Ersparnisse hinaus. Werden die Schulden in einer späteren Generation getilgt, so wandern Mittel von den dann lebenden Gläubigern zu den dann lebenden Schuldnern. Anders stellt sich die Situation dar, wenn die Schulden im Ausland aufgenommen werden. In diesem Fall werden die Mittel durch einen ausländischen Konsumverzicht aufgebracht, die durch kommende Generationen von Inländern zurückzuzahlen sind. In diesem Fall finanzieren tatsächlich spätere Generationen den Mehrkonsum oder die Mehrinvestitionen früherer Generationen, wobei die Auslandsfinanzierung von Investitionen durchaus im Interesse späterer Generationen liegen kann, sofern sie zu höherem Wohlstand führen.

Wie angedeutet, stellt sich das Problem der Gerechtigkeit zwischen Altersgruppen in den wohlhabenden Gesellschaften des Westens, weil die soziale Sicherung zunehmend in staatliche Regie genommen und individueller Verantwortung, familiären Netzwerken oder gesellschaftlichen Assoziationen entzogen wurde (s. Hirst 1994: 222).[2] Dadurch wurden abstrakte statistische Größen, wie die »unter Zwanzigjährigen« oder die »über Sechzigjährigen«, zu politisch-administrativen Realitäten. Aus Sicht einer libertären Politikphilosophie (pars pro toto: Nozick 1974: 367)[3] stellt die durch staatliche Zwangsversicherungen bewirkte *intertemporale* und *interpersonelle* Umverteilung *als solche* einen Eingriff in die natürlichen Rechte des Individuums dar und somit – *ipso facto* – eine Ungerechtigkeit. Doch handelt es sich hierbei um eine radikale und politisch nahezu bedeutungslose Strömung. Dass Staaten zwischen Altersgruppen (in Form des Umlageverfahrens) und Lebensphasen (in Form des vorgeschriebenen Sparens für die Altersvorsorge) Umverteilung erzwingen dürfen, ist Bestandteil eines breiten wohlfahrtsstaatlichen Konsenses (s. Schefczyk [2]2005: 331).[4]

(2) *Zweitens* rückt zunehmend ins Bewusstsein, dass die Ausbeutung natürlicher Ressourcen im Zuge der globalen Industrialisierung und die daraus resultierenden ökologischen Folgeschäden eine Verschlechterung der Lebensbedingungen für zukünftige Generationen nach sich ziehen. Dieses Problem wird durch das rasante Wachstum der Weltbevölkerung verschärft. Es ist dieser Problemzusammenhang, auf den die philosophische Literatur zum Thema »intergenerationelle Gerechtigkeit« vornehmlich Bezug nimmt.

Generationengerechtigkeit und Wirtschaftswachstum

Die Reflexion von Fragen der intergenerationellen Verteilung von Lasten und Gütern begann in der britischen Philosophie des neunzehnten Jahrhunderts, deren bedeutende Vertreter zugleich Ökonomen waren. Sie beschäftigten sich mit den Gesetzen von Wohlstandsakkumulation und Wirtschaftswachstum vor dem Hintergrund einer utilitaristischen Ethik, die Pflichten mit Blick auf die Maximierung des allgemeinen Nutzens bestimmt; ein herausragender Vertreter dieser Tradition war John Stuart Mill (s. Kuenzle/Schefczyk 2009: 223).[5] Damals wurde Wirtschaftswachstum vor allem als Weg zu einer langfristigen Lösung des Armutsproblems gesehen, der allerdings dessen temporäre Verschärfung bedingte. Wirtschaftliches Wachstum setzt Investitionen und damit Konsumverzicht voraus. Es verschlechtert somit die aktuelle Situation der jetzt lebenden Menschen. Bei geringem Wachstumstempo stellt der Konsumverzicht der gegenwärtig Lebenden somit ein Opfer zugunsten kommender Generationen dar (s. Ramsey 1928).[6] Jedoch wird dies im klassischen Utilitarismus nicht als eine Gerechtigkeitsproblematik gesehen. Als entscheidend gilt hier, dass die Gesamtmenge des Nutzens maximiert wird – die jeweilige Verteilung des Nutzens ist dabei normativ unerheblich. Im zwanzigsten Jahrhundert verschiebt sich der Problemfokus: Wirtschaftswachstum beinhaltet nun vor allem den Verbrauch endlicher, nicht-restituierbarer Ressourcen. Dem Zuwachs an gesellschaftlichem Reichtum stehen auf der Kostenseite zum einen die Zerstörung der Umwelt, zum anderen aber auch die Auszehrung der materiellen Voraussetzung fortgesetzten Wachstums gegenüber.

Utilitarismus und »Zukunftsethik«

Dieter Birnbacher schlägt in *Verantwortung für zukünftige Generationen* ein utilitaristisches Bewertungsmodell der Zukunftsethik vor, bei dem die Interessen der Angehörigen der jetzigen und zukünftigen Generationen jeweils gleich zu gewichten sind (Birnbacher 1988: 297).[7] Innerhalb der utilitaristischen Literatur ist strittig, ob der Durchschnittsnutzen oder der Gesamtnutzen einer Generation maßgeblich sein soll (s.a. Singer ²1984: 120 ff., 331).[8] Bei konstanter Bevölkerungszahl unterscheiden sich die Ansätze nicht. Bei wachsender Bevölkerung kann jedoch der Durchschnittsnutzen fallen, während der Gesamtnutzen steigt. Eine Situation, in der dreißig Milliarden Menschen ein gerade noch erträgliches Leben in materiellem Elend und ökologischer Verwüstung führen, wäre aus Sicht eines reinen Gesamtnutzen-Ansatzes besser als eine Situation, in der drei Milliarden Menschen ein exzellentes Leben führen, *sofern* die Nutzensumme in der ersten Situation größer ist als in der zweiten. Nach Derek Parfits Analyse in *Reasons and Persons* wird diese Konsequenz des Gesamtnutzen-Ansatzes ›repugnant conclusion‹ genannt (Parfit 1984: 543).[9] Der Durchschnittsnutzen-Utilitarismus kann diese unplausible Schlussfolgerung vermeiden; er sieht sich jedoch mit anderen Schwierigkeiten konfrontiert. Intuitiv würde man sagen, dass eine Situation, in der drei Milliarden Menschen leben und ein exzellentes Leben führen, besser ist als eine Situation, in der nur dreitausend Menschen leben und ein exzellentes Leben führen. Solange der durchschnittliche Nutzen in beiden Szenarien derselbe ist, erlaubt der Durchschnittsnutzen-Utilitarismus jedoch nicht, einen Unterschied zu machen. Zudem ist eine solche Position indifferent zwischen zehn und zehntausend Generationen mit identischem Durchschnittsnutzen. Abermals würde man aber intuitiv meinen, dass – *ce-*

teris paribus – zehntausend glückliche Generationen besser sind als zehn. Angesichts der erwähnten Probleme plädiert Birnbacher für einen intergenerationellen Nutzensummen-Utilitarismus (s. Birnbacher ebd.: 101–106)[10], der quantitative Aspekte (Anzahl der Menschen und Generationen) mit qualitativen Elementen (Lebensqualität für die Menschen) verknüpft.

Theorie der Gerechtigkeit und zukünftige Generationen

Die erste breit rezipierte philosophische Behandlung der Problematik intergenerationeller Gerechtigkeit findet sich in John Rawls' Klassiker *A Theory of Justice* (Rawls 1979: 688).[11] Die primäre Frage des Werks betrifft die Verteilung des gesellschaftlichen Wohlstands unter den gegenwärtig Lebenden. Rawls argumentiert, dass in einer gerechten Gesellschaft die Aussichten der am wenigsten begünstigten Mitglieder maximiert werden *(Differenzprinzip)*. Dabei sind nach Rawls allerdings die berechtigten Erwartungen der kommenden Generationen zu berücksichtigen. Dies geschieht in Form des so genannten gerechten Sparprinzips. Eine Gesellschaft ist aus Gerechtigkeitsgründen verpflichtet, so viel zu sparen, wie nötig ist, ›um eine gerechte Grundstruktur zu etablieren und langfristig zu bewahren‹ (Rawls 2003: 246, 316; s. a. ders. 1979: § 44).[12] Der für die Erfüllung des gerechten Sparprinzips erforderliche gesellschaftliche Wohlstand steht nicht für Konsumzwecke der gegenwärtig Lebenden zur Verfügung. Da Rawls seine Gerechtigkeitsprinzipien vor dem Hintergrund einer fiktiven Wahlsituation *(Urzustand)* bestimmt, in der Verteilungsgrundsätze der gesellschaftlichen Grundstruktur gewählt werden, sieht er sich mit der Frage konfrontiert, *warum* im Urzustand das gerechte Sparprinzip akzeptiert werden sollte. Da die Parteien im Urzustand rational verfahren, ist nicht klar, aus welchen Gründen sie *überhaupt* einen Spargrundsatz annehmen könnten. Gründe der Reziprozität entfallen, weil gegenwärtige Generationen nicht in der Lage sind, vergangene Generationen für mangelnde Investitionen zu sanktionieren. Rawls löst das Problem mithilfe der Annahme, dass die Unterhändler im Urzustand Familienlinien repräsentieren, die sich um das Wohlergehen ihrer näheren Nachkommen sorgen (die Generation der Kinder und Enkel) und ein Prinzip auswählen wollen, das für alle folgenden Generationen akzeptabel ist. Die Unterhändler werden sich demnach fragen, was sie unter der Voraussetzung zu sparen bereit sind, dass alle anderen Generationen sich an denselben Grundsatz halten (Rawls 2003: 247).[13] Wie angedeutet, haben nach Rawls zukünftige Generationen gegenüber den jetzt lebenden Generationen einen gerechten Anspruch auf das Maß gesellschaftlichen Reichtums, das notwendig ist, um die Institutionen eines liberalen Verfassungsstaates aufrecht zu erhalten. Ob die gegenwärtig Lebenden sich entscheiden, darüber hinaus zu sparen, liegt nach Rawls in ihrem eigenen Ermessen. Jedoch gibt er an einigen Stellen zu verstehen, dass er mit John Stuart Mills Idee einer Gesellschaft in einem stationären Zustand ohne reale Kapitalakkumulation sympathisiert (ebd.: 246).[14]

Noch nicht oder nicht mehr existierende Personen als Rechtssubjekte

Mehrheitlich wird in der philosophischen Literatur angenommen, dass nur Lebende Rechte haben können. Wenn Verstorbene nicht (mehr) existieren, kommen sie nicht als Rechtssubjekte in Betracht. Die Lebenden *schulden* den Toten nichts. Jedoch können sie Gegenstand von Pflichten sein, die zu Lebzeiten entstanden sind und ihren Tod überdauern *(überlebende Pflichten)*. Für eine solche Auffassung hat im deutschen Sprachraum einflussreich und kraftvoll Lukas Meyer argumentiert (Meyer 2005: 75–134, 458).[15] Eine symmetrische Betrachtung gilt für zukünftige Generationen. Zwar können Personen, die heute (noch) nicht existieren, keine Rechte haben; doch die heute Lebenden können Pflichten haben, die sich aus der Tatsache ergeben, dass die Mitglieder zukünftiger Generationen Rechte *haben werden* (ebd.: 22). Zu diesen Pflichten gehören allerdings nicht die der Selbsterhaltung oder die der Vermehrung der Menschheit. Nicht-existierende Personen haben keinen Anspruch darauf, auf die Welt zu kommen. Doch können die zukünftigen Rechte *tatsächlich* zukünftig existierender Menschen verletzt werden, wenn beispielsweise die gegenwärtigen Generationen versäumen, Maßnahmen zur Stabilisierung des globalen Klimas zu ergreifen.

Das Identitätsproblem

Sowohl hinsichtlich vergangener als auch hinsichtlich zukünftiger Generationen stellt sich das so genannte Identitätsproblem, das zumeist mit Derek Parfits Analysen in Verbindung gebracht wird (Parfit ebd.: 351–379).[16] Das vergangenheitsbezogene Identitätsproblem sei am Beispiel der Forderung nach Sklavereireparationen erläutert, die in den USA diskutiert wurden: Die afroamerikanische Bevölkerung ist heute sozio-ökonomisch schlechter gestellt als der Durchschnitt der US-Bevölkerung. Dies lässt sich zum Teil als Folgeschaden der Sklaverei erklären. Auf dieser Grundlage leiten verschiedene Aktivisten, Juristen und Philosophen einen Anspruch zur Wiedergutmachung des Sklaverei-Unrechts ab (s. Schefczyk 2012: 468).[17] Denn Schädiger sind moralisch zur Kompensation verpflichtet. Die Kompensation besteht in der möglichst umfassenden Wiederherstellung des Zustandes, der ohne Schädigung bestanden hätte. Die Frage lautet nun, ob heute lebende Afroamerikaner als geschädigt gelten können. Unter der plausiblen Annahme, dass es ohne das Unrecht der Sklaverei keine Afroamerikaner gäbe (oder zumindest nicht diejenigen, die heute leben), ist die Frage zu verneinen. Denn ohne das Unrecht würden die heutigen Afroamerikaner nicht existieren. Sie können daher durch das Unrecht nicht geschädigt worden sein. Ein analoges Problem stellt sich in einem zukunftsbezogenen Szenario. Die klima- und umweltpolitisch relevanten Entscheidungen der gegenwärtig lebenden Generationen haben Auswirkungen auf die Größe und Zusammensetzung kommender Generationen. Wenn die entsprechenden Entscheidungen aber dafür mitverantwortlich sind, welche Menschen geboren werden, so können die Nachgeborenen nicht geltend machen, sie seien durch bestimmte umweltpolitische Handlungen oder Versäumnisse geschädigt worden. Denn ohne diese würden sie gar nicht existieren. Meyer schlägt als Lösung für beide Probleme eine *Schwellenwertkonzeption* der Schädigung vor. Wir schädigen tatsächlich zukünftige Menschen, wenn wir durch unsere Entscheidungen dafür verantwortlich sind, dass sie ihr Leben unterhalb eines definierten Schwellenwertes an Lebensqualität verbringen müssen (Meyer ebd.: 36 ff.). Mit Blick auf historisches Unrecht haben die Heutigen analog dafür zu sorgen, dass die Nachfahren der Opfer historischen Unrechts nicht unterhalb eines solchen Schwellenwerts leben müssen.

Intergenerationelle Gerechtigkeit und Interkulturalität

Wenn Verstorbene nicht mehr und Ungeborene noch nicht existieren; und wenn die Existenz notwendige Bedingung für die Rechtssubjektivität einer Person ist, so wird Gerechtigkeit zwischen lebenden, verstorbenen und zukünftigen Generationen zu einem begrifflichen Unding. Es stehen nun mindestens zwei Wege offen, um den Gedanken der Rechte Verstorbener oder Ungeborener zu retten: Entweder man bestreitet, dass Verstorbene und Ungeborene nicht existieren, oder man argumentiert gegen die These, dass Rechtssubjektivität die Existenz einer Person, hier und jetzt, erfordert. Beide Optionen werden in der gegenwärtigen Literatur kontrovers erörtert (Meyer 2005; Schefczyk 2012).[18]

Die vorangegangene Darstellung sollte deutlich gemacht haben, dass Generationengerechtigkeit als ein Hintergrundbegriff der Interkulturalitätsdebatte begriffen werden sollte; als ein Begriff, der darauf verweist, dass Gesellschaften als Generationen übergreifende Überlieferungszusammenhänge selbst als interkulturelle Räume verstanden werden können, die ihre konfligierenden Ansprüche in normativ akzeptabler Weise zu regeln versuchen.

Michael Schefczyk, *Professor für Praktische Philosophie, Leuphana Universität, Lüneburg*

Anmerkungen

1 M. Miegel, *Die deformierte Gesellschaft. Wie die Deutschen ihre Wirklichkeit verdrängen*, München 2002; H.-W. Sinn, *Ist Deutschland noch zu retten?*, München 2003.

2 P. Hirst, *Associative Democracy. New Forms of Economic and Social Governance*, Amherst 1994.

3 R. Nozick, *Anarchy, State, and Utopia*, Oxford 1974.

4 M. Schefczyk, *Umverteilung als Legitimationsproblem*, Freiburg/München ²2005 [2003].

5 D. Kuenzle/M. Schefczyk, *John Stuart Mill. Zur Einführung*, Hamburg 2009.

6 F. Ramsey, ›A Mathematical Theory of Saving‹, *Economic Journal*, Vol. 28, 1928, S. 543–559.

7 D. Birnbacher, *Verantwortung für zukünftige Generationen*, Stuttgart 1988.

8 P. Singer, *Praktische Ethik*, Stuttgart ²1984 [1979].

9 D. Parfit, *Reasons and Persons*, Oxford 1984.

10 Birnbacher, *Verantwortung*.

11 J. Rawls, *Eine Theorie der Gerechtigkeit*, Frankfurt a. M. 1979 [1971].

12 J. Rawls, *Gerechtigkeit als Fairness*, Frankfurt a. M. 2003 [2001]; Rawls, *Theory*.

13 Rawls, *Gerechtigkeit*.

[14] Rawls, *Gerechtigkeit.*
[15] L. Meyer, *Historische Gerechtigkeit,* Berlin/New York 2005.
[16] Parfit, *Reasons.*
[17] M. Schefczyk, *Verantwortung für historisches Unrecht. Eine philosophische Untersuchung,* Berlin/New York 2012.
[18] Meyer, *Historische Gerechtigkeit;* Schefczyk, *Verantwortung.*

Solidarity

Solidarity inspires courageous action, admirable self-sacrifice, fierce loyalty, as well as countless social and moral obligations to fellow members of a community. It might also inspire pernicious exclusions, hegemonic conformity, and blind obedience. The contested and often conflicting uses of the concept of solidarity reveal its central importance in understanding human society and the norms of community, but the variation within communal forms also means that there will be quite broad discrepancies in the nature of the bonds that unite people together. Moreover, divergent disciplinary aims lend further complexity to this key concept of social togetherness or fellowship. Interdisciplinary and intercultural discourses employ the concept of solidarity despite, and perhaps even because of, its multiple and overlapping meanings and numerous forms.

Consider, for instance, the different form of solidarity victims of racism evince compared to the solidarity of those committed to struggling against racist violence. The former points to a unity based on shared experience or common identity; the latter indicates a collectivity of individuals – victims and non-victims – united to achieve a goal. These differ still from the solidarity protections against social vulnerabilities like racist discrimination expected of the state.[1] What distinguishes these and other forms of solidarity is the context, the nature of the relationship between members or participants in solidarity, and the extent of the moral obligations informed by those relationships. Nevertheless, all forms of solidarity share some common features: they are moral relations of collective responsibility entailing positive duties. In other words, solidarity indicates not only the ties that bind certain people to certain other people, but also the mutual obligations participating members share and the commitment to act in fulfillment of communal goals or in order to protect and sustain the solidaristic group. Solidarities entail expectations among the agents that extend beyond simply not interfering with individual life-choices and beyond regular group loyalty. To engage in solidarity with others means that at least part of one's moral existence is mediated by the commitment to the solidaristic community or group and the interests, goals, or reciprocal relations of the group. One must contribute to the collective whole in a positive, consistent manner; it is not enough merely to refrain from interfering with the actions of others.

Social solidarity

Sociological accounts of solidarity, primarily following Emile Durkheim, measure the social development and cohesion of a community.[2] The more advanced or modern societies exhibit a developed division of labor, and hence mutual interdependence. Durkheim called this organic solidarity, contrasting it with mechanical solidarity, and further traced the development of morality, social mores, and law to the level and form of solidarity. Mechanical solidarity, rooted in similarities of familial or tribal relations, characterizes what Durkheim called primitive societies.

In a similar vein that also connects to solidarity's political moorings, social psychologists often use solidarity as an identity concept, perhaps drawing more or less directly on Durkheim's mechanical solidarity. Identity, or sameness, might form the basis for group-based distribution of rights and privileges or provide the justification for group-based exclusions. The bonds of shared sentiment or fellow-feeling serve as the foundation of community.[3] In other words, solidarity here connotes bonds of shared interest or sympathy arising from social, cultural, racial, geographic, gender, or religious identity. These are the sorts of bonds that provide both solace for those who are included as well as anything from alienation to tyrannical oppression for those left out. The United States' history of racism vividly exemplifies solidarity resulting in exclusion: whites appealed to "white solidarity" or "racial solidarity" to exclude blacks from attaining the benefits of political and economic participation.

Moral and political solidarity

Neither the sociological nor the social psychological accounts of solidarity, however, capture the hopeful potential of collective efforts, struggles, or movements for social change which also employ the rhetoric and moral pull of solidarity. Seeking a shared goal of liberation, for instance, rather than presuming a shared interest in maintaining the status quo, unites diverse peoples in political solidarity. Struggles for workers' rights, sex and gender justice, the alleviation of poverty, freedom from dictatorial rule, and countless other movements display the intense, if temporary, bonds of collective action.[4] Commitment to the goal or cause, rather than shared identity or experience, forms the unity. Acting in concert with others in solidarity illustrates the adage that "the whole is greater than the sum of its parts". Moreover, a goal-oriented solidarity encourages the scrutiny of individuated actions; this critical component distinguishes political solidarity from rebellion.

In this sense of solidarity as a collective struggle for liberation, theological accounts emerge emphasizing a call to peaceful unity, reflective praxis, mutuality, and practical activity on behalf of the poor. This value of solidarity results from the empirical fact of human interdependence. Christian contexts, Latin American liberation theology, for instance, invoke solidarity as a means to implore the wealthy to examine the effects of their decisions on the lives of the poor as well as conversely to arouse a collective spirit among the poor to challenge the social and political structures responsible for their impoverished conditions.[5] In Islam, solidarity connects all creatures and links them to heaven. Humans are united by a common ancestry and a common goal: peace and submission to God.[6] Judaism invokes solidarity primarily as indicative of national unity, but some traditional scholars also develop a notion of international aid rooted in mutuality or solidarity.[7]

In a twist on the theme of aid to the poor, solidarity sometimes signifies the distance between the producer and the consumer, as in discussions of the relative merits of fair trade versus free trade.[8] Fair trade ensures that producers receive a fair remittance for their product and workers receive a just wage. Fair trade gained considerable traction in the latter part of the twentieth century in part as a reaction to corporate globalization. Purchasing consumer goods from fair trade producers offered those producers space in the market. Moreover, fair trade farmers often employed traditional agricultural methods that were more environmentally sustainable than large scale agri-business methods. The connection between the consumer and the producer – as well as the connection between the consumer and the earth – is much closer in a fair trade exchange yielding "solidarity products" or "ethical consumerism".

Social theory and bio-ethics use solidarity to connote the values and obligations of the contemporary welfare state. Consumer and environmental protections, universal healthcare, family and child support, and other public programs considered to be required for the well-being of citizens, form the network of social and economic services expected by a state in order for individual citizens to flourish. The principle of solidarity in this sense is much more prominent in the European context. Individual citizens constitute the state; civic solidarity of this sort formalizes and ensures the sort of protective and positive services that might be expected from all fellow inhabitants of a polity. Some argue that there is also a civic virtue of solidarity, meaning the disposition or orientation to act in such a way that advances the collective whole. Underlying both is the premise that individuals are not able to flourish outside of community; or, phrased slightly differently, that individuals need community in order to flourish as individuals. By protecting vulnerable individuals from economic coercion or exploitation, the welfare state facilitates greater freedom for all. There is a clear tie to the social and political theory of Jean-Jacques Rousseau here and numerous theorists have credited Rousseau with articulating the theoretical foundations for solidarity.[9] Another important note about the civic virtue of solidarity or the welfare state as enacting solidarity is that solidarity serves as a counter to charity and a complement to justice (Bayertz ebd.: 23).[10] Solidarity focuses on communal obligations among citizens or between citizens and the state; justice, in comparison, emphasizes individuals' rights which they may exercise as claims against the state. Although the outcome may be the same, the moral weight varies.

Within political theory, some scholars argue that solidarity contrasts rather sharply with individualism.[11] Although it would be a mistake to collapse it into communitarianism, the theory that relatively small communities and communal good ought to determine individual action rather than self-interest, solidarity is certainly challenged by the emphasis on negative rights characteristic of the classical liberal state. Compelling or coercing individuals to pay taxes to support universal healthcare, for instance, might accord with the civic virtues of solidarity, but it also seems to violate some individual rights to private property.

Nevertheless, one finds communitarian, socialist, as well as liberal accounts of the ethico-political obligations of solidarity.[12] Whereas individualism invites a focus on the rights of the individual and the distribution of goods within society to ensure the greatest possible liberty, solidarity addresses the nature of the social collective and the extent of social cooperation necessary for society's maintenance as such, which again demonstrates how the emphasis shifts. Communitarian models tend to value the similarity of virtue among citizens to facilitate greater social cooperation; socialist models utilize the structures of the state to coordinate social assistance; and classical liberal or libertarian models of social cooperation employ the tools of negative liberty or non-interference to support citizens' reciprocal ability to pursue individual projects. The classical liberal state is organized under the presumption that the state's role is to maximize liberty such that each individual may pursue his or her own vision of the good life. Solidarity is seen by some as getting in the way of individual liberty so conceived because it may require the individual actually to refrain from pursuing his or her own vision of the good life insofar as that vision contributes to or ignores the vulnerability of others. Defenders of a liberal notion of solidarity, that is, political theorists who argue that solidarity and individualism are compatible,[13] point out that solidarity need not be burdensome but could actually enhance, rather than detract from, individual liberty.

Global and human solidarity

It is worth asking whether solidarity, which applies to communities, looks any different when the community in question is the international community. Theoretical accounts of global justice frequently rely on a presumption of solidarity among humans across the boundaries of nation-states. In part, the presumption simply means that individuals orient themselves to accept the burden of duties to others external to the domestic state, and in part it means universal equality. Global governance could only function given a degree of universal equality and acceptance of responsibilities to all those others outside one's national borders. Extending the ties of civic society in this way may signal a different form of global solidarity.[14]

Anti-globalization campaigns demonstrate the potential of yet another form: transnational or global political solidarities. Activists from all over the world unite in person as, for instance, at major trade meetings like the Seattle meeting of the WTO in 1999, but they also engage in on-going efforts to effect social change via the internet and consumer boycotts. A number of rather famous boycotts explicitly used the language of solidarity in order to rally support. Often this means the wealthy or privileged are asked to stand in solidarity with the poor and suffering using the tools of the boycott. This example illustrates the diversity of the concept insofar as solidarity means the global political struggle, the group that forms, as well as the stance of the privileged with those who suffer. The context, the nature of the relationship between participants, and the moral obligations entailed in the relations distinguish the various forms of solidarity.

Human solidarity – as in the solidarity of all humanity – is one of the most widely used accounts of solidarity and perhaps one of the most difficult to unpack. It appears either as a normative goal that has the potential to ground universal principles like human rights, or as an empirical fact that, nevertheless, humans fail to affirm whenever we use violence against each other. As a goal, human solidarity signifies the potential for universal responsibility; all humans share reciprocal obligations to one another thereby ensuring mutual flourishing. As an empirical fact, human solidarity simply acknowledges the interdependence (physical, technological, environmental, etc.) of all human beings. In either case, human solidarity implies universal norms – to seek the common good or to do no harm – on the basis of shared humanity. The continued problem of genocide demonstrates one of the many external factors hindering human solidarity, but what might be called everyday biases also thwart the achievement of such a universal unity. People often identify more readily with their nation-state or ethnic group than they do with the human family. Although this would not necessarily impede human solidarity, it would certainly make it more challenging. In addition, culturally embedded conceptions of who counts as human form a further barrier. Women, for instance, still struggle for recognition as full human persons in some cultures, and virulent racism or xenophobia features prominently in many societies inhibiting their willingness to include certain others in human solidarity. Some post-modern theorists argue that the very attempt to define who counts as human risks excluding those who do not fit the definition,[15] and others point out that appealing to "human solidarity" itself fatally ignores social solidarity with the natural world.[16]

Conclusion

Some uses of the term solidarity misconstrue it as simply a connection, a similarity, or merely an expression of sympathy. These uses are clearly connected to more developed forms of solidarity, but they mistake a part of the relation for the whole. In all its forms, solidarity is a form of collective responsibility. Without that moral element, the term is misplaced. However, the varieties of accurate appeals to the concept of solidarity also challenge social, moral, economic, and political discourse simply because the term can mean so many different things: shared identity, collective movement, social and economic protections, distance between consumer and producer, virtue, value, obligation, and so on. Moreover, its use by those on the political left as well as those on the political right discloses further complexity or grounds for contestation inherent in the concept: "solidarity" calls to mind "liberation" or "conformity" depending on where one stands on the ideological line. Clearly, in either case, it is a relational concept that entails moral duties between those united in solidarity. The extent of those relations – perhaps limited to the attainment of a particular goal or extending to holistic social support – may be found in the context, the disciplinary approach, the political intent, and the associated connotations.

Sally J. Scholz, *Professor of Philosophy, Villanova University*

Annotations

[1] K. Bayertz, 'Solidarity and the Welfare State: Some Introductory Considerations', *Ethical Theory and Moral Practice*, Vol. 1, No. 3, 1998, pp. 293–296; K. Bayertz, 'Four Uses of "Solidarity"', in: K. Bayertz (ed.), *Solidarity*, Dordrecht 1999, pp. 3–28; H. Brunkhorst, *Solidarity: From Civic Friendship to a Global Legal Community*, Cambridge, MA 2005; S. Scholz, *Political Solidarity*, State College, Pennsylvania 2008.

[2] E. Durkheim, *Division of Labor in Society*, New York 1997 [1893].

[3] M. Scheler, *Formalism in Ethics and Non-Formal Ethics of Values: A New Attempt toward the Foundation of an Ethical Personalism*, Evanson, Ill. 1973.

[4] M. Hechter, *Principles of Group Solidarity*. Berkeley, Cal. 1987; J. H. M. Lasslett, *The United Mine Workers of America: A Model of Industrial Solidarity?* State College, Pennsylvania 1996; C. T. Mohanty, *Feminism without Borders: Decolonizing Theory, Practicing Solidarity*, Durham 2003.

[5] E. g., K. Doran, *Solidarity: A Synthesis of Personalism and Communalism in the Thought of Karol Wojtyla/Pope John Paul II*, New York 1996; D. Dorr, *Option for the Poor: A Hundred Years of Catholic Social Teaching*, Maryknoll, NY 1992.
[6] E. g., M. Gilsenan, *Recognizing Islam: Religion and Society in the Modern Middle East*, New York 1992; M. Boisard, *Humanism in Islam*, Indianapolis 1988 [L'humanisme de l'Islam, Paris 1979]; C. Tripp, *Islam and the Moral Economy*, New York 2006; M. Rafique, 'Islamic Solidarity', *Aligarh Journal of Islamic Philosophy*, Vol. 6, 1998, pp. 105–119.
[7] E. g., S. I. Troen/B. Pinkus (eds.), *Organizing Rescue: Jewish National Solidarity in the Modern Period*, New York 1992; S. Schwartz, *Were the Jews a Mediterranean Society?: Reciprocity and Solidarity in Ancient Judaism*, Princeton 2009.
[8] G. Moore, 'The Fair Trade Movement: Parameters, Issues and Future Research', *Journal of Business Ethics*, Vol. 53, No. 1–2, 2004, pp. 73–86.
[9] J.-J. Rousseau, *Social Contract*, in: *The Social Contract and Other Later Political Writings*, V. Gourevitch (ed.), Cambridge 1997 [1762]; E. Durkheim, *Montesquieu and Rousseau*, Ann Arbor 1960.
[10] Bayertz, 'Four Uses'.
[11] E. g., N. Capaldi, 'What's Wrong with Solidarity?', in: Bayertz, *Solidarity*, pp. 39–56; D. Heyd, 'Justice and Solidarity: The Contractarian Case Against Global Justice', *Journal of Social Philosophy*, Vol. 38, No. 1, 2007, pp. 112–130.
[12] E. g., M. Walzer, *Obligations: Essays on Disobedience, War, and Citizenship*, Cambridge, Mass. 1970; W. Rehg, 'Solidarity and the Common Good: An Analytic Framework', *Journal of Social Philosophy*, Vol. 38, No. 1, 2007, pp. 7–22; A. Mason, *Community, Solidarity, and Belonging*, New York 2000; E. Dussel, 'From Fraternity to Solidarity: Toward a Politics of Liberation', *Journal of Social Philosophy*, Vol. 38, No. 1, 2007, pp. 73–92; N. Fraser, 'Toward a Discourse Ethic of Solidarity', *Praxis International*, Vol. 5, No. 4, 1986, pp. 425–429; W. Rehg, *Insight and Solidarity*, Berkeley 1994; L. Crocker, 'Equality, Solidarity, and Rawls' Maximin', *Philosophy and Public Affairs*, Vol. 6, No. 3, 1977, pp. 262–266; J. Feinberg, *Doing and Deserving*, Princeton 1970; J. Feinberg, *Social Philosophy*, Englewood Cliffs, N.J. 1973; D. Edyvane, *Community and Conflict: The Sources of Liberal Solidarity*, New York 2007.
[13] E. g., Feinberg, *Doing and Deserving*; Feinberg, *Social Philosophy*; L. May, *The Socially Responsive Self*, Chicago 1996; L. May, 'The International Community, Solidarity and the Duty to Aid', *Journal of Social Philosophy*, 38, 1, 2007, pp. 185–203.
[14] Brunkhorst, *Solidarity*.
[15] R. Rorty, *Contingency, Irony, and Solidarity*, New York 1989.
[16] V. Plumwood, *Environmental Culture: The Ecological Crisis of Reason*, New York 2002.

Subsidiarität

Vorbemerkung

Seit sich Menschen in Gruppen, Verbänden oder Gesellschaften zusammenschließen, um den Alltag besser gemeinsam zu organisieren, gibt es sicherlich die Delegation von Verantwortung. Das Phänomen, das wir heute mit Subsidiarität bezeichnen, ist wahrscheinlich so alt wie das Zusammenleben von Menschen. Die Frage also, ob Subsidiarität ein Streit- oder Leitbegriff ist, erscheint aus historisch-philosophischer Perspektive zunächst irrelevant.

In dem Moment jedoch, wenn der Begriff wertend den Zweck verfolgt, politische Zustände oder Perspektiven zu beschreiben, wird er für die einen ein Leitbegriff, für andere wiederum zum Streitbegriff. Subsidiarität kann sogar mehr als ein Leitbegriff sein, nämlich dann, wenn er konsequent als Architekturprinzip für ein zukünftiges Europa verwendet wird. Diese These kann man sicherlich streitig diskutieren. Leitbegriff wird er also dann, wenn man Subsidiarität als unabdingbar für eine neue europäische Ordnung ansieht. Zum Streitbegriff wird er in der Auseinandersetzung zwischen Föderalisten und Intergouvernementalisten.

Zur historisch-philosophischen Dimension des Begriffs

Die frühesten Spuren des Subsidiaritätsgedankens findet man im Alten Testament, als Moses (ca. im 13. Jh. v. Chr.) sein Volk aus Ägypten führte und in der Wüste am Berg Gottes »richterliche Tätigkeit« ausübte. Moses traf dort seinen Schwiegervater Jetro, der ihm folgende Ratschläge für die Delegation von Aufgaben gab:

2.1 Du aber suche dir aus allen Leuten tüchtige, gottesfürchtige und zuverlässige Männer aus, die der Bestechung nicht zugänglich sind. Setze sie über jene als Vorsteher über je 1000, über je hundert, 50 oder 10.

2.2 Sie sollen unter dem Volke immerdar als Richter wirken. Nur alle wichtigen Sachen sollen sie vor Dich [sic!] bringen, alles Geringfügige aber sollen sie selbst entscheiden.
Mache dir also die Sache dadurch leichter, indem jene mit dir zusammen die Verantwortung tragen (zitiert nach Hamp [12]1961: 80).[1]

Zwei wichtige Aspekte stecken in dieser Überlieferung, die für das Thema interessant sind. Zum einen schlägt Jetro eine Dezentralisierung von Macht und Autorität vor, zum anderen sollen alle zusammen Verantwortung für die gemeinsame Sache tragen.

Deutlicher und näher am heutigen Verständnis ist Aristoteles (384–322 v. Chr.), wenn er das Individuum als »zoon politikon«, als soziales Wesen fasst, das nur in Abhängigkeit zu seinen Mitmenschen existieren kann. Das Individuum in seinem sozialen Umfeld bildet die Grundgegebenheit der kleinsten Gemeinschaft, der »eukos«, der Hausgemeinschaft. Sie garantiert die alltägliche Existenz und sichert damit die Fortdauer dieser Existenz. Zur Lösung komplexerer Aufgaben schließen sich mehrere Hausgemeinschaften in einer Dorfgemeinschaft, der »kome«, zusammen. Für die Aufgaben, die alle angehen, versammeln sich die freien Männer in der »polis«. Keine der drei Gemeinschaften ist unabhängig von den anderen, im Gegenteil, sie sind aufeinander angewiesen. Indem die »polis« gemeinsam mit den ihr angehörenden Mitgliedern der Haus- und Dorfgemeinschaften Rat und Lösungen für deren Überforderung anbietet, wirkt sie subsidiär.[2]

Der absolutistische Staat, geradezu das Gegenteil von Subsidiarität, provoziert logischerweise eine Untersuchung des Verhältnisses von Staat und Individuum. Einer der wichtigsten Vertreter des Subsidiaritätsgedankens im 16./17. Jh. ist Johannes Althusius (1557–1638).[3] Wie Aristoteles setzt er bei der Grundgegebenheit des Sozialen an, der »consociato symbiotica«, der Lebensgemeinschaft. In einer Art »Zuständigkeitspyramide« baut er die Gesellschaft von unten nach oben auf: Ehe, Familie, Genossenschaft, Gemeinde, Stadt, Land, Provinz und schließlich das Reich. Die Probleme der Gesellschaft müssen dort gelöst werden, wo sie anfallen und wo die Menschen davon betroffen sind. Nimmt die Komplexität der Probleme zu, so wird auf der nächsthöheren Ebene gemeinsam mit den Betroffenen der unteren Ebene eine für alle Beteiligten bestmögliche einvernehmliche Lösung angestrebt. ›Quod omnes tangit, ab omnibus quoque approbari debet‹

(zitiert nach Döring 2004: 27).[4] Hier greift Althusius einen alten römischen Rechtsgrundsatz auf.

Die konsequente Fortführung dieses Gedankens findet sich im Gesellschaftsvertrag von Jean-Jacques Rousseau (1712–1778). Dort schließen die mündigen Bürger einen Gesellschaftsvertrag mit sich selbst. Sie unterwerfen sich freiwillig der »volonté générale«, ohne ihre persönliche Freiheit aufzugeben. Rousseau ist deshalb für den Subsidiaritätsgedanken wichtig, weil mit ihm Herrschaft sich im freien Willen seiner Bürger manifestiert. Fortan, bis heute zu, geht es um die Frage, inwieweit der Staat in den Privatsektor des Individuums eingreifen darf. Denn immer steht die Freiheit des Einzelnen auf dem Spiel (vgl. Rousseau 2003: 112 ff.).[5]

Im 19. Jahrhundert hat der Staatsrechtler Robert von Mohl (1799–1875) zum ersten Mal das Prinzip der Subsidiarität durch das Prinzip der Solidarität ergänzt. Das Subsidiaritätsprinzip wirkt nach Mohls Staatslehre auf drei Stufen (vgl. Isensee 1968: 60):

1. bei der Rechtfertigung der staatlichen Existenz,
2. bei der Zuweisung der staatlichen Kompetenz,
3. bei der Regulierung der staatlichen Kompetenzausübung.[6]

Der Staat ist umso enger an die Verpflichtung der Subsidiarität gebunden, desto tiefer er in den Privatsektor eingreifen muss. Das staatliche Eingreifen ist immer dann nicht erwünscht, wenn das Individuum sich selber helfen kann (vgl. v. Beyme 1966: xviii).[7] Nur bei einer ›Mangellage im privaten Bereich‹ ist der Staat legitimiert, eingreifend tätig zu werden (vgl. Lecheler 1993: 35 ff.).[8]

Abraham Lincoln (1809–1865) brachte seine Vorstellung von Subsidiarität auf den Punkt, wenn er im Jahre 1854 formulierte:

> The legitimate object of government is to do for a community of people whatever they need to have done but cannot do at all, or cannot so well do for themselves in their separate and individual capacities.
> In all that the people individually can do as well for themselves, government ought not to interfere (zitiert nach v. Nell-Breuning 1980: 49).[9]

Die katholische Soziallehre stellt das Subsidiaritätsprinzip in den Mittelpunkt der Enzyklika *Quadragesimo Anno* (1931). Dort heißt es in Ziffer 79, was der Einzelne aus eigener Initiative leisten kann, darf die Gesellschaft ihm nicht entziehen; dann wörtlich:

> Jedwede Gesellschaftstätigkeit ist ja ihrem Wesen und Begriff nach subsidiär; sie soll die Glieder des Sozialkörpers unterstützen, darf sie

> aber niemals zerschlagen oder aufsaugen (zitiert nach Gundlach ^{3}1960: 113).[10]

Der Europarat versteht Subsidiarität als Unterstützungsprinzip für die Autonomie des Individuums. ›It implies a type of help which encourages and authorizes autonomy‹ (Council of Europe 1994: 11).[11] Als Überlegung zu einer aktuell-politisch europäischen Dimension wird hier noch der Arbeitsbegriff aus dem Buch *Subsidiarität für Europa* zitiert:

> Subsidiarität [ist] die aktive Unterstützung eines Nationalstaates oder der Europäischen Union, die lokalen und regionalen Subsysteme im Sinne demokratischer Partizipation höher zu entwickeln, selbst unter Hinnahme eigenen Machtverlusts (Böttcher/Krawczynski 2002: 38).[12]

Die politisch-europäische Ebene des Subsidiaritätsprinzips wird aus zwei Blickwinkeln betrachtet:

1. der Beziehung von Subsidiarität und Solidarität,
2. der Subsidiarität als Architekturprinzip eines zukünftigen Europas.

Zur Beziehung von Subsidiarität und Solidarität

Für Jürgen Habermas (1985: 158) ist Solidarität neben dem Geld und der administrativen Macht die dritte wichtige gesellschaftliche Steuerungsressource. Die Zukunftsbewältigung gelingt nur dann, wenn diese Ressourcen in ein neues Gleichgewicht gebracht werden.[13] Dabei verschiebt sich der Begriffskern der Subsidiarität ›[…] weit in den Bereich der Solidarität‹ (Glagow, zitiert nach Senft 1990: 4).[14] Eine Schwierigkeit ist es, das Verhältnis von Subsidiarität und Solidarität zu bestimmen. Welcher Begriff ist Teilmenge des anderen? Wie verhalten sich die Grundsätze kollektiv-solidarischer Aktion und Selbstorganisation zueinander?

Auf Europa bezogen bedeutet dies, dass es seit Inkrafttreten der Römischen Verträge 1958 leichte Kompetenzzuwächse auf sozial-politischem Feld gegeben hat. Jedoch die dringend notwendige Stärkung der Gemeinschaftssolidarität ist – auch nach Lissabon – nicht erreicht worden. ›Was fehlt, ist die grundlegende Auseinandersetzung über den Status des Sozialen‹ (Böttcher 1990: 458).[15] Nach wie vor ist das Soziale grundsätzlich der Ökonomie nachgeordnet. Eine Gleichordnung ist nicht in Sicht. Insbesondere die rechts-liberale Politik in Europa hängt immer noch dem Irrglauben an, man könne über Wachstum Sozialpolitik steuern. Längst sollten wir gelernt haben, dass wir das Ende der quantitativen Wachstumsphase erreicht haben. Ohne Eigenständigkeit des Sozialen, nicht abgekoppelt von der Ökonomie, aber ihr gleichberechtigt und gleichwertig an die Seite gestellt, werden wir die zunehmenden Unterschiede in der Verteilung und Konsumierung der Ressourcen nicht ausgleichen. Dies erfordert allerdings eine Rück- und Neubesinnung auf alte, die europäische Identität mitbestimmende Werte: die Solidarität. Freiheit, Gleichheit und Brüderlichkeit haben auch heute mehr als zweihundert Jahre nach der Französischen Revolution weder an Brisanz, noch an Faszination, noch an moralischem Anspruch verloren.

Vor dem Hintergrund der großen, ungelösten Sozialprobleme in Europa, von der globalen Dimension ganz zu schweigen, erstaunt es sehr, wie schwer sich nationale Regierungen damit tun, die neue soziale Frage in den Mittelpunkt europäischen Denkens zu stellen. Solidarität muss europaweit, ja, eigentlich weltweit unteilbar sein. Subsidiarität in diesem Sinne ist das Instrument, das Solidarität auf allen Ebenen individuellen und gesellschaftlichen Zusammenlebens konkret erfahrbar macht.

Subsidiarität als Architekturprinzip für Europa

Neben der Subsidiarität sind Souveränität und Regionalität wichtige, aufeinander bezogene Schlüsselbegriffe eines zukünftigen Europa. Regionalität und Subsidiarität sind gar zwei Seiten derselben Medaille.

Zweihundertfünfzig Jahre bestimmte der Nationalstaat als politische Organisationsform Kooperation und Konflikt zwischen den Völkern. Heute dagegen ist nationale Souveränität nach außen mehr oder weniger für alle Staaten anachronistisch geworden. Die Abhängigkeit zwischen Staaten, Staatsbünden, Paktsystemen ist objektiv vorhanden, wenn dies auch vielfach von einzelnen Staaten nicht eingestanden wird. Nicht Souveränität, sondern Abhängigkeit kennzeichnen zunehmend die Beziehungen der Staaten untereinander.

Auch nach innen muss die Souveränitätsfrage neu gestellt werden. Wenn als souverän derjenige eingestuft wird, der sich selbst bestimmt, dann muss es zukünftig zwischen den einzelnen Ebenen in einem Staat oder in einem Staatenverbund oder in einer europäischen Föderation neuer Art eine Fülle abgestufter Souveränitätskonzepte geben.

Der am Nationalstaat orientierte Souveränitätsbegriff ist überholt. Unstreitig ist, dass die Bedeutung des Nationalstaates immer mehr abnimmt, ja, dass er eher ein Auslaufmodell ist. Wenn dem so ist, stellt sich die Frage, ob Regionalisierung bei gleichzeitig voranschreitender Globalisierung unsere zukünftige politische Ordnung bestimmt und welche Rolle hierbei die Subsidiarität spielt.

Hendrik Brugmans' (1906–1997) Verdienst ist es, das Subsidiaritätsprinzip mit dem Regionalprinzip in einen direkten Zusammenhang gebracht zu haben. Für ihn kann Europa ohne eine überstaatliche Föderation – eine Föderation neuer Art –[16] die großen Herausforderungen der Zukunft nicht bestehen. Gleichzeitig sind aber kommunale und regionale Demokratie, Heimat, Freiheit, Selbstverwirklichung, Partizipation nur durch konsequente Anwendung des Subsidiaritätsprinzips zu erreichen.[17]

Europa von oben ist krisenanfällig. Die Identifikationspotentiale mit einem Europa der Eliten sind weder bisher noch in Zukunft tragfähig. Die intergouvernementalen Verträge bis hin zu Lissabon bieten keine Lösung für die zukünftigen Aufgaben Europas in einer zunehmend globalisierten Welt. Was vor allem fehlt, ist eine Finalitätsbestimmung. Die Frage, wie wollen wir morgen in Europa leben, wird erst gar nicht gestellt.

Die Kombination aus einer föderativen europäischen Zentralgewalt, mit wenigen Kompetenz-Kompetenzen ausgestattet, wie Außen-, Sicherheits-, Währungs- und Finanzpolitik, übergeordneter Wirtschaftspolitik und einer weitestgehend lokalen Selbstverwaltung ist die Zukunft. Diese Kombination aus repräsentativ legitimierter Zentralgewalt der europäischen Völker und direkt partizipativer Selbstbestimmung auf der lokal-regionalen Ebene, wo sich Demokratie als Lebensform entwickeln kann, macht die neue, innovative, politische, subsidiäre Ordnung aus.

WINFRIED BÖTTCHER, *Emeritus, Rheinisch-Westfälische Technische Hochschule, Aachen*

Anmerkungen

[1] V. Hamp et al. (Hrsg.), *Die Heilige Schrift des Alten und Neuen Testaments*, Aschaffenburg [12]1961.

[2] Vgl. Aristoteles, *Politik*, Bonn 1991, Buch 1, Kap. 1.

[3] Vgl. hierzu: L. Döring, *Fundament für Europa*, Münster 2004, S. 26 ff.

[4] Döring, *Fundament*, ›Was alle berührt (angeht), muss auch von allen gebilligt werden‹.
[5] Vgl. J.-J. Rousseau, *Gesellschaftsvertrag*, Stuttgart 2003, insbes. 4. Buch.
[6] Mohl zitiert nach J. Isensee, *Subsidiaritätsprinzip und Verfassungsrecht, Eine Studie über das Regulativ des Verhältnisses von Staat und Gesellschaft*, Berlin 1968.
[7] Vgl. v. K. v. Beyme (Hrsg.), *Robert von Mohl*, Köln/Opladen 1966.
[8] Vgl. H. Lecheler, *Das Subsidiaritätsprinzip*, Berlin 1993.
[9] O. v. Nell-Breuning, *Gerechtigkeit und Freiheit*, Wien 1980; vgl. auch: J. Senft, *Im Prinzip von unten, Redefinition des Subsidiaritätsgrundsatzes für ein solidarisches Ethos*, Frankfurt a. M. 1990, S. 27.
[10] G. Gundlach, *Die sozialen Rundschreiben Leos XIII und Pius' XI*, [3]1960; Pius XI., *Die Enzyklika über die gesellschaftliche Ordnung, Quadragesimo Anno*, 15.5.1931, Luzern [6]1961.
[11] Council of Europe, Definition and Limits of the Principle of Subsidiarity, Paper, ›Local and Regional Authorities in Europe‹, No. 55, Strasburg 1994 [35 S. mit Appendix].
[12] W. Böttcher/J. Krawczynski, *Subsidiarität für Europa*, Münster 2002.
[13] Vgl. J. Habermas, ›Die Krise des Wohlfahrtsstaates und die Erschöpfung utopischer Energien‹, in: ders. (Hrsg.), *Die neue Unübersichtlichkeit*, Frankfurt a. M. 1985.
[14] Senft, *Im Prinzip;* M. Glagow (Hrsg.), *Gesellschaftssteuerung zwischen Korporatismus und Subsidiarität*, Bielefeld 1984.
[15] W. Böttcher, ›Stellenwert und Funktion des Sozialen im Integrationsprozess‹, in: U. v. Alleman et al. (Hrsg.), *Die Kraft der Region – Nordrhein-Westfalen in Europa*, Bonn 1990, S. 452–463.
[16] W. Böttcher, *Ein anderes Europa, Von den Nationalstaaten zu den Regionen*, Baden-Baden 2011, insbes. Kap. 4. S. 97–151. Eine Föderation neuer Art wird ein Europa der Vereinten Regionen sein, welches als lebendiger Regionalismus wirkt, nahe beim Alltag der Menschen, der möglichst mit solidarischer und demokratischer Beteiligung aller Betroffenen die anfallenden Probleme zu lösen vermag. Das Europa der Zukunft wird regional, föderal, ein ›Volk von europäischen Völkern‹ (Friedrich von Schelling) oder es wird gar nicht sein.
[17] H. Brugmans, ›Rede im Haag, 1948‹, in: *Europa, Dokumente zur Frage der europäischen Einigung*, Forschungsinstitut der Deutschen Gesellschaft für Auswärtige Politik (Hrsg.), Bd. XVII, 1962, S. 145–151.

Neoliberalismus

Der Begriff *Neo*liberalismus wurde 1925 von Hans Honegger geprägt: ›Der wirtschaftliche *Neoliberalismus* ist eine der großen, ja wahrscheinlich die stärkste und einflussreichste unter den volkswirtschaftlichen Gedankenströmungen der Gegenwart‹ (Honegger 1925: 12).[1] Diese Strömung war eine Antwort auf wachsende staatliche Eingriffe in den Markt und die Enttäuschung über den Sozialismus. In den 1930er Jahren, inmitten der Weltwirtschaftskrise, formierte sich eine Gruppe von neoliberalen Ökonomen, die nach 1945 in Deutschland unter dem Titel »Soziale Marktwirtschaft«, unter Margaret Thatcher in Großbritannien, unter Ronald Reagen in den USA und schließlich globalen Einfluss gewann. Spätestens seit der Wirtschafts- und Finanzkrise 2008 wurde der Neoliberalismus zu einer umstrittenen wirtschaftspolitischen Konzeption; ein Ende der neoliberalen Ära zeichnet sich ab: ›Das war's, Neoliberalismus‹ (Stiglitz 2008).[2]

Schulen und Spielarten des Neoliberalismus

Den Neoliberalismus prägte die Erfahrung des *Laissez-faire*-Kapitalismus im 19. Jahrhundert, den die traditionelle Theorie unzureichend erklärte; Wirtschaftskrisen, soziale Ausgrenzung und Verelendung, Monopole und allmächtige Banken waren darin nicht vorgesehen. Gleichwohl lehnten die Begründer des Neoliberalismus die Kritik des Marxismus am Kapitalismus strikt ab und bestritten bereits die logische Möglichkeit eines funktionierenden Sozialismus. Die Weltwirtschaftskrise nach 1929 führte politisch gleichwohl zu einer Stärkung Sowjetrusslands, dem Aufkommen totalitärer Staaten in Europa, dem *New Deal* in den USA und zur Entwicklung der Theorie von John Maynard Keynes, der das alte *Laissez-faire*-Modell kritisierte. Er betrachtete eine immanente Tendenz der Märkte zum Gleichgewicht als Illusion und forderte staatliche Interventionen zur Steuerung der Gesamtnachfrage der Wirtschaft. Keynes sprach bereits 1926 in einem berühmten Aufsatz vom *End of Laissez-Faire.*[3] Er wollte durch eine Globalsteuerung der Wirtschaft die Leistung der Märkte bewahren, schrieb aber dem Staat völlig neue, auch soziale Aufgaben zu, die weit über die Garantie des Eigentumsrechtes und der äußeren Sicherheit hinausgingen, wie dies im klassischen Liberalismus als Staatsaufgabe definiert wurde.

Es war politisch nicht zuletzt auch die Gegnerschaft zu Keynes und zum *New Deal,* die den Neoliberalismus prägte. Ein Jahr nach dem Erscheinen von Keynes' *General Theory* (1936)[4] publizierte Walter Lippmann in den USA *Principles of the Good Society.* Dieses Buch, schreibt W. Röpke (Lippmann 1945: 28) in der Einleitung zur deutschen Ausgabe,

> rief eine gewaltige, durch Übersetzungen verstärkte Wirkung jenseits und diesseits des Ozeans hervor und gab der Diskussion über die Möglichkeiten und Formen des »Neoliberalismus« die mannigfaltigsten und fruchtbarsten Anregungen.[5]

Im August 1938 versammelten sich in Paris eine Gruppe von Ökonomen, um Lippmanns Thesen zu diskutieren, darunter Raymond Aron, Louis Baudin, Friedrich August von Hayek, Ludwig von Mises, Michael Polanyi, Jacques Rueff, Alexander Rüstow, Wilhelm Röpke, Louis Rougier u.a. Lippmann verstand sich als ›Reformer des Liberalismus‹ (ebd.: 299)[6], kritisierte den reinen *Laissez-faire*-Liberalismus und forderte eine ordnende Rolle des Staates für die Märkte.

Den Auffassungen von Lippmann folgten im Kreis des frühen Neoliberalismus Rüstow, Röpke, Rougier u.a., während Hayek und Mises eher den alten Marktliberalismus verteidigten. Diese Gegensätze wurden bereits früh in der Konferenzgruppe deutlich. Rüstow meinte, Hayek und Mises gehörten »ins Museum«, während letztere hinter jeder staatlichen Maßnahme bereits »Sozialismus« witterten (vgl. Mirowski/Plehwe 2009: 49 ff.).[7] In Deutschland wurde das neoliberale Programm vielfach als »dritter Weg« zwischen Laissez-faire-Kapitalismus und Sozialismus verstanden, was im Begriff der *Sozialen Marktwirtschaft* seinen Ausdruck fand. Ludwig Erhard ließ keinen Zweifel daran, dass er die Soziale Marktwirtschaft als Neoliberalismus interpretierte: ›Man reiht mich gemeiniglich ein in die Kategorie der »Neoliberalen«. Es mag so geschehen‹ (Erhard 1988: 861).[8] Der Markt wird nicht völlig freigelassen, sondern durch die Wettbewerbspolitik funktionsfähig erhalten. Erhard glaubte nicht an eine soziale Ergänzung des Marktes, wie dies später vielfach interpretiert wurde: Der Markt als

Wettbewerbssystem sei selbst die beste Sozialpolitik, bekennt Erhard zu Hayek (vgl. Mirowski/Plehwe ebd.: 107).[9] Allerdings teilten die Begründer der Sozialen Marktwirtschaft die Diagnose, dass der Markt einer permanenten Kontrolle bedarf, um nicht durch Monopole und Wettbewerbshemmnisse zu entarten. Dem Rahmen, der *Ordnung* der Wirtschaft, fiel im deutschen Neoliberalismus so eine neue Rolle zu. In einer Verbindung mit Vorstellungen von Walter Eucken wurde diese Form des Neoliberalismus deshalb auch *Ordo-Liberalismus* genannt.[10]

In England machte sich dagegen vor allem der Einfluss von Hayek bemerkbar. Dessen 1944 erschienene Abrechnung *Road to Serfdom* wurde später nach ihrem eigenen Bekunden zur »Bibel« der Politik von Frau Thatcher.[11] Hayek löste sich vom Gedanken an eine rationale Gestaltung der Wirtschaftsordnung und entwickelte eine nicht-rationalistische Theorie der Märkte, der Gesetze und der Moral (vgl. Brodbeck 2001, 2009).[12] Der Versuch, die Gesellschaft rational gestalten zu wollen, galt ihm gerade als eigentlicher Sündenfall, weshalb sich Hayek später mehr und mehr der radikalen Position von Mises näherte, der am Laissez-faire-Kapitalismus keinen Mangel entdecken wollte und die Wettbewerbspolitik als Zügelung der Märkte ablehnte.

In den USA machte sich der Einfluss von Hayek zunächst nur lokal, an der Universität Chicago, geltend. Dominiert wurde die akademische Welt von einer Adaption der Keynesschen Theorie, die sie mit neoklassischen Elementen verband (»neoklassische Synthese«). Führende Berater der US-Präsidenten waren Keynesianer (James Tobin, Robert Solow, Paul Samuelson u.a.). Nach dem ersten Ölpreisschock von 1973, dem Zerfall des Bretton-Woods-Währungssystems und den teilweise zweistelligen Inflationsraten in den USA und Europa in der Folge konnte sich der Einfluss der Chicago-Schule jedoch rasch ausbreiten. Diese US-Form des Neoliberalismus lässt sich weitgehend mit dem *Monetarismus* gleichsetzen. Zwar haben auch die Ordo-Liberalen die Rolle einer stabilen Währung betont, rückten aber die Wettbewerbspolitik in den Mittelpunkt. Der führende Vertreter der Chicago-Schule, Milton Friedman, lehnte wie Hayek jede Wettbewerbspolitik als Interventionismus ab und stellte die Geldpolitik ins Zentrum. Die Zentralbanken sollten unabhängig sein und nur einfachen Regeln gehorchen. Ein zentrales Stichwort des US-amerikanischen Neoliberalismus war die »Stabilitätsthese«, also der Gedanke, dass Märkte in allen Bereichen aus sich selbst stabil funktionieren. Störungen erwüchsen nicht aus dem Marktprozess, sondern aus Lenkungsversuchen der Staaten. Die moderne Finanzmarkttheorie beruht auf diesem Gedanken und wurde zur Grundlage der Deregulierung der globalen Finanzmärkte und des Bankensystems Ende des 20. Jahrhunderts.

Neoliberalismus als politisches Programm

Neoliberale Ökonomen haben auch Beiträge zur ökonomischen Theorie geliefert. Mises entwickelte die Geldtheorie der österreichischen Schule weiter; Hayek formulierte eine Theorie der Preise als Wissensverarbeitungsprozess; Friedman reformulierte die Quantitätstheorie des Geldes und leitete daraus seine Politikempfehlungen ab. Dennoch ist der Neoliberalismus vor allem als *politisches* Programm zu interpretieren. Keynes hatte im Schlussabschnitt seiner *General Theory* den zentralen Einfluss ökonomischer Anschauungen auf die Politik betont. Hayek teilte diesen Gedanken nachdrücklich. In *Road to Serfdom* sah er als Ursache der Entwicklung des Totalitarismus den Einfluss der deutschen Nationalökonomen, die dem Staat eine primäre Rolle einräumten und das ursprünglich liberale Gedankengut der schottischen Schule (Adam Ferguson, Adam Smith)[13] verdrängten. Vor allem in Großbritannien wurde dieser Gedanke gerne aufgegriffen. Vieles an der äußerst skeptischen Haltung der Thatcher-Administration gegenüber Kontinentaleuropa lässt sich darauf zurückführen.

Auch in den USA wurde der zentrale Einfluss von Denkschulen auf die Politik untersucht. Edward Bernays, der Vater der modernen *Public Relations,* hat den Gedanken formuliert, dass Massendemokratien nicht fähig seien, im Einklang mit wirtschaftlichen Erfordernissen zu handeln. Es bedürfe deshalb einer Elite (»secret government«), die die öffentliche Meinung im Sinn der ökonomischen Interessen beeinflusse. In Deutschland vertrat Carl Schmitt eine verwandte Auffassung; er erklärte Demokratien für unfähig, in Krisen handlungsfähig zu bleiben.[14] Hayek hat Schmitt an zahlreichen Stellen seines Werkes durchaus zustimmend zitiert.

Die Mont Pèlerin Society, 1947 in der Schweiz maßgebend von Hayek mitbegründet, wurde in der Folgezeit zu *dem think tank,* der neoliberales Gedankengut systematisch bei einflussreichen Medien und Entscheidungsträgern verbreitete (vgl. Walpen 2004).[15] Charakteristisch für die Mont Pèlerin Society ist die Anerkennung einer doppelten Wahrheit: Tatsächliches politisches Ziel war die Befreiung der Wirtschaft von Gewerkschaftseinfluss, staatlicher Kontrolle und sozialstaatlichen Belastungen, die aber nach außen abstrakt als »Freiheit« wider den Totalitarismus popularisiert wurde (Mirowski/Plehwe ebd.: 440 f.).[16] Kriterium ist für die meisten Vertreter des Neoliberalismus nicht die demokratische Freiheit, sondern die Freiheit der Märkte, der einzufordernde »Marktgehorsam«.[17] So kann auch eine Diktatur durchaus die »Freiheit« in diesem Sinn garantieren, während die Demokratie dies nur eher zufällig gewährleistet. Es wäre also unzulässig, den neoliberalen Begriff von »Freiheit« im politischen Sinn zu interpretieren. Schon Hayeks Lehrer Mises (1927: 45) lobte den Faschismus dafür, die Marktwirtschaft gerettet zu haben:

> Es kann nicht geleugnet werden, dass der Faschismus und alle ähnlichen Diktaturbestrebungen voll von den besten Absichten sind und dass ihr Eingreifen für den Augenblick die europäische Gesittung gerettet hat.[18]

Kritik des Neoliberalismus

Die ursprünglich neoliberale Idee eines *geordneten Marktes* lässt sich in einem von Rougier und Hayek verwendeten Bild vom Straßenverkehr illustrieren (Mirowski/Plehwe 2009: 49 f.; Hayek 1976: 85 f.):[19] Neoliberalismus ist nicht Anarchie – alle Autos fahren beliebig durcheinander; nicht Planwirtschaft – allen Autos wird Route und Ziel vorgeschrieben; vielmehr erlässt man Verkehrs*regeln,* in deren Rahmen alle Fahrer frei ihre Ziele wählen. Dieses suggestive Bild verkennt indes die Wirklichkeit der Märkte. *Erstens* verändern sich die Produkte unaufhörlich durch Innovationen und Reorganisationen; Regeln kommen hier immer zu spät. Kreative Produkte sind unvorhersehbar, und zudem werden Gesetze global ebenso »kreativ« umgangen. Die Märkte diktieren meist der Politik die Regeln, nicht umgekehrt (Brodbeck 2009: 63 f.).[20] *Zweitens* wird die Versorgung mit Liquidität für Investitionen von einem übermächtigen Bank- und Finanzsektor kontrolliert, der jenseits nationaler Gesetze agiert und Märkte spekulativ manipuliert. Keine Regel setzt sich dagegen global durch. *Drittens* ignorieren Mises und Hayek das *Marktversagen,* nachgerade bei ökologischen Problemen und lehnen auch hier staatliche Eingriffe ab. *Viertens* leidet die zentrale Diagnose von Hayek und der Chicago-Schule an einem grundlegenden Denkfehler:[21] Märkte sind immer in die übrige Gesellschaft eingebettet. Es gibt keinen naturhaften Markt »an sich«. Wenn man nun Krisen durch staatliche Eingriffe erklärt und Deregulierung als Programm fordert, dann *greift man ein* – allerdings destruktiv und ungeplant. Wie sich daraufhin ungeregelte Märkte entwickeln, ist nicht prognostizierbar. Das Ziel, staatliche Interventionen zurückzudrängen, wurde in diesem *deregulierenden* Aspekt global durchaus erfolgreich umgesetzt, mit fragwürdigem Ausgang.

Die These von Hayek, dass eine freie Wirtschaft auch in autoritären Staatsformen existieren könne, wurde in Chile 1973 beim Putsch durch Augusto Pinochet, von Friedman beraten, ebenso praktisch bestätigt wie in der Transformation Chinas. Das ursprüngliche Programm einer *Reform des Liberalismus* wurde weitgehend aufgegeben und durch die Wiederherstellung eines globalen Laissez-faire-Kapitalismus ersetzt. An die Stelle der eigentlichen Ordnungspolitik, die im deutschen Ordo-Liberalismus noch im Zentrum stand, traten übermächtige Zentralbanken, die, jeglicher demokratischen Kontrolle entzogen, vorwiegend das Ziel verfolgen, hinreichend Liquidität für die Börsen und Finanzmärkte bereitzustellen. Die nationale Wettbewerbskontrolle ist bereits in den 1970er Jahren am Globalisierungsprozess gescheitert, die monetaristische Geldpolitik nach der Jahrtausendwende – sichtbar an den sich häufenden Finanzkrisen. Die Zentralbanken rückten von der monetaristischen Regelbindung gänzlich ab, haben dabei Krisen aber nicht verhindert, sondern im Interesse eines globalisierten Kapitalverkehrs sogar nachdrücklich gefördert.

Die These von der inneren Stabilität der Märkte, gar von der stabilisierenden Funktion der Spekulation, die Hayek und Friedman vertraten, erwies sich gerade an den am meisten deregulierten Märkten im Finanzsektor als unhaltbar und verhängnisvoll. Im historischen Rückblick kann man den späteren Neoliberalismus deshalb weitgehend als ideologische Bewegung beschreiben[22], die seit den 1980er Jahren dazu diente, sozialstaatliche Einrichtungen durch Privatisierung den Kapitalmärkten, dem privaten Renditestreben zuzuführen, Gewerkschaftseinflüsse und Regulierungen der Märkte abzubauen und somit der globalen Herrschaft der Finanzmärkte über andere Wirtschaftszweige eine Legitimationsbasis zu verschaffen. Nahezu alle Länder haben die neoliberale Deregulierung in einem transkulturellen, globalen Prozess vollzogen. Die dadurch freigesetzte weltweite Spekulation, die Übermacht des Banksystems und die daraus hervorgehenden Krisen dürfen als Ertrag dieser neoliberalen Konterrevolution gelten. Weltweit hat sich dagegen politischer Widerstand formiert, während die ökonomische Theorie sich sehr schwer damit tut, diese Erfahrungen zu verarbeiten.

Karl-Heinz Brodbeck, *Professor, Volkswirtschaftslehre, Statistik und Kreativitätstechniken, Fachhochschule Würzburg, Hochschule für Politik, München*

Anmerkungen

[1] H. Honegger, *Volkswirtschaftliche Systeme der Gegenwart*, Karlsruhe 1925.

[2] J. Stiglitz, ›Das war's, Neoliberalismus‹, *Financial Times Deutschland*, 16.7.2008. Zu finden unter http://www.ftd.de/meinung/kommentare/:gastkommentar-joseph-stiglitz-das-war-s-neoliberalismus/386580.html [letzter Zugriff am 17.11.11].

[3] J. M. Keynes, ›Essays in Persuasion‹, in: *The Collected Writing of John Maynard Keynes*, Vol. IX, Cambridge 1972, S. 272–294.

[4] J. M. Keynes, ›The General Theory of Employment, Interest and Money‹, in: The *Collected Writing of John Maynard Keynes*, Vol. VII, Cambridge 1972.

[5] W. Lippmann, *Die Gesellschaft freier Menschen*, Bern 1945 [Einführung von Wilhelm Röpke].

[6] Lippmann, *Die Gesellschaft.*

[7] P. Mirowski/D. Plehwe (ed.), *The Road from Mont Pèlerin: The Making of the Neoliberal Thought Collective*, Cambridge, Mass./London 2009.

[8] L. Erhard, *Gedanken aus fünf Jahrzehnten, Reden und Schriften*, Düsseldorf/Wien/New York 1988.

[9] Mirowski/Plehwe, *The Road.*

[10] Vgl. die Beiträge in: M. S. Aßländer/P. Ulrich (Hrsg.), *60 Jahre Soziale Marktwirtschaft*, Bern/Stuttgart/Wien 2009.

[11] F. A. Hayek, *Der Weg zur Knechtschaft*, München 1976.

[12] K.-H. Brodbeck, ›Die fragwürdigen Grundlagen des Neoliberalismus. Wirtschaftsordnung und Markt in Hayeks Theorie der Regelselektion‹, *Zeitschrift für Politik*, 48, 2001, S. 49–71; ders., ›Was heißt eigentlich »Marktgehorsam«?‹, in: Aßländer/Ulrich, *60 Jahre*, S. 45–67.

[13] A. Ferguson, *Essay on the History of Civil Society*, London 1782; A. Smith, *An Inquiry into the Nature and Causes of the Wealth of Nations*, R. H. Campbell/A. S. Skinner (ed.), Oxford 1979 [1776].

[14] C. Schmitt, *Der Begriff des Politischen*, Berlin [6]1996.

[15] B. Walpen, *Die offenen Feinde und ihre Gesellschaft. Eine hegemonietheoretische Studie zur Mont Pèlerin Society*, Hamburg 2004.

[16] Mirowski/Plehwe, *The Road.*

[17] Vgl. Brodbeck, ›Was heißt‹.

[18] L. Mises, *Liberalismus*, Jena 1927.

[19] Mirowski/Plehwe, *The Road;* Hayek, *Der Weg.*

[20] Brodbeck, ›Was heißt‹.

[21] Vgl. Brodbeck, ›Die fragwürdigen‹.

[22] Stiglitz, ›Das war's‹.

Globalisierung

Vorschlag für einen normativ erweiterten Begriff der Globalisierung

Mit dem Stichwort der Globalisierung verbindet sich die Vorstellung des Wegfallens von Grenzen und Beschränkungen –Vorstellungen der Entgrenzung,[1] die uns je nachdem erheben oder bedrücken. Allen gängigen Reden von Globalisierung gemeinsam ist der Verweis auf ein Weltweitwerden der Entfaltungsräume von Aktivitäten. Der Globus wird zum mitlaufenden Horizont von Zwecken, Handlungen und Folgen. Hören wir genauer auf die medial umlaufenden Beschreibungen, besonders auf die populärwissenschaftlichen mit Publikumserfolg,[2] so fällt auf, dass »die Globalisierung« *grosso modo* mit der Intensivierung und Ausdehnung wirtschaftlicher Aktivitäten zum System der Weltmarktwirtschaft gleichgesetzt wird.[3] Dieser ökonomistisch verengten Auffassung zufolge besteht (ökonomische) Globalisierung im Zusammenspiel dreier weltweiter Tendenzen:

1. Einer Tendenz zur *Integration* aller Märkte, auf denen Anbieter und Nachfrager um Handelbares konkurrieren,
2. einer Tendenz zur *Rationalisierung* aller Herstellungs- und Verteilungsprozesse für Waren, also für alles, was einen Preis haben kann, und
3. einer Tendenz zur *Ausdifferenzierung* aller Bedürfnisse, die sich in Bedarf verwandeln lassen. Bedarf ist eine Kategorie der Ökonomie, Bedürfnis nicht.

Warum sollten wir diese Engführung theoretisch mitmachen? Mag sein, dass wir mit Hilfe eines eng ökonomischen Globalisierungsbegriffs unterstreichen wollen, dass *wirtschaftliche* Aktivitäten heute mehr und mehr auch Aktivitäten von primär nichtökonomischer Art überwältigen, überformen, prägen oder modifizieren. Aber auch dann sollten wir darauf gefasst bleiben, dass womöglich an wirtschaftlichen Aktivitäten neue Prozessqualitäten nur besonders auffällig werden, während sie ähnlich, doch weniger auffällig, auch in nichtökonomischen Aktivitätsbereichen entstehen.

Um heterogene Globalisierungsprozesse unterscheiden zu können, z. B. ökonomische und kulturelle, müssen wir den Globalisierungsbegriff abstrakter fassen. Dazu mache ich im Folgenden einen Vorschlag.

Kurz gesagt: Globalisierungsprozesse verringern tendenziell weltweit die relative Gleichgültigkeit gegen lokale Unterschiede. Präziser gesagt: Von Globalisierungsprozessen jeder Art soll gelten, dass sie die Aktivitäten, die in sie inbegriffen sind, nicht nur zu weltweiter Verbreitung bringen, sondern auch deren Eigenrationalität steigern – eine Steigerung, die jedoch beschränkt wird durch eine Vorrangigkeit der Gesamtaktivität vor ihren jeweils lokalen Vorkommnissen.

Würden wir den Aspekt, dass der Globus zum mitlaufenden Horizont von Zwecken, Handlungen und Folgen wird, zum hinreichenden Begriffsmerkmal machen, dann wäre von Globalisierung auch in manchen Bereichen des Rechts, etwa des Wirtschaftsrechts, zu sprechen. Auch Forschungs- und Entwicklungstätigkeiten globalisieren sich zusehends. Das Wissenschaftssystem war schon immer zumindest der Idee nach ein globales, das gilt auch schon für die griechischen Anfänge der abendländischen Philosophie. Und natürlich gibt es Globalisierung dann auch in der Medienlandschaft: Medien erzeugen und verteilen symbolische mitteilungshaltige Formen, globalisierte Medien tun dies eben weltweit. Die Zerstörung des World Trade Centers 2001 haben Milliarden »mit angesehen«.

Ein interdisziplinärer Prozessbegriff von Globalisierung

Durch den Bezug auf Rationalität verknüpft mein Vorschlag eine empirisch-deskriptive sozialwissenschaftliche Modellierung von Globalisierungsprozessen mit einer normativen Modellierung diskurs- und rationalitätstheoretischer Art. Als sozialwissenschaftlichen Globalisierungsbegriff möchte ich ein Denkmodell folgender Art bezeichnen: Globalisiert werden *Aktivitäten* (z. B. Forschung und Entwicklung, Warendistribution, Handel mit Finanztiteln, Anbieten und Nachfragen von Arbeitskraft; Informationsübermittlung; Tourismusreisen; kriminelle Machenschaften usw.). *Globalisierung* bezeichnet die Tendenz zur weltweiten Ausbreitung von jeweils lokalen Aktivitäten einer bestimmten Art, und wie jene auf diese zurückschlägt, ihre relative Gleichgültigkeit füreinander aufhebt und sie dadurch qualitativ verändert, und dies wiederum tendenziell überall auf der Welt, wo Aktivitäten der betreffenden Art betrieben werden.

Als »Gesamtaktivität« sei das zu einer bestimmten Zeit wirklich im Weltmaßstab gegebene Gesamtmuster der Ausübung der betreffenden Aktivität bezeichnet. Die Gesamtaktivität kann mehr oder weniger zentral koordiniert sein: Mehr z. B. im Modelldesign-Prozess bei einem multinationalen Automobilkonzern wie Toyota; weniger z. B. im Handel mit Derivaten am Weltfinanzmarkt.

Gehen wir nun einen Schritt weiter. Wie können wir eine normative Rationalitätsperspektive in diesen Globalisierungsbegriff einfügen? Welche theorietechnische Option gewählt wird, hängt von Annahmen über Normativität und Rationalität ab. Ich nehme an, dass die in der kulturellen Währung von guten Gründen formatierte Rationalität (1) die grundlegende Form von Rationalität und (2) geeignet ist, um sie in die begriffliche Modellierung von Globalisierungsprozessen einzubauen.[4] Die zusätzliche Dimension, die ich vorschlage, um den soziologischen Globalisierungsbegriff handlungstheoretisch anschließbar und normativ gehaltvoll zu machen, formuliere ich folgendermaßen:

Betrachten wir eine Aktivität *A*. Angenommen, in dem betreffenden »materialen« Bereich der Aktivität *A* kann von einer eigensinnigen Rationalisierung die Rede sein. Dann soll mit der Rede von einer »Globalisierung von *A*« gemeint sein, dass die tendenziell weltweite Ausbreitung von jeweils lokalen Vollzügen von *A* so erfolgt, dass die relative Gleichgültigkeit dieser Vollzüge füreinander auf eine bestimmte Weise aufgehoben wird, nämlich so, dass die zum Eigensinn von *A* gehörige Rationalität von *A* gesteigert, zugleich aber auch beschränkt wird: Der praktisch-planerische Gestaltungsspielraum, in welchem sich die lokalen Vollzüge der Aktivität bewegen, wird beherrscht und beschränkt durch eine Vorrangigkeit der Gesamtaktivität und ihrer eigensinnigen Rationalität vor ihren jeweils lokalen Vollzügen.

Ich möchte das, was ich als »eigensinnige Rationalisierung« bezeichnet habe, an einigen Beispielen bestimmter Bereiche von Aktivitäten verdeutlichen. In allen Bereichen des *Wirtschaftshandelns* werden soziale und technische Strukturen deutlich ausgeprägt, deren Eigensinn die ökonomische Rationalität ist, d. h. die Maximierung von geldwerten Erträgen bei gleichzeitiger Minimierung von geldwertem

Aufwand. In allen Bereichen der *Medienkommunikation* werden Strukturen mit dem Eigensinn ausgeprägt, Nachrichten beliebigen Datenformats mit einem Minimum an Zeit und mit einem Maximum an kontrollierbarer Adressierung innerhalb der Menge aller möglichen Kommunikationsteilnehmer zu übermitteln. In allen Bereichen der *Kultur,* verstanden als kultureller Prozess symbolischer Formen, ist eine Eigenlogik am Werk, die wir als die Erneuerung von Sinn durch Vergrößerung der Freiheit der Kombination und Rekombination symbolischer Formen beschreiben können. In allen Bereichen der *Menschenrechtskultur* werden die erklärten Menschenrechte durch Menschen, die ihr Leben im Licht ihrer jeweiligen Ideen von Gerechtigkeit und vom guten Leben als menschenunwürdig erfahren, zur Geltung gebracht, der Erfahrung ausgesetzt, interpretiert und modifiziert. Im Bereich der *Demokratisierung* wird die Verwendung politischer Macht eigensinnig gebunden an Strukturen öffentlicher Kontrolle und Überlegung durch Bürger (deren fundamentale Gleichheit darin besteht, dass einer wie der andere den Ergebnissen dieser Macht ebenso unterworfen ist, wie sie ihm rechenschaftspflichtig ist).[5]

Der Vorrang des Translokalen

Wie modellieren wir den Vorrang des Translokalen? Dass Globalisierungsprozesse dieses Merkmal ausprägen (bzw. dass zum Sinn der Rede von »Globalisierung« gehören soll, dass auf die Ausprägung dieses Merkmals Bezug genommen wird), setze ich voraus. Es geht nicht darum, ob Globalisierungsprozesse dieses Merkmal haben, sondern wie dieses Merkmal zu begreifen ist. Nehmen wir eine bestimmte Art von Aktivität, z. B. Tourismus (T). Was heißt es, von T zu sagen, T sei »globalisiert«, oder sei »mehr oder weniger globalisiert«? Ob und wie T sich lokal ausprägt, hängt von bestimmten lokalen Bedingungen ab. Der Tourismus auf der kanarischen Insel Lanzarote z. B. hängt unter anderem davon ab, dass man dort schon im Februar baden kann. *Lokale Bedingungen* sind solche, die im Wechsel von einem Lokalkontext der Aktivität zu einem anderen Lokalkontext für die Aktivität nicht gleich bleiben müssen, sondern sich ändern können. Tourismus im Allgäu zum Beispiel hängt wesentlich davon ab, dass man dort im Februar noch Skifahren kann.

Ob und wie T sich lokal ausprägt (z. B. als Lanzarote-Tourismus), hängt aber auch von bestimmten translokalen Bedingungen ab. *Translokale Bedingungen* sind Bedingungen, die im Wechsel von Lokalkontext zu Lokalkontext der Aktivität gleich bleiben. Beim Lanzarote- und Allgäu-Tourismus sind wichtige translokale Bedingungen die Einfachheit und die Kostengünstigkeit der Anreise. Im Licht des vorgeschlagenen interdisziplinären Prozessbegriffs von Globalisierung darf man T »globalisiert« in dem Maße nennen, wie Ts *translokale* Bedingungen in ihrer Gesamtheit den Gestaltungsspielraum, der für lokale Bedingungen der lokalen Ausprägung von T besteht, *stärker* bestimmen (stärker vorgeben, stärker zuweisen, stärker einschränken), *als umgekehrt* die *lokalen* Bedingungen der lokalen Ausprägungen von T den Gestaltungsspielraum bestimmen, der für die translokalen Bedingungen von T besteht. Kurz gesagt: Wenn wir von einer Aktivität A sagen, sie sei »globalisiert«, meinen wir, dass unter Globalisierungsbedingungen das Translokale das Lokale übersteuert.

Was heißt das in der Handlungssprache rationaler Akteure? Die Ausprägung einer Aktivität ist ein Prozess. Prozesse gliedern sich in unterscheidbare Phasen. Nehmen wir an, *A* sei die Aktivität des Autohandels. Nehmen wir weiter an, dass zunächst alle Prozessphasen von *A* lokal »eingebettet« sind (Autohandel in Frankfurt, Detroit, Oslo usw.). Die Loci von *A* sind L_1, L_2, L_3 … L_n. Jetzt nehmen wir aber an, dass die Aktivität *A* in einigen ihrer, oder in genügend vielen ihrer Prozessphasen einen gewissen Stand der Globalisierung im Sinne des ersten Merkmals (»Vorrang des Translokalen vor dem Lokalen«) erlangt hat. Angenommen nun, ein Akteur will die Aktivität *A* durch gezielte Veränderung von bestimmten Umständen, die in der lokalen Ausprägungen von *A* in L_1 bestehen, intelligent verändern (= zielgerichtet, zweckgesteuert, überlegt, in verantwortbaren Grenzen verändern), dann können in den praktischen Überlegungen des Akteurs solche Handlungsgründe, die auf die besonderen Gegebenheiten in L_1 zurückgehen, nur dann noch *gute* Gründe sein, wenn es überdies gute Gründe gibt, die *gleich*sinnig für diese Veränderungen sprechen, aber nicht auf Gegebenheiten in L_1 zurückgehen, sondern auf translokale Bedingungen zurückgehen.

Anders gesagt: Das Globalisiertsein einer Aktivität heißt, dass in Überlegungen, was zu tun sei, um ihre lokale Ausprägung intelligent zu verändern, die Überzeugungskraft aller Gründe, die sich auf *lokale* Gegebenheiten beziehen, gleichsam auf dem Rücken von anderen Gründen aufsitzt, die sich auf *translokale* Gegebenheiten beziehen.

Noch einmal anders gesagt: Das Translokale bestimmt das Lokale; zwar kann das Lokale auch seinerseits das Translokale bestimmen, wird aber von diesem stärker bestimmt als umgekehrt. Die translokalen Gegebenheiten (die einen bestimmten Spielraum ihrer praktischen Gestaltbarkeit haben mögen) geben den lokalen Gegebenheiten den Spielraum von deren praktischer Gestaltbarkeit vor. Hegelianisch gesprochen: Das Allgemeine dominiert das Besondere.

Die Steigerung von Eigenrationalität durch Globalisierung

Was soll es heißen, dass mit der Globalisierung einer Aktivität – mit der weltweiten Ausbreitung von jeweils lokalen Aktivitäten einer bestimmten Art, die ihre relative Gleichgültigkeit füreinander aufhebt und sie dadurch qualitativ verändert, und dies wiederum tendenziell überall auf der Welt, wo Aktivitäten der betreffenden Art betrieben werden – eine Veränderung einhergeht, die die Eigenrationalität der betreffenden Aktivität *A* deutlicher ausprägt, ausdifferenziert und insofern steigert?

Nur *mit* dieser Annahme können wir versuchen einzuschätzen, was von den Veränderungen, die mit der Globalisierung von *A* an *A* eintreten, dem Eigensinn von *A* zugutekommt und was ihm zuwiderläuft. Es könnte ja sein, dass der gute Sinn von bestimmten Aktivitäten die Globalisierung dieser Aktivitäten nicht unbeschadet übersteht oder nicht einmal überlebt. Es könnte sich herausstellen (das ist dann eine empirische, aber erst im Licht normativer Einschätzungen sinnvolle Frage), dass unter bestimmten Bedingungen und für gewisse Aktivitäten im Zuge fortschreitender Globalisierung ihre Rationalität zunimmt, und unter bestimmten anderen Bedingungen und für gewisse andere Aktivitäten ihre Rationalität abnimmt. Alles, was wir über diese Unterscheidung in Erfahrung bringen können, kann uns zur Differenzierung von Pauschal(vor)urteilen helfen, Globalisierung sei »gut« oder aber »schlecht«. Andernfalls werden alle Versuche zur Steuerung von Globalisierungsprozessen entmutigend beliebig.

Wie ist die »Steigerung von Eigenrationalität durch Globalisierung« zu denken? Wir nehmen eine Aktivität *A* an, die so beschaffen ist, dass wir ihr einen Eigensinn zuschreiben, zu dem auch Standards zur Bewertung des Erfolgs von Vollzügen dieser Aktivität gehören. Man kann hier von einer Aktivität mit »rationalem Eigensinn« sprechen. Einige Beispiele für bereichsspezifische materiale Rationalität habe ich oben gegeben. Der Eigensinn einer Aktivität A ist das, was A zu einer für uns *prima facie* wertvollen Aktivität macht, und dass er »rational« ist, soll für den Zweck der Modellkonstruktion nur heißen, dass wir diesen wertgebenden Eigensinn mit geeigneten intelligenten Anstrengungen steigern (oder schwächen) können.

Dass A einem Prozess der Globalisierung unterliegt, besagt im Licht des vorgeschlagenen Begriffs: Zwischen zwei Ausprägungen von A in den Lokalitäten L_1 und L_2 werden genau solche Unterschiede bestehen bleiben oder verstärkt, die die Erfolgsgröße von A an L_1 und zugleich an L_2 fördern – und es werden genau solche Unterschiede abgeschliffen oder zum Verschwinden gebracht, welche die Erfolgsgröße von A an L_1 oder an L_2 oder an beiden schwächen. (Wobei, wie gesagt, mit »Erfolgsgröße« nicht Erfolg in irgendeinem Sinne gemeint ist, sondern Erfolg genau relativ zu Standards, die von dem rationalen Eigensinn von A herleitbar sind.)

Wenn wir Globalisierungsprozesse unter Einschluss dieser normativen Prämisse denken, dann erscheint die oft wiederholte einfache Annahme, dass »durch Globalisierung Raum- und Zeitunterschiede entfallen« als eine zu einfache Annahme. Vielmehr sollte zu erwarten sein, dass alle Arten von Bestimmtheiten (darunter womöglich auch räumliche und zeitliche Unterschiede), sofern sie hierfür geeignete Ansatzflächen bieten, durch die rationalisierende Tendenz von Globalisierungsprozessen systematisch modifiziert werden, nämlich modifiziert *gemäß* der steigerbaren eigensinnigen Rationalität der jeweiligen Aktivität. Erst auf der Folie dieser Annahme über Globalisierungsprozesse können wir in empirischen Untersuchungen von Globalisierungsprozessen vielleicht überraschende Paradoxien feststellen.

Interferenz und Synergie zwischen Globalisierungsprozessen

Die vorgeschlagene Modellierung enthält für die konkreten Fallanalysen von Globalisierungsprozessen eine methodologisch relevante Vorgabe. Kurz gesagt: Die Globalisierung einer bestimmten Aktivität unterliegt immer Wechselwirkungen mit anderen Globalisierungsprozessen anderer Aktivitäten. Präziser gesagt: Weil Aktivitäten in der sozialen Welt nie allein stehen, sondern eingebettet in die normativen Texturen der sozialen Welt immer Kontexte füreinander bilden, also plural und holistisch oder zumindest kohärentistisch analysiert werden müssen, müssen auch Globalisierungsprozesse bestimmter Aktivitäten *immer in ihren Zusammenhängen mit anderen* Globalisierungsprozessen analysiert werden.

Wie ist ein solches Interaktionsfeld zu denken? Ein Beispiel: Wenn wir von einem Globalisierungsprozess der Bioethik sprechen, meinen wir eigentlich eine komplexe Aktivität, deren Form nach Art der folgenden Matrix analysiert werden sollte:

Aktivität A_1 (= … diverse Teilaktivitäten):
Diffusion medizinischer Praktiken
Aktivität A_2 (= … diverse Teilaktivitäten):
transnationale Biopolitik
Aktivität A_3 (= … diverse Teilaktivitäten):
massenmediale Beobachtung
Aktivität A_4 (= … diverse Teilaktivitäten):
Wissenschaftstourismus
Aktivität A_n (= … diverse Teilaktivitäten):
Forschungskooperation
u. a.

Man analysiert die Aktivität eines bestimmten Feldes sozialer Praktiken (hier: der Bioethik) in *kontribuierende* Aktivitäten. Dann analysiert man das Ausmaß der Globalisierung einer jeden kontribuierenden Aktivität durch Blick auf ihre diversen *Teilaktivitäten*.

Die einzelnen Globalisierungsprozesse müssen keineswegs wechselseitig verstärkend wirken. Statt zu Synergien kann es zwischen einzelnen Prozessen auch zu Interferenzen kommen. Wieder am Beispiel der Bioethik: Die Globalisierung der massenmedialen Beobachtung des Medizinsystems kann dazu führen, dass bestimmte Politikformulierungen der transnationalen Biopolitik, z. B. die *Universal Declaration on the Human Genome and Human Rights* der UNESCO vom 11. November 1997, viel schneller beachtet werden als ohne die relevanten Medienglobalisierungsprozesse. Eine Synergie.

Die zunehmend einfacher einzurichtenden internationalen Forschungskooperationen, besonders wenn die ökonomischen Verwertungsinteressen der Pharmaindustrie die Forschung antreiben, können dazu führen, dass universalistisch intendierte bioethische Standards für die Forschung systematisch unterlaufen werden und Versuchspersonen in bestimmten Forschungsprojekten in einem afrikanischen

Land weniger gut geschützt sind als Versuchspersonen in einem europäischen Land. Eine Interferenz.

Für die hier angedeutete Analyse ist dies notgedrungen nur eine erste, äußerst abstrakte Schematisierung. Aber dieses Schema ist forschungspraktisch relevant. Denn man kann es beliebig detailliert auffüllen bzw. konkretisieren.

Medien als Vehikel kultureller Globalisierung

Wenn Globalisierungsprozesse von Aktivitäten die relative Gleichgültigkeit gegen lokale Unterschiede ihrer selbst verringern, dann kann dies, muss aber nicht, die Gleichförmigkeit (Homogenität) in den Ausprägungen einer Aktivität verstärken. Doch könnte auch die Vielfältigkeit zunehmen: Verschiedenartigkeiten treten hervor, Differenzen, mehr »Lokalkolorit« vielleicht gerade in Reaktion auf globale Einfärbungen.

Einer wichtigen Denkfigur der Antiglobalisierung zufolge besteht Globalisierung im Wesentlichen darin, dass der Teil eines Ganzen mit Macht beansprucht, das Ganze nach seinem Vorbild zu modeln.[6] So erscheint der europäische Kolonialismus als Urbild und Modell für Globalisierung. »Die Globalisierung« wird gleichsam zum amerikanischen Wiedergänger des toten europäischen Kolonialismus. In der ideologiekritischen Stärke dieser Lesart liegt aber zugleich auch ihre systematische Schwäche: Sie setzt an die Stelle eines komplexen Prozesses mit teils paradoxen (z. B. ausbeuterischen *und* emanzipatorischen) Folgen das Muster eines weitgehend zentral geplanten Ausbeutungsprozesses mit einheitlichen Folgen.

Diese Reduktion vermag noch weniger zu überzeugen, wenn man die Globalisierung nichtökonomischer symbolischer Formen untersucht. Im Licht der Kulturimperialismus- und Homogenisierungsthese erscheint Globalisierung gewissermaßen als die *eine* große Synchronisierung (Gleichschaltung), die alle besonderen Kulturen durch Zug (Attraktivität) und Druck (Imperialismus) in den gleichen Takt einer weitgehend standardisierten Konsumkultur bringt. Die Welt an allen großen Flughafenterminals und Computerterminals sieht tatsächlich sehr ähnlich aus.[7] Aber lässt sich diese sehr begrenzte Perspektive über die ganze Breite alltagskultureller Formen ausdehnen? Wohl kaum.

Alles deutet darauf hin, dass das Internet die führende technische

Kommunikationspraxis des 21. Jahrhunderts wird. Mag sein, dass das Fernsehen weiterhin und global gesehen das Leitmedium bleibt, gleichsam das größte Glück für die größte Zahl. Aber das Medium Fernsehen ist eben keine Kommunikations-, sondern bloß eine Informationspraxis. Ihm fehlt Interaktivität. Das Internet *ist* Interaktivität. Vielleicht können wir es als den dritten Anlauf begreifen, um eine tendenziell allen Menschen allerwärts zugängliche Kommunikationspraxis zu erfinden, nach den beiden großartigen sozialen Erfindungen der Post und der Telefonverbindung. Es kennzeichnet jede dieser drei großen technischen Kommunikationspraxen, dass sie ihren Ursprung zunächst ganz anderen Zwecken verdankten, als dem Zweck, der sie dann unwiderstehlich attraktiv gemacht und ihre allgemeine Verbreitung gebahnt hat, nämlich dem Zweck, die kommunikative Erreichbarkeit von jedem für jeden an jedem Ort und zu jeder Zeit zu gewähren. Die Globalisierung von Medien- und Kulturaktivitäten kommt nicht erst mit dem Internet auf. Sie erfahren aber durch das Internet einen Schub, einen quantitativen Sprung mit Folgen im Weltkommunikationssystem.

Führt die Ko-Evolution alter und neuer Medien zu einer Internationalisierung der politischen Öffentlichkeit?[8] Kommt das der kommunikativen Rationalität von Debatten in der Weltöffentlichkeit zugute? Können unterschiedliche kulturelle Horizonte, wenn sie für bestimmte Themen (z. B. Menschenrechte) oder Problemstellungen (z. B. Armut und Reichtum in Weltteilen) offen sind, sinnvoll verschmolzen werden? Bildet die schnelle hybride Popkultur ein Modell auch für andere Bereiche der globalen Zirkulation kultureller symbolischer Formen? Stützt die Medienglobalisierung eine Globalisierung auch derjenigen kulturellen Formen, die für kollektive Identitäten wichtig sind, und trägt dadurch dazu bei, dass wir mehr und mehr in territorial fragmentierten kulturellen Wir-Gemeinschaften leben? Welche Folgen hätte dies für die Politiken nationaler Integration und die Politik des Multikulturalismus?

All das sind untersuchenswerte Fragen. Um sie zu verfolgen, bedarf es eines flexiblen und die komplexe Wirklichkeit nicht unterbietenden Globalisierungsbegriffs. Der hier vorgestellte interdisziplinäre Prozessbegriff ist ein Vorschlag in praktischer Absicht.

MATTHIAS KETTNER, *Professor für Praktische Philosophie, Universität Witten/Herdecke*

Anmerkungen

[1] Zum modernen Syndrom von Entgrenzungen seit der Renaissance s. H. Schelkshorn, *Entgrenzungen. Ein europäischer Beitrag zur Philosophie der Moderne,* Freiburg 2010.

[2] M. Prisching (Hrsg.), *Bestseller Globalisierung. Wirtschaftliche Verflechtung zwischen Euphorie und Polemik,* Wien 2002.

[3] J. Michie (ed.), *The Handbook of Globalisation,* Cheltenham, UK 2003; M. Kettner, ›Globalisierung, Diskursethik und der Terror der Ökonomie‹, in: T. Maak/Y. Lunau (Hrsg.), *Weltwirtschaftsethik. Globalisierung auf dem Prüfstand der Lebensdienlichkeit,* Bern 1998, S. 77–96.

[4] M. Kettner, ›Gute Gründe. Thesen zur diskursiven Vernunft‹, in: K.-O. Apel/M. Kettner (Hrsg.), *Die eine Vernunft und die vielen Rationalitäten,* Frankfurt a.M. 1997, S. 424–464; ders., ›Was macht gute Gründe zu guten Gründen?‹, in: P. Janich (Hrsg.), *Naturalismus und Menschenbild,* Deutsches Jahrbuch Philosophie, Band 1, Hamburg 2009, S. 257–275.

[5] Für eine genauere Analyse der Globalisierung demokratischer Gouvernmentalität siehe M. Kettner, ›Demokratie ist globalisierbar‹, in: H. Reinalter (Hrsg.), *Ethik in Zeiten der Globalisierung,* Wien 2007, S. 103–123.

[6] B. Barber, *Consumed! Wie der Markt Kinder verführt, Erwachsene infantilisiert und die Bürger verschlingt,* München 2007.

[7] Vgl. J. Tomlinson, *Globalization and Culture,* Cambridge 1999, bes. S. 1–30.

[8] M. Kettner, ›Digital Divide und deliberative Demokratie. Eine diskursethische Bemerkung zur Technikabhängigkeit‹, in: T. Hausmanninger et al. (Hrsg.), *Vernetzt – Gespalten,* München 2004, S. 149–160.

Cosmopolitanism[1]

From its moment of inception in eighteenth century European philosophy to the globalized present, modern cosmopolitanism has been perplexed by the question of whether we live in a world that is interconnected enough to generate institutions that have a global reach in their regulatory function and a global form of political consciousness, a feeling that we belong to a world, that can take root within and be sustained by these institutions and influence their functioning in turn. Any theory of cosmopolitanism must therefore address two related questions, first, an empirical question concerning the cosmopolitan extensiveness of a regulatory power embedded in institutions, and second, a question about the normativity of these institutions, whether they can be in a relation of mutual feedback with a global political consciousness that voices the universal interests of humanity and tries to maximize human freedom. If both these questions cannot be answered satisfactorily, cosmopolitanism remains an intellectual ethos of a select clerisy, a form of consciousness without a mass base.

The uneven character of global capitalism and the persistence of the nation-state form have repeatedly posed challenges for the formation of various forms of cosmopolitan consciousness, whether liberal or socialist. For example, in a world where the nation-state is the primary form of political organization, can socialist cosmopolitanism have an adequate institutional basis if it does not work through a form of popular nationalism that seeks to shape state actions in accordance with the interests of humanity? Does a post-nationalist form of cosmopolitan solidarity leave peoples in the post-colonial South vulnerable to the unequal and predatory imperatives of capitalist globalization under its current neoliberal dispensation? There is a lack of fit between the material interconnectedness brought about by global capitalism and the degree of formation of global solidarities. We cannot automatically assume that experiences of a globalizing world where people, things, and events have become more and more connected necessarily lead to and form the substrate for a cosmopolitan form of politics that displaces that of the nation-state form.

In the past decade, various processes of contemporary globalization such as transcultural encounters, mass migration and population transfers between East and West, First and Third Worlds, North and South, the rise of global cities as central sites for the management of global financial and business networks, the formation of transnational advocacy networks, and the proliferation of transnational human rights instruments have led to greater hopes that the gap between experiences of global interconnection and cosmopolitan consciousness can be overcome. It is suggested that whatever its shortcomings, contemporary transnationalism furnishes the material conditions for new radical cosmopolitanisms from below that can regulate the excesses of capitalist globalization. In comparison with older philosophical approaches, some of the proponents of new cosmopolitanism attempt to dissociate it from universal reason, arguing that cosmopolitanism is now a variety of actually existing practical stances that are provisional and can lead to strategic alliances and networks that cross territorial and political borders.[2]

Theories of new cosmopolitanism are essentially syntheses of three different arguments, which can be found in different combinations. First, it is suggested that cultural and political solidarity and political agency can no longer be restricted to the sovereign nation-state as a unified spatio-temporal container because globalization has undermined many of the key functions from which the nation-state derives its legitimacy. Second, the various material networks of globalization are said to have formed a world that is interconnected enough to generate political institutions and non-governmental organizations that have a global reach in their regulatory functions as well as global forms of mass-based political consciousness or popular feelings of belonging to a shared world. Third, this new cosmopolitan consciousness is characterized as a more expansive form of solidarity that is attuned to democratic principles and human interests without the restriction of territorial borders. In some cases, it is also suggested that the new cosmopolitan consciousness is in a relation of mutual feedback with emerging global institutions, taking root in and finding sustenance from these institutions and influencing their functioning in turn.

Saskia Sassen's work on global cities is the most elaborate articulation of the thesis of the spatial-geographical destriation of the world economy. The rise of more profitable non-industrial forms of capital such as international finance and the production of high-value specialized producer services crucial for the managing of global production networks (such as legal, accounting and business management services) has generated new geographical formations, global networks of interlinked cities, that no longer respect the center-periphery distinction. New York, London and Tokyo, the paradigmatic global cities, have become dislocated from their respective nation-states, and function instead as 'a surplus-extracting mechanism vis-à-vis a "transnational hinterland",' 'as a transterritorial marketplace' in which each plays a different complementary role (Sassen 1991: 127, 327).[3] These networks are a complex border-zone that facilitates the penetration of the nation-state by global forces. Sassen links these global forces to the proliferation of global political institutions radiating from the UN system and organizations and discourses centered on human rights and the rise of a new cosmopolitan culture through transnational migration and global cultural and media flows (Sassen 1998: 21–22).[4] A combination of these two phenomena is seen as constituting globalization's normative payoff, namely a cosmopolitan political culture that exceeds the imperatives of merely economic globalization.

The progressive implications of a cosmopolitanism arising from the social experience of global cities – a cosmopolitan corporate work culture, the sophisticated consumption patterns of this high-income bracket, and the global culture of its growing immigrant population from the Third World needed to support the lifestyle of the former group – are, however, dubious. The cosmopolitanism of corporate workers is essentially the cosmopolitanism of a new technocratic professional class whose primary aims in life are profit-making and conspicuous consumption. The only feelings of solidarity manifest here are to the global firm as a terrain for professional self-interest and advancement. This type of attachment is gradually disseminated throughout the world through the global outsourcing of white-collar jobs, which in turn establishes more bridges for higher-end South-North migration.

Similar questions should be raised about the cosmopolitanism of transnational underclass migrant communities in the North. Contemporary studies of global culture that focus on postcoloniality often connect this kind of cosmopolitanism to the political culture of human rights activism as evidence of the postnational spatialization of politics.

For example, Arjun Appadurai has grouped transnational NGOs and philanthropic movements, diasporic communities, refugees, and religious movements under the rubric of actually existing 'postnational social formations', arguing that these organizational forms are 'both instances and incubators of a postnational global order' because they challenge the nation-state and provide non-violent institutional grounding for larger-scale political loyalties, allegiances and group-identities (1993: 421).[5] It is claimed that these global social and political movements emanate from the grassroots level and exhibit autonomy from dominant global economic and political forces ("grassroots globalization" or "globalization from below") and that they can be the sustaining basis for transcending or overcoming the constraining discourse of nationalism/statism (Appadurai 2000).[6]

The connection between transnational migrant experiences of global cultural diversity and institutionalized forms of cosmopolitan solidarity, however, remains largely unelaborated. The world is undoubtedly interconnected and transnational mobility is clearly on the rise. But this does not inevitably generate meaningful cosmopolitanisms in the robust sense of pluralized world political communities. One should cast a more discriminating eye at the various emergent forms of cosmopolitanism and distinguish them in terms of how they are connected to the operations of neo-liberal capital. For instance, over and above interventions on behalf of underprivileged migrant minority groups on an *ad hoc* basis, to what extent can activist cosmopolitanisms take root in the latter in a consistent manner to generate a genuinely pluralized mass-based global political community within the Northern constitutional nation-state as distinguished from the defensive identity politics of ethnic, religious or hybrid minority constituencies? Can these cosmopolitanisms be embedded in a global community in the South, forged from transnational media networks?

It is doubtful whether transnational migrant communities can be characterized as examples of cosmopolitanism in the robust normative sense. It is unclear how many of these migrants feel that they belong to a world. Nor has it been ascertained whether this purported feeling of belonging to a world is analytically distinguishable from long-distance, absentee national feeling. It is, moreover, uncertain that cultural minorities who have achieved multicultural recognition in Northern constitutional democracies are naturally sensitive to the plight of their former compatriots in the peripheries. They are more likely to be driven by the desire for upward class mobility and to become the new bearers of the imperatives of national/regional economic competition. The example of Asian-American entrepreneurship shows that Americans of South Asian, Chinese or Vietnamese heritage often lead the vanguard of outsourcing initiatives in their countries of origin, justifying superexploitation in the name of transnational ethnic solidarity. The NRI (Non-Resident Indian) businessman or multinational executive professes diasporic patriotism as he sets up call-centers in India, just as the diasporic Chinese investor who exploits cheap female labor in Southern Chinese factories wishes to benefit people in his ancestral village. The argument that transnational print and media networks extend a world community beyond transnational migrancy to include peoples dwelling in the South has to reckon with the banal fact that many in the South are illiterate and/or do not have access to a television or hardware capable of receiving CNN and Rupert Murdoch's Asia-based Star TV.

What is sorely missing from celebrations of new cosmopolitanism in the softer social sciences and cultural studies is a thorough discussion of the normative implications of globalization, or more precisely the relationship between universality or weaker normative forms of wide inclusivity and the global extensiveness of economic, political, and cultural processes.

More generally, we might also ask: is the international division of labor the unacknowledged condition and therefore also the non-transcendable limit of all new cosmopolitanisms? If national forms of solidarity remain important, especially for economically weak countries bearing the brunt of capitalist exploitation, does uneven development constitute a crippling impediment to the formation of cosmopolitan solidarity? Does it place such constraints on cosmopolitanism's efficacy that we may regard it as a constitutive condition of contemporary arguments for the transcendence of nationalism, the limit beyond which theories of cosmopolitanism lose their coherence and become unworkable? In this regard, it is important to note that although transnational advocacy networks at the grassroots level may be animated by principles that are global in scope, although they are unconnected to traditional political parties within the national system of electoral democracy or national unions, and are able to voice their interests at global fora such as the World Social Forum, members of these movements and the participants in such fora may not have transcended feelings of national solidarity or the desire to make their respective nation-states take better care of its people. For instance, the central concept of food sovereignty – the idea that 'every people, no matter how small, has the right to produce their own food' – articulated by the Sem Terra Movement, a movement of landless agrarian workers based in Brazil, indicates that although the movement's goals are global in scope, it begins from the principle of a people's national integrity (Stedile 2004: 43).[7] Moreover, the activities of these social movements have to connect with the nation-state at some point because it is the primary site for the effective implementation of equitable objectives for redistribution at a large scale.

The feasibility of institutionalizing a mass-based cosmopolitan political consciousness, therefore, very much remains an open question today. It is not enough to fold the pluralistic ethos of older cosmopolitanisms into the institutionalized tolerance of diversity in multicultural societies. This kind of cosmopolitanism is only efficacious within the limited frame of the (now multiculturalized) democratic state in the North Atlantic that is sustained by global exploitation of the South. This type of limited cosmopolitanism has a more insidious counterpart in the state-sponsored cosmopolitanism of developed countries in Asia. Here, cosmopolitanism degenerates into a set of strategies for the biopolitical improvement of human capital. It becomes an ideology used by a state to attract high-end expatriate workers in the high-tech, finance, and other high-end service sectors as well as to justify its exploitation of its own citizens and the lower-end migrant workers who bear the burden of the country's successful adaptation to flexible accumulation. Cosmopolitanism is here merely a symbolic marker of a country's success at climbing the competitive hierarchy of the international division of labor and maintaining its position there.

Pheng Cheah, *Professor of Rhetoric, University of California, Berkeley*

Annotations

[1] Portions are revised and reprinted by permission of the publisher from *Inhuman Conditions: On Cosmopolitanism And Human Rights* by Pheng Cheah, Cambridge Mass.: Harvard University Press, Copyright © 2006 by the President and Fellows of Harvard College.

[2] P. Cheah/B. Robbins (eds.), *Cosmopolitics: Thinking and Feeling Beyond the Nation*, Minneapolis 1998.

[3] S. Sassen, *The Global City. New York, London, Tokyo,* New Jersey 1991.
[4] S. Sassen, *Globalisation and its Discontents,* New York 1998.
[5] A. Appadurai, 'Patriotism and its Futures', *Public Culture,* Vol. 5, No. 3, 1993, pp. 411–429.
[6] A. Appadurai, 'Grassroots Globalisation and the Research Imagination', *Public Culture,* Vol. 12, No. 1, 2000, pp. 1–19.
[7] J. P. Stedile, 'Brazil's Landless Battalions: The Sem Terra Movement', in T. Mertes (ed.), *A Movement of Movements: Is Another World Really Possible?* New York/London 2004, pp. 17–48.

Civil Society

Having been dormant as a social science concept for most of the 19th and 20th century, the term "civil society" emerged in the 1990s as almost as fashionable a buzzword as "globalization". Yet there is nothing even resembling a commonly agreed definition of the concept. The following cautiously worded "initial working definition", collectively arrived at by scholars at the Centre for Civil Society at the London School of Economics, sketches some of the contours of civil society, as well as its contested aspects:

> Civil society refers to the arena of uncoerced collective action around shared interests, purposes and values. In theory, its institutional forms are distinct from those of the state, family and market, though in practice, the boundaries between state, civil society, family and market are often complex, blurred and negotiated. Civil society commonly embraces a diversity of spaces, actors and institutional forms, varying in their degree of formality, autonomy and power. Civil societies are often populated by organisations such as registered charities, development non-governmental organisations, community groups, women's organisations, faith-based organisations, professional associations, trades unions, self-help groups, social movements, business associations, coalitions and advocacy groups.[1]

This article will trace the genealogy of the concept of civil society and its recent resurgence; discuss the problematic conceptualization of the "civility" of civil society; briefly relate civil society to democracy and democratization as well as to capitalism; and end with a reflection on the debates relating to the existence and nature of a global civil society.

History of the civil society concept

The term civil society has a direct equivalent in Latin *(societas civilis)*, and a close equivalent in ancient Greek *(politike koinona)*. These terms denoted the polity, with active citizens shaping its institutions and policies (Cohen/Arato 1992: 84–85).[2] They were unequivocally bounded concepts, implying exclusion of non-citizens. As such, translated as *societé civil* or commonwealth, they were attractive to the contractarian thinkers who sought to explain and justify the emergence of modern nation-states in the 17th and 18th century. Their preoccupations ranged from the bleak requirement of complete subjection of Thomas Hobbes, to the liberal individualism of John Locke, to the equivocation over the benefits of "nature" vs. "civilization" in Jean-Jacques Rousseau, to the emphasis on civic virtue by Adam Ferguson. But for all of them, civil society denoted the social contract between citizens, providing for a non-violent social space that facilitated the development of commercial, civic and political activity by the (male, white, propertied) contracting citizens.

Ferguson was widely translated, and Kant and Hegel were among his readers (ibid: 92).[3] Kant holds a special place in the genealogy of civil society since he was the first to posit it as unbounded, and realizable only in a universal (one would now say "global") form (Kaldor 2003: 36–37).[4] Hegel's conception of civil society is not easily penetrable, and impossible to summarize, but one key aspect was that he saw civil society as something separate from, although symbiotic with, the state.[5] Civil society for him concerned men trading and interacting socially, but was separate from government and purely public activity. In Marx, civil society, in its German translation *bürgerliche Gesellschaft*, is narrowed to only economic life, in which everyone pursues his own selfish interests and becomes alienated from his own human potential and his fellow people (Seligman ibid.: 52–57).[6]

At the same time as Marx was developing this bleak interpretation of Hegel's concept, French aristocrat Alexis de Tocqueville became the first theoretical proponent of "associationalism". During his extensive visit to America (1831–1833), he was struck by the American habit of founding associations for all manner of political and public purposes, and came to the conclusion that this was the foundation stone for the successful functioning of democracy in America (Kaldor ibid.: 19–20).[7]

In the early 20th century, Antonio Gramsci, general secretary of the Italian Communist Party, was grappling with a theoretical question of vital practical concern: why, under what Marx had identified as ideal conditions (advanced industrialization, frequent economic and political crises) was the revolution not occurring in Italy? Going back from Marx to Hegel, he then divorced the notion of civil society, as cultural superstructure, from economic interactions as its material base, founding a long line of scholarship on the manufacture of consent for practices of domination. This consent is generated in the institutions of civil society, notably the church, but also in schools, associations, trade unions, media and other cultural institutions. Gramsci primarily emphasized how it was through this cultural superstructure that the bourgeois class imposed its hegemony, weathering even economic and political crises. However, he has been widely read as implying that civil society is therefore also the site where a counter-hegemony can be built, as a kind of wedge between the state and the class-structured economy, which has the revolutionary potential of dislodging the bourgeoisie (Cohen/Arato ibid.: 142–159).[8]

After Gramsci, the term, and indeed the concept of civil society, very nearly died out in Western political thought. When the term resurfaced, it was with dissidents against the authoritarian state both in Latin-America and Eastern Europe. Latin American thinkers, first of all in Brazil, appear to have been attracted to the idea of civil society because it was a term that could unify entrepreneurs, church groups and labor movements in their opposition to the regime, because as a force in society it could be distinguished from political parties, which many felt had been discredited, as well as from the kind of populist mobilization that had been endemic in various Latin American countries, and most importantly because it was associated with non-violence (ibid.: 48–58).[9] In the Soviet satellite states of Eastern Europe, where the distinction between the interests of the people and the interests of the state is categorically denied (hence people's republics), dissidents also began to believe that conceiving a "civil society", as an association between people away from the tentacles of the state, was the way to begin resisting the state (ibid.: 31–36; Kaldor ibid.: 53–59).[10] Intellectuals in Czechoslovakia, Hungary and Poland, such as Adam Michnik, Gyorgi Konrad and Vaclav Havel revived the term to mean autonomous spaces independent of the state.

The Central European and the Latin American thinkers had several things in common. They emphasized the values of solidarity, public truth-telling, ideological plurality and non-violence as characteristics of civil society (see Glasius 2011 for a more extensive discussion on the Latin American and East European rediscovery of civil society).[11] Their conception of civil society did not constitute a means to achieve the overthrow of the regime in which they lived. They were more interested in "reclaiming" space that the authoritarian state had encroached upon than in taking over the reigns of power. This space had to be kept open and alive as a necessary complement to a healthy democracy, an antidote to narrow party politics and a bulwark against future threats to democracy. Based on the insight that modern authoritarianism requires ostensible adherence to legal norms, they made much use of appeals to "the law", whether it be national law or international human rights standards, as a strategy of legitimate resistance. Finally, while demonstrating a vivid awareness of the world beyond their state, they firmly believed that democratization must come from within.

Also in the 1990s, Robert Putnam published his influential work on Italy, inspired by the more Tocquevillean tradition of civil society as associationalism, accumulating social capital in communities, and buttressing the functioning of democracy.[12]

From then on, the civil society idea caught on like wildfire. It was apparently considered useful by pro-democracy activists in the Philippines, South Korea and South Africa. But it also got a new lease of life, both in political theory and in policy practice, in entrenched democracies in Western Europe and North America as well as India. This related both to concern over the erosion of democracy through the apathy and disillusionment of the electorate, and to the end of the grand ideologies. The civil society idea was seen as a way of revitalizing democracy when both the socialist great hopes of the all-powerful, all-providing state, and the neoliberal belief that market logic delivers benefits to all, had lost appeal. For the developing world, there is also a rather more cynical explanation for its sudden and ubiquitous popularity: since donors adopted the dogma that strengthening civil society was good for democracy and development, using the language of civil society was good for funding applications.

In these usages, there was a tendency to conflation between Enlightenment, Gramscian and Tocquevillean meanings of civil society as well as conflation of an empirical category, which is often referred to as NGOs, or the non-profit or voluntary sector, with various political projects of liberalization, democratization, or resistance (Howell/Pearce 2002).[13]

The "civility" of civil society

As seen above, the Enlightenment concept of civil society is deeply imbued with a sense of the superior "civility" of European polities. While not very precisely defined, civility appears associated with non-violence, good manners, and at a stretch tolerance for "others" within one's own society. But this internal civilization process had a necessary corollary in war, or at least the threat of war, with others. Moreover, from Napoleonic times onwards, colonial projects were increasingly justified in terms of "civilizing" the natives, even as the methods of subjugation were allowed to be uncivil because the population in question was not yet within the "civil" realm of those who can be expected to understand and respect the modern rule of law. This historical baggage renders any reflection on the meaning of the "civil" in "civil society", and what might constitute uncivility, politically loaded. Some authors reject any substantive use of "civil" as having racist connotations (Comaroff/Comaroff 1999).[14]

Nonetheless, the disillusionment following earlier expectations of civil society's contribution to a liberal-democratic end of history has spawned recent debates about "uncivil society". The term has come to be used for manifestations of civil society that challenge liberal democratic values. Violence is most often singled out as its characteristic, but exclusivist or dogmatic ideologies, predatory practices and general rule-breaking are also mentioned. The use of the term uncivil society is not confined to any particular region. Scholarly articles apply the term to civil society manifestations in Africa, Eastern Europe, Western Europe, the Arab world and Latin America, as well as globally. After 9/11 the term has been used increasingly to denote "illiberal" reactions to neoliberal globalization, such as the Al-Qaeda network.[15]

The main academic argument in relation to "uncivil society" turns on whether uncivil society should be included in or excluded from a definition of "civil society". Some political theorists exclude the uncivil: they insist on acting within the rules, respect for others, or willingness to compromise as elements of civil society. A majority of the literature takes the opposite view, however, insisting on an empirical definition of civil society that includes "uncivil society" as a tendency within it. Kopecky/Mudde (2003: 10–15) give the most extensive attention to this issue, adducing no less than five interrelated arguments for eschewing the exclusion of uncivil society from civil society.[16] In summary:

1) To some extent, all civil society manifestations are exclusivist in that they claim the moral high ground for their own position in opposition to all others.
2) Civility towards the "uncivil" has historically been limited and hypocritical (see above).
3) Adherence to liberal democratic goals does not necessarily equate with internal democracy, or vice versa. Uncivil movements may have civil outcomes and vice versa.
4) Adherence to legal or even societal norms is far from desirable in non-democratic societies and proscribes challenges to the status quo even in democratic ones.
5) Finally, 'narrow conceptions of civil society screen off potentially vital ingredients of associational life and democratic politics'.[17] Inclusion is therefore necessary to progress in empirical knowledge.

Civil society and democracy

Much of the civil society literature of the last decade is devoted to critiques of the idea, so dominant in policy-making in the 1990s, namely that strengthening civil society contributes to democratization. This idea, partly considered to have come out of the "1989 experience" in Eastern Europe, and partly attributed to Robert Putnam's influential work on Italy, requires civil society to be imbued with both democratic and liberal values, and for it to be easily distinguishable from "uncivil society" which lacks these values. The critiques of the "mutual strengthening theory", based on numerous empirical studies from a variety of regions, make four counter-points:

1) Having a vibrant civil society is not to be conflated with having a "civil" civil society (see above). This argument is most persuasively pursued in a historical article by Sheri Berman, which shows that Germans in the Weimar Republic, having lost confidence in the state, were "addicted to associating" in much the same way as Tocqueville observed of early Americans, but that these dense associational networks were rapidly and successfully infiltrated and captured by Nazi organizers, accelerating and buttressing the Nazi seizure of power "from below".[18]

2) Religious or nationalist movements often have a democratic base, and sometimes seek the overthrow of a non-democratic government, but their values are not necessarily democratic and certainly not liberal. Segments of civil society imbued with liberal, "western" values, on the other hand, do not necessarily have democratic legitimacy in the form of a grassroots base.
3) Democracy in western nations developed in the context of a global system that exploited and repressed other parts of the world. It is not surprising, therefore, if populations and civil society actors in these other parts sometimes have a more cynical, even hostile conception of the liberal democracy they see as being offered or even forced upon them by western institutions in a continuing context of inequality.
4) The quality of civil society and the quality of the state and market are interdependent. Hence, civil society can only be as civil as the circumstances allow. Leonardo Avritzer, for instance, develops "uncivil society", as the prototype of civil society most likely to emerge when the state is too weak to guarantee either physical or material security; the market economy exists only in clientelist form; and political society is non-existent or fragmented to the point of destruction.[19] He cites Peru and Colombia as Latin-American prototypes of this situation, whilst acknowledging that elements of it can be found in all Latin American countries. The challenge in these situations is 'whether civil society can produce civility in spite of the state and the market' (Avritzer 2004: 49).[20]

Civil society and capitalism

The classical theorists made no distinction between civil society and the market. For Locke, the civility of civil society consisted precisely in providing sufficient physical security for the individual so that he could through his industry and ingenuity amass property. Hegel, on the other hand, has described particularly vividly the dynamic nature of what he called *bürgerliche Gesellschaft* – what we would nowadays call the capitalist system – but he did not at all believe it to be civil. Without checks and balances provided by the state, it neglects or exploits the poor who cannot help themselves. Similarly Marx thought of civil society as bourgeois society, a necessary stage in history, but inherently exploitative.

Since then, through the detour of Gramsci's insistence on dividing material base from cultural superstructure, civil society has come to mean the "non-state, non-market" realm of society. However, capitalism is now generally accepted as the global "background setting" in which civil society operates. Recent work has begun to take into account the problematic relationship between civil society and capitalism both at the national level and globally, but this relation is as yet much less theorized than that between civil society and democracy.

Transnational or global civil society

While until recently, civil society was primarily thought of as a national concept, there is, of course, a historic reality of cross-border networking of non-profit associations and social movements, ranging from the Catholic Church and organized Islam to the 19th century spawning of peace movements, anti-slavery campaigns, women's suffrage and international trade unions. In the last two decades, however, the intensity, extensity and velocity with which people network and link up across borders has exploded. In their discourses and identities, too, civil society actors have become more transnational and even global. Human rights defenders use a legal universalist frame to combat national injustices; peace groups challenge national security policies with concepts of solidarity across conflict divides; and environmentalists initiated talk of "one world" and "global solutions". More recently, normative cosmopolitan concepts of global civil society have been opposed to ethnic nationalism and religious fundamentalism, as well as a counterforce against predatory globalization (Kaldor ibid.).[21] At the same time, some of the most common forms of "uncivil society" in the 21st century may be based on what Manuel Castells (1997: 8) has called a 'resistance identity', based solely on being against various (perceived) aspects of globalization rather than on a positive project for society.[22]

Civil society cannot be artificially insulated from money, violence, or existing power structures, but what sets civil society apart is that it operates on a different logic than money or force: the logic of persuasion. Global civil society can finally be considered as an ideational realm, in which ideological master frames such as human rights, social justice, environmentalism or religiously-informed frames such as the "Umma" are both in competition and in dialogue.

Marlies Glasius, *Senior Lecturer in International Relations, Department of Politics, University of Amsterdam*

Annotations

[1] The LSE's Centre for Civil Society is now defunct, but the definition has been widely adopted by different persons and institutions, including for instance the Director of Stanford University Center on Philanthropy and Civil Society Studies and the South Asian Disaster Network.

[2] J. L. Cohen/A. Arato, *Civil Society and Political Theory*, Cambridge, MA 1992.

[3] Cohen/Arato, *Civil Society.*

[4] M. Kaldor, *Global Civil Society: An Answer to War*, Cambridge 2003.

[5] For an extensive treatment see Cohen/Arato, *Civil Society*, pp. 91–117 and A. Seligman, *The Idea of Civil Society*, Princeton 1995, pp. 44–51.

[6] Seligman, *The Idea.*

[7] Kaldor, *Global Civil.*

[8] Cohen/Arato, *Civil Society.*

[9] Cohen/Arato, *Civil Society.*

[10] Cohen/Arato, *Civil Society;* Kaldor, *Global Civil.*

[11] See M. Glasius, 'Dissident Writings as Political Theory on Civil Society and Democracy', *Review of International Studies*, Vol. 38, No. 2, 2011, pp. 1–22.

[12] R. Putnam/R. Leonardi/R. Y. Nanetti, *Making Democracy Work: Civic Traditions in Modern Italy*, Princeton, N.J. 1993.

[13] J. Howell/J. Pearce, *Civil Society and Development: A Critical Exploration*, Boulder 2002.

[14] J. L. Comaroff/J. Comaroff (eds.), *Civil Society and the Political Imagination in Africa: Critical Perspectives*, Chicago 1999.

[15] C. Rumford, 'Confronting "Uncivil Society" and the "Dark Side of Globalization": Are Sociological Concepts up to the Task?', from: http://www.socresonline.org.uk/6/3/rumford.html, 2001 [last accessed on 27 February 2012]; M. Kaldor/D. Muro, 'Religious and Nationalist Militant Groups', in: M. Kaldor/H. Anheier/M. Glasius (eds.), *Global Civil Society 2003*, Oxford 2003, pp. 151–184.

[16] P. Kopecky/C. Mudde (eds.) *Uncivil Society?: Contentious Politics in Post-Communist Europe*, London 2003.

[17] Kopecky/Mudde, *Uncivil Society*, p. 13.

[18] S. Berman 'Civil Society and the Collapse of the Weimar Republic', *World Politics*, 1997, Vol. 49, No. 3, pp. 401–429.

[19] L. Avritzer, 'Civil Society in Latin America: Uncivil, Liberal and Participatory Models', in: M. Glasius/D. Lewis/H. Seckinelgin, *Exploring Civil Society: Political and Cultural Contexts*, London 2004, pp. 47–53.

[20] Avritzer, 'Civil Society'.

[21] Kaldor, *Global Civil.*

[22] M. Castells, *The Power of Identity*, London 1997.

Aktuelle politische Debatten/

Current Political Debates

Migration Control

Although globalization has resulted in unprecedented levels of trade and foreign investment, labor mobility remains severely constrained, based on the supposedly long-standing principle that each nation-state has absolute control over its own borders. Thus, although the world economy is dependent on the transnational shipment of goods and services, by and large, people do not have these same freedoms. Moreover, while Article 13.2 of the Universal Declaration of Human Rights provides: 'Everyone has the right to leave any country, including his own, and to return to his country', there is no concomitant right in the UDHR that would allow an individual to enter any country other than his/her own. Instead, according to the dominant view, a state's right to control alien admission practices is an inherent component of national sovereignty, and that without this ability to turn away "outsiders" a state would be denied the very means of defining and maintaining itself. Michael Walzer (1981: 32), arguably the leading communitarian thinker on this subject, has put the matter this way:

> But the right to choose an admissions policy [...] is not merely a matter of acting in the world, exercising sovereignty, and pursuing national interests. What is at stake here is the shape of the community that acts in the world, exercises sovereignty, and so on. Admission and exclusion are at the core of communal independence.[1]

The present analysis does not provide a frontal attack on migration control so much as it challenges several of the premises on which it is founded. I focus on four aspects. The *first* is the legal basis for migration control and the essential issue is whether this "sovereign right" is anywhere near as strong as defenders of migration control seem to think it is. The *second* is to examine the hypocritical nature of the application of this principle, particularly the manner in which the causes of human migration flows are often ignored – and this is particularly true with respect to states that have helped bring about large-scale human migration in the first place. The example I use is the massive displacement of Iraqi civilians following the 2003 United States invasion, contrasted against the paltry response of the United States. The *third* issue is to show the manner in which national borders have shifted outwards – at least for purposes of migration control, although all protections under the law seemingly remain firmly rooted back in the home country. The *last* issue is the degree to which migration control can be reconciled with international human rights law standards more generally.

The legal basis of migration control

In its first case dealing with immigration issues, *Chae Chan Ping v. United States* [Chinese Exclusion case],[2] the US Supreme Court ruled that Congress had the authority to ban further Chinese immigration to the United States. By way of some background, until then the United States essentially had an open door policy, which is to say that anyone (from any country) who was able to reach US territory was granted admission. Less than two decades before this, the United States and China had entered into the Burlingame Treaty (1868), which had guaranteed free and open migration between the two countries.[3] The final point – but one that the Court did not seem particularly bothered by – is that there is no provision in the US Constitution that explicitly deals with immigration control.[4]

Despite all this, the Court upheld the exclusion of Chinese nationals on the basis that migration control is an inherent component of state sovereignty. In a subsequent decision,[5] the Court extended this "principle" to uphold the deportation of a group of Chinese nationals who had all lived in the United States for decades, but who had not complied with a congressional enactment, directed only at Chinese nationals, which mandated that all those in the United States had one year to prove their lawful residence – through affirmation of a credible (white) witness. The claimants in this case did not comply, and their deportation was upheld by the Court.

It should also be noted that these two precedents then helped set the stage for the subsequent exclusion of Japanese nationals (1907) followed by the designed effort under two National Origins Quota Acts (1921 and 1924) to severely reduce migration from "inferior" ethnic groups, which included Jews, Italians, Poles and Czechs. Following World War II – a war fought against two regimes that espoused the notion of racial superiority – Congress reauthorized the National Origins Quota system once again. President Truman had originally vetoed this legislation on the grounds that the law was deeply racist, but this was overturned by Congress. It was not until the mid-1960s, during the height of the Civil Rights Movement in the United States, that this decidedly racist immigration system was finally disbanded. The larger point is that at least within the American context, the notion that a state has absolute control over its borders is not only problematic under the law – domestic as well as international – but that the implementation of this principle has resulted in decades of racist immigration policy.[6]

The last thing to note is that however embarrassing cases such as *Chae Chan Ping* and *Fong Yue Ting* are today in terms of both their racist premise and language, these remain "good law", which is also to say that the US Congress could pass legislation that would deny admission to some disfavored group – Muslims, for example – and according to the absolute theory of migration control reflected in these cases there would be nothing under the Constitution to prevent this.

Ignoring the causes of human migration

As already noted, migration control is in large part founded on the idea that the exclusion of outsiders constitutes a sovereign right. While this may (or may not) be true, what this often ignores are the causes for migratory flows in the first place. What is particularly offensive is the manner in which states that are the direct cause of large-scale human migrations in another country have done so little to provide refuge to these same populations.

This is exactly what has taken place after the American-led invasion of Iraq in 2003. It is estimated that some 4 million Iraqis have been displaced from their homes – and already more than 2 million have fled the country – and yet for so many years the US refugee response to this humanitarian crisis was virtually non-existent. In 2003, only 298 Iraqi refugees were admitted to the United States, 66 in 2004, 198 in 2005, 202 in 2006, and 1608 in 2007. After at least some public criticism of these practices, in 2008 this number increased to 13,828 (Gibney 2010: 95–96).[7] Apparently, the principle of migration control generally supersedes other principles of international law, most notably, non-intervention in the affairs of other countries.

The expansion of national borders

On a global map national borders by and large remain unchanged. However, for purposes of migration control the borders of Western states have been steadily expanding outward, not only on to the high seas, but in many instances in the form of migration control which is now routinely performed in other countries as well. Yet, although immigration enforcement is now regularly carried out well beyond a country's own national borders, protections under the law have not made the same journey, as it were. Thus, in its ruling on the Haitian interdiction program,[8] the US Supreme Court simply never questioned whether the US government had the legal authority to stop boats in international waters carrying Haitian nationals – this was simply assumed. However, what it did hold was that the *nonrefoulement* provisions under both domestic (US) and international law, which prohibit sending a person back to a country where his life or freedom might be threatened, did not apply to refugees unless and until they had physically stepped on to American soil. Thus, according to the Court, refugees essentially have no legal protection on the high seas.

Much of my analysis thus far relates to the United States, but these same practices have been adopted by other Western countries as well.[9] In his important work, Thomas Gammeltoft-Hansen has shown how a number of European countries regularly patrol the distant waters in an effort to prevent asylum seekers from ever arriving at their borders, and many of these same states also post immigration officials in foreign lands in order to prevent *likely* asylum seekers from being able to leave their country in the first place.[10] On the flip side to this, Australia has adopted measures to designate a part of the country's territory as being something other than it is in an attempt to exempt the application of national law. What all this means is that national borders are no longer national borders – at least for immigration purposes.

Migration control and international human rights standards

Although human rights are (universally) declared to be "universal", the dominant approach to human rights has been territorial in nature, which means that a country's human rights obligations begin (and end) at its own territorial borders. It was this notion of the extent and scope of human rights that was the driving force not only in the Haitian interdiction case mentioned earlier, but also concerning the decision by the Bush administration to house "enemy combatants" at the US military base at Guantanamo Bay, Cuba, governed by the belief that American legal obligations would either be different or non-existent in this foreign locale.

The principle that each state has absolute control over its own borders fits quite comfortably with this territorial approach to human rights in the sense that it is based on the supposition that a state has no human rights obligations to anyone unless and until they come within that state's borders. However, the territorial approach has now come under serious challenge, and what is starting to gain ascendancy is the assumption that states have both territorial and extraterritorial human rights obligations.[11]

This growing acceptance to the assumption that states have extraterritorial human rights obligations should have serious repercussions for the issue of migration control. For one thing, non-discrimination serves as one of the bedrocks of international human rights law. Yet, as we have seen already, one of the bases of migration control is the notion that each state can decide for itself whether or not to admit foreign nationals, and then which immigrants it will take in and which ones it will reject. Beyond this, some countries – most notably the United States and Australia – have employed immigration control measures as a way of perpetuating a certain national self-conceptualization. Yet, immigration/refugee policies that favor certain religious, ethnic or racial groups over another are anathema to basic international human rights law standards.

This is not to suggest that states would no longer have the authority to shut off migratory flows, nor the ability to select which immigrants will be granted admission. Rather, such policies need to be consonant with human rights principles. Thus far, proponents of the absolute control principle have remained dominant. However, with the growing acceptance of the universality of human rights this will change – as it should.

Mark Gibney, *Belk Distinguished Professor, University of North Carolina-Asheville*

Annotations

[1] M. Walzer, 'The Distribution of Membership', in: P. Brown/H. Shue (eds.), *Boundaries: National Autonomy and Its Limits*, Totowa, N.J. 1981, pp. 1–36.

[2] Chae Chan Ping v. United States [Chinese Exclusion Case] 130 U.S. 581 (1889).

[3] What also makes this such a fascinating case is that Chae Chan Ping, the Chinese national in question, had followed existing law before departing for China by obtaining the requisite certificate of residence that was intended to ensure his re-entry into the United States. However, just a week before he arrived back in San Francisco, Congress changed the law and simply banned all further immigration – including those (like Chae Chan Ping) who had a certificate of residence. Despite the enormous inequities in the case, the Court denied his re-entry.

[4] For a discussion of this issue see T. A. Aleinikoff et al., *Immigration and Citizenship: Process and Policy*, St. Paul, Minnesota [6]2008.

[5] Fong Yue Ting v. United States 149 US 698 (1893).

[6] At the same time that the United States was promulgating its own restrictions, the colonial powers were following the same kinds of policies at home – while at the same time sending European settlers to all four corners of the globe.

[7] See M. Gibney, *The Global Refugee Crisis*, Santa Barbara, CA 2010.

[8] Sale v. Haitians Centers Council 509 U.S. 155 (1993).

[9] The European example is an interesting one in the sense that the Schengen agreements, permitting passport-free travel between 26 continental countries of the European Union, challenges the notion of migration control, at least between the European states, while at the same time re-affirming the principle vis-à-vis those outside of Europe.

[10] T. Gammeltoft-Hansen, *Access to Asylum: International Refugee Law and the Globalisation of Migration Control*, Cambridge 2011.

[11] See generally, M. Gibney/S. Skogly (eds.), *Universal Human Rights and Extraterritorial Obligations*, Philadelphia 2010.

Humanitarian Intervention

Humanitarian Intervention (HI) is taken here to refer to forcible military action by external actors across state borders, without the consent of the state in question, with the objective of preventing, ending or reducing mass atrocities that are either ongoing or clearly threatened. Yet because HI is a contested concept there is no universally agreed definition (Hehir 2010: 11–21).[1] Some, for example, have argued that the absence of consent is less relevant than is normally claimed, perhaps because there is no state to accept or refuse such an intervention or because the consent has been coerced (Pattison 2010: 26–27).[2] Others have sought to moderate the distinction between the use of force and humanitarian assistance on the grounds that a spectrum of approaches is necessary in response to such atrocities in complex social conflicts (Ramsbotham/Woodhouse 1996: 111–134).[3] However, there is a strong case for including forcible intervention and the absence of consent within the definition, even if it is acknowledged that there may be some partial exceptions, for it is these characteristics that have made HI so controversial. A still more contentious element in the above definition is the suggestion that the objective of the military action is to prevent, end or reduce mass atrocities. Does this mean that this is the *sole* motive for the action? If so, the bar would be set so high that it would probably preclude any intervention from being considered genuinely humanitarian, and there are also great difficulties in determining the motivations of collective actors, such as states or international organizations. It therefore seems preferable to treat objectives as intentions and to insist that, in order to be regarded as "humanitarian", the principal intention must be to prevent, end or reduce the mass atrocities. This would eliminate the use of the term "humanitarian intervention" in cases in which the termination of atrocities was simply a by-product of military action undertaken with quite different primary objectives (Pattison 2010: 153–177).[4] Of course, there would still be difficulties in identifying such objectives in any particular case, but focusing on intentions would surely demonstrate that some recent interventions could not be regarded as humanitarian – for example, the US-led campaign against Iraq in 2003 or the Russian invasion of Georgia five years later. However, this article will desist from further exploring the definitional difficulties or the merits of particular cases of intervention, but will rather examine why HI has been such a seriously contested concept.

The major controversies

The first key reason for contestation is that many people regard war as the antithesis of humanitarianism:

> A "humanitarian war" is an oxymoron: it contradicts the fundamental rationale of humanitarian action to countenance killing in its name. Humanitarian action aims to minimise the harm caused by war; a humanitarian rationale cannot be invoked to justify killing one set of people in order to save another (Terry 2002: 242).[5]

On such grounds, Fiona Terry suggests that a war to prevent mass atrocities might be "just", but never "humanitarian". Yet there is no agreed definition of "humanitarianism". When defined at all, there are two common elements: a reference to "humans" or "humanity" and a relational aspect, suggesting that an agent is acting in a "humanitarian" manner by relieving some form of suffering experienced by other human beings (Minn 2007: 2–3).[6] More fundamentally, humanitarianism perhaps implies that there is some human essence that links us all irrespective of our differences, thereby suggesting a sharp delineation between the humanitarian and political realms. This therefore might also carry the implication that HI lies outside the political sphere on the grounds that certain mass atrocity crimes are so egregious that it is "non-political" to call for military intervention. Yet many more deaths in the poorest countries of the world are caused by illness and malnutrition. If therefore there is a humanitarian obligation to relieve the worst forms of suffering, why is there apparently less urgency to address such problems? And is it not paradoxical that it is the global north that usually engages in humanitarian intervention, while simultaneously imposing an international economic system through which it derives benefits from the poverty in the global south, for example through the import of cheap raw materials? Thus HI has been contested both because of scepticism about the notion of humanitarianism that underlies it and because of the belief that wealthy states are more willing to use military means for short-term solutions than to address structural problems that might require fundamental changes in their own economic policies (Newman 2009: 93–109).[7]

The notion of HI has also been viewed with suspicion for rather different reasons. Throughout the Cold War period two norms predominated in the international system. First, the doctrines of sovereignty and non-intervention ensured that a sharp separation was drawn between the domestic and international spheres. Secondly, under the UN Charter, the primary basis for international law, the Security Council could authorize military action only when it deemed that there was a threat to international peace and security. This was generally understood to refer to a situation in which a state had committed aggression outside its own borders. Thus many lawyers, International Relations specialists and governments have opposed the idea of HI, which contravenes both of these international norms, viewing them as a source of systemic stability that has provided some protection for smaller and weaker states. However, the intensity of the contestation over the concept also needs to be understood in its historical and ideological contexts.

It is no coincidence that the disputes about the legitimacy of HI became acute at the end of the Cold War and were closely related to more general political ideas that assumed increasing predominance in this era. The theoretical basis for the rise of HI as a normative doctrine thus reflected the elevation of human rights as the foundation for political legitimacy and the clash between this doctrine and the international norms of sovereignty and non-intervention. For many political theorists and ethical philosophers, particularly those adhering to the ideology of liberalism, it seemed self-evident that the rights of peoples superseded those of governments that committed or acquiesced in mass atrocities within their territories (Tesón 1988).[8] From this perspective, it therefore seemed axiomatic that there was an ethical imperative to save those threatened by mass violations of human rights. There was also a minority of lawyers who argued that the legal right for unilateral HI already existed, basing their case on the claim that it fell to states to uphold the human rights commitments of the Charter, since the UN itself was failing to do so (Reisman 1984).[9] Similarly, there were some International Relations theorists who believed that the international system had changed so substantially since 1945 that the new norms were already accepted (Wheeler 2000).[10] However, many continued to argue that any general presumption that rights' violations justified external intervention would undermine the stability of the international system and the security of weaker states (Chesterman 2001).[11]

Such theoretical debates became far more intense during the era of interventions in the 1990s, but it was the military action by NATO over Kosovo that provoked an international crisis on the issue. This intervention, in contrast with the feeble international response to the genocide in Rwanda five years earlier, led many developing countries, as well as China and Russia, to conclude that HI was simply a mask to legitimate military intervention by the US and its closest allies. This suspicion was reinforced in the aftermath of 9/11 when the discourse of human rights was subordinated to the so-called "war on terror". The claim by Tony Blair that the war against Saddam Hussain was a case of HI was therefore widely viewed with incredulity, further undermining support for the concept.[12]

The responsibility to protect

The key question now was whether the principle that international actors had obligations to protect populations from mass atrocities could be maintained without this simply providing a pretext for military action by powerful states. In 2001 the International Commission on Intervention and State Sovereignty (ICISS 2001), set up by the Canadian Government in response to a plea by Kofi Annan, the UN Secretary-General, had attempted to reconcile the principle of state sovereignty with recognition of the responsibility to prevent mass atrocities.[13] It sought to do so partly by categorizing the kinds of atrocities that might warrant military action and explicitly excluding other forms of human rights' violations. However, it also introduced a new discourse, potentially implying a significant conceptual change. Arguing that the notion of HI put the emphasis on the rights or duties of interveners, it now invoked the terminology of human security by focusing on the victims of atrocities and asking who bore the responsibility to provide them with the protection they needed. The answer of the ICISS was that the primary responsibility lay with state in which the atrocities were taking place, but if such a state failed to offer such protection, the responsibility rested with the "international community", largely identified with the UN.

In addition to this discursive shift, a second innovation attempted to lessen the significance of the use of military force in relation to intervention. Whereas the use of force was an integral part of the definition of HI, this was now incorporated within a broader framework so that the "responsibility to protect" (R2P) could also be exercised through peaceful means. Furthermore, it included both a preventive strategy to forestall the likelihood of a mass atrocity crisis and a so-called "responsibility to rebuild" if an intervention took place. This was, therefore, a broader concept than HI, which also sought to elicit support in the global south and the nongovernmental (NGO) sector by including peaceful measures and an economic development dimension.

R2P survived the international crisis following the Iraq war and, following the 2005 World Summit, the UN General Assembly and Security Council adopted it in an amended form. This version contained four aspects. First, each state acknowledged its responsibility to protect its own citizens from genocide, ethnic cleansing, war crimes and crimes against humanity; secondly, there would be international assistance to help states uphold their responsibilities through capacity building and to support those under stress before crises and conflicts broke out; thirdly, the UN accepted the responsibility to use diplomatic, humanitarian and other peaceful means to protect populations from such atrocities; and finally, the Security Council could authorize collective enforcement action on a case-by-case basis and in cooperation with relevant regional organizations as appropriate, should peaceful means be inadequate or when national authorities were manifestly failing to protect their populations.

This certainly implied an important normative shift, which partially eroded the earlier sanctity of state sovereignty and non-intervention. At the same time, the role of the Security Council was more explicitly safeguarded than in the 2001 report, thereby seeking to proscribe unilateral action. It was also notable that the 2005 version virtually eliminated the wider human security agenda. In the attempt to build as wide an international consensus as possible the focus was entirely on the prevention of mass atrocity crimes, with little consideration of the political and economic circumstances that contributed to the causes of such crimes. In other words, the same limitations in the concept of "humanitarianism" that applied to HI now also applied to

R2P. But two key questions remain: was R2P simply a new designation for HI? And had it overcome the contestation associated with that concept?

Clarification or continuing contestation?

In the aftermath of the 2003 Iraq war, there was a continuing fear in many quarters that R2P was simply a new name for HI. Many of its most active proponents, therefore, emphasized the peaceful aspects of R2P and some even suggested that that there was little relationship between the two concepts (Bellamy 2009).[14] The successful external mediation in the aftermath of the violence following the elections in Kenya in 2008 was highlighted as a triumph for R2P, which demonstrated that the doctrine was about human protection rather than the use of military force. However, in 2011, this changed, first in response to the events following the disputed election in Côte d'Ivoire, and subsequently in relation to the Libyan crisis. In both cases, R2P resolutions were used at the UN to secure support for military action, and the Libyan case was particularly important in highlighting the continuing controversies associated with HI.

Skilful diplomacy was deployed, particularly by Britain and France, to secure Security Council support for military action against the Libyan regime through an R2P resolution. Because of the comparative international isolation of Muammar al-Gaddafi and the endorsement of the action by the Arab League, Russia and China were prepared to acquiesce in the resolution. Yet although the military campaign ultimately succeeded, much of the debate about it resembled previous disputes over HI. Thus, while many believed that the threat by Gaddafi to the civilians of Benghazi justified an intervention under the R2P doctrine, it seemed increasingly probable that the main Western objective was to bring about a regime change. Of course there are difficulties in determining exactly what is necessary to protect civilians against a ruthless dictator of this kind, but once there is a loss of credibility that human protection is the real goal, R2P becomes subject to exactly the same kind of contestation as HI. Russia and China thus subsequently expressed their determination to veto any similar resolution on Syria, with the argument that the West had manipulated the Security Council over Libya. And, as with HI, there was obviously inconsistency and selectivity in the choice of cases in which to apply the doctrine, with political considerations playing a predominant role in the charges and counter-charges that were made.

HI has been the subject of intense debate for over twenty years, both because of the contentious nature of many of the interventions and because of the theoretical and normative controversies associated with the concept itself. Certainly, in comparison with the Cold War period, there is far greater acceptance of the principle that international actors have responsibilities in relation to particular kinds of mass atrocity crimes. However, key questions over the circumstances in which military intervention might be justified and the decision-making processes for such action remain as disputed as ever. Perhaps these debates have also tended to divert attention from the still more fundamental issues of why such crimes take place and whether a wider conception of humanitarianism needs to be activated if they are to be prevented.

MICHAEL NEWMAN, *Emeritus Professor of Politics and Jean Monnet Professor of European Studies, London Metropolitan University*

Annotations

[1] A. Hehir, *Humanitarian Intervention: An Introduction*, London 2010.

[2] J. Pattison, *Humanitarian Intervention and the Responsibility to Protect: Who Should Intervene?* Oxford 2010.

[3] O. Ramsbotham/T. Woodhouse, *Humanitarian Intervention in Contemporary Conflict*, Cambridge 1996.

[4] Pattison, *Humanitarian Intervention*.

[5] F. Terry, *Condemned to Repeat? The Paradox of Humanitarian Action*, Ithaca, NY 2002.

[6] P. Minn, 'Toward an Anthropology of Humanitarianism', *Journal of Humanitarian Assistance*, August 2007, pp. 1–17.

[7] M. Newman, *Humanitarian Intervention: Confronting the Contradictions*, London 2009.

[8] F. Tesón, *Humanitarian Intervention: An Inquiry into Law and Morality*, Dobbs Ferry, NY 1988.

[9] M. Reisman, 'Coercion and Self-Determination: Constructing Charter Art 2 (4)', *American Journal of International Law*, Vol. 78, No. 3, 1984, pp. 642–645.

[10] N. J. Wheeler, *Saving Strangers: Humanitarian Intervention in International Society*, Oxford 2000.

[11] S. Chesterman, *Just War or Just Peace? Humanitarian Intervention and International Law*, Oxford 2001.

[12] In late 2002 and early 2003 Blair normally sought to justify the imminent action in terms of the threat of weapons of mass destruction, while also stressing 'the moral case for removing Saddam' and drawing attention 'to the thousands of children that die

needlessly every year under his rule' and 'the torture chambers which if he is left in power, will remain in being' (See Blair 'The Price of My Conviction', *The Observer,* 16 February 2003 http://www.guardian.co.uk/politics/2003/feb/16/iraq.foreignpolicy) [last accessed on 9 February 2012]. However, he subsequently sought to justify the military campaign by bringing together the so-called 'war on terrorism' and humanitarian intervention into a single doctrine (Speech of 5 March 2004 in Sedgefield. For the full text, see the *Guardian* http://www.guardian.co.uk/politics/2004/mar/05/iraq.iraq) [last accessed on 9 February 2012].

[13] International Commission on Intervention and State Sovereignty (ICISS), *The Responsibility to Protect: Report of the International Commission on Intervention and State Sovereignty,* Ottawa 2001.

[14] A. J. Bellamy, *Responsibility to Protect: The Global Effort to End Mass Atrocities,* Cambridge 2009.

Terrorismus

»Terrorismus« – das ist von allen politischen Kampfbegriffen derzeit der wirksamste. Wer als »Terrorist« gilt, dessen Leben zählt nichts. Gegen »terroristische Akte« ist nahezu alles erlaubt. Neutralität ist im Krieg gegen den Terror keine Option. Wer im Terrorismus-Diskurs das Sagen hat, dessen Macht kennt offenbar keine Grenzen. Eine rationale Auseinandersetzung ist im Rahmen dieses Diskurses freilich nicht möglich; insbesondere schließt dieser Diskurs jedweden Versuch einer neutralen (unparteiischen) Bewertung von vornherein aus. Unser Mainstream-»Terrorismus«-Diskurs ist, so Tomis Kapitan (Kapitan 2005: 9), bereits selbst ›a Method of Terrorism‹.[1] Diesem Diskurs und den mit ihm verknüpften Sprach- und damit auch Denkregelungen zu entkommen, das schafft nur, wem das gelingt, was kaum jemand auch nur versucht: nämlich den *deskriptiven* Kern der Terrorismus-Begriffe (die T-Semantik) von der moralischen *Bewertung* der unter sie fallenden Phänomene (der T-Ethik) systematisch zu trennen.[2]

Genau zu diesem Zweck ist im Folgenden zunächst nicht mehr von »terroristischen Akten« die Rede, sondern nur noch von *T-Akten.* Festsetzung:[3]

T-Akt: = Terroristischer Akt *minus dessen Bewertung.*

T-Semantik[4]

Was ist ein T-Akt?

Paradigmatischer Fall

Das lässt sich am ehesten anhand eines einfachen Beispiels erklären.

> X, ein Separatist aus der Provinz, setzt im Nebenzimmer des Marktcafes der Hauptstadt seines Landes die Zeitschaltuhr einer in seiner Aktentasche versteckten Bombe in Gang, und zwar mit der Absicht,

mit dieser Bombe Dutzende von Cafehausbesuchern in die Luft zu sprengen – um so zu erreichen, dass die Regierung daraufhin seine inhaftierten Gesinnungsgenossen in die Freiheit entlässt.

Der Täter setzt hier auf den so genannten *Gewalt–Kalkül:* Er baut darauf, dass *seine Gewalttat ihren Zweck erreicht,* die Regierung seine Gesinnungsgenossen freilassen wird. Dieser Gewalt-Kalkül, und genau das macht die *differentia specifica* der T-Akte aus, beinhaltet bereits den so genannten *Terror-Kalkül,* der sich am besten durch die folgende Ergänzung unseres Beispiels verdeutlichen lässt:

X erwartet, dass die Entscheidung der Regierung, seine Genossen freizulassen, sich eben dem von seinem Gewaltakt auf Seiten der Bevölkerung bewirkten Horror verdankt.

T-Akte im weiten Sinne

T-Akte sind in doppelter Hinsicht Fälle eines instrumentellen Handelns. Ihr Ziel soll (indirekt) mittels Gewalt erreicht werden – und zwar mittels des durch diese Gewalt produzierten Terrors. Kurz:

(T) T-Akte sind Akte des (versuchten) Bewirkens von Zwecken mittels Gewalt-induziertem Terror.

Wichtig: Nach (T) sind zwar alle T-Akte auch Terror-Akte, aber eben nicht alle Terror-Akte auch T-Akte. Terror-Akte können Selbstzweck-Handlungen sein, T-Akte nicht. Bei bloßen Terror-Akten fehlt der für T-Akte spezifische T-Kalkül. (Im »Terrorismus«-Diskurs spielt auch diese Unterscheidung keine Rolle.)

Der logischen Struktur eines T-Aktes entspricht das folgende Schema:

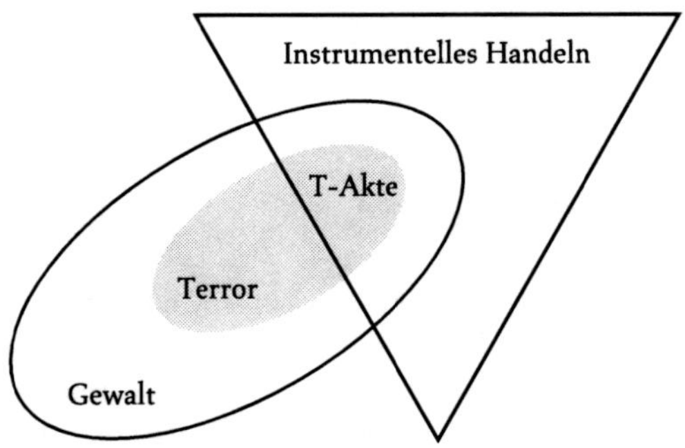

T-Akte im engeren Sinne

Dieser T-Begriff abstrahiert von sehr viel. Das sollte er auch. Sonst wäre er nicht wirklich allgemein. (Demgegenüber sind die Sprachregelungen unseres »T«-Diskurses von A bis Z restriktiv.) Die Definition (T) abstrahiert insbesondere davon, gegen wen sich die Gewalt richtet; sie abstrahiert davon, von welcher *Art die T-Gewalt-Opfer* sind. Waren die Opfer in dem Cafe-Haus-Bomber-Beispiel, wie von uns bisher vermutet, beliebige Bürger bzw. Besucher der betreffenden Hauptstadt? Kurz: waren es, wie man hierfür oft sagt: beliebige *Unschuldige?* Oder waren es etwa die schlimmsten Folterschergen des zu jener Zeit in jenem Lande herrschenden Regimes, die sich in jenem Cafe just an diesem Tag erneut heimlich zur Planung weiterer Verbrechen gegen die Menschlichkeit getroffen hatten?

Einige Autoren (wie z. B. Primoratz 1990) plädieren dafür, T-Akte generell so eng zu fassen, dass diese schon *per definitionem* nur gegen Unschuldige bzw. gegen so genannte *Nicht-Legitime Gewaltziele* gerichtet sind.[5] Ob wir T-Akte wirklich *generell* so eng fassen sollten oder nicht, das ist eine der strittigsten Fragen in der ganzen T-Philosophie. Im Rahmen einer allgemeinen T-Semantik kann dieser Streit offen bleiben. Wichtig ist nur: Dass wir zwischen derart verschiedenen Fällen auch *terminologisch* klar unterscheiden können. Und das gelingt am besten, wenn man nicht (wie unser T-Diskurs) undifferenziert einfach von *dem* »Terrorismus« redet, vielmehr von Anfang an *mehrere* T-Akte-Begriffe – je nach unserem Unterscheidungsbedarf – auseinander hält. Also: Es gibt nicht *den einen* T-Begriff, sondern ein ganzes *Spektrum* unterschiedlich starker T-Begriffe.

Ein extrem starker T-Begriff wäre dieser:

(T**) Ein T-Akt ist ein Extrem Starker T-Akt: = der betreffende Akt ist ein T-Akt und es gilt: Die T-Gewalt richtet sich *direkt* und *mit vollem Wissen* gegen Nicht-Legitime Gewalt-Ziele.

Schwächere T-Begriffe ergeben sich dann logischerweise durch entsprechende Abschwächungen, z. B. von »direkt« zu »indirekt«, von »mit vollem Wissen« zu »ohne es völlig ausschließen zu können«, etc. Ein sehr weites Feld.

Ein für die T-ethische Debatte sehr wichtiger Begriff wäre der zwischen (T) und (T**) liegende folgende:

(T*) Ein T-Akt ist ein Starker T-Akt: = der betreffende Akt ist ein T-Akt und es gilt: die T-Gewalt richtet sich stark zurechenbar gegen Nicht-Legitime Gewaltziele.

– wobei ein Schaden dem Täter genau dann *stark zurechenbar* heißen soll, wenn er entweder (a) wusste, dass seine Tat diesen Schaden bewirken wird oder (b) er dies zumindest hätte wissen können – und wissen müssen.[6]

Wichtig ist dieser Begriff, weil sich, falls die T-Gewalt ein Nicht-Legitimes Gewaltziel (Babys z. B.) getroffen hat, mit seiner Hilfe die folgenden drei Fälle viel besser auseinander halten und so dann auch klarer bewerten lassen: (a) Der Akteur wusste, dass sein Tun dieses Ziel treffen wird – und wollte das auch (Extrem Starker T-Akt). (b) Der Akteur wusste es nicht, hätte es aber wissen können und wissen sollen (Starker, aber nicht Extrem Starker T-Akt). (c) Der Akteur wusste es nicht – und konnte es in der betreffenden Situation auch wirklich nicht wissen (Schwacher T-Akt = Ein T-Akt, aber nicht mal ein Starker). Die *Starke Zurechenbarkeit,* von der in der Definition (T*) die Rede ist, umfasst außer dem Fall (a) auch den Fall (b) – und das ist genau der Fall, der mit der *Kollateralschaden*-Rhetorik auch bei Kriegshandlungen meist unter den Tisch gekehrt wird. (Zur Kritik dieser Rhetorik Meggle 2011.)[7]

Auch über »terroristische Akte« ließe sich also, wenn man nur wollte, *deskriptiv* klar und präzise (ja sogar in Form einer T-Logik formal präzisierbar) sprechen. Und, da universalisierbare Wertungen an Deskriptionen hängen, im Prinzip, so die Wertungskriterien klar sind, auch *normativ* klar.

T-Ethik

T-Akte sind spezielle Gewalt-Akte. Und Gewalt-Akte sind in der Regel moralisch verwerflich, sofern sie keine Akte der Notwehr oder der Nothilfe sind. Die fällige Frage ist also: Kann es Fälle von Notwehr bzw. Nothilfe geben, in denen selbst T-Akte moralisch erlaubt sind? Im Extremfall sogar extrem-starke T-Akte? Im T-Diskurs sind diese Fragen tabu. Wer sie stellt, sieht sich sofort selbst als Terroristen-Sympathisant diskreditiert. Aber man *muss* diese Fragen stellen, wenn man zu einer wirklich brauchbaren (insbesondere unparteiischen) Ethik des Terrorismus wie des Anti-Terrorismus kommen will.

Für einen ersten Einstieg in eine solche Ethik bietet sich ein Rückgriff auf die Lehre vom Gerechten Krieg an. Die dort formulierten Kriterien für eine moralisch rechtfertigbare Anwendung von (kriegerischer) Gewalt lassen sich, da auf Gewaltanwendung generell erweiterbar, auch für einen systematischen Einstieg in die T-Ethik fruchtbar machen (Walzer 1977; Primoratz 2004; Meßelken 2012).[8] Können auch T-Akte diese Kriterien erfüllen? Nun, warum nicht? (Meggle 2004)[9] Auch über diese normativ-ethische Frage ließe sich im Prinzip klar und deutlich sprechen. So man nur will.

Unser »T«-Diskurs

Skizze[10]

Begriffliche wie normative Klarheit zu verhindern, das ist der Hauptzweck der gängigen Terorismus-Rhetorik, kurz: des »T«-Diskurses, so wie dieser in der Politik, in den Medien und in der mit diesen beiden Bereichen eng vernetzten »Terrorismus-Industrie«[11], d.h. den mehr oder weniger akademischen Think-Tanks wie den diversen Sicherheitsfirmen, praktiziert und von uns selbst in unserem eigenen Sprechen und Denken weitestgehend angewandt wird. Wirklich erkennbar werden die Restriktionen dieses Diskurses erst vor dem Hintergrund einer deskriptiven T-Semantik wie der oben skizzierten.[12] Erst damit zeigt sich nämlich: Die Klasse der Akte, die T-Akte *sind*, unterscheidet sich krass von der Klasse der Aktionen, die in unserem »T«-Diskurs »terroristische Akte« bzw. einfach »Terrorismus« *heißen*. Nicht alle T-Akte bekommen in diesem Diskurs das »Terrorismus«-Label zugeschrieben (z.B. nicht die A-Bomben auf Hiroshima und Nagasaki, gewiss Extrem Starke T-Akte nach [T**]); und nicht alle, die dieses Label dort zugeschrieben bekommen, sind auch wirklich T-Akte (nicht z.B. nach [T] die Steinwürfe palästinensischer Jugendlicher gegen vorrückende Panzer). Wer als *Akteur* eines T-Aktes in Frage kommt, das ist nach der Definition (T) – wie auch nach allen stärkeren T-Begriffen – völlig offen. Der T-Akteur kann ein Individuum sein, eine Gruppe, eine Institution, ein Staat, ein Staatenbündnis, die internationale Gemeinschaft etc. Ob eine Entität (zu einem gegebenen Zeitpunkt) T-ist ist oder nicht, das hängt einzig und allein davon ab, ob sie (zur betreffenden

Zeit) die für den Vollzug von T-Akten notwendigen und hinreichenden Bedingungen erfüllt oder nicht. Von nichts sonst.

Nicht so nach unserem »T«-Diskurs. Ob jemand »Terrorist« ist, das richtet sich dort nicht danach, was der Betreffende *tut,* sondern danach, *wer* er ist. Ein »Terrorist« sein, das ist im »T«-Diskurs in mehrfacher Hinsicht *Positions-relativ.* Terrorist ist, so die in diesem Diskurs einschlägige »Definition«, wer auf einer unserer (offiziellen wie inoffiziellen) Terroristen-Listen steht. Und auf diese Listen kommt jemand nur dann, wenn er nicht bzw. nicht mehr »für uns« ist. Musterbeispiel – aus der Sicht der USA: Bin Laden. Als dieser in Afghanistan mit US-Unterstützung noch gegen die russischen Besatzer kämpfte, war er »*der* Freiheitskämpfer«; dann, als er gegen US-Truppen das Gleiche tat, wurde er zu *dem* Mega-Terroristen. Zudem sind diese Listen für nichtstaatliche Akteure reserviert. Für Mitglieder der ETA oder der Al Qaida zum Beispiel. Staaten sind in der Regel keine potentiellen T-Akteure;[13] es sei denn, es handelt sich um Feind- bzw. gar um Schurkenstaaten (wie die frühere Sowjetunion, Iran, Libyen etc.). Reguläre Militäreinheiten bleiben außen vor. Soldaten sind als solche nie »Terroristen«. Daher: Was immer sie tun – es ist nicht terroristisch. (Im »T«-Diskurs spielt der Begriff »Terrorist« die erste Geige, nicht die »terroristische Tat«.)

Das Kernaxiom, das hinter all diesen Relativierungen steckt: Terrorismus wird nur von den Anderen betrieben – nie von uns selbst. Kurz:

(T.A) *Terroristen? Nie und nimmer wir selbst.*

Was durchaus damit verträglich ist, dass es auch unter uns Einzelne oder kleine Gruppen geben mag, die uns mit terroristischen Anschlägen angreifen; aber diese sind dann nicht wirklich welche von *uns.* Sie sind anomale Entitäten, Outlaws – die es dann auch als solche zu bekämpfen gilt.

In unserem T-Diskurs ist »Terrorismus« zudem nie und nimmer rechtfertigbar *(absolut,* d.h. unter allen denkbaren Umständen, *verwerflich);*[14] und zugleich das schlimmste aller denkbaren Übel *(maximal verwerflich),* das Böse schlechthin. Und weil dem so ist, ist – unserem T-Diskurs zufolge – im Kampf gegen den Terrorismus letztlich auch alles erlaubt. Wenn nötig, auch T-Akte. Und zwar sogar extrem starke. Der Witz ist nur: Wenn wir solche derart legitimierten T-Akte vollziehen, dann heißen diese bei uns nicht so. Warum nicht? Ganz einfach: Wegen (T.A). Was auch immer wir tun – selbst T-Akte –, es

gilt: *Wir* sind keine Terroristen. Dank dieser Extrem-Wertungen korrespondiert dem obigen Axiom (T.A) direkt das folgende:
(T.A) Die Bösen? Allenfalls die Anderen.*

Bewertung

Der Hauptzweck des »T«-Diskurses ist offensichtlich: Uns selbst aus dem neutralen (deskriptiven) Radar der T-Semantik auch nur als potentielle T-Akteure auszublenden. Darin ist der »T«-Diskurs zweifellos extrem effektiv. Doch um welchen Preis? Um den der Wahrheit; und um den der Moral. Der »T«-Diskurs beruht auf einer fundamentalen Verzerrung der Realität – insofern für diese relevant ist, was alles ein T-Akt *ist* und nicht, was in diesem Diskurs auch als »Terrorismus« *bezeichnet* wird. Und indem dieser Diskurs grundsätzlich alle (auch die schlimmsten) T-Akte der eigenen oder der verbündeten Seite ausklammert, manifestiert sich in ihm eine abgrundtiefe Doppelmoral.

Georg Meggle, *Emeritus, Professor für Philosophische Anthropologie und Kognitionswissenschaften, Universität Leipzig*

Anmerkungen

[1] T. Kapitan, ›»Terrorism« as a Method of Terrorism‹, in: G. Meggle (ed.), *Ethics of Terrorism & Counter-Terrorism*, Frankfurt a. M. etc. 2005, S. 9–18.

[2] Das habe ich in meinen Beiträgen seit 2002 durchgehend versucht. In diesen Artikel sind verschiedene Teilmodule aus diesen früheren Beiträgen eingegangen.

[3] Mit dieser Festsetzung lassen sich dann *T-isten* und *T-ismus* (als die deskriptiven Seiten von »Terroristen« und »Terrorismus«) leicht als die *Akteure* von T-Akten bzw. als deren *Strategie* bzw. ideologischer Hintergrund definieren.

[4] Dazu ausführlicher G. Meggle, ›Terror und Gegen-Terror. Erste ethische Reflexionen‹, *Deutsche Zeitschrift für Philosophie*, 50, 2002, S. 149–162 [Auszüge daraus auch in: G. Meggle (Hrsg.), *Terror und der Krieg gegen ihn. Öffentliche Reflexionen*, Paderborn 2003, S. 31–43]; G. Meggle, ›Was ist Terrorismus?‹ in: U. Kronfeld-Goharani (Hrsg.), *Friedensbedrohung Terrorismus. Ursachen, Folgen und Gegenstrategien*, Kieler Schriften zur Friedenswissenschaft, Bd. 13, Münster 2005, S. 15–36 [Nachdruck in: G. Meggle, *Philosophische Interventionen*, Paderborn 2011, S. 121–144].

[5] I. Primoratz, ›What is Terrorism?‹ *Journal of Applied Philosophy*, 7, 1990, S. 129–138.

[6] Ein Musterbeispiel dafür, wie verquer selbst philosophische Terrorismus-Debatten im Rahmen des üblichen Terrorismus-Diskurses (also ohne eine T-Semantik als Basis) laufen, lieferte die so genannte Ted Honderich Affäre um dessen Buch *Nach dem Terror* (T. Honderich, *Nach dem Terror. Ein Traktat*, Neu Isenburg 2004).

[7] G. Meggle, ›Kollateralschäden?‹ in: C. Lumer/U. Meyer (Hrsg.), *Geist und Moral. Analytische Reflexionen für Wolfgang Lenzen*, Paderborn 2011, S. 257–278.

[8] M. Walzer, *Just and Unjust Wars*, New York, 1977 [dt. *Gibt es den gerechten Krieg?* Stuttgart 1982]; I. Primoratz (ed.), *Terrorism. The Philosophical Issues*, New York 2004; D. Meßelken, *Gerechte Gewalt? Zum Begriff interpersoneller Gewalt und ihrer moralischen Bewertung*, Paderborn 2012.
[9] G. Meggle, ›Gerechter Terror?‹ in: *der blaue reiter. Journal für Philosophie*, 2004 [Nachdruck in: Meggle, *Philosophische Interventionen*, S. 145–152].
[10] J. Zulaika/W. A. Douglass, *Terror and Taboo. The Follies, Fables, and Faces of Terrorism*, New York/London 1996; J. Collins, ›Terrorism‹, in: J. Collins/R. Glover (eds.), *Collateral Language*, New York/London 2002, S. 155–174; R. Jackson, *Writing the War on Terrorism. Language, Politics and Counter-Terrorism*, Manchester/New York 2005.
[11] Dazu E. Herman/G. O'Sullivan, *The ›Terror‹ Industry: The Experts and Institutions that Shape our View of Terror*, New York 1989.
[12] Ob es wohl daran liegt, dass in der »Terrorismus-Industrie« T-Definitionen durch die Bank entweder als unmöglich oder als unnütz, wenn nicht gar als schädlich deklariert werden? Vgl. dazu O. Malik, *Enough of the Definition of Terrorism*, London 2000.
[13] Auch die Hauptverantwortlichen für so genannten innerstaatlichen Terrorismus, wie etwa Hitler und Stalin, sind dem »T«-Diskurs zufolge keine »Terroristen«. Die Aufständischen des Warschauer Gettos hingegen waren für die Nazis welche.
[14] Vgl. hierzu die UN Resolution 1566 vom 8. Oktober 2004, § 3, wonach ›terrorism […] under no circumstances justifiable‹ ist.

Indigenous Knowledge and Intellectual Property

Introduction

Today it is easy to find examples of international fora where actors engage with the issues raised by the confluence of indigenous knowledge and intellectual property. A list would include the Convention on Biological Diversity (CBD), the Food and Agriculture Organization, the International Union for the Protection of New Varieties of Plants, the United Nations Educational Scientific and Cultural Organization, various UN Human Rights bodies, the World Intellectual Property Organization (WIPO) and the World Trade Organization (WTO). Intellectual property and indigenous knowledge are concepts that for a long time travelled separate historical pathways. Intellectual property is a generic term for systems of positive law some of which, such as patent law, have medieval origins and some, such as integrated circuits law, that are of comparatively recent origin. A definition by extension would include copyright, database protection, designs, geographical indications, integrated circuits protection, plant variety protection, patents, trademarks and trade secrets. These different systems are grouped together because they grant rights of ownership in abstract objects such as signs, algorithms and gene sequences. Indigenous knowledge is a much older phenomenon than intellectual property, but as a concept within Western scholarship it has had a short career, being most closely linked to anthropology and emerging as a distinct concept in the 1980s (Brush 1993: 659).[1]

The intersection of indigenous knowledge and intellectual property comes about because of a number of factors, including the creation by indigenous people of global political networks in the second half of the twentieth century, the recognition of the economic value of indigenous knowledge and the increasing activism of developing countries around international intellectual property rights.

Global indigenous networks

When European states colonized countries, the land ownership systems of the original inhabitants of those countries generally underwent a radical transformation or, as in the case of Australia, those systems were extinguished through the operation of the colonizer's law. Unable to find land rights justice at the hands of settler societies some indigenous groups from countries such as Australia, Canada and New Zealand took their cause to seats of power in Europe. For example, in 1923 Deskaheh, a chief of the Cayuga travelled as a spokesman to the League of Nations for the Six Nations of the Iroquois League (Rostkowski 1987).[2] In essence he wanted the League of Nations to help the Iroquois League gain the sovereign independence and territory that had been agreed to by King George III, but was now opposed by the Canadian Government. These and similar attempts generally ended in failure. Desakaheh left Geneva without success, dying alone in New York in 1926.

Indigenous people persisted with the strategy of globalizing their fight for justice. The evolution of the UN system, which began with the United Nations Charter of 1945, created new opportunities for them. The language of human rights treaties seemed full of evocative promise: 'All peoples have the right of self-determination' (Article 1.1 of the International Covenant on Civil and Political Rights). The indigenous networks of political mobilization and negotiation that evolved around indigenous peoples' issues concentrated on developing a broad rights-based agenda at the highest levels of international law making (Niezen 2000).[3] However, intellectual property remained a technically obscure subject and there was little understanding of its connections with indigenous knowledge systems. This, as the next section makes clear, began to change slowly in the 1980s.

Enter developing states

After World War II many developing countries became sovereign states. One of the consequences of this particular wave of decolonization was that developing states began to press for the reform of the international intellectual property framework. These reform attempts, which became part of a broader and deeper push during the 1970s for a

New International Economic Order, ultimately failed (Sell 1998).[4] Moreover, during the 1980s developing countries came under trade pressure from the US to comply with standards of intellectual property protection that favored US export interests (Drahos/Braithwaite 2002: 99).[5] Developing countries also found themselves having to defend their rights against moves by the US and EU to bring intellectual property standards into the Uruguay Round of multilateral trade negotiations that had begun in 1986. Developing country attempts to defeat this US and EU agenda also failed.

The issue of indigenous knowledge and intellectual property remained in the shadows. It gained some limited recognition in the publication of the Tunisian Model Copyright Law in 1976 (Zografos 2010: 14).[6] This law recognizes copyright in works of national folklore, a concept that has some overlap with indigenous knowledge. Two events in the early 1990s helped to bring about the convergence of intellectual property and indigenous knowledge as part of the formal work programs of international organizations. The CBD, which came into force in 1993, expressly recognizes the importance of indigenous and local knowledge to the conservation and sustainable use of biodiversity. During the 1980s the field of ethnobiology had grown and more international organizations had established research programs on indigenous knowledge (Berkes 2008: 21–22).[7] Its value, both economic and non-economic, was slowly gaining recognition. The other event was the inclusion of the Agreement on Trade-Related Aspects of Intellectual Property Rights (TRIPS) in the package of Uruguay Round agreements that were signed by states in 1994.

The 1990s saw a complex negotiating agenda evolve amongst states within the WTO and the CBD around issues of the patentability of biological materials and the protection of traditional knowledge (the term that came to be preferred to indigenous knowledge). The CBD makes it clear that states have sovereignty over their biological resources. Article 15 of the CBD requires access to any genetic material (including animal, plant and microbial material) to be based on the prior informed consent of the state providing the material, as well as the fair and equitable sharing of benefits from that material. The Bonn Guidelines on Access to Genetic Resources and Fair and Equitable Sharing of the Benefits Arising out of their Utilization, which were adopted by the Parties to the CBD in 2002, state a set of principles for a prior informed consent system, including the principle that the consent of indigenous and local communities should be obtained. Many developing states began to argue that TRIPS undermines the CBD because it requires all WTO members to allow for the patentability of micro-organisms and micro-biological processes and the protection of plant varieties (by means of patents or some other system or some combination thereof). These debates soon became steeped in technical analyses of the patent system, but at base developing countries were worried by what they saw as a selective free-riding effect of the patent system. Patents are, as TRIPS recognizes, available for inventions, but not discoveries. Naturally occurring biological resources are not patentable but can be converted into inventions, often through a minimal technical step of isolation and purification. Many developing states take the view that this leaves their stocks of biological diversity open to patent predation by companies with biotechnology capability. During the 1990s non-state actors began to point to the unfairness of this selective free-riding effect, characterizing it as 'biopiracy' (Robinson 2010: 14).[8]

A similar kind of selective free-riding argument can be developed around the use of indigenous knowledge. In those cases where indigenous groups have maintained their institutions they will under their customary law systems be able to identify who has ownership and use rights over knowledge. However, whether or not they have intellectual property in that knowledge depends on the application of specific rules of protection to be found in the relevant intellectual property system. Under these systems an owner of the indigenous knowledge may not be found because, for example, intellectual property systems do not recognize an ancestor as a legal person or because the knowledge is regarded as having entered the public domain. TRIPS does not set standards of protection that are specific to indigenous knowledge.

TRIPS and the CBD catalyzed the emergence of policy and activist networks around the issue of indigenous knowledge and intellectual property. Definitional issues, as the next section shows, have loomed large for these networks.

The quick-sands of definition

The disciplines of cognitive anthropology and human ecology in particular have been important for recognizing folk knowledge as systems of knowledge (Brush 1993: 658–9).[9] At first the terms "indigenous" and "folk" were used interchangeably and in contrast to formalized systems of scientific knowledge. A similar terminological interchangeability is to be found in the study of legal systems, the contrast here being with codified or positive systems of law (Van Den Bergh 1994).[10] As we noted in the introduction, the concept of an indigenous knowledge system appears within the anthropological literature in the early 1980s. Within anthropology the term "indigenous" comes to be linked to cases of distinct tribal groups involved in a rights struggle with a state not founded by those groups (Brush 1993: 658).[11] The meaning of the term is thereby narrowed.

Within international law the term "indigenous" is open-ended. The United Nations Declaration on The Rights of Indigenous Peoples avoids proposing a definition, stating that indigenous peoples 'have the right to determine their own identity or membership'. Self-identification appears to be the core principle within the UN system for determining the application of the term (United Nations Development Group 2009: 9).[12] This devolutionary strategy may not always help. If being X depends upon a right of self-identification as X and this right is open to all, then it follows that anyone may make use of the right to become X. A potential political problem arises for states since being indigenous gives access to a rights-based discourse in which the principle of self-determination features prominently. Within South-East Asia and South Asia some states such as India, Indonesia and Malaysia have attempted to characterize their population at large as indigenous and to avoid the use of the term as a descriptor for minority groups such as hill tribes (Persoon 2009: 196).[13] Moreover, in these regions migration patterns, intermarriage and cultural cross-pollination make the ascription of indigenous to particular groups a matter of debate and complexity.

UN treaties tend to proliferate rather than restrict meanings in this field. The Indigenous and Tribal Peoples Convention of 1989 draws a distinction between tribal and indigenous people. Tribal people are linked to a group that self-regulates on the basis of custom while indigenous people are those who existed as a group prior to an act of conquest or colonization and have retained at least some of their preexisting institutions. The CBD refers to "indigenous and local communities". Within the WIPO there are negotiations aimed at producing an international instrument of some kind to protect traditional knowledge. The current draft articles take the form of alternative options (available at http://www.wipo.int). The term "traditional knowledge" is preferred to "indigenous knowledge". The draft options use different terms such as "indigenous people", "local communities" and "traditional communities". What the final form of the international instrument will be is anyone's guess.

Traditional knowledge is perhaps the most open-ended concept that one might choose in this field. Certain forms of knowledge cannot be specified by means of rules and can only be passed on through relationships of close learning such as master and apprentice (Polyani 1958: 53).[14] This form of personal knowledge depends on tradition. All societies, including capitalist societies have traditional knowledge.

Not surprisingly, a range of definitions of traditional knowledge have emerged from the literature (see Dutfield 2005 for a survey).[15] Traditional knowledge is sometimes linked to environmental or ecological knowledge or to local knowledge held by groups such as farmers and fishermen (who may or may not be indigenous). Other definitional strategies include contrasting traditional knowledge with scientific knowledge or specifying key properties for it such as oral transmission and its embeddedness in a non-materialist cosmology. All definitional strategies run into problems of one kind or another. For example, the contrast with science can be overplayed since both traditional knowledge systems and science depend on the making of observational statements and on testing. There is in the end an irreducibly stipulative component in all these definitional strategies.

Concluding observations

In a world of global networked governance, states and non-state actors exploit the philosophical stipulativeness of indigenous knowledge in many different ways. The sheer diversity of group identities in the world, which is simply an anthropological and psychological fact, means that the quest for a neat definition of indigenous knowledge that would serve as the juridical basis for ownership claims over such knowledge was always going to end up as a futile quest. Instead we have a proliferation of related concepts and meanings such as local knowledge, folklore, community knowledge, traditional knowledge and so on. Networked governance has delivered a definitional pluralism of the indigenous. Business organizations and multinationals – the dominant non-state actors in intellectual property standard-setting – no longer occupy the global policy space on their own. They have to face a vast array of organizations and activists representing an equally vast array of minority groups from Amazonian tribes to subsistence farmers and nomadic people. Intellectual property standard-setting now has to run a gauntlet of discourses including human rights, sustainable development, environmentalism and anti-globalization.

Self-interest has largely been the driver of state responses to the issue of indigenous knowledge and intellectual property. The US, which has a huge comparative advantage in biotechnology and the sophisticated use of the patent system for export gains, has generally resisted initiatives for a treaty to protect traditional knowledge, fearing that such a treaty would disrupt its use of the patent system for trade gains. Its preference is for traditional knowledge to be subsumed into the existing categories of intellectual property and for contractual negotiation to determine the distribution of benefits. Countries that are rich in biological diversity see traditional knowledge as a complementary asset that might help them gain some of the potential economic benefits of that diversity. They push for a treaty regime that will prevent the misappropriation of traditional knowledge, along with reforms of the patent system that will enable them to monitor the use of their biodiversity and traditional knowledge.

What might Chief Deskaheh make of all the negotiating activity that surrounds indigenous knowledge and intellectual property in today's global public spaces? The recognition of the importance of indigenous knowledge systems would probably please him. But looking through all this networked complexity of actors and discourses he might also realize that the protection of indigenous knowledge has become conceptually partitioned from the issue of land rights justice, the very issue that had sent him on a long journey to the League of Nations. For at least some indigenous groups, such as those in Australia, knowledge systems are part of a place-time cosmology. For them, indigenous knowledge can best be protected through the return of place.

Peter Drahos, *Professor in the Regulatory Institutions Network, Australian National University and Chair in Intellectual Property, Queen Mary, London University*

Annotations

[1] S. A. Brush, 'Indigenous Knowledge of Biological Resources and Intellectual Property Rights: The Role of Anthropology', *American Anthropologist*, Vol. 95, No. 3, 1993, pp. 653–671.
[2] J. Rostkowski, 'The Redman's Appeal for Justice: Deskaheh and the League of Nations', in: C. F. Feest (ed.), *Indians and Europe: An Interdisciplinary Collection of Essays*, Aachen 1987, pp. 435–454.
[3] R. Niezen, 'Recognizing Indigenism: Canadian Unity and the International Movement of Indigenous Peoples', *Comparative Studies in Society and History*, Vol. 42, No. 1, 2000, pp. 119–148.
[4] S. K. Sell, *Power and Ideas: North-South Politics of Intellectual Property and Antitrust*, Albany, NY 1998.
[5] P. Drahos/J. Braithwaite, *Information Feudalism: Who Owns the Knowledge Economy?* London 2002.
[6] D. Zografos, *Intellectual Property and Traditional Cultural Expressions*, Cheltenham, UK/Northhampton, MA, USA 2010.
[7] F. Berkes, *Sacred Ecology*, New York/London 2008.
[8] D. F. Robinson, *Confronting Biopiracy: Challenges, Cases and International Debates*, London 2010.
[9] Brush, 'Indigenous Knowledge'.
[10] G. C. J. J. Van Den Bergh, 'The Concept of Folk Law in Historical Context: A Brief Outline', in: A. D. Renteln/A. Dundes (eds.), *Folk Law*, I, Wisconsin 1994, pp. 5–31.
[11] Brush, 'Indigenous Knowledge'.
[12] United Nations Development Group, *Guidelines on Indigenous Peoples' Issues*, New York/Geneva 2009.
[13] G. A. Persoon, '"Being Indigenous" in Indonesia and the Philippines', in: C. Antons (ed.), *Traditional Knowledge, Traditional Cultural Expressions and Intellectual Property Law in the Asia-Pacific Region*, Alphen aan den Rijn 2009, pp. 195–216.
[14] M. Polanyi, *Personal Knowledge: Towards a Post-Critical Philosophy*, London 1958.
[15] G. Dutfield, 'Legal and Economic Aspects of Traditional Knowledge', in: K. E. Maskus/J. H. Reichman (eds.), *International Public Goods and Transfer of Technology under a Globalized Intellectual Property Regime*, Cambridge 2005, pp. 495–520.

Global Warming

Global warming moved rapidly from scientific obscurity to international prominence in the late 1970s. It is now the subject of heated political, economic, sociological and philosophical debate. Some deny the existence of global warming altogether. Others claim not only that global warming is happening now, but also that responding to it is humanity's greatest challenge.

The emergence of the concept "global warming"

In 1824, Joseph Fourier published an essay maintaining that Earth's atmospheric gases are more opaque to outgoing thermal energy than to incoming shortwave energy (Hulme 2009: 42).[1] Fourier likened this process to the heat-trapping effect of a glasshouse in the sun, an analogy that later led the process to be called the *greenhouse effect*, and the gases that create it – including carbon dioxide – to be called *greenhouse gases*. Without the natural greenhouse effect, the Earth's average temperature would be about zero degrees F (–18C) instead of its present 57F (14C) (NOAA 2008).[2] The natural warming of the Earth by atmospheric gases has, thus, been critical to the evolution of life. The existence of this process of *natural* global warming is uncontroversial.

However, a further question is raised here about what is now called *climate sensitivity*. Will increasing or reducing greenhouse gases in the atmosphere change the Earth's temperature? Climate sensitivity is usually measured in terms of the increase in global mean temperature that would result from a doubling of atmospheric carbon dioxide. As early as 1896, the chemist Arrhenius argued that halving or doubling the concentration of carbon dioxide in the atmosphere would change average surface air temperature of the Earth by 4–5C (Hulme ibid.: 46).[3] But Arrhenius' work attracted little scientific attention until the 1970s, when climate scientists began seriously to explore whether the carbon dioxide emitted by burning fossil fuels could contribute to 'inadvertent climate modification' (NASA 2008).[4] The term "global warming" was first used in a paper by geochemist Wallace Broecker in 1975.[5] Broecker's use of "global warming" is important because it embraces the two key ideas central to contemporary understanding of the concept: that natural warming is *enhanced*, and that the enhanced warming is *anthropogenic*. In this sense, the *concept* of global warming is not itself fundamentally contested. All parties can agree on what the concept *means*. Controversies instead concern the phenomenon to which "global warming" refers.

Having said this, while "global warming" is still widely used, it is not unproblematic. First, the term highlights *temperature*, while the effects of warming could cause changes in precipitation, wind, sea level, storm intensity and humidity. And second, "global warming" signals an overall *average* rise in Earth's temperature; but this should not be taken to mean that every place will warm evenly, or, indeed, warm at all. Were the North Atlantic Current to weaken as a result of global warming, for example, the regional climate of northern Europe would actually cool. "Global warming" may not, then, capture all these factors relevant for use, and this may explain the widespread adoption of "climate change" – which is *caused* by global warming – as an alternative.

By the late 1980s, concern about global warming was sufficient for the creation of the Intergovernmental Panel on Climate Change (IPCC), a body commissioned to review and assess 'the most recent scientific, technical and socio-economic information produced worldwide relevant to the understanding of climate change' (IPCC 2011).[6] In its 2007 report, the IPCC concluded that warming of the climate system is unequivocal; that natural systems are being affected by regional climate changes; and that the observed increase in global average temperatures since the mid 20th century is "very likely" due to the observed increase in anthropogenic greenhouse gas emissions (IPCC 2007).[7] The vast majority of scientific research published since 2007 has reinforced these general conclusions, and among climate scientists (though not the general public) there is near consensus about these three claims.

Political negotiations have run parallel to this scientific process, focusing primarily on reducing emissions of greenhouse gases. The first key agreement – the United Nations Framework Convention on Climate Change (UNFCCC) – was made in 1992 at the Rio Earth Summit; the Convention now has 195 committed parties (UNFCCC 2011).[8] Subsequently, the Kyoto Protocol to the UNFCCC was drawn up; this committed signatories to legally binding targets for reduction in carbon dioxide emissions. However, although the Kyoto Protocol received enough signatures for ratification, and came into force in 2005, it proved highly controversial. In particular, the United States – then the largest single emitter of carbon dioxide – did not ratify the agreement. The issues that led to this disagreement have subsequently dogged international climate negotiations (as I shall discuss below), and global warming remains mired in controversy. These controversies are both fierce and deep, extending beyond political debate into both popular and academic spheres. The intensity of the debates is fueled by the peculiar nature of global warming. Unlike many other "environmental" problems, global warming has no single source – everyone contributes to it, though to very different degrees. And the main source of carbon dioxide emissions – the burning of fossil fuels – is currently vital for electricity production, transportation, agriculture and construction. Reductions in emissions, especially significant reductions, would fundamentally change national and global relations, economies, trade, and international development. One reason, then, why disputes are so fierce and persistent is because critical social structures depend on processes that, as a side effect, lead to emissions of greenhouse gases.

Global warming skepticism

Skepticism about global warming takes different forms and is driven by different concerns. One rough division is between skeptics about the *science* of global warming and skeptics about *policy* responses to it. Skepticism about the *science* of global warming is itself diverse. Some skeptics maintain that there has not been, nor will there be, any significant global warming. On this view, "global warming" is a hoax, or inasmuch as claims rely on modeling or the temperature record, a mistake based on poor models and inaccurate instrumental readings. Other skeptics accept some degree of global warming, but argue that this is a result of the Sun's activity. Yet others focus on the role of *feedback mechanisms* such as cloud and water vapor, maintaining that such feedbacks will neutralize any significant direct warming effect from increased carbon dioxide emissions. Versions of all these skeptical arguments appear in Singer and Idso (2009).[9]

Some climate policy skepticism follows logically from climate science skepticism: bad science makes bad policy. Weak science skeptics – who accept the likelihood of a small degree of warming – often argue that increased atmospheric carbon dioxide can bring benefits (e.g. increasing plant growth). But even those who accept something close to the IPCC accounts of global warming may be skeptical about a policy focus on reducing carbon dioxide emissions. Lomborg (2007), for instance, argues instead for investment in alternative energy, and also maintains that directly assisting poorer countries would do more overall good than equivalently funding carbon emission reductions.[10] This talk of benefits, costs, and "the good", however, immediately opens up questions about the *values* at stake in discussions of global warming. Such value questions are made explicit in sociological and philosophical debate.

Global warming in sociological and philosophical debate

Social scientists often argue that one difficulty with dominant positions on all sides of the global warming debate is the shared belief that good science must be objective and "hermetically sealed" from political and social relations (Demeritt 2001).[11] Yet Demeritt (ibid.) Collins and Pinch (1993) and others argue that *no* scientific research is objective in the sense required here; it is all at least *influenced* by social and political questions, and it presupposes certain values.[12] This recognition, Demerritt argues, should not lead us to 'disbelief in that [scientific] knowledge or the phenomena it represents' (Demeritt ibid.: 309).[13] Rather, the suggestion is that to better "understand and live with" such scientific research, we need to recognize it as both *emerging from* and *contributing to* social and political debates. The "upstream-downstream" model, where upstream "objective" scientific facts inform "downstream" policy-making should, according to this view, be abandoned. We should recognize that, although debates about global warming between "mainstream" scientists and "climate skeptics" are, at one level, scientific ones, they are also debates about values – about what matters, why it matters, how society should be organized, and so on (Hulme 2007).[14] Following this view, global warming might best be understood as what the sociologists Funtowicz and Ravetz (1991: 138) call 'post-normal science' where 'facts are uncertain, values in dispute, stakes high, and decisions urgent'.[15]

Explicit consideration of these "values in dispute" and what the "stakes" might be can be found in *philosophical* discussions of climate ethics (though philosophers do not necessarily share this kind of social science understanding of scientific research). Key questions in climate ethics concern what *constitutes* just relations between nations in the context of global warming; the responsibilities present people have to the future (if any); and relations between human beings and the non-human world. Questions of *justice* are particularly acute for a number of reasons:

(a) *Past emissions:* Industrialized nations are cumulatively *causally* responsible for most anthropogenic carbon emissions. But should they, therefore, be held especially *morally* responsible? Some philosophers say yes: If you made the mess, justice requires that you fix it (see Singer 2004).[16] But an alternative argument maintains that the "you" that made the mess is not the same as the "you" now being asked to fix it; it is unjust to hold individuals or nations responsible for what was done by others in the past. And in any case, until (roughly) the late 1980s, no-one could have known the possible consequences of their emissions; it would therefore be unjust to hold them morally responsible. So, there are conflicting ideas here of what justice means in this context.

(b) *Current emissions:* Currently, nations emit very different amounts of carbon dioxide – Kiribati emits less than 0.01 % of the global total, while China emits 22.3 % (UN 2011).[17] But although China's *total* emissions are highest, its *per capita* emissions are relatively low, compared with, say, the USA. What matters more, ethically, *total* or *per capita* emissions? Additionally, China has a huge export market. Should nations that consume goods bear moral responsibility for emissions produced in making them, even if these emissions occurred elsewhere?

(c) *Relative wealth:* Nations such as China and India have only relatively recently begun to industrialize. To restrict their emissions is to impose conditions on them that already industrialized nations did not have to face when *they* industrialized (in fact, *their* industrialization caused the problem). It is surely unjust (in line with this argument) for already developed nations to prevent other nations developing because of the legacy of their own development.

(d) *Impacts:* Those most vulnerable to global warming live on marginal land (especially low-lying coasts and islands) in poor quality housing, with little financial security, in nations that cannot afford to protect them. Kiribati, for example, may be completely inundated. Yet these individuals and nations contributed virtually nothing to the problem. Surely it would be unjust to ask them to sacrifice anything to resolve climate change. And it would seem equally unjust were they to suffer from climate change while others – more causally responsible – continue to live good lives.

These interlocking justice questions are particularly complex because, as the points above reveal, justice is an "essentially contested concept", generating endless disputes about its proper use (Gallie 1956).[18] George W. Bush, for instance, rejected the Kyoto Protocol because it imposed emission restrictions on the US but not on China and India; in his view, the Protocol was 'not evenhanded'.[19] If one focuses on *current* emissions (rather than past emissions, *per capita* emissions or relative wealth), then he seems to be correct. But different accounts of what constitutes justice will come to different conclusions about what would *be* "even-handed" here.

Questions about justice also arise with respect to future people. According to some ethical views, future people have no moral significance. Others argue that *when* one exists, just as *where* one exists, is irrelevant to one's moral value. Yet others argue for forms of discounting, so that negative effects of global warming on the near future count for more than those in the far future. Such different value positions are critical to debates about global warming, since its greatest impacts will be on those not yet alive. For some ethicists, the negative impact of changing climate on future people is a seriously pressing moral problem requiring action (Gardiner 2011).[20] But for those who significantly discount the future, spending significant amounts to avert far-future effects cannot be justified (Nordhaus 2007).[21]

Further highly contested value questions are raised about global warming and non-human nature. One concern is that global warming means the loss of non-human nature altogether, since as climate changes, nowhere will remain untouched by human activities (McKibben 1989).[22] Others are concerned about the effects of global warming on a non-human nature understood to be intrinsically valuable, in terms of species and ecosystem loss. But these claims, too, are contested by those who argue that the natural world will continue to flourish, albeit in different ways, even if there is significant global warming (Palmer 2011).[23]

To conclude: Global warming is seriously contested. At one level, the debate focuses on scientific research into the Earth's climate. At another level, though, global warming raises questions about the relationship between science and society, the fundamental values we hold, and the kinds of lives we want for ourselves, and for our children. Given the depth of division on these questions, the contested nature of global warming is assuredly here to stay.

Clare Palmer, *Professor of Philosophy, Texas A & M University*

Annotations

[1] M. Hulme, *Why We Disagree about Climate Change*, Cambridge, UK 2009.
[2] NOAA, 'Global Warming: Frequently Asked Questions', 2008, http://www.ncdc.noaa.gov/oa/climate/globalwarming.html [last accessed on 30 May 2011].
[3] Hulme, *Why We Disagree.*
[4] NASA, 'What's in a Name? Global Warming versus Climate Change', 2008, http://www.nasa.gov/topics/earth/features/climate_by_any_other_name.html [last accessed on 27 May 2011].
[5] W. Broecker, 'Climatic Change: Are We on the Brink of a Pronounced Global Warming?' *Science* 189, 1975, pp. 460–463.
[6] IPCC, 'Organization', 2011, http://www.ipcc.ch/organization/organization.shtml [last accessed on 1 June 2011].
[7] IPCC, 'Fourth Assessment Synthesis Report', 2007, http://www.ipcc.ch/publications_and_data/ar4/syr/en/contents.html [last accessed on 1 June 2011].
[8] United Nations Framework Agreement on Climate Change: Essential Background, http://unfccc.int/essential_background/items/6031.php [last accessed on 14 December 2011].
[9] F. Singer/C. Idso, *Climate Change Reconsidered*, Chicago, IL 2009, http://www.nipccreport.org/reports/2009/2009report.html [last accessed on 2 June 2011].
[10] B. Lomborg, *Cool It*, Toronto 2007.
[11] D. Demeritt, 'The Construction of Global Warming and the Politics of Science', *Annals of the Association of American Geographers*, 91, 2, 2001, pp. 307–337.
[12] H. M. Collins/T. Pinch, *The Golem: What Everyone Should Know about Science*, Cambridge 1993.
[13] Demeritt, 'The Construction'.
[14] M. Hulme, 'The Appliance of Science', *The Guardian*, 14 March 2007, http://www.guardian.co.uk/society/2007/mar/14/scienceofclimatechange.climatechange [last accessed on 2 June 2011].
[15] S. O. Funtowicz/J. R. Ravetz, 'A New Scientific Methodology for Global Environ-

mental Issues', in: R. Costanza (ed.), *Ecological Economics: The Science and Management of Sustainability,* New York 1991, pp. 137–152.
[16] P. Singer, *One Earth: The Ethics of Globalization,* New Haven 2004.
[17] United Nations Millennium Development Goals Indicator, 2011, http://mdgs.un.org/unsd/mdg/SeriesDetail.aspx?srid=749 [last accessed on 3 June 2011].
[18] W. B. Gallie, 'Essentially Contested Concepts', *Proceedings of the Aristotelian Society New Series,* 1956, pp. 167–198.
[19] G. W. Bush quoted in: P. Singer, 'The Ethics of George Bush', *Times Higher Education Supplement* 14 May 2004, http://www.timeshighereducation.co.uk/story.asp?storyCode=188647&sectioncode=26 [last accessed on 14 December 2011].
[20] S. Gardiner, *The Perfect Moral Storm: The Ethical Tragedy of Climate Change,* Oxford 2011.
[21] W. D. Nordhaus, 'A Review of the Stern Review of the Economics of Climate Change', *Journal of Economic Literature,* Vol. 45, 2007, pp. 686–702.
[22] B. McKibben, *The End of Nature,* Toronto, 1989.
[23] C. Palmer, 'Does Nature Matter?' in: D. Arnold (ed.), *The Ethics of Global Climate Change,* Cambridge 2011, pp. 272–291.

Weiterführende Literatur/ Further Reading

C. Adam/P. Tannery (eds.), *Oeuvres de Descartes*, Paris 1987.

T. W. Adorno, *Ästhetische Theorie*, Frankfurt a. M. 1970.

L. Althusser, 'Marxism and Humanism', in: *For Marx*, B. Brewster (trans.), New York 1969, pp. 219–247.

–, 'Ideology and Ideological State Apparatuses, (Notes towards an Investigation) *(January-April 1969)*', in: *Lenin and Philosophy, and other Essays*, B. Brewster (trans.), London 1971, pp. 121–173.

C. Antweiler, ›Ethnozentrismus im kulturellen Umgang – Theorien und Befunde im Überblick‹, in: R. Eckert (Hrsg.), *Wiederkehr des »Volksgeistes«? Ethnizität, Konflikt und politische Bewältigung*, Opladen 1998, S. 19–81.

–, *Was ist den Menschen gemeinsam? Über Kultur und Kulturen*, Darmstadt ^{2}2009 [2007].

K. A. Appiah, *Der Kosmopolit: Philosophie des Weltbürgertums*, München 2009.

J. Badura, *›Globalisierung‹: Problemsphären eines Schlagwortes im interdisziplinären Dialog*, Wiesbaden 2005.

G. Baker, *Civil Society and Democratic Theory: Alternative Voices*, London 2002.

G. Baumann, *Contesting Culture*, Cambridge 1996.

–, *The Multicultural Riddle*, New York 1999.

U. Beck/P. Sopp (Hrsg.), *Individualisierung und Integration*, Opladen 1997.

U. Beck, *Weltrisikogesellschaft. Auf der Suche nach der verlorenen Sicherheit*, Frankfurt a. M. 2007.

I. Becker, *Wie verteilt sich Handlungsmacht?*, München 2008.

J. Bellers/W. Gieler (Hrsg.), *Fremdes Verstehen: Entwicklungspolitische und ethnologische Beiträge*, Baden-Baden 2009.

S. Berman, 'Civil Society and the Collapse of the Weimar Republic', *World Politics*, Vol. 49, 1997, pp. 401–429.

R. Bhargava/A. K. Bagchi/R. Sudarshan (ed.), *Multiculturalism, Liberalism and Democracy*, New Delhi 1999.

R. Bhargava, *The Promise of India's Secular Democracy*, New Delhi 2010.

S. Bignall, *Postcolonial Agency*, Edinburgh 2011.

U. Bitterli, *Die Wilden und die Zivilisierten: Grundzüge einer Geistes- und Kulturgeschichte der europäisch-überseeischen Begegnung*, München 2004.

S. Blackmore, *Consciousness: A Very Short Introduction*, Oxford 2005.

W. Böttcher, *Ein anderes Europa – Von den Nationalstaaten zu den Regionen*, Baden-Baden 2011.

B. Bowden, *The Empire of Civilization: The Evolution of an Imperial Idea,* Chicago/London 2009.

J. Bricmont, *Humanitarian Imperialism: Using Human Rights to Sell War,* New York 2006.

E. Broszinsky-Schwabe, *Interkulturelle Kommunikation: Missverständnisse und Verständigung,* Wiesbaden 2011.

D. E. Brown, *Human Universals,* New York etc. 1991.

S. Bukataman, *Terminal Identity: The Virtual Subject in Postmodern Science Fiction,* Durham 1993.

J. Butler/E. Laclau/S. Zizek, *Contingency, Hegemony, Universality. Contemporary Dialogues on the Left,* London/New York 2000.

L. Cabrera, *The Practice of Global Citizenship,* Cambridge 2010.

D. Chakrabarty, *Europa als Provinz: Perspektiven postkolonialer Geschichtsschreibung,* Frankfurt a. M. etc. 2010.

N. Chandhoke, 'The Limits of Global Civil Society', in: M. Glasius/M. Kaldor/H. Anheier (eds.), *Global Civil Society 2002,* Oxford 2002, pp. 35–53.

P. Cheah, *Inhuman Conditions: On Cosmopolitanism and Human Rights,* Cambridge 2006.

S. Chesterman, *Just War or Just Peace? Humanitarian Intervention and International Law,* Oxford 2001.

G. Clark, *A Farewell to Alms. A Brief Economic History of the World,* Princeton 2007.

S. Conrad/S. Randeria (Hrsg.), *Jenseits des Eurozentrismus: Postkoloniale Perspektiven in den Geschichts- und Kulturwissenschaften,* Frankfurt a. M./New York 2002.

J. W. Cook, *Morality and Cultural Differences,* New York/Oxford 1999.

R. Coombe, 'Protecting Traditional Environmental Knowledge and New Social Movements in the Americas: Intellectual Property, Human Right or Claims to an Alternative Form of Sustainable Development?' *Florida Journal of International Law,* Vol. 17, 2005, pp. 115–135.

D. Cox/M. La Caze/M. Levine, 'Integrity', *The Stanford Encyclopedia of Philosophy,* Spring 2012 Edition (http://plato.stanford.edu/archives/spr2012/entries/integrity/) [last accessed on 22 March, 2012].

J. Dean, *The Solidarity of Strangers: Feminism after Identity Politics,* Berkeley 1996.

D. Dennett, *Consciousness Explained,* New York 1991.

J. Derrida, *Politik der Freundschaft,* Frankfurt a. M. 2000.

M. Deutsch/P. T. Coleman/E. C. Marcus (eds.), *The Handbook of Conflict Resolution: Theory and Practice,* San Francisco ²2006.

C. Douzinas, *Human Rights and Empire: The Political Philosophy of Cosmopolitanism,* London 2007.

A. Dowty, *Closed Borders: The Contemporary Assault on Freedom of Movement,* Yale 1987.

P. Drahos, 'When Cosmology Meets Property: Indigenous People's Innovation and Intellectual Property', *Prometheus*, Vol. 29, No. 3, 2011, pp. 233–252.
W. Durant, *Kulturgeschichte der Menschheit*, Berlin 1981.

F. Eboussi Boulaga, *La crise du Muntu. Authenticité africaine et philosophie*, Paris 1977.
D. Edmonds, *Caste Wars: A Philosophy of Discrimination*, London 2006.
A. Ehrenberg, *Das erschöpfte Selbst*, Frankfurt a. M. 2010.
F. Ekardt, *Das Prinzip Nachhaltigkeit: Generationengerechtigkeit und globale Gerechtigkeit*, München 2005.

F. Fanon, *Black Skin, White Masks*, Paris 1952.
G. Figal, *Verstehensfragen: Studien zur phänomenologisch-hermeneutischen Philosophie*, Tübingen 2009.
B. Flynn, 'Maurice Merleau-Ponty', in: E. N. Zalta (ed.), *Stanford Encyclopedia of Philosophy*, Stanford 2011 (http://plato.stanford.edu/entries/merleau-ponty/) [last accessed on 23 March, 2012].
R. Forst (Hrsg.), *Toleranz, Philosophische Grundlagen und gesellschaftliche Praxis einer umstrittenen Tugend*, Frankfurt a. M. 2000.
–, *Toleranz im Konflikt, Geschichte, Gehalt und Gegenwart eines umstrittenen Begriffs*, Frankfurt a. M. 2003.
M. Foucault, 'About the Beginning of the Hermeneutics of the Self: Two Lectures at Dartmouth', *Political Theory*, Vol. 21, 2, 1993, pp. 198–227.
S. Fredman, *Discrimination Law*, Oxford 2011.
F. Furedi, *New Ideology of Imperialism: Renewing the Moral Imperative*, London 1994.

A. Galloway, 'A Report on Cyberfeminism: Sadie Plant relative to VNS Matrix', *Switch: Electronic Gender: Art at the Interstice* (http://switch.sjsu.edu/web/v4n1/toc.html) [last accessed on 23 March, 2012].
J. Ganeri (ed.), *The Collected Essays of Bimal Krishna Matilal*, I–II, New Delhi 2002.
S. Gardiner, *A Perfect Moral Storm: The Ethical Tragedy of Climate Change*, New York 2011.
J. Garvey, *Ethics of Climate Change, Right and Wrong in a Warming World*, London 2008.
M. J. Gibney, *The Ethics and Politics of Asylum: Liberal Democracy and the Response to Refugees*, Cambridge 2004.
W. Gieler, *Entwicklung und Kultur: Ein wissenschaftstheoretischer Diskurs zum westlichen Ethnozentrismus*, Münster/Hamburg 2006.
–, ›Entwicklungspolitisches Verständnis und die Bedeutung von Kultur im globalen Kontext‹, in: J. Wilhelm (Hrsg.), *Kultur und globale Entwicklung: Die Bedeutung von Kultur für die politische, wirtschaftliche und soziale Entwicklung*, Berlin 2010, S. 38–49.
–, *Reguliertes Chaos: Eine Streitschrift zum westlichen Ethnozentrismus*, Bonn 2011.

P. Gilroy, *Between Camps: Nations, Cultures and the Allure of Race*, Harmondsworth 2000.

W. Gippert/P. Götte/E. Kleinau (Hrsg.), *Transkulturalität. Gender- und bildungshistorische Perspektiven*, Bielefeld 2008.

L. Goodwyn, *Breaking the Barrier: The Rise of Solidarity in Poland*, New York 1991.

B. Gregg, *Thick Moralities, Thin Politics: Social Integration across Communities of Belief*, Durham 2003.

L. Grossman, 'You – Yes, You – Are TIME's Person of the Year', *TIME*, 25 December 2006.

J. Habermas, *Theorie des kommunikativen Handelns*, I–II, Frankfurt a. M. 1981.

–, *Die postnationale Konstellation. Politische Essays*, Frankfurt a. M. 1998.

C. M. Hampden-Turner/F. Trompenaars, *Building Cross-Cultural Competence: How to Create Wealth from Conflicting Values*, New Haven 2000.

I. Härtel, *Symbolische Ordnungen umschreiben: Autorität, Autorschaft und Handlungsmacht*, Bielefeld 2009.

G. Hatfield, 'René Descartes', in: E. N. Zalta (ed.), *Stanford Encyclopedia of Philosophy*, Stanford 2011 (http://plato.stanford.edu/entries/descartes/) [last accessed on 29 March, 2012].

K. Hayles, *How We Became Posthuman: Virtual Bodies in Cybernetics, Literature, and Informatics*, Chicago 1999.

P. J. Heald, 'The Rhetoric of Biopiracy', *Cardozo Journal of International and Comparative Law*, Vol. 11, No. 2, 2003, pp. 519–546.

M. Hechter, *Principles of Group Solidarity*, Berkeley, Cal. 1987.

M. Heidegger, *Sein und Zeit*, Tübingen 7 1953.

W. Heitmeyer (Hrsg.), *Was hält die Gesellschaft zusammen?*, Frankfurt a. M. 1997.

P. M. Hejl (Hrsg.), *Universalien und Konstruktivismus*, Frankfurt a. M. 2001.

J. Hengelbrock ›Was heißt und wozu brauchen wir kulturelle Identität?, Versuch einer Antwort im Anschluß an J.-P. Sartres Betrachtungen zur Judenfrage‹, in: R. Fornet-Betancourt (Hrsg.), *Jean-Paul Sartre zum 100. Geburtstag*, Aachen 2005, S. 75–91.

–, 'Categorical Universalism and Cultural Pluralism Based on Man's Unconditional Duty', in: T. Botz-Bornstein/J. Hengelbrock (eds.), *Re-ethnicizing the Minds? Cultural Revival in Contemporary Thought*, Amsterdam/New York 2006, pp. 445–457.

D. Hellman, *When is Discrimination Wrong?* Cambridge, MA 2008.

B. E. Hernandez-Truyol (ed.), *Moral Imperialism: A Critical Anthology*, New York 2002.

A. Hill, 'Thumbs are the New Fingers for the Gameboy Generation', *The Guardian*, 24 March 2002, p. 1. (www.guardian.co.uk/uk/2002/mar/24/mobilephones.games) [last accessed on February 10, 2012].

W. Hirschberg (Hrsg.), *Neues Wörterbuch der Völkerkunde*, Berlin 1988.

O. Höffe, *Wirtschaftsbürger, Staatsbürger, Weltbürger: Politische Ethik im Zeitalter der Globalisierung*, München 2004.

E. Holenstein, *Sprachliche Universalien. Eine Untersuchung zur Natur des menschlichen Geistes*, Bochum 1985.

T. Honderich, *Nach dem Terror. Ein Traktat*, Neu-Isenburg 2004.

J. Howell/J. Pearce, *Civil Society and Development: A Critical Exploration*, Boulder, Col. 2002.

M. Hulme, *Why We Disagree about Climate Change*, Cambridge, UK 2009.

R. C. Hunt, *Beyond Relativism. Rethinking Comparability in Cultural Anthropology*, Lanham etc. 2007.

A. Hunter, 'Post-Marxism and the New Social Movements', *Theory and Society*, 17, 1988, pp. 885–900.

IPCC 2007, *AR4 Synthesis Report* available at: http://www.ipcc.ch/publications_and_data/publications_and_data_reports.shtml [last accessed on 29 March, 2012].

J. Isensee, *Subsidiaritätsprinzip und Verfassungsrecht, Eine Studie über das Regulativ des Verhältnisses von Staat und Gesellschaft*, Berlin 1968.

A. Jahn-Sudmann/R. Strobel (Hrsg.), *Film transnational und transkulturell. Europäische und amerikanische Perspektiven*, München 2009.

U. Jeggle, ›Volkskunde im 20. Jahrhundert‹, in: R. W. Brednich (Hrsg.), *Grundriss der Volkskunde. Einführung in die Forschungsfelder der Europäischen Ethnologie*, Berlin 2001, S. 53–76.

M. Kaldor, *Global Civil Society: An Answer to War*, Cambridge 2003.

T. C. Kim/R. Harrison (eds.), *Self and Future Generations. An Intercultural Conversation*, Cambridge 1999.

S. S. Knaller, ›Genealogie des ästhetischen Authentizitätsbegriffs‹, in: S. Knaller/H. Müller (Hrsg.), *Authentizität. Diskussion eines ästhetischen Begriffs*, München 2006, S. 17–35.

K.-H. Kohl, *Ethnologie – die Wissenschaft vom kulturell Fremden: Eine Einführung*, München 2000.

D. Krusche/A. Wierlacher (Hrsg.), *Hermeneutik der Fremde*, München 1990.

H. Kunzru, 'You Are Cyborg', *Wired*, 2, 12, December 1996, pp. 271–313.

A. Kuper (ed.) *Global Responsibilities: Who Must Deliver on Human Rights?* New York 2005.

W. Kymlicka, *Multicultural Citizenship, A Liberal Theory of Minority Rights*, Oxford 1995.

–, *Politics in the Vernacular: Nationalism, Multiculturalism and Citizenship*, Oxford 2010.

E. Laclau, 'Ethics, Normativity, and the Heteronomy of the Law', in: S. Cheng (ed.), *Law, Justice, and Power between Reason and Will*, Stanford 2004, pp. 177–186.

–, *On Populist Reason*, London/New York 2005.

L. Lee, 'Sadie Plant's Zeros + Ones: A Review,' *Cyberspace, Hypertext, & Critical*

Theory, (http://www.cyberartsweb.org/cpace/body/lgl1.html) [last accessed on 23 March, 2012].

H.-R. Leu/L. Krappmann (Hrsg.), *Zwischen Autonomie und Verbundenheit*, Frankfurt a. M. 1999.

S. von Lewinski (ed.), *Indigenous Heritage and Intellectual Property: Genetic Resources, Traditional Knowledge and Folklore*, The Netherlands ²2008.

E. List (Hrsg.), *Grenzen der Autonomie*, Weilerswist 2010.

W. Loh/R. A. Mall/R. E. Zimmermann, *Interkulturelle Logik: Zur Wahrnehmung und Modellierung der geschichtlichen Welt*, Paderborn 2011.

C. Lütkes/M. Klüter, *Der Blick auf fremde Kulturen: Ein Plädoyer für völkerkundliche Themen im Schulunterricht*, Münster/New York 1995.

G. Maletzke, *Interkulturelle Kommunikation: Zur Interaktion zwischen Menschen verschiedener Kulturen*, Opladen 1996.

R. A. Mall, *Philosophische Grundlagen der Interkulturalität*, Amsterdam 1993.

–, *Mensch und Geschichte: Wider die Anthropozentrik*, Darmstadt 2000.

–, *Philosophie im Vergleich der Kulturen: Interkulturelle Philosophie – eine neue Orientierung*, Darmstadt 2006.

A. Mason, *Community, Solidarity, and Belonging*, New York 2000.

L. McFall, 'Integrity', Ethics, Vol. 98, No. 1, 1987, pp. 5–20.

M. McLuhan, *The Mechanical Bride: Folklore of Industrial Man*, London 1967.

G. Meggle (Hrsg.), *Terror und der Krieg gegen ihn. Öffentliche Reflexionen*, Paderborn 2003.

J. Mende, *Begründungsmuster weiblicher Genitalverstümmelung. Zur Vermittlung von Kulturrelativismus und Universalismus*, Bielefeld 2011.

M. Merleau-Ponty, *Phénoménologie de la perception*, Paris 1945.

D. Meßelken, *Gerechte Gewalt? Zum Begriff interpersoneller Gewalt und ihrer Bewertung*, Paderborn 2012.

M. Miegel, *Die deformierte Gesellschaft. Wie die Deutschen ihre Wirklichkeit verdrängen*, München 2003 [2002].

J. N. Mohanty, *Self and Its Other, Philosophical Essays*, New Delhi 2000.

J. Nederveen Pieterse, *Globalization and Culture: Global Mélange*, Oxford 2004.

J. Nederveen Pieterse/B. Rehbein (ed.), *Globalization and Emerging Societies: Development and Inequality*, Basingstoke 2011.

O. Negt, *Der politische Mensch*, Göttingen 2010.

G. Newey, *Virtue, Reason and Toleration*, Edinburgh 1999.

M. Newman, *Humanitarian Intervention: Confronting the Contradictions*, London 2009.

A. Niederberger (Hrsg.), *Kontingenz und Vernunft. Grundlagen einer Theorie kommunikativen Handelns im Anschluss an Habermas und Merleau-Ponty*, Freiburg i. Brsg. 2007.

–, *Globalisierung: Ein interdisziplinäres Handbuch*, Stuttgart 2011.

R. Nozick, *Anarchy, State, and Utopia*, Oxford 1974.

J. S. Nye, *Macht im 21. Jahrhundert: Politische Strategien für ein neues Zeitalter*, München 2011.

N. Oreskes/E. Conway, *Merchants of Doubt: How a Handful of Scientists Obscured the Truth on Issues from Tobacco Smoke to Global Warming*, New York 2010.

A. Orford, *Reading Humanitarian Intervention: Human Rights and the Use of Force in International Law*, Cambridge 2003.

F. Ortiz, *Contrapunteo cubano del tabaco y el azúcar. Advertencia de sus contrastes agrarios econom., hist. y sociales, su etnografia y su transculturación*, Havanna 1963.

H. Oschwald, *Identität von unten*, Frankfurt a. M. 1999.

M. Panoff/M. Perrin, *Taschenwörterbuch der Ethnologie: Begriffe und Definitionen zur Einführung*, Berlin 1982.

D. Parfit, 'The Unimportance of Identity', in: H. Harris (ed.), *Identity: Essays Based on Herbert Spencer Lectures Given in the University of Oxford*, New York 1995, pp. 13–45.

J. Pattison, *Humanitarian Intervention and the Responsibility to Protect: Who Should Intervene?* Oxford 2010.

A. Pollmann, *Integrität. Aufnahme einer sozialphilosophischen Personalie*, Bielefeld 2005.

D. C. Pollock/R. E. van Reken, *Third Culture Kids: The Experience of Growing Up Among Worlds*, London 2001.

K. Pomeranz, *The Great Divergence. China, Europe and the Making of the Modern World Economy*, Princeton 2000.

K. Popper, *Objective Knowledge*, Oxford 1979.

I. Primoratz/D. Meßelken (Hrsg.), *Terrorismus. Philosophische und politikwissenschaftliche Essays*, Paderborn 2010.

S. Reynolds, 'The Academy and the Ecstasy', *Feed Magazine*, 2 April 2000.

S. Rieger (Hrsg.), *Interkulturalität: Zwischen Inszenierung und Archiv*, Tübingen 1999.

D. Rodrik, *Das Globalisierungsparadox: Die Demokratie und die Zukunft der Weltwirtschaft*, Bonn 2011.

W. Rudolph, *Der kulturelle Relativismus. Kritische Analyse einer Grundsatzfragendiskussion in der amerikanischen Ethnologie*, Berlin 1968.

G. Saalmann, *Fremdes Verstehen. Das Problem des Fremdverstehens vom Standpunkt einer 'metadisziplinären' Kulturanthropologie*, Aachen 2005.

J.-P. Sartre, *Das Sein und das Nichts*, T. Koch/H. Schöneberg (übers.), Reinbek bei Hamburg 1995.

N. Schirilla, *Autonomie des Subjekts. Eine interkulturelle Perspektive*, Nordhausen 2006.

F. Schmidt-Welle, 'Transkulturalität, Heterogenität und Postkolonialismus aus der Perspektive der Lateinamerikastudien', in: H. Antor (Hrsg.), *Inter- und transkulturelle Studien*, Heidelberg 2006, S. 81–94.

T. Shelby, *We Who are Dark: The Philosophical Foundations of Black Solidarity*, Cambridge, Mass. 2005.

H.-W. Sinn, *Ist Deutschland noch zu retten?*, München 2004 [2003].
N. M. Smith, *Basic Equality and Discrimination*, Farnham 2011.
G. C. Spivak, 'Can the Subaltern Speak?', in: C. Nelson/L. Grossberg (eds.), *Marxism and the Interpretation of Culture*, London 1988, pp. 271–313.
B. Stalbaum/G. Wittig, 'An Interview with Sadie Plant', *Switch*, 11, 8 April 1999 (http://switch.sjsu.edu/web/v4n1/toc.html) [last accessed on 23 March, 2012].
R. Stones, 'Structure and Agency', in: G. Ritzer (ed.), *Blackwell Encyclopedia of Sociology*, Malden, Mass. etc. 2007, pp. 4861–4864.
W. G. Sumner, *Folkways: A Study of the Sociological Importance of Usages, Manners, Customs, Mores, and Morals*, Boston 1906.

C. Taylor, *Multiculturalism and the 'Politics of Recognition': An Essay*, A. Gutmann (ed.), Princeton 1995.
B. Tibi, *Islamism and Islam*, Yale 2012.
C. Townley, 'Intellectual Property and Indigenous Knowledge', *Philosophy and Public Policy Quarterly*, Vol. 22, No. 4, 2002, pp. 21–26.
C. Townshend, *Terrorismus. Eine kurze Einführung*, Stuttgart 2005.
D. Treichel/C. Mayer, *Lehrbuch Kultur*, Münster 2011.
A. Treneman, 'Interview: Sadie Plant: IT Girl for the 21st Century', *The Independent*, 12 October 1997.
I. Tyrrell, *Reforming the World: The Creation of America's Moral Empire*, Princeton, NJ 2010.

S. Vertovec/R. Cohen (eds.) *Conceiving Cosmopolitanism: Theory, Context, and Practice*, Oxford 2003.

I. Wallerstein, *Die Barbarei der anderen: Europäischer Universalismus*, Berlin 2007.
M. Walzer, *Spheres of Justice*, New York 1983.
A. Waschkuhn, *Was ist Subsidiarität? Ein sozial-philosophisches Ordnungsprinzip: Von Thomas von Aquin bis zur ›Civil Society‹*, Opladen 1995.
M. Weber, ›Der Sinn der »Wertfreiheit« der soziologischen und ökonomischen Wissenschaften‹ [1917], in: ders.: *Gesammelte Aufsätze zur Wissenschaftslehre*, Tübingen 1988, S. 489–540 [1922].
W. Welsch, 'Transculturality: The Puzzling Form of Cultures Today', in: M. Featherstone/S. Lash (ed.), *Spaces of Culture: City, Nation, World*, London 1999, pp. 194–213.
–, ›Über den Besitz und Erwerb von Gemeinsamkeiten‹, in: C. Bickmann/H.-J. Scheidgen/T. Voßhenrich/M. Wirtz (Hrsg.), *Tradition und Traditionsbruch zwischen Skepsis und Dogmatik. Interkulturelle philosophische Perspektiven*, Amsterdam/New York 2006, S. 113–145.
–, ›Transkulturalität‹, in: J. Sandkühler (Hrsg.), *Enzyklopädie Philosophie*, I–III, Hamburg 2010, III, S. 2771–2777.
N. J. Wheeler, *Saving Strangers: Humanitarian Intervention in International Society*, Oxford 2000.

A. Wierlacher (Hrsg.), *Kulturthema Fremdheit, Leitbegriffe und Problemfelder kulturwissenschaftlicher Fremdheitsforschung*, München 1993.

K. Wiredu, *Cultural Universals and Particulars. An African Perspective*, Bloomington/Indianapolis 1996.

C. Wolfe, *Learning and Teaching on the World Wide Web*, San Diego 2001.

A. R. Zolberg/A. Suhrke/S. Aguayo, *Escape from Violence: Conflict and the Refugee Crisis in the Developing World*, Oxford 1989.